SALMAN RUSHDIE

Sprachen
der Wahrheit

SALMAN RUSHDIE

Sprachen der Wahrheit

Texte 2003–2020

Aus dem Englischen von
Sabine Herting und Bernhard Robben

C. Bertelsmann

Penguin Random House Verlagsgruppe FSC® N001967

1. Auflage
C. Bertelsmann in der Penguin Random House Verlagsgruppe GmbH,
Neumarkter Straße 28, 81673 München

Umschlaggestaltung: bürosüd, München
Umschlagabbildung: Jeremy Sutton-Hibbert/Getty Images
Satz: Leingärtner, Nabburg
Druck und Bindung: GGP Media GmbH, Pößneck
Printed in Germany
ISBN 978-3-570-10408-8
www.cbertelsmann.de

Dieses Buch ist auch als E-Book erhältlich.

Für die nächste Generation
Nabeelah
und
Rose

INHALT

Teil drei

Teil vier

Teil eins

WUNDERSAME GESCHICHTEN

I

Ehe es Bücher gab, gab es Geschichten. Anfangs wurden die Geschichten nicht niedergeschrieben. Manchmal wurden sie sogar gesungen. Kinder wurden geboren, und ehe sie sprechen konnten, sangen ihnen ihre Eltern Lieder vor, vielleicht ein Lied über ein Ei, das von einer Mauer fiel, oder über einen Jungen und ein Mädchen, die auf einen Hügel stiegen und hinunterpurzelten. Als die Kinder älter wurden, verlangten sie fast genauso oft nach Geschichten wie nach etwas Essbarem. Nun gab es eine Gans, die goldene Eier legte, oder einen Jungen, der die Kuh der Familie für eine Handvoll Zauberbohnen verkaufte, oder ein unartiges Häschen, das unerlaubt den Gemüsegarten des bedrohlichen Farmers betrat. Die Kinder liebten diese Geschichten und wollten sie wieder und wieder hören. Dann wuchsen sie heran und fanden diese Geschichten in Büchern. Und andere Geschichten, die sie nie zuvor gehört hatten, über ein Mädchen, das in einen Kaninchenbau fiel, oder einen dummen alten Bären, ein etwas ängstliches Ferkel und einen trübsinnigen Esel oder über Milos ganz und gar unmögliche Reise oder über einen Ort, wo die wilden Kerle wohnten. Sie hörten und lasen Geschichten und verliebten sich in sie, in Micky in der Nachtküche mit den Zauberbäckern, die alle wie Oliver Hardy aussahen, und in Peter Pan, der dachte, der Tod würde ein ungeheuer großes Abenteuer sein, und in Bilbo

Beutlin, der unter einem Gebirge einen Rätselkampf gegen eine merkwürdige Kreatur gewann, die ihren Schatz verloren hatte, und das Sich-in-Geschichten-Verlieben weckte etwas in den Kindern, das sie ihr ganzes Leben lang nähren sollte: ihre Fantasie.

Die Kinder verliebten sich leicht in Geschichten und lebten auch in Geschichten, Geschichten, die sie jeden Tag in Spiele umsetzten, sie erstürmten Burgen, eroberten Länder und segelten über das blaue Meer, und in der Nacht tummelten sich Drachen in ihren Träumen. Nun waren sie alle Geschichtenerzähler, Erfinder von Geschichten ebenso wie Zuhörer von Geschichten. Doch sie wurden größer, und allmählich fielen die Geschichten von ihnen ab, die Geschichten wurden in Kisten verpackt und auf dem Dachboden verstaut, und für die einstigen Kinder wurde es schwieriger, Geschichten zu erzählen oder ihnen zu lauschen, und leider auch schwieriger, sich in sie zu verlieben. Für einige von ihnen wurden Geschichten offenbar unbedeutend, überflüssig: Kinderkram. Das waren traurige Leute, und wir müssen sie bedauern und uns bemühen, sie nicht für dumme, langweilige, spießige Verlierer zu halten.

Ich glaube, dass die Bücher und Geschichten, in die wir uns verlieben, uns zu dem machen, was wir sind; oder, um nicht zu übertreiben, dass der Akt des Sichverliebens in ein Buch oder in eine Geschichte uns auf eine bestimmte Weise verändert und die geliebte Geschichte zu einem Teil unserer Weltsicht wird, einem Teil der Art und Weise, wie wir in unserem täglichen Leben Dinge verstehen, Urteile fällen und Entscheidungen treffen. Als Erwachsene, die sich weniger leicht verlieben, enden wir vielleicht mit nur einer Handvoll Bücher, von denen wir aufrichtig sagen können, dass wir sie lieben. Vielleicht fällen wir darum so viele Fehlurteile.

Diese Liebe ist weder bedingungslos noch für die Ewigkeit. Ein Buch sagt uns vielleicht nichts mehr, wenn wir älter werden und unser Gefühl für es verblasst. Oder wir sind mit einem Mal, wenn sich unser Leben formt und unser Verständnis hoffentlich wächst, in der Lage, ein Buch wertzuschätzen, über das wir früher hinweggegangen sind, wir sind vielleicht mit einem Mal in der Lage, seiner Musik zu lauschen, sind hingerissen von seinem Lied. Als ich als Collegestudent zum ersten Mal Günter Grass' großen Roman *Die Blechtrommel* las, war ich unfähig, ihn zu Ende zu lesen. Ganze zehn Jahre stand er im Regal, bis ich ihm eine zweite Chance gab, woraufhin er mein Lieblingsroman aller Zeiten wurde: eines der Bücher, von dem ich sagen würde, dass ich es liebe. Es ist interessant, sich die Frage zu stellen: Welche Bücher liebst du wirklich? Versuch es. Die Antwort wird dir eine Menge darüber sagen, wer du im Augenblick bist.

Ich bin in Bombay, Indien, aufgewachsen, in einer Stadt, die heute gar nicht mehr die Stadt ist, die sie einmal war, und die sogar ihren Namen in den sehr viel weniger wohlklingenden Namen Mumbai geändert hat; in einer Zeit, die so ganz anders war als die Gegenwart, weshalb sie unglaublich fern, ja sogar unwirklich erscheint: eine echte Version des mythischen Goldenen Zeitalters. Die Kindheit, so erinnert uns A. E. Housman in dem Gedicht »Das Land versunkener Geborgenheit«, im Englischen auch oft die *Blue Remembered Hills* genannt, ist das Land, zu dem wir alle einst gehörten und das wir alle letztendlich verlieren:

Die Weise tötet, die in meinem Herzen singt:
Wo kommt sie her? Sie kommt von weit;
von Hügeln, blauend in Erinnerung; sie klingt
von Giebeln, Türmen und Tälern breit.

Das ist das Land versunkener Geborgenheit.
Ich seh die Straße meines Glücks,
vor mir wie in der Jugendzeit;
doch niemals finde ich den Weg zurück.

In diesem fernen Bombay erschienen mir die Geschichten und Bücher, die mich aus dem Westen erreichten, wie wahrhaft wundersame Geschichten. Hans Christian Andersens Märchen »Die Schneekönigin«, in dem Splitter des Zauberspiegels in den Blutkreislauf der Leute eindrangen und ihr Herz in einen Eisklumpen verwandelten, war für einen Jungen aus den Tropen, wo es Eis nur im Kühlschrank gab, sogar noch erschreckender. »Des Kaisers neue Kleider« waren für einen Jungen, der unmittelbar nach dem Ende des Britischen Empire aufwuchs, eine ganz besondere Freude. Und da war *Huckleberry Finn*, unwiderstehlich für einen Jungen aus Bombay wegen des außergewöhnlichen Handlungsspielraums des Helden (obwohl ich mir den Kopf darüber zerbrach, warum der entlaufene Sklave Jim, wenn er schließlich versuchte, der Sklaverei zu entkommen und in den sklavenfreien Norden zu fliehen, auf einem Floß auf dem Mississippi saß, der doch nach Süden fließt).

Vielleicht empfindet man Geschichten von anderswo immer als Märchen, und sicher ist es eines der großen Wunder der Literatur, dass sie uns viele »Anderswo« eröffnet, von der Unterwasserwelt der kleinen Seejungfrau bis hin zu Dorothys Oz, und sie zu unseren macht. Doch für mich lagen die wahrhaft wundersamen Geschichten näher an meinem Zuhause, und ich habe es immer für mein großes Glück als Schriftsteller erachtet, von ihnen durchdrungen aufgewachsen zu sein.

Manche dieser Geschichten waren sakralen Ursprungs, aber da ich in einem nichtreligiösen Haushalt aufwuchs, habe ich sie einfach als wunderschöne Geschichten aufgenommen. Das bedeutete nicht, dass ich sie nicht glaubte. Als ich von dem *Samudra Manthan* hörte, der Geschichte, wie der große Gott Indra die Milchstraße schüttelte und dabei den sagenhaften Berg Mandara als seinen Quirl benutzte, um den riesigen Milchozean am Himmel zu zwingen, seinen Nektar, *amrita*, den Nektar der Unsterblichkeit, herzugeben, sah ich plötzlich die Sterne mit neuen Augen. In dieser unglaublich fernen Zeit, in meiner Kindheit, in einer Zeit, ehe die Lichtverschmutzung die meisten Sterne für die Stadtbewohner unsichtbar machte, konnte ein Junge in einem Bombayer Garten noch in den Nachthimmel hinaufschauen, der Sphärenmusik lauschen und mit demütiger Freude den breiten galaktischen Streifen betrachten. Ich stellte mir vor, er triefe vor magischem Nektar. Vielleicht öffnete ich den Mund, damit ein Tropfen hineinfalle und auch ich unsterblich würde.

Die Schönheit der wundersamen Geschichte und ihres Abkömmlings, der Fiktion, ist: Man weiß, dass die Geschichte ein Werk der Fantasie ist, das heißt, sie ist *unwahr*, und zugleich glaubt man, sie enthalte eine tiefere Wahrheit. Die Grenze zwischen dem Magischen und dem Realen existiert in diesen Momenten nicht mehr.

Wir waren keine Hindus, aber meine Familie war der Ansicht, die großen Geschichten des Hinduismus seien auch für uns von Bedeutung. Am Tag des alljährlichen Ganpati-Fests, wenn große Menschenmengen ein Bildnis der elefantenköpfigen Gottheit Ganesha an den Chowpatty Beach trugen, um den Gott im Meer zu versenken, hatte ich das Gefühl, Ganesha gehöre auch mir; er sei das Symbol für eine kollektive Freude und, ja, für die Gesamtheit der Stadt, statt nur ein Mitglied des Pantheons eines »konkurrierenden« Glaubens. Als ich erfuhr, dass Ganeshas Liebe zur Literatur so groß war, dass er zu Füßen des indischen Homer, des weisen Vyasa, saß und zum Schreiber wurde, der das große *Mahabharata*-Epos notierte, gehörte er noch inniger zu mir; und als ich erwachsen war und einen Roman über einen Jungen namens Saleem mit einer ungewöhnlich großen Nase schrieb, schien es mir nur natürlich – obwohl Saleem aus einer muslimischen Familie stammte –, den Erzähler der *Mitternachtskinder* mit dem literarischsten Gott zu assoziieren, der zufällig auch eine große

Rüsselnase hat. Das Verschwimmen der Grenzen zwischen den religiösen Kulturen in diesem alten, wirklich säkularen Bombay erscheint heute als ein weiteres Element, das die Vergangenheit von Indiens bitterer, unterdrückter, strenger, sektiererischer Gegenwart trennt.

Das *Mahabharata* und sein Nebenstrang, das *Ramayana*, zwei der längsten wundersamen Geschichten von allen, sind in Indien noch lebendig, lebendig in den Köpfen der Inder und bedeutsam für ihr tägliches Leben, ebenso wie die Götter der Griechen und Römer einst in der westlichen Fantasie lebendig waren. Früher einmal, und vor nicht allzu langer Zeit, war es in den Ländern des Westens möglich, auf die Geschichte von Nessos' Hemd anzuspielen, und die Menschen wussten, dass der sterbende Kentaur Nessos Deïaneira, die Frau des Herakles oder Herkules, überlistete, indem er ihrem Mann sein Hemd zukommen ließ, wohl wissend, dass es vergiftet war und ihn töten würde. Einst wusste ein jeder, dass nach dem Tod Orpheus', des größten Dichters und Sängers, sein abgetrennter Kopf weitersang. Diese Bilder und viele andere standen den Menschen als Metaphern zur Verfügung, um ihnen zu helfen, die Welt zu verstehen. Die Kunst stirbt nicht, auch wenn der Künstler stirbt, sagte Orpheus' Kopf. Das Lied überlebt den Sänger. Und das Nessoshemd warnte uns, dass selbst ein ganz besonderes Geschenk gefährlich sein kann. Ein anderes derartiges Geschenk war natürlich das Trojanische Pferd, das uns alle lehrte, die Griechen zu fürchten, selbst wenn sie Geschenke mitbringen. Einige Metaphern aus den wundersamen Geschichten des Westens haben es geschafft, lebendig zu bleiben.

Aber im Indien meiner Kindheit und Jugend waren alle wundersamen Geschichten lebendig und sind es noch immer. Heute ist es nicht einmal notwendig, das ganze *Ramayana* oder *Mahabharata* zu lesen; mancher mag dankbar sein für diese Nachricht, denn das *Mahabharata* ist das längste Poem der Weltliteratur, über 200 000 Verse lang, das heißt, zehnmal länger als die *Ilias* und die *Odyssee* zusammen, während das *Ramayana* etwa 50 000 Verse umfasst, lediglich zweieinhalbmal so viel wie die Werke Homers zusammen. Zum Glück für jüngere Leser bietet die ungemein beliebte Comicbuchreihe *Amar Chitra Katha*, »unsterbliche Bildergeschichten«, versierte Darstellungen aus beiden Epen. Und zum Glück für die Erwachsenen brachte eine 94 Episoden umfassende Fernsehversion des *Mahabharata* die Nation jede Woche zum Innehalten, als nämlich die ursprünglich 1990 gedrehte Serie Hunderte Millionen Zuschauer erreichte.

Man muss zugeben, dass der Einfluss dieser Geschichten nicht immer positiv ist. Die sektiererische Politik der hindunationalistischen Parteien wie der BJP nutzt die Rhetorik der Vergangenheit, um über eine Rückkehr zum »Ram Rajya«, dem »Reich des Gottes Rama«, zu fantasieren, über ein angeblich goldenes Zeitalter des Hinduismus ohne solche Unannehmlichkeiten wie Anhänger anderer Religionen, die die Sache verkomplizieren. Die Politisierung des *Ramayana* und des Hinduismus im Allgemeinen ist in den Händen skrupelloser sektiererischer Anführer zu einer gefährlichen Sache geworden. Der Angriff auf das Buch *The Hindus* von einer der besten Sanskritforscherinnen der Welt, Wendy Doniger, ein Werk vollendeter Gelehrsamkeit, und die bedauerliche Entscheidung von Penguin India, dieses Buch als Reaktion auf fundamentalistische Kritik zurückzuziehen und vorhandene Exemplare zu vernichten, ist eine deutliche Veranschaulichung dieser Tatsache.

Probleme können sich auch über die Politik hinaus ausdehnen. In einigen späteren Versionen des *Ramayana* lassen eines Tages der verbannte Gott Rama und sein Bruder Lakshmana Sita allein in ihrem Exil in den Wäldern zurück, während sie einen goldenen Hirschen jagen, ohne zu wissen, dass der Hirsch eigentlich ein *rakshasa* ist, eine Art verkleideter Dämon. Um Sita während der Abwesenheit der Brüder zu schützen, zieht Lakshmana einen *rekha* oder einen Zauberkreis um ihre Hütte; jeder mit Ausnahme von Rama, Lakshmana und Sita, der versucht, ihn zu überschreiten, wird in den Flammen, die von der Linie aufsteigen, verbrennen. Doch der Dämonenkönig Ravana verkleidet sich als Bettler und bittet an Sitas Tür um Almosen, und sie selbst überschreitet die Linie, um ihm das Gewünschte zu geben. So kann er sie ergreifen und zaubert sie in sein Königreich Lanka, woraufhin Rama und Lakshmana einen Krieg führen müssen, um sie zurückzubekommen. Den *Lakshman rekha* zu übertreten ist zu einer Metapher geworden, die für das Überschreiten von Grenzen des Erlaubten oder Richtigen steht oder für das Zuweitgehen, für das törichte Dem-Bildersturm-Erliegen und für entsetzliche Konsequenzen, die man dadurch auf sich zieht.

Vor einigen Jahren ereigneten sich in Delhi der heute berüchtigte Überfall und die Gruppenvergewaltigung einer dreiundzwanzigjährigen Studentin, die wenig später an ihren grauenhaften Verletzungen starb. Einige Tage nach diesem entsetzlichen Ereignis äußerte ein Staatsminister, hätte die betreffende junge Frau nicht den *Lakshman rekha* überschritten – mit anderen Worten, hätte sie nicht mit einem Freund am Abend den Bus genommen, statt sittsam zu Hause zu bleiben –, wäre sie nicht angegriffen worden. Wegen des öffentlichen Aufschreis nahm er diese Bemerkung später zurück, aber der Gebrauch dieser Metapher zeigte, dass noch immer zu viele Männer in Indien glauben, es gebe Grenzen, die Frauen nicht überschreiten sollten. Es sollte erwähnt werden, dass in den meisten traditionellen Fassungen des *Ramayana*, einschließlich der Originalfassung des Dichters Valmiki, die Geschichte des *Lakshman rekha* nicht enthalten ist. Jedenfalls kann eine apokryphe Wundergeschichte manchmal ebenso mächtig sein wie eine kanonische.

Doch ich möchte zu diesem Kinder-Ich zurückkehren, das sich von Geschichten bezaubern ließ, deren ausdrücklicher und einziger Zweck die Bezauberung war. Ich möchte von den großen religiösen Epen übergehen zu dem großen Schatz von skurrilen, augenzwinkernden, geheimnisvollen, aufregenden, komischen, wunderlichen, surrealen und sehr häufig ausnehmend erotischen Narrativen, die sich außerdem noch in der Fundgrube des Ostens befinden, weil sie – nicht nur, aber durchaus auch – zeigen, wie viel Freude aus Literatur zu gewinnen ist, sobald Gott im Bild fehlt. Eine der bemerkenswertesten Eigenschaften der Geschichten, die auf den Seiten von *Tausendundeine Nacht* versammelt sind, um nur ein Beispiel zu nennen, ist die nahezu vollkommene Abwesenheit von Religion. Viel Sex, viel Ausgelassenheit, eine Menge Unaufrichtigkeit; Ungeheuer, Dschinn, der Riesenvogel Roch; bisweilen gigantische Mengen flüssigen und geronnenen Bluts; aber kein Gott. Und genau darum lehnen strenge Islamisten dieses Buch so vehement ab.

In Ägypten bekam im Mai 2010, gerade einmal sieben Monate vor der Revolte gegen Mubarak, eine Gruppe islamistischer Juristen Wind von einer Neuausgabe der *Alf Lailah wa-Lailah* (so der arabische Originaltitel) und initiierte eine Aktion mit der Forderung, die Ausgabe solle zurückgezogen und das Buch geächtet werden, denn es sei ein»Aufruf zum Laster und zur Sünde« und beinhalte mehrfache Erwähnungen von Sex. Zum Glück hatte sie keinen Erfolg, und kurz darauf waren die ägyptischen Köpfe mit größeren Problemen beschäftigt. Aber Fakt ist, die Juristen hatten recht. Tatsächlich wird in diesem Buch mehrfach Sex erwähnt, und die Charaktere scheinen viel mehr damit beschäftigt, Sex zu haben, als fromm zu sein, was tatsächlich, wie die Juristen anführten, ein Aufruf zum Laster sein könnte, wenn man die Welt auf diese verzerrt puritanische Weise sieht. Meiner Auffassung nach ist dieser Aufruf eine hervorragende Sache und wahrhaft wert, dass man ihm nachgeht, aber es zeigt sich, wie Menschen, die eine Abneigung gegen Musik, Scherze und Freuden hegen, sich darüber aufregen. Es ist wunderbar, dass dieser alte Text, diese wunderbare Sammlung von wundersamen Geschichten, noch immer die Macht in sich birgt, über zwölfhundert Jahre nachdem die Erzählungen zum ersten Mal in die Welt kamen, die Fanatiker der Welt aufzuregen.

Das Buch, das wir heute im Englischen für gewöhnlich *Arabian Nights* nennen, stammt übrigens gar nicht aus der arabischen Welt. Womöglich ist es indischen Ursprungs; auch Sammlungen indischer Erzählungen haben eine Vorliebe für Rahmengeschichten, für Geschichten innerhalb von Geschichten im Stil russischer Puppen und für Tierfabeln. Etwa im 8. Jahrhundert fanden diese Geschichten den Weg nach Persien, und laut erhaltener Informationsbruchstücke war die Sammlung als *Hazar Afsaneh*, »tausend Erzählungen«, bekannt. Es existiert ein Dokument aus dem 10. Jahrhundert aus Bagdad, das die *Hazar Afsaneh* beschreibt und ihre Rahmengeschichte über einen bösen König erwähnt, der jede Nacht eine Konkubine tötet, bis es einer dieser dem Untergang geweihten Frauen gelingt, ihre Hinrichtung dadurch abzuwenden, dass sie ihm Geschichten erzählt. An dieser Stelle begegnet uns zum ersten Mal der Name Scheherazade. Unglücklicherweise ist von den *Hazar Afsaneh* kein einziges Exemplar erhalten. Dieses Buch ist der bedeutende Missing Link der Weltliteratur, der legendenumwobene Band, durch den die indischen Wundergeschichten nach Westen reisten, um schließlich auf die arabische Sprache zu treffen und zu dem *Buch der Tausend Nächte und der einen Nacht* zu werden, ein Buch mit vielen Fassungen und keiner einheitlichen kanonischen Form, und um weiter nach Westen vorzudringen, erst in das Französische, in der Version des 18. Jahrhunderts durch Antoine Galland, der eine Reihe von Erzählungen hinzufügte, die in der arabischen Fassung nicht vorhanden waren, so etwa die Geschichten »Aladin und die Wunderlampe« und »Ali Baba und die vierzig Räuber«. Und aus dem Französischen gelangten die Erzählungen ins Englische, und vom Englischen reisten sie nach Hollywood, was eine ganz eigene Sprache ist, und dann ist alles fliegender Teppich und Robin Williams ein Dschinn. (Im Übrigen ist es beachtenswert, dass in *Tausendundeine Nacht* keine fliegenden Teppiche vorkommen. Fliegende Teppiche gibt es woanders in der östlichen Tradition. Zum Beispiel besagt eine Legende, König Salomon habe einen besessen, der seine Ausmaße habe verändern können und groß genug gewesen sei, um eine ganze Armee zu befördern: die erste Luftwaffe der Welt. Aber in *Tausendundeine Nacht* bleiben alle Teppiche reglos und schlaff.)

Diese große Migration des Narrativs hat vielfach Weltliteratur inspiriert, bis hin zum magischen Realismus der südamerikanischen Fabulierer, sodass ich, als ich meinerseits einige dieser Einfälle verwendete, das Gefühl hatte, ich schlösse einen Kreis und brächte diese Erzähltradition den ganzen weiten Weg zurück nach Hause, in das Land, in dem sie ihren Anfang nahm. Doch ich trauere um den Verlust der *Hazar Afsaneh*, die, würde man sie wiederentdecken, die Geschichte der Erzählungen vervollständigen würde, und welch ein Fund wäre das. Vielleicht würde er ein Geheimnis in der Mitte der Rahmengeschichte lösen oder eher ganz an ihrem Ende und eine Frage beantworten, die ich mir seit Jahren stelle: Wurden Scheherazade und ihre Schwester Dinharazade letztlich nach mehr als tausendundeins Nächten zu Mörderinnen und brachten ihre blutrünstigen Ehemänner um?

Ich gestehe, es war der blutige Aspekt der Rahmenhandlung, der mich anfangs zu *Tausendundeine Nacht* hinzog. Stellen wir eine kleine Rechnung auf.

Wie viele Frauen töteten sie eigentlich, dieser König, dieser Schahriyar, der Monarch der Sassaniden, auf »der Insel oder

Halbinsel zwischen Indien und China«, und sein Bruder Schahsaman, souveräner Herrscher über das barbarische Samarkand?
Es begann damit, oder so erzählt es die Geschichte, dass Schahsaman seine Frau in den Armen eines Palastkochs überraschte,
dessen Haupteigenschaften waren, dass er a) schwarz, b) riesig
und c) vor Küchenfett triefend war. Trotz oder vielleicht gar wegen dieser Eigenschaften beglückte er die Königin von Samarkand offensichtlich viel zu sehr, sodass Schahsaman sie und ihren
Liebhaber in Stücke schlug, sie auf dem Bett ihrer Freuden zu-
rückließ und sich zu seinem Bruder begab; wo er nur wenig später zufällig seine Schwägerin, Schahriyars Königin, in einem Garten bei einem Brunnen in Begleitung von zehn Hofdamen und
zehn weißen Sklaven heimlich beobachtete. Die zehn und die
zehn fielen freudig übereinander her; die Königin jedoch rief
ihren eigenen Geliebten von dem Wipfel eines Baumes zu sich
herab. Dieser abscheuliche Kerl war, ja!, a) schwarz, b) riesig und
c) sabbernd. Welch einen Spaß sie hatten, die zehn und die zehn
und die Königin und ihr »Mohr«! Ach, die Tücke und Niedertracht der Frauen und die unermessliche Anziehungskraft der
riesigen, hässlichen, sabbernden schwarzen Männer! Schahsaman
erzählte seinem Bruder, was er gesehen hatte; woraufhin die Hofdamen, die weißen Sklaven und die Königin das Schicksal ereilte,
von Schahriyars Premierminister, seinem Wesir oder *waẓir*, persönlich hingerichtet zu werden. Der sabbernde schwarze Liebhaber
von Schahriyars toter Königin entkam, jedenfalls scheint es so; wie
sonst ließe sich sein Fehlen auf der Totenliste erklären?

König Schahriyar und König Schahsaman nahmen gehörig
Rache an den treulosen Frauen. Drei Jahre lang heirateten sie
beide Nacht für Nacht eine neue Jungfrau, deflorierten sie und
befahlen dann deren Hinrichtung. Es ist nicht klar, wie Schahsaman in Samarkand seinem blutrünstigen Geschäft nachging,
aber über Schahriyars Methoden lässt sich einiges berichten. So

ist zum Beispiel bekannt, dass dem Wesir – Scheherazades Vater, Schahriyars weisem Premierminister – die Pflicht auferlegt war, die Hinrichtungen eigenhändig auszuführen. All diese enthaupteten, wunderschönen, jungen Leiber; all diese fallenden Köpfe und blutspritzenden Hälse. Der Wesir war ein kultivierter Edelmann: nicht nur ein Mann mit Macht, sondern auch eine Person mit Urteilsvermögen, ja, sogar von zarter Empfindsamkeit – das muss er doch gewesen sein, um so eine vorbildliche, so eine wundersam begabte, vielfach vollkommene, heldenhaft mutige, selbstlose Tochter wie Scheherazade aufgezogen zu haben? Und auch Dinharazade, vergessen wir nicht die jüngere Schwester Dinharazade. Auch ein gutes, kluges, ehrbares Mädchen. Was machte es mit der Seele des Vaters so feiner Mädchen, wenn er gezwungen war, Hunderte junge Frauen hinzurichten, Mädchenkehlen aufzuschlitzen und deren Lebensblut fließen zu sehen? Welch geheime Wut mag in seiner edlen Brust aufgekeimt sein? Das sagt man uns nicht. Doch wir wissen, dass Schahriyars Untertanen ihrem König mächtig grollten und mit ihren Frauen aus seiner Hauptstadt flohen, sodass nach drei Jahren keine Jungfrauen mehr in der Stadt zu finden waren.

Keine Jungfrauen außer Scheherazade und Dinharazade.

Drei Jahre bereits: tausendfünfundneunzig Nächte, tausendfünfundneunzig tote Königinnen für Schahriyar, tausendfünfundneunzig weitere für Schahsaman oder tausendsechsundneunzig jeweils, sollte ein Schaltjahr darunter gewesen sein. Gehen wir auf Nummer sicher, einigen wir uns auf die niedrigere Zahl. Tausendfünfundneunzig jeder. Und vergessen wir nicht die anfänglichen dreiundzwanzig. Bis Scheherazade in der Geschichte auftaucht, den König Schahriyar heiratet und ihre Schwester Dinharazade auffordert, sich an das Hochzeitsbett zu setzen, und von ihr nach vollzogener Entjungferung gebeten wird, sie möge ihr eine Gutenachtgeschichte erzählen … bis dahin waren

Schahriyar und Schahsaman bereits für zweitausendzweihundertdreizehn Tote verantwortlich. Nur elf dieser Toten waren Männer.

Als Schahriyar sich mit Scheherazade vermählte und von ihren Geschichten in Bann geschlagen war, hörte er auf, Frauen zu töten. Schahsaman, nicht von der Literatur gezähmt, führte sein rachsüchtiges Werk weiter und schlachtete jeden Morgen die Jungfrau, die er in der Nacht zuvor geschändet hatte, er zeigte damit dem weiblichen Geschlecht die Macht der Männer über die Frauen, die Fähigkeit der Männer, den Geschlechtsakt von der Liebe zu trennen, und die unausweichliche Verknüpfung, soweit es Frauen betraf, von Sexualität und Tod. In Samarkand setzte das Gemetzel sich mindestens weitere tausendundeins Nächte fort, denn erst am Schluss des gesamten Erzählzyklus von Scheherazade – als diese größte aller Geschichtenerzählerinnen flehte, verschont zu bleiben, nicht als Anerkennung für ihr Talent, sondern nur um der drei Söhne willen, die sie Schahriyar während der Erzähljahre geboren hatte, und als Schahriyar ihr seine Liebe gestand, ihr, der letzten seiner tausendachtundneunzig Frauen, und seine mörderische Absicht aufgab – endete auch Schahsamans Vorhaben; letztlich von der Mordlust geläutert, bat er um die Hand der süßen Dinharazade, sie willigte ein, und sie heirateten.

Die Gesamtzahl der Toten bis dahin beträgt meiner Rechnung nach mindestens dreitausendzweihundertundvierzehn. Nur elf der Toten waren Männer.

Betrachten wir Scheherazade, deren Name »die Stadtgeborene« bedeutet und die ohne Zweifel ein Großstadtmädchen war, klug, gewitzt, gelegentlich sentimental und zynisch, als eine zeitgenössische großstädtische Erzählerin, die kennenzulernen man sich nur wünschen konnte. Scheherazade, die den König mit ihrer unendlichen Geschichte umgarnte. Scheherazade, die Geschichten erzählte, um ihr Leben zu retten, die wortwörtlich gegen den Tod anfabulierte, eine Freiheitsstatue nicht aus Metall, sondern aus Worten. Scheherazade, die gegen den Willen ihres Vaters darauf beharrte, ihren Platz in der Prozession hinein in das tödliche Boudoir des Königs einzunehmen. Scheherazade, die sich selbst die heldenhafte Aufgabe stellte, den König zu zähmen und dadurch ihre Schwestern zu retten. Die Vertrauen hatte, die Vertrauen gehabt haben musste, in den Mann hinter dem mörderischen Ungeheuer und in ihre eigene Fähigkeit, ihm durch das Erzählen von Geschichten seine wahre Menschlichkeit zurückzugeben.

Welch eine Frau! Man versteht leicht, wie und warum König Schahriyar sich in sie verliebte. Denn gewiss verliebte er sich, als er der Vater ihrer Kinder wurde und im Laufe der Nächte verstand, dass seine Drohung, sie hinzurichten, hohl geworden war und dass er nicht mehr seinen Wesir, ihren Vater, bitten konnte, sie auszuführen. Seine Grausamkeit war durch den Genius der Frau besänftigt worden, die tausendundeins Nächte lang ihr Leben aufs Spiel gesetzt hatte, um das Leben anderer zu retten, die darauf vertraute, dass ihre Fantasie der Brutalität standhalten und sie besiegen würde, nicht durch Gewalt, sondern erstaunlicherweise indem sie sie zivilisierte.

Glücklicher König! Aber warum (das ist die größte unbeantwortete Frage in *Tausendundeine Nacht*), warum um alles in der Welt verliebte sie sich in ihn? Und warum willigte Dinharazade, die jüngere Schwester, die tausendundeins Nächte am Fuße des Ehebetts saß, die zusah, wie ihre Schwester von dem mörderischen König beschlafen wurde, und ihren Geschichten lauschte – Dinharazade, die ewige Zuhörerin, aber auch Voyeurin –, warum willigte sie ein, Schahsaman zu heiraten, einen Mann, an dessen Händen noch mehr Blut klebte als an denen seines von den Geschichten bezauberten Bruders?

Wie können wir diese Frauen verstehen? Es steckt ein Schweigen in der Geschichte, das danach schreit, besprochen zu werden. So viel bekommen wir erzählt: Nach dem Ende der Geschichten wurden Schahsaman und Dinharazade verheiratet, aber Scheherazade stellte eine Bedingung: Schahsaman müsse sein Königreich verlassen und bei seinem Bruder leben, sodass die Schwestern nicht getrennt würden. Dies tat Schahsaman freudig, und Schahriyar ernannte ebenden Wesir, der nun auch sein Schwiegervater war, anstelle seines Bruders zum Herrscher über Samarkand. Als der Wesir in Samarkand eintraf, wurde er von den Stadtleuten freudig begrüßt, und all die örtlichen Granden beteten, er möge sie lange regieren. Was er tat.

Wenn ich die alte Geschichte betrachte, stellt sich mir folgende Frage: Gab es eine verschwörerische Vereinbarung zwischen Tochter und Vater? Hatten Scheherazade und der Wesir womöglich einen geheimen Plan ausgeheckt? Denn dank Scheherazades Strategie war Schahsaman nicht mehr länger König von Samarkand. Dank Scheherazades Strategie war ihr Vater nicht mehr Höfling und Scharfrichter wider Willen, sondern ein eigenständiger König, ein viel geliebter König, und was noch wichtiger war, ein weiser Mann, ein Mann des Friedens, der einem blutrünstigen Scheusal auf dem Thron nachfolgte. Und dann ohne Erklärung kam der Tod, für Schahriyar und Schahsaman zur selben Zeit. Der Tod, der »Zerstörer der Freuden und der Vernichter jeglicher Gemeinschaft, der Verwüster von Wohnungen und der Sammler von Friedhöfen«, kam zu ihnen, und ihre Paläste lagen in Trümmern, und sie wurden von einem weisen Herrscher abgelöst, dessen Namen man uns nicht nennt.

Aber wie und warum kam der Zerstörer der Freuden? Wie geschah es, dass beide Brüder gleichzeitig starben, wie der Text es eindeutig besagt, und warum lagen danach ihre Paläste in Trümmern? Und wer war ihr Nachfolger, der Unbenannte und Weise?

Wir bekommen es nicht erzählt. Aber stellen wir uns noch einmal den zornerfüllten Wesir vor, der jahrelang gezwungen war, all dieses unschuldige Blut zu vergießen. Stellen wir uns die jahrelange Furcht des Wesirs vor, die tausendundeins Nächte der Furcht, während seine Töchter, Fleisch von seinem Fleisch, Blut von seinem Blut, in Schahriyars Schlafzimmer gesperrt sind und ihr Schicksal am Faden einer Geschichte hängt.

Wie lange wartet ein Mann auf seine Rache? Wartet er länger als tausendundeine Nacht?

Hier meine Theorie: Der Wesir, nun Herrscher über Samarkand, war der weise König, der zurückkehrte, um Schahriyars Königreich zu regieren. Und die Könige starben zur selben Zeit entweder durch die Hand ihrer Ehefrauen oder durch die des Wesirs. Es ist nur eine Theorie. Vielleicht liegt die Antwort in dem großen verloren gegangenen Buch. Vielleicht auch nicht. Wir können uns nur ... verwundert fragen.

Jedenfalls belief sich am Ende die Gesamtzahl der Toten auf dreitausendzweihundertundsechzehn.

Dreizehn Tote waren Männer.

Als ich meine Autobiografie *Joseph Anton* abgeschlossen hatte, verspürte ich einen großen Hunger nach Fiktion. Und nicht nach irgendeiner alten Fiktion, sondern nach einer Fiktion, die so wild fantastisch sein sollte, wie die Autobiografie entschieden realistisch war. Meine Stimmung schwang von einem Ende des literarischen Pendels zum anderen Extrem. Und ich erinnerte mich wieder an die Geschichten, die ursprünglich dazu geführt hatten, dass ich mich in die Literatur verliebte, Geschichten voll schöner Unmöglichkeit, die nicht wahr waren, aber durch ihre Nichtwahrheit die Wahrheit erzählten, oft schöner und eindrücklicher als Geschichten, die sich auf die Wahrheit beriefen. Auch diese Geschichten mussten nicht unbedingt irgendwann einmal geschehen sein. Sie konnten genau jetzt geschehen. Gestern, heute oder übermorgen.

Eine dieser wundersamen Geschichten gehört zu der Sanskrit-Sammlung aus Kaschmir, dem *Kathāsaritsāgara* oder dem »Ozean der Geschichtenströme«, dessen Titel mich zu meinem Kinderbuch *Harun und das Meer der Geschichten* inspirierte. Ich gestehe, ich habe diese Geschichte gestohlen und sie in einem Roman verwendet. Sie geht in etwa so:

»Es war einmal in fernen Zeiten ein Kaufmann, der einem Edelmann des Ortes Geld geliehen hatte, eine wirklich ungeheure Menge Geld, und dann starb der Edelmann ganz überraschend, und der Kaufmann dachte, das ist schlecht, ich bekomme mein Geld nicht zurück. Aber ein Gott hatte ihm die Gabe der Seelenwanderung geschenkt, das war in einem Teil der Welt, wo es viele Götter gab, nicht nur einen, darum kam der Kaufmann auf die Idee, seine Seele in den Leib des toten Edelmanns wandern zu lassen, damit der Tote von seinem Totenbett aufstehen und ihm seine Schulden zurückzahlen könne. Der Kaufmann ließ seinen Leib an einem sicheren Ort zurück, so dachte er zumindest, und seine Seele hüpfte in die Haut des Toten, doch als er im Leib des toten Mannes zur Bank ging, musste er den Fischmarkt überqueren, und ein großer toter Dorsch, der auf einer Platte lag, sah ihn vorbeigehen und fing an zu lachen. Als die Leute den toten Fisch lachen hörten, wussten sie, dass an dem vorübergehenden toten Mann etwas faul war, und griffen ihn an, weil sie meinten, er sei von einem Dämon besessen. Rasch war der Leib des toten Edelmanns nicht mehr bewohnbar, und die Seele des Kaufmanns musste ihn aufgeben und zu seiner eigenen verlassenen Hülle zurückkehren. Doch andere Leute hatten den verlassenen Leib des Kaufmanns entdeckt, und da sie ihn für den Leib eines Toten gehalten hatten, hatten sie ihn in Brand gesetzt, wie es in diesem Teil der Welt dem Brauch entsprach. So hatte der Kaufmann keinen Leib mehr, und die Schulden waren ihm auch nicht zurückbezahlt worden, und seine Seele wandert womöglich noch immer auf dem Markt umher. Oder er war am Ende vielleicht in einen toten Fisch geschlüpft und in das Meer der Geschichtenströme getaucht. Und die Moral von der Geschichte ist, fordere dein verdammtes Glück nicht heraus.«

Tierfabeln – darunter Fabeln von sprechenden toten Fischen – gehören zu den beständigsten Geschichten des östlichen Kanons, und die besten von ihnen, ganz anders als etwa die von Äsop, sind unmoralisch. Sie zielen nicht darauf ab, zu Demut, Bescheidenheit, Mäßigung, Ehrlichkeit oder Entsagung zu mahnen. Sie garantieren nicht den Triumph der Tugend. Darum wirken sie bemerkenswert modern. Die Bösen gewinnen manchmal.

Die Sammlung, die in Indien als das *Panchatantra* bekannt ist, schildert zwei sprechende Schakale: Karataka, den Guten oder den Besseren der beiden, und Damanaka, den bösen Intriganten. Zu Anfang des Buchs stehen sie im Dienst des Löwenkönigs, doch Damanaka missfällt die Freundschaft des Löwen mit einem anderen Höfling, einem Stier, und er überzeugt den Löwen mit einer List davon, der Stier sei sein Feind, und bringt ihn dazu, das unschuldige Tier zu töten, und die Schakale sehen zu. Ende.

In den Erzählungen von Karataka und Damanaka lesen wir auch von einem Krieg zwischen Krähen und Eulen, in dem eine Krähe vortäuscht, sie sei eine Verräterin, und sich den Eulen anschließt, um die Höhle ausfindig zu machen, in der sie leben. Dann entzünden die Krähen an allen Eingängen der Höhle Feuer, und alle Eulen ersticken. Ende.

In einer dritten Geschichte lässt ein Mann sein Kind in der Obhut seines Freundes, eines Mungos, und als er heimkehrt, sieht er das blutverschmierte Maul des Mungos und tötet ihn, da er glaubt, er habe sein Kind angegriffen. Dann entdeckt er, dass der Mungo eine Schlange getötet und sein Kind gerettet hat. Doch unglücklicherweise ist der Mungo jetzt tot. Ende.

Viele von Äsops kleinen Fabeln, sei es über den Sieg beharrlicher Langsamkeit (die Schildkröte) über hochmütige Schnelligkeit (der Hase) oder über die Torheit, »Wolf« zu schreien, wenn doch gar kein Wolf da ist, oder über das Töten der Gans, die goldene Eier legte, wirken ohne jeden Zweifel rührselig, wenn man sie mit dieser Quentin-Tarantino-Grausamkeit vergleicht. So viel zum Klischee des friedlichen mystischen Orients.

Da ich selbst Migrant bin, hat mich schon immer die Migration von Geschichten fasziniert, und die Schakalgeschichten reisten fast genauso weit wie die Narrative von *Tausendundeine Nacht*, sodass es zu arabischen und persischen Versionen kam, in denen die Namen der Schakale sich in Kalila und Dimna verwandelten. Sie fanden den Weg auch ins Hebräische und Lateinische und schließlich als *The Fables of Bidpai* ins Englische und Französische. Doch im Gegensatz zu den Geschichten von *Tausendundeine Nacht* sind sie aus dem Bewusstsein des modernen Lesers verschwunden, vielleicht weil ihr unzureichendes Augenmerk aufs Happy End sie für die Walt Disney Company unattraktiv machte.

Und doch hat ihre Kraft Bestand; meines Erachtens deshalb, weil diese Geschichten mit all ihren Ungeheuern und ihrer Magie ganz und gar wahrheitsgetreu die Natur des Menschen abbilden (und sei es in der Form vermenschlichter Tiergestalten). Das ganze menschliche Leben findet sich hier, tapfer und feige, ehrenhaft und unehrenhaft, geradlinig oder hinterhältig, und die Geschichten stellen die bedeutendste und beständigste Frage der Literatur: Wie reagieren normale Leute, wenn das Außergewöhnliche in ihr Leben tritt? Und sie antworten: Manchmal verhalten wir uns nicht so gut, aber ein anderes Mal finden wir Kräfte in uns, von denen wir nicht einmal ahnten, dass wir sie besitzen, und so wachsen wir mit der Herausforderung, wir besiegen das Ungeheuer, Beowulf tötet Grendel und auch Grendels noch furchterregendere Mutter, Rotkäppchen tötet den Wolf, oder die Schöne findet die Liebe bei dem Biest, und dann ist das Biest kein Biest mehr. Und das ist gewöhnliche Magie, menschliche Magie, das wahre Wunder der wundersamen Geschichten.

Ich versuche, Argumente aufzuführen für etwas, das heute ziemlich altmodisch ist. Laut allgemeinem Konsens leben wir in einem Zeitalter der Non-Fiction. Jeder Verleger, jeder Buchverkäufer wird das bestätigen. Und außerdem scheint sich die Fiktion von der Fiktion abgewendet zu haben. Ich spreche jetzt von ernsthafter Fiktion, nicht von der anderen. In der anderen Fiktion ist die Fiktivität lebendig und wohlauf, es herrscht immer Twilight, Leute spielen Hunger Games *(Die Tribute von Panem)*, und Leonardo da Vinci ist lediglich ein Code. Die ernsthafte Fiktion hat sich dem Realismus in der Art von Elena Ferrante und Knausgård zugewandt, Fiktion, die uns auffordert zu glauben, sie stamme von einem Ort, der der persönlichen Erfahrung des Autors sehr nahe liegt, wenn er nicht gar mit ihr identisch ist, und sei von Magie gleichsam weit entfernt. Vor vielen Jahren erklärte der große tschechische Schriftsteller Milan Kundera in einem berühmten Essay, der Roman habe zwei Eltern, Tristram Shandy und Clarissa Harlowe. Von Samuel Richardsons *Clarissa* leite sich die große Tradition des realistischen Romans ab, während aus Sternes *Leben und Ansichten von Tristram Shandy, Gentleman*, nur ein kleineres Rinnsal, nun ja, eigenartiger Bücher tröpfele. Es seien *Clarissas* Kinder, die die literarische Welt erfüllt hätten, sagte Kundera, und doch bleibe seiner Meinung nach auf der Shandy-Seite – auf der grotesken, spielerischen, komischen, exzentrischen Seite – die neueste, originellste Arbeit zu tun. (Ernest Hemingway wählte bekanntlich einen anderen literarischen Vorläufer. »Die gesamte moderne amerikanische Literatur stammt von einem Buch von Mark Twain ab, das *Huckleberry Finn* heißt.« Das ist ein freieres und mythischeres Werk als *Clarissa*, aber es ist auch ein weitgehend realistischer Roman. Es muss außerdem gesagt werden, dass Kundera mit seiner Wahl des Tristram Shandy das Werk ignoriert, in dessen tiefer Schuld es steht: Cervantes' *Don Quijote*. Sternes Onkel Toby und Corporal Trim sind ganz eindeutig Quijote und Sancho nachempfunden.)

Kundera wies darauf hin, dass die Möglichkeiten des realistischen Romans von so vielen Autoren so gründlich erkundet seien, dass nur noch sehr wenig Neues zu entdecken bleibe. Sollte er recht haben, ist die Tradition des Realismus zu einer Art endloser Wiederholung verurteilt. Für Innovation, für Neuheit – und denken wir daran, dass das Wort *novel* die Idee von Neuheit beinhaltet – müssen wir uns dem Irrealismus zuwenden und neue Wege entdecken, uns der Wahrheit durch Lügen anzunähern. Die wundersamen Geschichten meiner Kindheit lehrten mich nicht nur, dass solche Herangehensweisen möglich sind, sondern auch, dass sie mannigfaltige, nahezu unerschöpfliche Möglichkeiten bieten und Spaß bedeuten. Wie gesagt, die Lieferanten von Schundfiktion in Büchern und ebenso in Filmen haben die Macht des Fantastischen verstanden, aber alles, was sie zu liefern imstande sind, ist das Fantastische reduziert auf die Zweidimensionalität des Comicstrips. Für mich ist das Fantastische stets ein Weg gewesen, um dem Realen weitere Dimensionen hinzuzufügen, eine vierte, fünfte, sechste und siebte Dimension zu den üblichen drei; ein Weg, unsere Erfahrung des Realen zu bereichern und zu intensivieren, statt ihm in einem Fantasieland der Super-helden und Vampire zu entfliehen.

Die Schriftsteller des Westens, die ich am meisten bewundere, Schriftsteller wie Italo Calvino und Günter Grass, Michail Bulgakow und Isaac Bashevis Singer, haben alle in reichem Maße in ihrer jeweiligen Tradition der wundersamen Geschichten geschwelgt und Möglichkeiten gefunden, dem Realen das Fabelhafte zu injizieren, um es lebendiger und sonderbarerweise auch wahrhaftiger zu machen. Grass' Vereinnahmung von Tierfabeln, sein umfangreicher Gebrauch von sprechenden Butten, Ratten und Kröten entwächst seiner tiefen Beschäftigung mit den deutschen wundersamen Geschichten, wie sie die Brüder Grimm sammelten. Calvino sammelte selbst italienische Wundergeschichten, und vielleicht erfand er sie auch zum Teil für seinen Klassiker *Italienische Märchen*, und sein ganzes Werk war getränkt mit der Sprache der italienischen Fabel. In Bulgakows unsterblicher Geschichte des Teufels, der nach Moskau kommt, *Meister und Margarita*, und in Isaac Singers köstlichen jiddischen Geschichten mit ihren Golems und Dibbuks, ihren Besessenheiten und Beklemmungen, erkennen wir wie in der Kunst Chagalls eine tiefe Faszination für die wundersamen Geschichten der russischen, jüdischen und slawischen Welt und wie sehr sie Quelle der Inspiration waren. Viele der größten Werke der etwa letzten hundert Jahre, von Hans Christian Andersens Märchen über das Werk von Ursula K. Le Guin bis hin zu Franz Kafkas tiefschwarzen Albträumen, rühren von dieser Verschmelzung des Realen mit dem Surrealen, der natürlichen mit den übernatürlichen Welten.

Viele junge Autoren heute, die zu schreiben beginnen, haben offenbar das Mantra »Schreibe über das, was du kennst« an der Wand hinter ihrem Schreibtisch hängen, und wie jeder bezeugen kann, der Kurse in *creative writing* belegt hat, resultiert daraus eine Menge Stoff über die Angst vorstädtischer Jugendlicher. Mein

Rat wäre ein etwas anderer. Schreibe nur über das, was du kennst, wenn du überzeugt bist, es sei wirklich interessant. Wenn du in einer Nachbarschaft lebst, die der von Harper Lee oder William Faulkner ähnelt, dann fühle dich absolut frei, die hitzigen Geschichten deines eigenen Yoknapatawpha zu erzählen, und womöglich stellst du fest, es sei völlig überflüssig, von zu Hause wegzugehen. Aber wenn das, was du kennst, nicht wirklich interessant ist, schreibe nicht darüber. Schreibe über das, was du nicht kennst. Das kann auf zwei Arten geschehen. Die eine Art ist, das Zuhause zu verlassen und dich woanders auf die Suche nach einer guten Geschichte zu begeben. Melville und Conrad fanden ihre Geschichten am Meer und in fernen Ländern, und auch Hemingway und Fitzgerald mussten von zu Hause aufbrechen, um ihre Stimmen in Spanien, an der Riviera oder am East und West Egg zu finden. Die andere Lösung besteht darin, dich zu erinnern, dass Fiktion fiktional ist, und in dem Versuch, dir etwas auszudenken. Wir alle sind träumende Wesen. Träume auf Papier. Und wenn es sich als etwas wie *Twilight* oder die *Hunger Games* herausstellt, zerreiße es und versuche, einen besseren Traum zu träumen.

Madame Bovary und der fliegende Teppich sind beide unwahr, und hinzu kommt, dass sie auf die gleiche Weise unwahr sind. *Jemand hat sie sich ausgedacht.* Ich bin sehr dafür, sich weiterhin Dinge auszudenken. Nur wenn wir der Fiktionalität der Fiktion freien Lauf lassen, der Vorstellungskraft der Fantasie, dem Traumlied unserer Träume, können wir darauf hoffen, uns dem Neuen anzunähern und eine Fiktion zu schaffen, die – noch einmal – interessanter sein mag als Fakten.

II

In dem Roman, den ich für meinen damals zehnjährigen Sohn schrieb, *Harun und das Meer der Geschichten*, raunzt ein gelangweilter Zehnjähriger seinen geschichtenerzählenden Vater an: »Wozu sind Geschichten gut, die nicht einmal wahr sind?« Das daraus folgende Buch war ein Versuch, diese Frage zu beantworten und herauszufinden, warum wir solche Geschichten brauchen und wie sie uns ansprechen, auch wenn wir wissen, dass sie erfunden sind. Das ist ein Thema, über das ich wohl fast mein ganzes schriftstellerisches Leben nachgedacht habe: das Verhältnis zwischen der Welt der Fantasie und der sogenannten wirklichen Welt und wie wir uns zwischen den beiden hin- und herbewegen. Fünf Jahre vor *Harun* schrieb ich über N. F. Simpsons Theaterstück *One Way Pendulum (Die Welt der Groomkirbys)*, einen der raren kompetenten britischen Beiträge zum absurden Theater. In diesem Stück erhält ein Mann per Paketpost den 1:1-Modellbausatz eines Gerichtssaals im Central Criminal Court in London, bekannt als Old Bailey; er baut ihn in seinem Wohnzimmer auf, und schon kurz darauf findet er sich darin in einem Prozess wieder. Ein Gerichtsschreiber legt dar, der Beklagte, unser Held, sei an einem bestimmten Tag »nicht in seiner Welt« gewesen. »In welcher Welt war er denn?«, fragt der Richter, und die Antwort lautet: »Es scheint, er hat eine eigene.«

(Im Übrigen: Wer *Harun und das Meer der Geschichten* nicht gelesen hat, wird zweifellos beeindruckt sein zu erfahren, dass dieser Roman in der TV-Serie *Lost* vorkam, wo er die Rolle des Buchs spielte, das von der Figur Desmond auf dem Oceanic-Flug 815 auf der Flash-Sideways-Zeitachse gelesen wird. Ich hoffe sehr, dass einige Leser verstehen, was dieser Satz bedeutet, denn ich tue es nicht.»Wozu sind Geschichten gut, die nicht einmal wahr sind?«, ist eine Frage, die sicherlich den Ausgangspunkt eines interessanten Vortrags über *Lost* bilden könnte.)

Selbst wenn wir nicht gänzlich in unserer Fantasie leben, gehen wir gerne in ihr auf Reisen. In Jean-Luc Godards Film *Alphaville* reist der Held, der Privatdetektiv Lemmy Caution, in seinem Ford Galaxy durch den interstellaren Raum. Dorothy Gale gelangt, davongetragen von einem Wirbelwind, nach Oz. Wie und warum machen wir anderen die Reise?

Wenn wir zur Welt kommen, brauchen wir Nahrung, Schutz, Liebe, Gesang und Geschichten. Unser Bedürfnis nach den letzten beiden ist nicht geringer als nach den ersten drei. Einer meiner Freunde, der Recherchen über die grauenhafte Behandlung von Waisenkindern in Ceaușescus Rumänien anstellte, hat herausgefunden, dass diese Kinder, denen man Nahrung und ein Dach bot, die auf das Übrige aber verzichten mussten, sich nicht normal entwickelten. Ihr Gehirn bildete sich nicht richtig aus. Vielleicht besitzen wir, die wir Sprachwesen sind, einen Instinkt für Gesang und Geschichten; wir brauchen Geschichten und Lieder und streben nach ihnen, nicht weil man es uns beigebracht hätte, sondern weil es in unserer Natur so angelegt ist. Und während es andere Wesen auf der Erde gibt, die man als singend beschreiben könnte – ich denke an das Trillern der Singvögel, das Heulen der Wölfe, den langen, langsamen Gesang der Wale in den Tiefen des Meeres –, erzählt nichts, das schwimmt, krabbelt, läuft oder fliegt, Geschichten. Einzig der Mensch ist ein geschichtenerzählendes Wesen.

Gesang ist die menschliche Stimme, die man auf unnatürliche Art nutzt – eine Nutzung, die nicht allen menschlichen Wesen, mich inbegriffen, gegeben ist –, um die Sorte von Empfindung zu wecken, die uns Schönheit einflößt. Die Geschichte ist das unnatürliche Mittel, das wir nutzen, um über menschliches Leben zu sprechen, unser Weg, durch Erfundenes zur Wahrheit zu gelangen. Und wir sind die einzige Spezies, die seit Anbeginn mit Geschichten versucht hat, sich selbst zu erklären. In Platons Höhle erzählten Menschen Geschichten über die Schatten an der Höhlenwand, um die äußere Welt zu erahnen. Da sie nicht fähig waren, ihren Ursprung zu verstehen, erzählten Menschen einander Geschichten über Himmelsgötter und Sonnengötter, über Ahnengötter und Erlösergötter, über unsichtbare Väter und Mütter, Geschichten, die eine Antwort auf die bedeutende Frage unseres Ursprungs gaben und Richtlinien boten für die ebenso bedeutende Frage der Moral. In Mythen und Legenden schufen wir unsere ältesten Wunderländer, Asgard und Walhall, den Olymp und den Berg Kailash, und verankerten darin unsere tiefsten Gedanken über unsere eigene Natur und ebenso unsere Zweifel und Ängste.

Harun und das Meer der Geschichten ist eine Fabel über Sprache und Schweigen, über Geschichten und Antigeschichten, die ich zum Teil geschrieben habe, um meinem kleinen Sohn den Kampf zu erklären, der damals um seinen Vater wegen eines anderen Romans, der *Satanischen Verse*, toste. Zwanzig Jahre nach *Harun* fragte mich ein anderer Sohn: »Und wo ist mein Buch?« Auf diese Frage gibt es zwei mögliche Antworten. Die erste Antwort lautet: »Kind, das Leben ist nicht gerecht.« Das ist keine nette Antwort, stimmt. Die andere Antwort ist, das Buch zu schreiben; ich schrieb also *Luka und das Lebensfeuer* und streifte wieder einmal ausgiebig durch Wunderländer, durch die imaginierten Welten, in denen wir als Kinder und auch als Erwachsene gerne leben.

Als ich zwanzig Jahre nach *Harun* begann, an *Luka* zu arbeiten, dachte ich viel über Lewis Carroll nach, den Reverend Charles Lutwidge Dodgson, den Schöpfer des Wunderlands, und das lernte ich von ihm: Das Beste an seinem zweiten Alice-Buch, *Alice hinter den Spiegeln*, ist, dass es nicht die »Rückkehr ins Wunderland« ist. Sechs Jahre nach der Veröffentlichung von *Alice im Wunderland* stellte er sich der beachtlichen kreativen Herausforderung, eine vollkommen andere Fantasiewelt mit einer ihr eigenen inneren Logik zu erschaffen.

Geh nicht dahin zurück, wo du bereits gewesen bist. Finde einen Grund, woandershin zu gehen.

Ich beschloss, mich der gleichen Herausforderung zu stellen. Unter kommerziellen Aspekten mag das nicht der klügste Schritt gewesen sein. Schon mein damals zwölfjähriger Sohn Milan gab mir den Rat: »Schreib keine Bücher, Dad. Schreib *Serien*.« Im Zeitalter von *Harry Potter* und *Twilight* hat er ganz eindeutig recht.

Noch einige Worte zu *Alice hinter den Spiegeln*. Als es erschien, war das erste Alice-Buch bereits ungeheuer populär, somit war die Gefahr, eine Fortsetzung zu veröffentlichen, die die Bewunderer des früheren Werks enttäuschte, sehr groß; und auch Alice selbst, Alice Pleasance Liddell, war herangewachsen und nicht mehr dieses Kind, das am 4. Juli 1862 auf einem Bootsausflug mit seinen beiden Schwestern und dem Reverend Dodgson den Wunsch nach einer Geschichte geäußert hatte und dem man das Märchen von Alice' Abenteuern unter der Erde erzählt hatte, die Geschichte, die drei Jahre später in deutlich erweiterter Form als das Buch erschien, das wir heute als *Alice im Wunderland* kennen. Viele der größten Werke der Kinderliteratur wurden im Hinblick auf bestimmte Kinder geschrieben: J. M. Barrie schrieb *Peter Pan*, um den Llewellyn-Davies-Jungen eine Freude zu machen, A. A. Milne schrieb *Pu der Bär* über das Lieblingsspielzeug seines Sohns Christopher Robin Milne, und Lewis Carroll schrieb *Alice* für Alice. Doch zu Zeiten von *Alice hinter den Spiegeln* musste er für die Alice in seiner Erinnerung schreiben, für dieses fordernde kleine Mädchen, das offenbar immerzu Leute ausschimpft, das sich der Regeln des Lebens und des richtigen Benehmens stets sicher ist, selbst in einer Welt, deren Regeln sie nicht kennen kann.

Die Alice, die er für sich erschaffen hatte, erfüllte jedenfalls noch immer seine Träume: »Sie sucht mich oft auch jetzt noch heim«, schrieb er, »Alice, die unterm Himmel geht,/Nie mehr gesehn, im Traum nur mein.«

Meine Aufgabe, als ich *Luka und das Lebensfeuer* schrieb, war einfacher. Ich hatte ein neues Kind, für das ich schreiben wollte und das mich leitete. Und ich hatte das Glück, ich habe das Glück, dass ich durchtränkt von der Tradition der wundersamen Geschichten aufgewachsen bin, darunter die Heldenmythen des Kriegers Hamza und des Abenteurers Hatim al-Tai, der Wanderer, die Feen heirateten, Goblins bekämpften, Drachen erschlugen und manches Mal Feinden gegenüberstanden, die auf riesigen verzauberten Amphoren durch die Luft flogen. Von frühester Kindheit an war ich – und bin es noch – ein Reisender in Wunderländern.

Ist die Tradition des Realismus die dominierende gewesen, so lohnt es sich dennoch, für einige Momente die Alternative, die andere große Tradition zu verteidigen. Es lohnt sich zu sagen, Fantasie ist keine Grille. Das Fantastische ist weder unschuldig noch eskapistisch. Das Wunderland ist kein Zufluchtsort, nicht einmal notwendigerweise ein ansprechender oder angenehmer Ort. Es kann, tatsächlich ist es das für gewöhnlich, ein Ort des Schlachtens, der Ausbeutung, der Grausamkeit und der Angst sein. Kafkas »Verwandlung« ist eine Tragödie. Captain Hook will Peter Pan töten. Die Hexe im tiefen Wald will Hänsel und Gretel braten. Der Wolf frisst tatsächlich Rotkäppchens Großmutter. Albus Dumbledore wird ermordet, und der Herr der Ringe plant die Versklavung der ganzen Mittelerde. Der fliegende Teppich des Königs Salomon, der laut der Geschichten sechzig Meilen lang und sechzig Meilen breit war, strafte einst den großen König für seinen sündigen Stolz, indem er sich schüttelte, woraufhin die vierzigtausend Menschen, die auf ihm saßen, in den Tod stürzten. (Nicht zum ersten Mal litten normale Menschen für die Sünden ihrer Herrscher. Das Wunderland kann ein ebenso fehlerbehafteter Ort sein wie die Erde.)

Wenn wir diese Märchen hören, wissen wir, dass sie, obwohl sie »nicht real« sind – Teppiche fliegen nicht, und es leben keine Hexen in Lebkuchenhäusern –, auch »real« sind, da sie von realen Dingen handeln, von Liebe, Hass, Angst, Macht, Tapferkeit, Feigheit, Tod. Sie nehmen ganz einfach einen anderen Weg, um zum Realen zu gelangen. Sie sind so, obwohl wir wissen, dass sie nicht so sind.

Vor der modernen Literatur des Fantastischen, vor dem Wunderland, den Märchen und Sagen, gab es die Mythologie. In den Frühzeiten waren die Mythen religiöse Texte. Die griechischen Mythen waren ursprünglich die griechische Religion.

Doch erst als die Menschen aufhörten, an die wortwörtliche Wahrheit dieser Mythen zu glauben, erst als sie nicht mehr an einen tatsächlichen Zeus glaubten, der tatsächliche Blitze schleudert, wurden sie, wurden wir, fähig, auf die gleiche Art an diese Mythen zu glauben, wie wir an Literatur glauben – das heißt tiefgründiger, wissend um den Zwiespalt von Glaube/Unglaube, mit dem wir uns der Fiktion nähern, »es ist so und es ist nicht so«. Und mit einem Mal begannen sie, ihre tiefsten Überzeugungen aufzugeben, Überzeugungen, die zuvor vom Glauben verdeckt waren.

Die großen Mythen, die griechischen, römischen, nordischen, haben den Tod der Religionen, die sie einst trugen, wegen der erstaunlichen Verdichtung ihrer Bedeutung überdauert. Als ich meinen Roman *Der Boden unter ihren Füßen* schrieb, fesselte mich der Mythos des Orpheus, des größten Dichters, der auch der größte Sänger war, der Gestalt, in der Gesang und Geschichte eins wurden. Der Mythos des Orpheus lässt sich in hundert Worten oder weniger nacherzählen: Seine Liebe zu der Nymphe Eurydike, ihre Verfolgung durch den Imker Aristaios, der Schlangenbiss, durch den sie starb, ihr Abstieg in die Unterwelt, sein Ihr-Nachfolgen bis hinter die Tore des Totenreichs, sein Versuch, sie zu retten, die Erlaubnis des Herrn der Unterwelt, dies zu tun – als Belohnung für seine Begabung als Sänger –, die Möglichkeit, sie zurück ins Leben zu führen, solange er sich nicht umschaut, und sein fataler Blick zurück. Und doch, wenn man beginnt, sich in die Geschichte zu vertiefen, scheint sie nahezu unerschöpflich reich, denn in ihrem Kern schildert sie eine große Spannung zwischen dem Dreigestirn der bedeutendsten Dinge des Lebens: Liebe, Kunst und Tod. Dreht und wendet man die Geschichte, erzählt einem das Dreieck Verschiedenes. Es erzählt, dass die Kunst, die durch die Liebe inspiriert ist, eine größere Macht haben kann als der Tod. Es erzählt andererseits, dass der Tod trotz der Kunst die Macht der Liebe besiegen kann. Und es erzählt, dass einzig die Kunst die Transaktion zwischen Liebe und Tod, die im Mittelpunkt allen menschlichen Lebens steht, ermöglichen kann.

Es gibt eine Geschichte, die in verschiedenen Mythologien auftaucht: die Geschichte des Augenblicks, in dem die Menschen lernen müssen, ohne ihre Götter zurechtzukommen. In Roberto Calassos großer Studie über die griechischen und römischen Mythen, *Die Hochzeit von Kadmos und Harmonia*, sagt er uns, dass bei diesem Ereignis, den Hochzeitsfeierlichkeiten des Kadmos, des Erfinders des Alphabets, mit der Nymphe Harmonia, die Götter zum letzten Mal vom Olymp herabstiegen, um am menschlichen Leben teilzuhaben. Danach waren wir auf uns allein gestellt. In den nordischen Mythen kämpfen die Götter, wenn der Weltenbaum, die große Esche Yggdrasil, fällt, gegen ihre versammelten Feinde, sie zerstören sie und werden von ihnen zerstört, und danach sind sie tot. Der Tod der Götter erfordert, dass Helden, Menschen, vortreten, um ihre Stelle einzunehmen. Hier im Altgriechischen und im Altnordischen treffen wir auf unsere ältesten

Fabeln über das Aufwachsen, über das Begreifen, dass eine Zeit kommen muss, in der unsere Eltern, unsere Lehrer, unsere Wächter uns nicht mehr länger leiten und schützen. Es gibt einen Zeitpunkt, das Wunderland zu verlassen und erwachsen zu werden.

Die Kinder des Tristram Shandy, um Kunderas Begriff aufzugreifen – oder die Kinder des Quijote oder der Scheherazade – mögen vielleicht nicht so reichlich vorhanden sein wie die der Clarissa Harlowe, aber man findet sie in jeder Literatur, an jedem Ort, zu jeder Zeit. Von dem verhexten Moskau in Bulgakows *Meister und Margarita* bis zu den von Dibbuks drangsalierten Dörfern des Isaac Bashevis Singer; von den französischen Surrealisten bis zu den amerikanischen Fabulierern; von Jonathan Swift bis zu Carmen Maria Machado, Karen Russell und Helen Oyeyemi, sie sind überall und bilden eine alternative, beschwingte, karnevaleske »große Tradition«, die man neben die realistische stellen kann. Die bekanntesten dieser Schriftsteller in der jüngsten Literaturgeschichte waren die südamerikanischen Autoren des sogenannten magischen Realismus. Der Begriff »magischer Realismus« ist nützlich, nimmt man ihn her, um die Autoren des Lateinamerika-Booms zu beschreiben: Julio Cortázar, Alejo Carpentier, Manuel Puig, Carlos Fuentes, Isabel Allende und selbstverständlich García Márquez sowie vielleicht ihre Vorläufer Juan Rulfo, Jorge Luis Borges und Machado de Assis. Aber der Begriff ist problematisch, weil ihn die meisten Leute mit dem Genre der Fantasy-Fiction gleichsetzen. Und wie ich versucht habe aufzuzeigen, ist die Literatur des Fantastischen nicht Genre-Fiktion, sondern auf ihre eigene Art so realistisch wie die naturalistische Fiktion; sie betritt das Reale nur durch eine andere Tür. Ein naturalistischer Roman kann vollkommen eskapistisch sein: Lesen Sie ein bisschen »Chick-Lit« und Sie verstehen, was ich meine.

Zur Wahrheit gelangt man nicht durch rein mimetische Mittel. Ein Bild kann mit einer Kamera eingefangen werden oder mit dem Pinsel. Ein Gemälde einer Sternennacht ist nicht weniger wahrheitsgetreu als eine Fotografie; unter Umständen ist es, wenn der Maler van Gogh heißt, weit wahrheitsgetreuer, wenn auch weit weniger »realistisch«. (Ich sage van Gogh, die Englischsprechenden sagen van-Go, als wäre er ein Konkurrent des Umzugsunternehmens U-Haul, aber die Holländer, das sollten Sie wissen, sprechen ihn van Ghogh aus, was sich so anhört, als spucke ein Mann in hohem Bogen Betelsaft in einen Bombayer Rinnstein. Üben Sie das.) Die Literatur des Fantastischen – die wundersame Geschichte, die Fabel, die Sage, der magisch realistische Roman – hat stets tiefe Wahrheiten über die Menschen dargestellt, ihre edelsten Eigenschaften und auch ihre tiefsten Vorurteile: über, um nur ein Beispiel zu nennen, Frauen.

Manche der brillantesten Autoren und Kritiker der modernen Wundergeschichten wie die Romanautorin und Geschichtenschreiberin Angela Carter und die britische Kritikerin und Romanautorin Marina Warner haben wortgewandt die Stellung von Frauen im Wunderland erforscht, wo sie Gefäße höchster Tugend (die eingesperrte Prinzessin) oder höchsten Lasters sind (die Hexe). Da ich persönlich nicht viel Zeit für Prinzessinnen habe, die gerettet werden müssen, konzentriere ich mich hier auf die Hexen. Warner betont, dass die Ikonografie der Hexe immer vollkommen häuslich gewesen sei. Der spitze Hut war die übliche Kopfbedeckung im Mittelalter, den Besenstiel fand man in jedem Haushalt, und sogar der vermutete teuflische, vertraute Geist der Hexe war für gewöhnlich nicht mehr als eine Katze. Das Merkmal für eine Hexe – die angenommene dritte Brustwarze oder »Hexentitte«, an der der Teufel saugen konnte – fand man an den Körpern vieler Frauen zu Zeiten, als Leberflecke und Warzen alltäglich waren. Es brauchte tatsächlich nicht mehr als eine Anklage. Richte den Finger auf eine Frau, nenne sie eine Hexe, und die Beweise dafür finden sich nahezu in jedem Haus.

Das konventionelle Bild der Hexe war das einer hässlichen Frau, eines gebeugten, missgestalteten Weibes oder einer schrulligen Alten, und diese Art Hexe finden wir in den Grimm'schen Märchen. Doch zumindest in einer Grimm'schen Geschichte – in »Schneewittchen« mit der bösen Königin, die in den magischen Spiegel an der Wand blickt und ihm ihre todbringende Frage stellt: »Wer ist die Schönste im ganzen Land?« – sehen wir etwas, das in der Kunst und der Literatur der Renaissance ein häufigeres Motiv werden wird: die schöne Hexe. (Tatsächlich findet man die schöne Hexe auch schon viel früher, zum Beispiel in der griechischen Mythologie, wo die Zauberin Circe Odysseus und seine Männer verführt und viele der Seeleute in Schweine verwandelt. Circe reiste auch nach Indien und zeigte sich im *Kathāsaritsāgara* von Somadeva, derselben Geschichtensammlung, auf die ich mich weiter vorne bezog, in dem kaschmirischen »Ozean der Geschichtenströme«, wo sie zu einer Dämonin wird und mit ihrer Zauberflöte Männer in wilde Tiere verwandelt.)

Diese Zusammenführung von zwei Arten weiblicher Macht, der erotischen und der okkulten Macht, im Bild der schönen Hexe – dieses Ersetzen des hässlichen alten Weibes durch die bezaubernde Zauberin – erreichte ihren Höhepunkt in der Hochrenaissance, als Ariost in *Orlando furioso (Der rasende Roland)* sein langes narratives Versepos mit derartigen Frauenfiguren füllte und als die Künstler jener Epoche – Dosso Dossis *Circe* fällt einem ein – sich wieder und wieder, man möchte sagen, geradezu besessen, diesem Thema widmeten. Als ich den Roman *Die bezaubernde Florentinerin* schrieb, versuchte ich herauszufinden, was es für damalige Frauen bedeutet haben mochte, wenn man ihnen die Fähigkeit dieser doppelten Verzauberung nachsagte, denn der Sex wurde unweigerlich mit der Magie verknüpft. Einerseits war es eindeutig, dass so eine Verknüpfung offenbar die Macht solcher Frauen verstärkte. Die »Zauberin« in meinem Roman, von der man glaubte, sie könne Wunder vollbringen, kommt fast einer Heiligen gleich, und selbst der Medici-Papst in Rom ist von ihrer Heiligkeit halbwegs überzeugt. Aufgrund ihrer außerordentlichen äußeren Schönheit verursacht sie den Männern, die sie begehren, weiche Knie. Aber der Verdacht, sie besitze Hexenkräfte, wie ich es angedeutet habe, war historisch gesehen für Frauen äußerst gefährlich, und wenn der Wind aus einer anderen Richtung weht, wenn die öffentliche Stimmung kippt, können dieselben Leute, die dich gestern als Heilige verehrten, dich morgen verbrennen, wie es das Beispiel der Jeanne d'Arc, der heiligen Johanna, zeigt. Auch ich schrieb über eine Frau, die auf des Messers Schneide dieser heiklen Macht balanciert und schließlich um ihr Leben rennen muss, und war beeindruckt, wie oft in der Literatur des Fantastischen die Angst vor Frauen – und die Verehrung, die trügerische Kehrseite dieser Angst – thematisiert ist.

Sheldon Cashdan schlägt in seiner Studie *The Witch Must Die* vor, dass weibliche Charaktere in Volksmärchen exemplarisch für die Todsünden stehen: die Eitelkeit der Königin in »Schneewittchen« (»Spieglein, Spieglein an der Wand«); der Neid der beiden hässlichen Schwestern in »Aschenputtel«; und die Habgier in dem Grimm'schen Märchen von der Frau des Fischers, die darin gipfelt, dass sie verlangt, Papst zu werden, woraufhin das Wunder des unermesslichen Reichtums, den der sprechende Butt dem Fischer gewährte, weil der einst sein Leben verschont hatte, in sich zusammenfällt. Alles verflüchtigt sich – das Schloss, der Schmuck, das Gold –, und der Fischer und seine Frau finden sich plötzlich in ihrer ärmlichen Hütte wieder (das Grimm'sche Wort in dem Märchen lautet genau genommen »Pisspott«), in der sie auch zuvor gelebt hatten.

Die wundersame Geschichte erzählt uns Wahrheiten über uns, die oft ungenießbar sind; sie entlarvt Heuchelei, sie erforscht die Libido, sie zerrt unsere tiefsten Ängste ans Licht. Solche Geschichten zielen keinesfalls nur auf das Vergnügen von Kindern ab, und viele sind ursprünglich gar nicht für Kinder gedacht. Sindbad der Seefahrer und Aladin waren keine Disney-Figuren, als sie sich auf die Reise begaben.

In der Literatur herrschen jedenfalls reiche Zeiten für Kinder und Junggebliebene. Von Sendaks *Wo die wilden Kerle wohnen* zu Philip Pullmans postreligiösen Anderwelten, von Narnia, das wir durch einen Wandschrank erreichen, zu den fremden Welten, die man durch eine Phantom-Zollschranke betritt, von Hogwarts zu Mittelerde, das Wunderland lebt und gedeiht. Und in vielen dieser Abenteuer, auch in meinen beiden eigenen Beiträgen, sind es Kinder, die zu Helden werden, oft um die Erwachsenenwelt zu retten; die Kinder, die wir waren, die Kinder, die noch immer in uns stecken, die Kinder, die das Wunderland verstehen und die Wahrheit über Geschichten kennen, retten die Erwachsenen, die diese Wahrheiten vergessen haben.

PROTEUS

Edward Bond und Shakespeares Schweigen

Nun, da ich langsam älter werde, fühle ich mich manchmal wie der japanische Dichter-Philosoph Bashō, der nach vielen Jahren, die er auf der Suche nach Weisheit *Auf schmalen Pfade durchs Hinterland* gereist ist, in Edward Bonds Stück *Schmaler Weg in den tiefen Norden* gefragt wird, was er gelernt habe, und er antwortet: »Ich habe gelernt, dass es im tiefen Norden nichts zu lernen gibt.« Nichts zu lernen auf der Reise, ist die Erkenntnis der Reise, denn die Weisheit selbst ist eine große Illusion.

Edward Bond war eine der berühmten Gestalten des goldenen Zeitalters des britischen Theaters in den 1970er-Jahren, mit einer düsteren und unerbittlichen Sicht auf die Dinge, aber einer stets reichen Dramatik. Was die Leute heute noch in Erinnerung haben, ist, dass Edward Bond ein Stück namens *Gerettet* schrieb, in dem ein Baby auf der Bühne zu Tode gesteinigt wurde, genauer gesagt, Schauspieler warfen Steine auf einen Kinderwagen, in dem, wie man die Zuschauer wissen ließ, ein Kind lag, obwohl da kein Baby war, und selbst die Steinigkeit der Steine ist fragwürdig, denn es waren schließlich Requisiten, und die Fiktionalität des Unterfangens war eindeutig klar durch die Tatsache, dass das Ganze auf einer Bühne stattfand, während die Leute, manche gut gekleidet, andere nicht, denn bei Londoner Theaterbesuchern ist beides möglich, auf billigen und teuren Plätzen saßen und es

geschehen sahen, und das schließlich nicht im Rom der Gladia-
toren, nicht einmal im London der Zeit, als Menschenmengen an
dem Platz zusammenkamen, der heute Marble Arch heißt, damals
Tyburn Tree, um die dortigen Hinrichtungen zu bejubeln. Nein,
dies geschah im Royal Court Theatre am Sloane Square, und
außerhalb des Theaters herrschte das »Swinging London«, es
schwang so kräftig, wie es konnte, es schwang, wie es im Song
hieß, wie ein Pendel. Nun ist die Fiktionalität der Fiktion eine bedeutende Angelegenheit; sie bildet den Kern der wechselseitigen
Beziehung, des Vertrags zwischen dem Werk und seinen Zuschauern, das Werk bekennt seine Fiktionalität, seine Unwahrheit, während es verspricht, die Wahrheit aufzudecken, und das
Publikum legt seinen Unglauben an das ab, von dem es weiß, dass
es nicht zu glauben ist, und entdeckt so einen Stoff, an den zu
glauben sich lohnt. Genau das tun Menschen, wenn sie Literatur
auf einer Bühne oder in einem Buch erleben, aber sie vergessen,
dass sie es tun, oder falls sie sich daran erinnern, meinen sie, es sei
nicht wichtig, sie meinen, es sei *natürlich*, obwohl es genau das
Gegenteil ist, es ist *unnatürlich*, es ist ein Kunstgriff, es ist *künstlich*.
Der Akt des Lesens oder Sehens ist auch ein kreativer Akt, eine
Teilhabe an der Fiktion, *klatschen Sie in die Hände, wenn Sie an Feen
glauben*, und ist das nicht der Fall, entfaltet sich der Zauber nicht,
und Tinkerbell stirbt. Kinder wissen das, aber die Leute werden
erwachsen und vergessen es, ebenso wie die kleinen Darling-
Geschwister Peter Pan vergessen.

Menschen erinnern sich ja an Skandale, darum erinnern sie sich
auch an Edward Bonds gesteinigtes Baby. Nicht so sehr erinnern
sie sich zum Beispiel an Bonds außergewöhnliches Stück *Lear*,
das sich mit Shakespeares gewichtigem Stück auf einen Nah-
kampf einließ, irgendwie alle Runden überstand, nicht platt ge-
walzt wurde und mit dem aus dem Kampf hervorging, was man
in England »a draw«, ein Unentschieden, nennt und in Amerika

mit einem seltsamen Bild aus dem textilen Bereich, »a tie«, eine Schleife, bezeichnet. Die Menschen erinnern sich nicht oder vielleicht doch, vielleicht erinnern sich manche an Edward Bonds Stück *Bingo*, in dem Shakespeare als Person auftritt, denn als Schriftsteller entkommt man dem Mann nicht. (Ich habe eine Shakespeare-Büste aus Messing als Türklopfer an der Tür zu meinem Arbeitszimmer, sodass ich jeden Tag, wenn ich es betrete, um zu arbeiten, an meine Tür klopfen und mir selbst erlauben kann hineinzugehen. Ich weiß, dass ich nicht meinen Bereich betrete, sondern seinen, Shakespeares, den kein Türklopfer begrenzen oder einschränken kann, der aus dem Türklopfer heraushüpft, das Zimmer hinter der Tür in Besitz nimmt und es beherrscht, so wie er alle Räume im armen, reichen Haus der Literatur beherrscht.)

Edward Bonds Shakespeare in dem Stück *Bingo*, an das sich die Leute vielleicht erinnern oder auch nicht, betrinkt sich mit Ben Jonson, mit Edward Bonds Ben Jonson, der gekommen ist, um ihn an seinem rätselhaften Rückzugsort Stratford zu besuchen, um ein Geheimnis zu durchdringen, das ebenso tief ist wie das Rätsel seines Genies, nämlich das Geheimnis seines Schweigens.

(Man verbringt viel Zeit mit dem falschen Rätsel, dem Nichträtsel, wer Shakespeares Stücke schrieb, Francis Bacon oder Christopher Marlowe oder, mein persönlicher Favorit, nicht William Shakespeare, sondern eine andere Person desselben Namens, aber die schlichte Wahrheit ist, dass Shakespeare offenkundig Shakespeare war. Es mag unerträglich erscheinen, dass ein Autodidakt aus der Provinz, ein Schauspieler und Schreiberling, der seinen eigenen Namen nicht buchstabieren konnte, Shakespeare war, aber genau der war er.)

· Edward Bond verstand, dass Shakespeares Schweigen das entscheidende Rätsel ist, die Entscheidung des größten Genies in der Geschichte der englischen Literatur, auf dem Höhepunkt seiner Karriere sich von diesem Genie abzuwenden, das Schreiben, das Schauspielern, das Führen des Theaters und Southwark aufzugeben, dieses zwielichtige Viertel mit vielen Theatern, Spielhöllen, Bordellen und Hahnenkämpfen, das er geliebt haben muss, denn selbst nachdem er der erfolgreichste Bühnenautor seiner Zeit geworden war, verließ er es nie für zuträglichere Viertel, und als er tatsächlich umzog, war es nicht allzu weit weg. Mit einem Mal entschied er 1613, seine Arbeit sei getan, er legte alles nieder und kehrte zurück nach Stratford, ohne auch nur einmal zurückzublicken, und lebte drei Jahre lang ein spießiges, aber offenbar zufriedenes, bürgerliches, provinzielles Leben, ein Leben mit Anne Hathaway, Leben und Sterben mit Anne, der er in seinem Testament sein zweitbestes Bett vermachte, was nicht so beleidigend sein mag, wie es klingt, denn laut einigen Forschern wurde in einem elisabethanischen bürgerlichen Haushalt, wie dem von Shakespeare und Anne, das beste Bett abseits aufbewahrt für den Fall, dass ein hoch angesehener Gast über Nacht blieb, es wurde makellos und unberührt aufbewahrt für den Fall, dass ein Earl oder sogar eine Königin oder ein König unerwartet abstieg, während das zweitbeste Bett das Ehebett war, das Bett, in dem sie miteinander schliefen, Mistress Hathaway und das Genie, das seinen Namen nicht buchstabieren konnte, das ihn bei irgendeiner Gelegenheit in jenen Tagen – vor der standardisierten Orthografie und den Rechtschreibwettbewerben – als »Chackspaw« niederschrieb.

Shakespeares Schweigen: das domestizierte Verstummen des Lieds von Sweet Will, des Zauberers, der wie Prospero, der von ihm erschaffene Zauberer, seine Insel voll Lärm verließ, den Stab brach und seiner Kunst abschwor, und warum? Wir wissen es nicht. Er hat uns keine Gründe genannt. Aber wenn wir seinem Genie vertrauen, dann können wir annehmen, dass die letzte Einsicht dieses Genies die Erkenntnis war, er habe sein Werk getan, es sei an der Zeit aufzuhören. Und so hörte er auf, in einem Akt großartigen, wenn auch nicht süßen Willens.

Er hinterließ uns keine Briefe, keine Tagebücher, keine ersten Entwürfe, keine Kollektaneen, keine Autobiografie, nichts außer seinem Werk, seinem unerschöpflichen Werk. Zu Shakespeares Genie gehörte es auch sicherzustellen, dass sein Schweigen ihn überdauern würde, indem er seine Schnitzer, seine Ausarbeitungen, seine Bedenken und Erklärungen vernichtete, und das muss er eigenhändig getan haben, denn wenn man solche Materialien vernichten will, muss man es selbst tun, bitten Sie nicht jemanden, es für Sie nach Ihrem Tod zu tun, denn er wird es nicht tun, er wird das tun, was Max Brod für Kafka tat oder ihm antat, er wird die Texte veröffentlichen, die Sie verbrannt haben wollten, gegen Ihren ausdrücklichen Willen wird er den *Prozess*, *Das Schloss*, *Amerika* und *Briefe an Felice* veröffentlichen und auch die *Briefe an das andere Mädchen – an Milena*, richtig, so hieß sie.

Doch vielleicht wusste Kafka, was geschehen würde, denn er und Max hatten ein Gespräch darüber geführt, und Max Brod hatte ihm gesagt, sollte er zu seinem Nachlassverwalter ernannt werden, würde er die unveröffentlichten Arbeiten nicht vernichten, und dennoch bestimmte Kafka Brod zu seinem Nachlassverwalter und bat ihn, »alles zu verbrennen«, die *Briefe an Milena* und *Felice* ebenso wie den *Prozess*, *Das Schloss* und *Amerika*, er bat ihn darum, obwohl er nur allzu gut wusste, dass Brod es nicht tun würde.

Aber Shakespeare war anders, er war nicht wie Kafka, dessen meiste Meisterwerke bis nach seinem Tod unveröffentlicht blieben, Shakespeare hatte gesagt, was er zu sagen hatte, die Gedichte waren geschrieben und die Stücke aufgeführt, und als er sich dann für das Schweigen entschied, war er entschlossen, sich nicht wieder zu äußern, nicht einmal nach seinem Tod; er wollte nicht, dass Halbfertiges, Falsches gelesen würde, wollte nicht durch die Erforschung der Funktionsweise seines Hirns interpretiert und erklärt werden, sondern einzig durch das Werk, das unerschöpfliche, unerklärliche Werk. Er wurde still, weil er nichts mehr zu sagen hatte, er verbrannte die Jahre, die ihm verblieben, als wären sie Manuskripte, und er gab nicht zu erkennen, dass es ihm etwas ausmachte; dort in Stratford schien er ganz zufrieden, nie kehrte er nach London zurück, niemals, soweit wir es wissen, sah er sich auch nur ein Theaterstück an, er hörte auf, die Person zu sein, die er gewesen war, und es machte ihm nichts aus, stattdessen lebte er mit Anne. In Edward Bonds Stück *Bingo* bekommt er Besuch von Ben Jonson, und sie gehen aus und trinken, sind königlich betrunken, und auf dem Heimweg erkältet sich Shakespeare und stirbt, aber nicht ehe er Ben Jonson gesagt hat, wie sehr er ihn um seine guten Kritiken beneide, nicht ehe Ben Jonson ihm gesagt hat, wie sehr er ihn um seine Popularität beneide, denn sie beide stehen unter dem Fluch der Literatur, niemals mit dem zufrieden zu sein, was sie haben, selbst wenn sie die Autoren von *Volpone, Der Alchemist, Hamlet* und *Lear*, selbst wenn sie Jonson und Shakespeare sind.

Edward Bond und sein Shakespeare sind Schriftsteller, die wie Kafka vor dreißig Jahren in meinen ganz persönlichen Kanon eingegangen sind, in den einzigen Kanon, der für einen praktizierenden Schriftsteller von Wert ist, da er jener ist, den er sich selbst schmiedet, der also nicht von den Hohepriestern der Literatur festgelegt ist, kein in Stein gemeißeltes Gebot, das vom Berg Sinai oder der Englischen Fakultät der University of Cambridge von einem Leavisite Moses hinuntergetragen wurde, sondern etwas Heidnisches, ein Verschmelzen von Schätzen, ein Goldenes Kalb. Oder sagen wir, etwas, das aus den Zufällen eines Lebens entstanden ist, geführt in den Feldern des Worts, entstanden aus den glücklichen – und besser noch – aus den *nützlichen* Ansteckungen des lesenden Schriftstellers durch andere.

Ich spielte einmal in einem Stück von Jonson mit, ich hatte die Rolle des Pertinax Surly in einer Studentenaufführung von *Der Alchemist*, das in den Kreuzgängen des Jesus College, Cambridge, aufgeführt wurde, genau an dem Ort, wo die Uraufführung des Stücks etwa vierhundert Jahre zuvor stattgefunden hatte, so erzählte man es mir zumindest. Ich spielte in dem Jonson, aber er hat mich nicht weitergebracht, wohingegen Shakespeare sowohl mein Türklopfer als auch der Besitzer der Bereiche ist, zu denen das Klopfen mir Einlass gewährt, zugleich mein Vergil, der die Tore der Hölle und des Himmels öffnet, und Teufel und Gott, ich sage das als ein Mensch, der weder an Gott noch an den Teufel glaubt, ich glaube nur an Vergil, aber ich verstehe das Wesen des Vertrags mit der Fiktion, darum kann ich mich einverstanden erklären, den Unglauben an das, von dem ich weiß, dass es nicht zu glauben ist, abzustreifen, in der Hoffnung, dadurch eine Wahrheit zu finden, auf die ich mich verlassen, der ich vertrauen kann.

Howard Brenton und Shakespeare als Proteus

Es ist eine Tatsache, dass Shakespeare nicht allein Edward Bond gehört, er gehört zum Teil auch einem anderen Dramatiker, Howard Brenton. Ich erinnere mich an etwas, das Brenton vor etwa fünfundzwanzig Jahren in einem Raum des New College, Oxford, sagte; er sagte – oder zumindest erinnere ich mich so daran, das ist das Goldene Kalb, das ich aus dem zusammengefügt habe, was auch immer aus Brentons Mund gekommen sein mag –, dass eines der größten Geschenke, das Shakespeare den Schriftstellern englischer Sprache gemacht habe, seine unglaubliche Freiheit der Form sei, eine Freiheit, die zum Beispiel französischen Schriftstellern durch zum Beispiel Racine nicht gewährt sei, der ja ein großer Bühnenautor gewesen sein mochte, aber seine Formen seien nicht frei gewesen, sie seien klassizistisch, wie ein starres Korsett und einengend gewesen, er sei ein Künstler in formeller Kleidung gewesen, der, um es mal so auszudrücken, eine Perücke getragen und an edlem Wein genippt habe, wohingegen Shakespeare ein offenes Hemd angehabt und in einer Taverne Ale verschüttet habe.

Nehmen wir zum Beispiel *Hamlet*. Es ist eine Geistergeschichte, um zuerst das Offensichtliche festzustellen, »Hamlet, ich bin deines Vaters Geist«, sagt der tote König, dessen Name ebenfalls Hamlet ist (zumindest in Shakespeares Stück, obwohl in Saxo Grammaticus' *Gesta Danorum*, aus denen Shakespeare den Plot schöpfte, der Name von Hamlets Vater nicht Hamlet ist, sondern Horwendillus, ein Name, den es sich lohnt zu ändern, denke ich). Also handelt *Hamlet* von einem Hamlet und dem Geist eines anderen Hamlet, ein Stück über einen Sohn, der von seinem Vater heimgesucht wird, geschrieben von einem Vater, den der Geist eines toten Sohns namens Hamnet heimsucht, all das erlaubt Stephen Dedalus in *Ulysses*, sich über das Stück in einer geliebten und gewiss gut angeheiterten Auslegung lustig zu machen (»Wartet, bis ich ein paar Pinten intus habe«, bittet Buck Mulligan), in der er »per Algebra« nachweist, »dass Hamlets Enkel Shakespeares Großvater ist und er selber der Geist seines eigenen Vaters«. Also eine Geistergeschichte, ja, aber nicht nur eine Geistergeschichte, denn sie ändert immerzu die Form, sie wird abwechselnd zu einer Mördergeschichte, zu einem politischen Drama über Intrigen am dänischen Hof und über die drohende Invasion durch Fortinbras, zu einem Psychodrama über Unentschiedenheit, zu einer Rachetragödie, zu einer tragischen Liebesgeschichte und zu einem postmodernen Stück über ein Stück, einem Stück mit dem Titel *Hamlet*, in dem ein Stück mit dem Titel »Die Mausefalle« enthalten ist, das die Geschichte eines Königsmords erzählt, der dem in der Geschichte des *Hamlet* entspricht, aber es ist noch immer eine Geistergeschichte, noch immer die Geschichte eines toten Vaters, der nach Rache schreit, und das meinte Brenton, denke ich, mit der Freiheit, die Shakespeares Geschenk für jene von uns ist, die die Verwegenheit besitzen, ihm in die englische Sprache hinein zu folgen: Er meinte, Shakespeares großes Beispiel gebe uns die Erlaubnis, ein Werk zu schaffen, das vieles auf einmal ist, das seine Form wandelt, ein Werk, das weder eine Geistergeschichte noch eine Liebesgeschichte noch eine Crossdresser-Burleske sein muss oder ein Historiendrama oder ein Psychodrama, sondern all das auf einmal sein kann, ohne die Wahrheit, die Tiefe, die Leidenschaft, die Formschönheit oder das Interesse zu opfern, ohne ein verwirrendes, irre machendes, hohles, sinnloses Chaos zu werden. Oder nehmen wir *Macbeth*: die Hexen, Banquos Geist, die Vision des Dolchs, all dieser Hokuspokus, all dieser Zauber, in einem der am rigorosesten wahrheitsgetreuen Stücke, das je über die Macht geschrieben wurde, ein so beängstigendes Stück mit so einer Macht, Dämonen heraufzubeschwören, dass man seinen Namen nicht innerhalb der Mauern eines Theaters aussprechen sollte: das »schottische Stück«, dieses realistische Meisterwerk über den Kampf um das, was Akira Kurosawa in seinem Samurai-Remake *Das Schloss im Spinnwebwald* den »Thron des Blutes« nannte.

Das Adjektiv für diese Art von Literatur ist *proteisch*.

Diese proteische Annäherung an die Literatur mag eine Strategie mit einem höheren Risiko sein, aber macht sie das nicht eher anziehender als weniger anziehend? Sagte nicht Randall Jarrell, ein Roman sei eine lange Prosaerzählung, mit »der etwas nicht stimmt«?

(Im Übrigen befürchtete ich, dies sei ein weiteres meiner Goldenen Kälber und Randall Jarrell habe tatsächlich nie dergleichen gesagt oder nicht so ganz, ebenso wie André Malraux nie sagte, das 21. Jahrhundert solle das Zeitalter der Religion sein – alle behaupten, er habe das gesagt, aber tatsächlich sagte er das Gegenteil, dass es das genau nicht sein solle –, und ebenso wie Mae West in *Sie tat ihm unrecht* niemals sagt, »Komm doch mal vorbei«, und Ingrid Bergman in *Casablanca* nie sagt, »Spiel's noch einmal, Sam«. Darum habe ich es nachgelesen, und es stellte sich heraus, dass Randall Jarrell weder das gesagt hat, von dem ich behauptete, er habe es gesagt, noch dass er in Michael Hofmanns Version in der *New York Review of Books* sagte, ein Roman sei »sechzigtausend Wörter diskursiver Prosa, mit der etwas nicht stimmt.« In einer dritten Fassung kürzlich im *New York Magazine* nannte er es »ein Werk in Prosa von einer gewissen Länge, mit der etwas nicht stimmt«, sagte also definitiv, »mit der etwas nicht stimmt«, und meinte definitiv, das gelte für den Inhalt von Romanen. Also doch kein Goldenes Kalb, sondern etwas, das sich einem Fakt annähert, obwohl die Suche einen an die Schwierigkeit der Präzision erinnert, an die Schwierigkeit, *genau* festzustellen, was gesagt wurde und wann. Ah, aber hier ist das Original, es steht in Jarrells Vorwort zu Christina Steads Roman *The Man Who Loved Children*: »Ein Roman«, sagt er, »ist eine lange Prosaerzählung, mit der etwas nicht stimmt.« Ah, welch eine Genugtuung, es schon vorher richtig gewusst zu haben und mit einem Zitat aufwarten zu können, an dem nichts nicht stimmt! Mir scheint, auch Fakten bereiten uns Vergnügen.)

Also: Wenn ein Roman oder gar ein Theaterstück zwangsläufig etwas ist, »mit dem etwas nicht stimmt«, dann soll es zumindest eine wundervolle Unstimmigkeit sein, die von der seltsamen Schönheit der Welt spricht, eine Unstimmigkeit, die danach strebt, die trübe Patina von unseren Augen zu wischen und unsere Ohren von dem alltäglichen dämpfenden Wachs zu befreien, die uns die Realität monochrom sehen und monoton hören lassen, und uns die Musik des Regenbogens zu enthüllen und wie die Dinge wirklich sind. Lass es ein Theaterstück sein oder gar einen Roman, der helle Momente enthält, dunkle Veränderungen, lebendige Figuren, plötzliche Transformationen, Bilder von Feuer und Eis, erschreckende Metamorphosen, lichte Einblicke, komische Änderungen und Geschichten, an denen gar nichts nicht stimmt.

Wenn ich an die Tür meines Arbeitszimmers klopfe, mich selbst auffordere einzutreten, danke ich meinem fünf Zentimeter großen Shakespeare für seine Idee des Proteischen. Er mag nur eine Türzierde sein, aber meines Erachtens spricht er ständig über irgendetwas. Erinnern wir uns an Proteus, den alten Mann des Meeres. »Proteus, blau von Gestalt, der des Abgrunds Flut in dem Wagen weit mit beschupptem Gespann zweifüßiger Rosse durchwandert«, schreibt Vergil in den *Georgica*. Proteus, der wusste, dass alles Vergangene gegenwärtig war und bereitlag, zögerte zu erzählen, was er wusste, und nahm immer wieder neue Gestalt an, um seine Geheimnisse nicht preisgeben zu müssen. Er konnte sich »in einen jungen Mann« verwandeln, »in einen Löwen, ein Schwein, eine Schlange, einen Stier, einen Stein, einen Baum, in Wasser oder eine Flamme, oder was immer ihm gefällt«. Doch nicht immer verschleierte er die Wahrheit, manches Mal enthüllte er sie auch, zum Beispiel als er dem sterblichen Peleus erklärte, wie er die Meeresnymphe Thetis fangen könne, die schöne silberfüßige Nereide Thetis, auch eine Gestaltwandlerin, »und auch wenn sie hundert Gestalten erfindet«, rät Proteus Peleus in Ovids *Metamorphosen*, »halte, was es auch sei, bis zur ersten Gestalt sie zurückkehrt«, was Peleus befolgt, und er ergreift Thetis, und das großartige Resultat ihrer Vereinigung ist Achilleus, auch wenn Thetis weiß, dass sie nicht ohne Hilfe verführt worden ist – »Nicht ohne die Gunst eines Gottes siegst du!«, sagt sie zu Peleus –, doch zu spät, Achilleus ist bereits unterwegs, dank der Enthüllungen des Gestaltwandlers Proteus, und es ist diese Idee des Proteischen, die mir gefällt, nicht das Verbergende, sondern das Offenbarende, das ist es, wovon Shakespeare dauernd sprach, Shakespeare, der wusste, dass alles Vergangene gegenwärtig war und bereitlag, und der seine gestaltwandlerische Kunst nutzte, um sie, die Gegenwart, die Zukunft und die Vergangenheit, bloßzulegen.

Das Wesentliche am Proteischen in der Literatur, das Wesentliche, das Shakespeare erfasste und uns allen, die ihm folgen, ermöglichte, es ebenso zu erfassen, ist, dass *das Leben so ist*, das Leben selbst ist nicht nur eine Sache, sondern viele, nicht in der Einzahl, sondern in der Mehrzahl, nicht beständig, sondern unendlich veränderlich. Es ist eine Geistergeschichte und eine Liebesgeschichte, eine politische Saga und eine Familiensaga, es ist Komödie und Tragödie zugleich, es ist *nicht realistisch*, nicht in dem Sinne, in dem das Wort von jenen verwendet wird, die über Derartiges zu Gericht sitzen, überhaupt nicht realistisch in diesem Sinne. Auch Familienleben ist nicht »realistisch«. Wir geben vor, es sei es, wir alle geben das vor, indem wir eine der vorherrschenden Fiktionen dessen erfinden, was man »Realität« nennt, die Fiktion des »normalen Lebens«. Wir alle geben vor, dass diese normalen Leben die Leben sind, die wir »wirklich« haben, die Leben, die wir »wirklich« führen, aber im Geheimen kennen wir alle die Wahrheit, sie stellt sich ein, sobald wir durch die Vordertür der Familie gehen und sie hinter uns schließen; darin herrscht Chaos, es ist überhaupt nicht normal, es ist überzogen und opernartig und monströs und kaum zu ertragen, darin gibt es verrückte Großväter, boshafte Tanten, korrupte Brüder und nymphomanische Schwestern, darin sind junge Männer, die sich weigern, ihren ekligen Lunch zu essen, und sich stattdessen auf die Bäume zurückziehen, um dort für den Rest ihres Lebens zu bleiben, wie der Protagonist in Calvinos *Der Baron auf den Bäumen*, da sind riesige Rabelais'sche Familien, gargantuanische, pantagruelinische, riesige Sturmvögel, Brecher gigantischer Winde, und es gibt schreiende Jungen mit vermindertem Wuchs, die auf Blechtrommeln schlagen, wie es Oskar Matzerath in Grass' großem Roman tut, Jungen, die beschließen, klein zu bleiben, die wegen der Schrecken ihrer Zeit ihr Wachstum einstellen, und es gibt Mütter wie Úrsula Iguarán, die Matriarchin aus *Hundert Jahre Einsamkeit*, die vernünftige Mitte einer unvernünftigen Welt; da sind verfrühte Tode und wunderliche Unfälle, da sind Eifersucht und Inzest und schmerzlicher lebenslanger Hass, Kränkungen werden uns zugefügt, von denen wir uns nie erholen, selbst wenn wir unsererseits anderen solche Kränkungen zufügen, und es ist laut in der Familie, und es herrscht Neugier, und manchmal fliehen wir vor ihr, wir überqueren Kontinente und Meere, um ihr zu entkommen, und dann bauen wir uns sehr vorsichtig eine neue Version von ihr, denn das Problem beim Versuch, sich selbst zu entkommen, ist, dass man sich selbst auf diese Reise mitnimmt. Oh, und da ist auch Liebe und Fürsorge und Unterstützung und Zärtlichkeit, ja, das vergesse ich nicht. Auch das bieten Familien, ja.

Das also möchte ich anführen, wenn ich mit einem offenen Hemd in einer Taverne sitze und Ale verschütte: Ich möchte anführen, dass die Realität nicht realistisch ist, und darum bevorzuge ich diese andere Art von Literatur, die man die proteische Tradition nennen mag, welche realistischer ist als der Realismus, denn sie korrespondiert mit dem Irrealismus der Welt.

Proteus und andere Metamorphosen

Das »Reale« ist eine Vorstellung von der Welt, eine Beschreibung oder ein Bild von ihr, ebenso wie das »Unreale«. Man könnte sogar sagen, es ist ein Glaubensgrundsatz – wie Geld oder Feen:

Man muss an sie glauben, sonst existieren sie nicht. Wenn man nicht daran glaubt, dass der Greenback in der Tasche einen Dollar wert ist, dann ist es nur ein Stück Papier, eine tote Fee, etwas Unreales. Wenn man nicht an eine vorgegebene Beschreibung der Welt glaubt, so weigert man sich, sie »real« zu nennen, stattdessen nennt man sie eine Lüge. Die Grenze zwischen Realität und Fiktion ist nicht trennscharf, sie ist verschwommen und verwischt. Eine Beschreibung der Welt enthält Fakten, sicherlich, und Fakten sind, wie wir gesehen haben, flatterige, trügerische Wesen, aber es gibt Armeen von Faktenforschern, die ihnen wie Schmetterlingen hinterherjagen, und manchmal werden sie wie Falter an die Wand genagelt. Also wird es innerhalb einer vorgegebenen »Realität«, in einem vorgegebenen Bild der Welt, eine Reihe von niet- und nagelfesten Fakten geben – der Name des Präsidenten, das Alter Ihrer Ehefrau, der Rang Ihres Lieblingssportklubs in der wöchentlichen Tabelle –, aber ebenso wird es oft niet- und nagelfeste Fiktionen geben – wie Vorurteile, Unwissen, Irrtümer und Inhalte der Staatspropaganda (die derzeit in einer Bandbreite attraktiver Farben daherkommt) –, die sich als Fakten maskieren. Ich muss niemanden daran erinnern, früher galt es einmal als Fakt, dass die Welt eine Scheibe ist. Komisch, was man für selbstverständlich hält. Die Welt ist eine Scheibe, Ihr Zuhause ist Ihre Burg, Gott ist groß, Ihre Eltern lieben Sie, die Red Sox werden (fast) immer einen Weg finden zu verlieren, und Sie werden nicht eines Morgens aufwachen und feststellen, dass Sie sich in ein riesiges Ungeziefer verwandelt haben. Wenn Sie in einem Bild der Welt leben, besteht alles in Ihnen und in dem Bild darauf, dass sie so ist: Das ist die Welt und nicht etwas anderes, und außerhalb des Rahmens ist nichts.

Dann zerbricht eines Tages das Bild der Welt. Sie wachen eines Morgens auf und stellen fest, dass Sie sich wahrhaftig in ein riesiges Ungeziefer verwandelt haben. Oder Hitler marschiert in Polen ein. Oder Sie sind ein Werbefachmann, der wie Cary Grant aussieht, und einige Szenen später werden Sie von einem Sprühflugzeug gejagt und hängen am Mount Rushmore. Oder irgendjemand muss Lügen über Sie verbreitet haben, wie es Josef K. zugestoßen ist, denn eines schönen Morgens werden Sie verhaftet, und niemand erklärt Ihnen, warum. Oder Sie sind ein distinguierter westdeutscher Romanautor, glücklich verheiratet, und eines Tages entdecken Sie, dass Ihre geliebte Frau, mit der Sie seit dreißig Jahren verheiratet sind, von Anfang an eine kommunistische Spionin und die Ehe ganz einfach ihre »Tarnung« war. Oder Sie achten im Supermarkt nur einige Sekunden nicht auf Ihr Kind, und im nächsten Augenblick ist das Kind verschwunden und mit ihm alles, was Sie für Ihr reales Leben gehalten haben. Oder Terroristenflugzeuge fliegen in die Twin Towers, und Ihre Arglosigkeit stirbt mit Ihrem Gefühl für Sicherheit, zusammen mit den Tausenden Toten. Komisch, was man alles für selbstverständlich hält, bis man es nicht mehr tut. Oder wie fühlt es sich an, Raymond Carver zu sein, wenn Ihnen Ihr Arzt mitteilt, dass Sie einen inoperablen Lungenkrebs haben? »Ich hätte ihm sogar fast gedankt«, schreibt Carver, »so stark ist die Gewohnheit.«

Wie ich bereits sagte, es ist merkwürdig, was wir für selbstverständlich halten und wie solide wir die Welt einschätzen, wo doch tatsächlich Menschen zusammenbrechen und sterben und ihre Arbeit verlieren und sich verändern; sie verändern sich, wir verändern uns unentwegt, die Metamorphose scheint unterdessen die einzige Konstante zu sein, der einzige reale Realismus, aber das ist ein Problem, wenn Ihre Vorstellung vom Realen mit Konstanz und Stabilität zu tun hat, wenn Sie wollen, dass die Welt ein Stahlkubus ist, wohingegen sie doch eine sich ständig wandelnde Amöbe ist, sie ist ein Ei, das in der Pfanne brät. Gehen Sie in eine New Yorker Bar oder in einen Pub im englischen

Manchester oder in ein Kaffeehaus am Connaught Place in New Delhi oder sogar auf die sogenannte Arab Street, und wohin auch immer Sie gehen, Sie hören Meinungsverschiedenheiten. Wir können uns nicht einmal über die Mannschaftsaufstellung der Yankees einigen, wie sollen wir uns da über die Welt einigen? Hier ist diese Welt, die wir haben, nicht flach, nicht mehr, wir wissen das, aber können wir uns darauf einigen, was sie im Augenblick ist? Rund, okay, sie ist rundlich, aber darüber hinaus? Sie wird immer mehr zu einem Ort, wo Menschen streiten, wo sie sich nicht einigen, wo die Befreiung des einen der Imperialismus des anderen ist, wo Kampflinien in den Sand gezogen werden, quer durch Gletscher, mitten durch zerstörte Städte, wo ein großer Disput über das Wesen der Realität im Gange ist, über *alles, was der Fall ist*; es kollidieren Welten, unvereinbare Realitäten kämpfen um denselben Raum, und das Ergebnis ist, häufig, Gewalt.

Genau damit ringe ich, mit diesem großen, formlosen, mutierenden Kloß, der sich nicht einmal mit sich selbst darauf einigen kann, was er eigentlich ist, genau dem versuche ich, Form zu geben, und wenn ich für mich spreche, wenn ich jetzt nicht so sehr als Autor, sondern als Leser spreche, würde ich mein Vertrauen eher in die Autoren setzen, die den Kampf bestätigen, und Sie erkennen lassen, dass jede Form, die sie dem Kloß geben, nur provisorisch ist, dass ihnen ihr eigenes Bild von der Welt in die Quere kommt, dass es schwierig ist, aus dem Rahmen herauszutreten. Alles in allem ist es besser, ihnen zu vertrauen, als jenen, die behaupten, die Welt sei so fest wie ein Fels, obwohl auch Felsen auseinanderbrechen, oder so sicher wie ein Haus, obwohl auch Häuser schwanken und explodieren.

Geben Sie mir in einer Welt, die so unbeständig ist, literarische Unbeständigkeit oder zumindest immer wieder einmal die Bestätigung, dass es so ist, die Bestätigung, wie sehr die Welt durch Erdbeben, Krieg oder Zufall erschüttert werden kann, die Bestätigung, dass kein Irrtum an dieser Realität besteht und man sich mit der Natur der Bestie auseinandersetzt.

Proteus.

Proteus war keineswegs der einzige Gestaltwandler der früheren Zeit, Zeus selbst hatte eine Vorliebe fürs Verwandeln, insbesondere wenn er Frauen nachstellte – ein Stier für Europa, ein Schwan für Leda, weshalb seine Tochter Helena, die trojanische Helena, aus einem Ei geboren wurde. Auch in Indien war die Metamorphose eine gut etablierte göttliche Tat. Der Gott Vishnu hatte zehn »primäre« und vierzehn weitere Inkarnationen oder »Avataras«, darunter einen Fisch, eine riesige Schildkröte, einen Eber und die Götter Rama und Krishna. Und allgemein lässt sich sagen, Vishnu hatte, wenn er seine Gestalt wandelte, eine größere Bandbreite an Interessen als Zeus; seine Inkarnationen Rama und Krishna waren gewiss in unsterbliche Liebesgeschichten mit Sita und Radha verwickelt, aber sie hatten auch Wichtigeres zu tun, Martialisches und Philosophisches. Es ist keine allzu starke Übertreibung, wenn man behauptet, dass die Geburt der Literatur, ganz gewiss die Geburt der proteischen Tradition der Literatur, die ich hier zu feiern versuche, ein kostbarer Nebeneffekt der metamorphischen Neigungen der Götter war, denn ohne den Schwan hätte es keine Helena gegeben und ohne Helena keinen Trojanischen Krieg, denn ich bin der Überzeugung, es war Helenas Krieg, selbst wenn die moderne revisionistische Lesart den Konflikt in Begriffen der Machtpolitik der Region sieht und Agamemnons Gier höher ansiedelt als die enorme sexuelle und erotische Macht der trojanischen Helena. Mir scheint, das geht an der Sache vorbei.

Eines ist doch klar: Technisch betrachtet war es laut Faktenlage Agamemnon, der seine Tochter Iphigenie den Göttern opferte, um sie davon zu überzeugen, der in eine Flaute geratenen griechischen Flotte hilfreiche Winde zu schicken, es war

Agamemnon, der die tausend Schiffe anführte und anschließend, nach langer Belagerung und großen Taten vieler Soldaten auf beiden Seiten, die dachlosen Türme von Ilion in Brand setzte; doch hier stoßen wir auf einen lehrreichen Unterschied zwischen Fakt und Wahrheit, der, was recht interessant ist, auch den Unterschied zwischen Geschichte und Literatur ausmacht, und die Wahrheit, die Wahrheit der Literatur ist, dass nicht Agamemnon die Schiffe anführte, sondern Helena, und auch die Türme setzte sie in Brand, die Flammen, die über Troja zusammenschlugen, offenbarten ihre lodernde Macht, die Macht der begehrenswertesten Frau der Welt.

Hier begibt sich Helena unter den Bauch des Trojanischen Pferds und streichelt es, tatsächlich streichelt sie das Holz, und die sexuelle Glut ihrer Liebkosung überträgt sich auf die im Inneren versteckten Soldaten. Das ist ein vollkommen surrealistisches, »unmögliches« Bild, aber wir verstehen es sofort, denn wir verstehen, wozu Helena in der Lage ist, eine Tausend-Schiffe-Anführerin kann ganz gewiss ein hölzernes Pferd aufreizen, kann sexuelle Glut durch das Holz hindurch auf die im Inneren versteckten Soldaten übertragen und sie alle in Erregung versetzen, einen von ihnen so mächtig, dass Odysseus ihn töten, ihn tatsächlich mit starken Händen ersticken muss, damit er zu schreien aufhört. Lesen Sie das und sagen Sie mir, das sei keine Geschichte über die Macht einer Frau. Ohne Zeus' metamorphische Verführung der Mutter Helenas hätten wir nichts dergleichen, keinen Homer, keine *Ilias*, keine *Odyssee*, und wenden wir uns nach Osten, ist es die gleiche Geschichte: Vishnu als Krishna ist nicht nur einer der führenden Akteure im *Mahabharata*, sondern auch der augenscheinliche Verfasser der *Bhagavad Gita*, während uns die Ausbeuten des Vishnu als Rama außerdem das *Ramayana* schenkten.

Immer wieder kehre ich zu den alten Geschichten zurück, ich erfrische mich an diesen unverseuchten Quellen aus alter Zeit, zum Teil weil es hilft – wenn einen das Gegenwärtige so tief trifft und ein Großteil des Denkens damit beschäftigt ist, wie man die Sicht auf das gegenwärtige Leben, auf diesen oben erwähnten, riesigen mutierenden Kloß, in schlüssige Arbeit umsetzen kann –, sich daran zu erinnern, was überdauert hat, was für sich beanspruchen darf, ewig genannt zu werden, und zu Füßen des Fortbestehenden zu sitzen und zu lernen. Aber auch, weil es ganz einfach etwas Freudiges an sich hat, zum Beispiel in den altnordischen Texten zu entdecken, dass es zu Anbeginn eine riesige Kuh gab, die Kuh Audumla, die am Boden eines bodenlosen Abgrunds lag, des Ginnungagap, der gähnenden Kluft zwischen dem Land von Muspellsheim und dem von Niflheim, den Ländern aus Feuer und Eis, wo sie den Riesen Ymir nährte, der an ihrem Euter trank. Während Ymir trank, leckte die Kuh Audumla auf der Suche nach Nahrung oder Unterhaltung das salzige Eis am Boden des Ginnungagap auf und formte durch ihr Lecken die Gestalt des Buri, der der Großvater der Götter Odin, Vili und Vé wurde, und als die Götter erwachsen waren, töteten sie den Riesen Ymir und nutzten die verschiedenen Teile seines Körpers, um die Welt zu bauen, sie nutzten sein Blut, um das Meer entstehen zu lassen, seine Knochen, um die Berge aufzutürmen, sein Fleisch, um die Erde zu erschaffen, und seinen Schädel für den Himmel. Sie nutzten sogar die vier Maden, die auf der Leiche des toten Riesen erschienen und die Gestalt von vier Zwergen annahmen, die Norden, Süden, Osten und Westen hießen, jeder bekam eine Ecke des Himmels und musste sie hochhalten, und dann schufen sie Ask und Embla, die ersten Menschen, aus den Zweigen einer Esche und einer Eiche, die am Meer wuchsen.

Es gibt einem doch ein Gefühl für historische Perspektive, es trägt doch zum Verständnis des Menschseins bei, wenn man weiß, dass wir allein wegen einer hungrigen Kuh hier sind.

Ich habe eine Schwäche für die polytheistischen Pantheons,

teils weil die Geschichten im Polytheismus so viel besser sind als im Monotheismus, teils weil die monotheistischen Gottheiten, nun ja, so *unmenschlich* sind. Die Traditionen, die mir gefallen, sind die, in denen die Götter schlechte Manieren haben. Die griechischen und römischen Gottheiten sind ausgenommen gut im ausdrücklich schlechten Benehmen. Sie sind eitel, dünnhäutig, rachsüchtig, voreingenommen, lüstern, betrunken, eifersüchtig, tyrannisch und grausam. Wer wäre nicht von solch einem Haufen entzückt, von Zeus, dem Serienvergewaltiger, oder der rachedurstigen Athene oder von Dionysos, dem launischen Säufer? Welch ein angenehmer Gegensatz zu den moralischen Musterbeispielen der großen Monotheismen, diesen strengen, unnachgiebigen Polizisten der Seele! Die Götter Griechenlands und Roms interessieren sich nicht, was sehr klug ist, für das sittenstrenge Geschäft, uns ein Vorbild zu sein. Sie sagen uns nicht, handle, wie wir handeln, oder denke, wie wir denken. Sie lassen uns genau in dem Maße die Freiheit des Handelns und Denkens, wie sie darauf beharren, sie selbst zu sein. Alles, was sie von uns verlangen, ist, dass wir ihnen huldigen. Mit anderen Worten, sie verhalten sich genauso wie fiktionale Charaktere, die vielleicht nicht unbedingt darauf angewiesen sind, dass man sie anbetet, die sich aber gewiss danach sehnen, geliebt zu werden oder zumindest zu den Subjekten oder Objekten unserer Faszination zu werden.

In ihrer Blütezeit waren die Götter nicht irgendwelche fiktionalen Charaktere, damals, als die Menschen tatsächlich an sie glaubten, damals, als die griechischen Mythen die griechische Religion und die römischen Mythen die römische Religion waren, und man hätte Ihnen Schreckliches angetan, wenn Sie über sie sprächen wie ich gerade, denn was heute eine vergnügliche literarische Diskussion ist, wäre damals sündhafte Blasphemie gewesen. Man könnte sich wünschen, dass ein oder zwei der gegenwärtigen Auswüchse der Monotheismen bis zu dem Grade verrotten, dass das, was heute als Blasphemie betrachtet wird, sich zu einer vergnüglichen literarischen Diskussion wandelt, aber nein, kein solches Glück oder noch nicht. Jedenfalls waren die alten griechischen und römischen Götter rachsüchtige Typen, sie brauchten keine einfachen Menschen, die ihre dreckige Arbeit erledigten, sie taten sie selbst mit beträchtlichem Vergnügen und erlegten uns furchtbare Sanktionen auf, wenn wir ihnen nicht huldigten oder es nicht oft genug oder nicht gut genug taten oder wenn wir, Gott bewahre, ihnen die Stirn boten: Sie konnten uns bestrafen; sie konnten uns wie Arachne in Spinnen verwandeln oder uns wie Prometheus an einen Sockel fesseln und einen großen Vogel schicken, der bis in alle Ewigkeit unsere Leber fraß, wobei die Leber, kaum war sie gefressen, sich durch einen Zauber ständig erneuerte; sie konnten unsere Flotten in Flauten geraten lassen und fordern, dass unsere Kinder geopfert würden, und sie setzten unsere Städte in Brand. Doch all das ist zum Glück vorbei, und es bleiben nur die Bücher.

Proteus.

Er war ein sehr pragmatischer Gott, ein für Schriftsteller guter Gott, dem sie Beachtung schenken sollten, voll technischer Lösungen für die Probleme des Lebens, und wenn Schriftsteller eines wissen, dann dass *alle literarischen Probleme technische Probleme sind.* Aristaios, der Imker, derselbe Typ, der lüstern Eurydike über ein Feld nachstellte, auf dem sie von einer Schlange gebissen wurde und starb, was Orpheus zwang, ihr in die Unterwelt zu folgen, Aristaios, für den man folglich einen gewissen Mangel an Sympathie empfindet, ging zu Proteus und fragte ihn, wie er denn zu noch mehr Bienen kommen könne, als er bereits hatte. Proteus sagte ihm, er solle den Göttern Rinder opfern, und nachdem er es getan hatte, flogen aus den verwesten Tieren, ja, große Bienenschwärme auf. Proteus' Rat zu folgen, wenn er denn überredet werden konnte, einen zu geben, lohnte sich ausnahmslos.

Poseidon war tendenziell der Meeresgott, dem alle Schlagzeilen galten, man achtete damals nicht sonderlich auf Proteus, aber ich empfehle, dass wir damit jetzt anfangen, denn die Vorstellung des Proteischen ist das Fundament dessen, was ich die andere große Tradition nenne, die, welche nicht in einem Irrtum über das Reale gefangen ist, in dem Irrtum, der darin besteht, das Reale als gewöhnlich anzusehen, wenn es doch tatsächlich außergewöhnlich ist, es als moderat anzusehen, wenn es tatsächlich doch extrem ist, es nicht so zu sehen, wie es ist, was bedeutet, voll Verwunderung, sondern stattdessen als bloß naturalistisch. Hängt man der Vorstellung des Proteischen an, wird man all diese Irrtümer vermeiden und darüber hinaus verstehen, dass Realismus im Roman keine Frage des Befolgens gewisser Regeln ist, er hat nichts mit Naturalismus oder Mimikry zu tun. Ein Roman ist keine Fotografie, sondern eher ein Ölgemälde oder womöglich im Falle der besten Romane ein großes Fresko, das die Wände und Decken eines riesigen Palasts ziert, und darum ist Realismus im Roman nicht eine Frage der Technik; meines Erachtens ist es eine Frage der Absicht. Das heißt, wenn es die Absicht des Künstlers, des Schriftstellers ist, eine so wahrheitsgetreue und aufrichtige Antwort auf die Welt zu finden, wie er nur kann, wenn es seine Absicht ist, die besten Kräfte der Sprache und der Fantasie einzusetzen, um eine Vision zu schaffen, die aus seinem Gefühl entsteht, was es bedeutet, auf der Welt zu sein, und wenn er dieser Absicht treu ist, dann ist das, was er schafft, ein Werk des Realismus, ob es nun voller Drachen und Besenstiele oder voller Küchenspülen und Büros ist. Van Goghs Gemälde einer Sternennacht sieht nicht aus wie die Fotografie einer Sternennacht oder gar wie das bloße Auge eine Sternennacht wahrnimmt; aber dennoch ist es ein großartiges Gemälde einer Sternennacht, und jeder, der es betrachtet, versteht, dass es wahr ist.

Und lebt man in einer Phase des historischen Übergangs so

wie wir oder auch Shakespeare, als er seine proteischen Stücke schrieb, in einer Phase, in der alles im Wandel ist, in der sich alles in rasender Geschwindigkeit verändert, in der die Zukunft zum Greifen nahe ist und dunkle Gewitterwolken vor die Sonne ziehen und in der Plagen und Drachen in der Welt unterwegs sind, dann wird es lebenswichtig zuzugeben, dass die alten Formen nicht mehr ausreichen, dass die alten Ideen nicht mehr ausreichen, denn alles muss neu gestaltet werden, alles muss mit unseren größten Anstrengungen neu gedacht, neu konzipiert und neu geschrieben werden, und anders zu handeln würde Scheitern bedeuten, ein höchst beklagenswertes Scheitern in dem Streben nach unserer Kunst.

HERAKLIT

Als der Cartoonist Charles M. Schulz ankündigte, er werde aufhören, die *Peanuts*-Comicstrips zu zeichnen, erhielt er eine Flut von Leserbriefen, die ihn alle um das Gleiche baten: »Bitte, lassen Sie, ehe Sie aufhören, Charlie Brown nur ein einziges Mal gegen den Football treten.« Aber Schulz widersetzte sich den Wünschen seiner Leser und folgte stattdessen der Logik seiner Figuren. Erlaubte Lucy van Pelt Charlie Brown, gegen den Football zu treten, und zöge sie ihn nicht im letzten Moment unter seinem ewig vertrauenden, ewig betrogenen Fuß weg, dann wäre sie nicht länger Lucy. Träte Charlie Brown gegen den Football, wäre er nicht mehr Charlie Brown.

Für Charlie Brown und für Lucy ist ihr *ethos*, wie Heraklit es vor zweieinhalbtausend Jahren sagte, ihre Art des Seins in der Welt, ihr *daimon*, das Leitprinzip, das ihr Leben prägt. Charlie Brown muss sich ewig grämen, da er sich wider besseres Wissen in seiner leichtgläubigen Arglosigkeit täuschen lässt, und Lucy wird sich immer ein Vergnügen daraus machen, ihm diese Leichtgläubigkeit zu beweisen. Sie können nicht anders handeln. Ihre Charaktere haben ihren Autor geleitet. Der Autor, der sie erschaffen hat, ist nicht mehr omnipotent, sondern durch seine von ihm erschaffenen Wesen gebunden. Pinocchio ist keine Marionette mehr; er hatte an Fäden gehangen, aber nun ist er frei. Er ist ein richtiger lebendiger Junge.

Haben Sie je Heraklit gelesen? Dumme Frage, wirklich; als

würde ich fragen, haben Sie je Wein aus einer zersplitterten Flasche getrunken, oder haben Sie je ein berühmtes altes Gemälde genauer betrachtet, das leider in Fetzen gerissen wurde? Genau dem entspricht, Heraklit zu lesen, weil nur so wenig von ihm geblieben ist. Sein großes Buch, das das persische, griechische und römische Reich überlebt hatte und von Sokrates, Platon, Aristoteles und Marc Aurel hoch gelobt wurde, schaffte es dann, verloren zu gehen, und alles, was von ihm übrig ist, sind Zitate in den Werken anderer Schriftsteller, manche im ursprünglichen Griechisch, manche paraphrasiert oder ins Lateinische übersetzt, nur einige wenige Tonscherben, nummeriert von 1 bis 130, wie Bruchstücke in einer Museumsschublade. Es ist so, als wäre das gesamte Werk Shakespeares verloren gegangen, und alles, was uns bliebe, wären hundertdreißig Zeilen ohne Kontext, und wir wüssten nicht, ob dies seine größten Erfolge wären oder nur Worte, die zufällig dem Vergessen entgangen waren.

Die Fragmente, die in der jüngsten Sammlung zusammengestellt sind, passenderweise mit dem Titel *Fragments*, bergen offensichtlich beträchtliche Kraft in sich, da sie Montaigne, Nietzsche, Heidegger und Jung beeinflusst haben; und wenn wir das Argument seines letzten englischsprachigen Übersetzers akzeptieren, des eleganten, gelehrten Haxton von Syracuse – das ist Brooks Haxton, Dichter, aus Syracuse, New York –, dann können wir zustimmen, dass »ein früher und beständiger Einfluss auf christliches Denken in der Heraklit'schen Sprache ersichtlich ist, mit der das Johannesevangelium eröffnet: ›Im Anfang war das Wort.‹« Heraklit war ein begeisterter Anhänger des Worts. »Alles geschieht nach diesem Logos«, sagte er und auch: »Habt ihr nicht mich, sondern meinen Logos vernommen, ist es weise zuzugeben, dass alles eins ist.« *Logos* war das Wort, das er verwendete, ein Wort, das ursprünglich mehr bedeutete als das Wort, wie Brooks

Haxton uns in Erinnerung ruft, es bedeute, »alle Mittel zur Bekanntmachung von Ideen ebenso wie die Ideen selbst, das Phänomen, dem Ideen entsprechen, und die Regeln, denen Phänomene und Ideen folgen«. Oder wie es der Evangelist Johannes ausdrückte, der es auf Griechisch schrieb: »... und das Wort [logos] war bei Gott, und Gott war das Wort.«

Das sind gute Nachrichten für Romanautoren, denn wenn das Wort bei Gott ist, zu was macht es dann uns? Mein einziges Problem ist, dass Heraklit wie eine bunte Mischung daherkommt, teils weiser Mann und teils Glückskeks:

»Menschen schaufeln Tonnen von Erde,
um eine Unze Gold zu finden.« (8)

»Die Dinge wahren ihre Geheimnisse.« (9)

»Weisheit ist die Einheit
des Geistes, die alles lenkt
und durchdringt.« (19)

»Gäb es keine Sonne,
welcher Tag? Welche Nacht?« (31)

»Was verstreut war, fügt sich zusammen.
Was zusammengefügt war, fliegt auseinander.« (40)

»Ein Esel zieht ein Lager aus Streu einem goldenen Thron vor.« (51)

»Der Weg hinauf ist der Weg zurück.« (69)

»Der Anfang ist das Ende.« (70)

»Ziegenkäse zerlassen
in warmem Wein gerinnt,
wenn er nicht gut gerührt.« (84)

(Der ist gut.)

»Menschen sollen nicht handeln und reden wie Schlafende.« (94)

»Die Affen finden die Schönheit von Nichtaffen affig.« (99)

Es fällt schwer, manche dieser Sätze ernst zu nehmen, obwohl
viele Leute, weise Leute, sie tatsächlich sehr ernst nehmen, und
diesen weisen Leuten ist man versucht zu sagen:

»Seinen Unverstand zu verbergen ist besser, als ihn zur Schau
zu stellen.« (109)

Und doch und doch. Heraklit war nach allem, was man weiß, ein
bemerkenswerter Mann, ein Zeitgenosse, wenn auch nicht unbedingt ein Freund von Pythagoras, Laotse, Konfuzius und Buddha, und er war ein aufrichtiger Sucher nach der Wahrheit. Wie
Buddha war er als Adeliger geboren, in seinem Fall in und aus
Ephesus, und wie Buddha verzichtete er auf die Macht, um nach
dem zu suchen, was er Weisheit *(sophos)* genannt hätte und was
Buddha Erleuchtung nannte. Und manche dieser Fragmente haben uns viel zu sagen, zum Beispiel:

»Die Menschen ersticken ihren Verstand mit Kauderwelsch
und können ihre Ohren und Augen nicht richtig nutzen« (4),

oder

»Das Auge, das Ohr,
der Geist tätig, das schätze ich« (13),

obwohl ich eindeutig enttäuscht bin, wenn er Folgendes sagt:

»Nun da wir überallhin reisen können, müssen
wir keine Dichter und Mythenerschaffer
mehr mitnehmen als sichere Zeugen
strittiger Tatsachen.« (14)

Und dann ist da das Fragment 121, das zu einer erhabenen selbst-
evidenten Wahrheit über das Leben geworden ist, das Fragment
121, das uns sagt, wie es auch zu Charlie Brown sagte, das *ethos*
eines Menschen sei sein *daimon*, oder in schlichteren Worten, der
Charakter eines Menschen ist sein Los. *Charakter ist Schicksal.* Der
Schlüssel zur Kunst des Romans in sechs Silben, so haben es die
Menschen zumindest lange geglaubt. Kapitän Ahabs Charakter,
getrieben, obsessiv, so sehr auf den Wal fixiert, dass er bereit ist,
für das Recht, ihn zu töten, seine Seele zu verkaufen – »Aus der
tiefsten Hölle noch stoße ich nach dir!« –, führt unweigerlich zu
seinem Tod. Am Schluss zieht ihn seine Beute, die durch Harpu-
nenseile mit ihm verschlungen ist, in die Tiefe, aneinandergefes-
selt, der Mann und der Wal, untrennbar im Leben und im Tod. Der
Überlebende des Wracks der »Pequod«, der eine, der lebt, um die
Geschichte zu erzählen, ist die Figur des Ismael, oder zumindest
denken wir, dass er so heißt, »Nennt mich Ismael«, sagt er uns,
nicht: »Ich bin Ismael« oder »Mein Name ist Ismael«. Ismael mag
ein Pseudonym, ein Aliasname sein, wie der Name Alias, den
die Figur annimmt, die Bob Dylan in Sam Peckinpahs berühmtem Western *Pat Garrett jagt Billy the Kid* darstellt. »Nennt mich
Alias«, sagt Dylan, der zu Pat Garretts Ahab den Ismael spielt
(Billy the Kid ist vermutlich der gejagte Wal), und wenn Garrett

ihn fragt, ob das sein Name sei, antwortet er mit einem kleinen undurchdringlichen Bob-Dylan-Lächeln: »Du kannst mich so nennen.« Der Nennt-mich-Ismael, der Außenseiter, der eine, der sich auf der Jagd nach Moby Dick nicht in Passion und Feuereifer, in die große Obsession, verstrickt, Ismael also überlebt, denn Überleben ist sein Ziel, es ist sein Charakter, somit sein Schicksal. Und Ahab klopft, weil es sein Schicksal ist, weil es das ist, was er will, »on heaven's door«.

Dann gibt es Charakter als Verweigerung, zum Beispiel die Verweigerung des Bartleby, des Schreibers, der »lieber nicht möchte«, ohne je einen Grund oder auch nur die Andeutung einer Erklärung anzugeben. Aber kann man Bartleby eigentlich einen Charakter nennen, oder ist er einfach diese Verweigerung, die rätselhaft, aufreizend, bedeutsam wegen ihrer Wirkungen auf andere ist und nicht wegen ihrer selbst? Ich glaube, man kann es, denn die Weigerungen sind nicht beliebig, sie bilden eine Einheit. Bartleby hat Bedürfnisse, ist bedürftig. Er ist obdachlos, hat so gut wie kein Geld und lebt heimlich in der Anwaltskanzlei, und als er dort *en déshabillé* überrascht wird, möchte er seinen Arbeitgeber lieber nicht hereinlassen, ehe er sich nicht zurechtgemacht hat. Auch hat er ein ausgeprägtes Selbstverständnis als Angestellter, der gewissenhaft seine Abschreibarbeiten erledigt, aber lieber nicht möchte, dass ein anderer seine Arbeit durchsieht. Sein Berufsstolz mag fehl am Platz sein, doch er offenbart, dass er ein Mann ist, der in seinem Leben Grenzen setzt. Dieses wird er tun, jenes wird er nicht tun, und er wird höflich auf seinen privaten Regeln beharren, welche Konsequenzen auch immer daraus erwachsen. Ist er also so etwas wie ein passiv-aggressiver Fanatiker? Das glaube ich nicht, denn er verfolgt keine Ideen, die er anderen auferlegen könnte. Angesichts seiner Armut und sogar seines Todes hat er den Weg der Würde gewählt und möchte lieber nicht von ihm abweichen, er akzeptiert sein Los. Wenn

Charakter Schicksal ist, dann ist der Charakterzug der Akzeptanz ebenso mächtig wie der der Weigerung. Bartleby verweigert und akzeptiert. Er möchte lieber nicht, aber im Stillen möchte er doch.

Ich denke auch über eine andere Weigerung nach, über Michael Kohlhaas, den Rosshändler, in Heinrich von Kleists berühmter gleichnamiger Novelle, der sich weigert zu akzeptieren, dass ihm keine Gerechtigkeit widerfährt. Er beharrt nur auf dem, was das Gesetz verfügt hat, dass die beiden herrlichen, glänzenden, wohlgenährten Rappen, die ihm der Junker Wenzel von Tronka gesetzeswidrig abgenommen und zu einem »Paar dürrer, abgehärmter Mähren« reduziert hat, ihm im »vorigen Stand« zurückgegeben werden sollten, in dem sie sich befunden hatten, als man sie ihm abnahm, zusammen mit anderen verloren gegangenen Habseligkeiten, einem Halstuch, einigen Reichsgulden und einem Bündel Wäsche; und als seine bescheidene Klage abgewiesen wird, schlägt er einen so gewalttätigen Kurs ein, dass seine Welt beinahe zugrunde geht und er gleich mit. Sein Charakter wird zum Schicksal seiner ganzen Gemeinschaft sowie auch zu seinem eigenen. Doch als er am Ende der Geschichte und nach grauenhaften Gewalttaten vollständigen Ersatz für seinen Verlust zugesprochen bekommt, akzeptiert er, dass das Gesetz auch über ihn und seine Taten urteilt. Nachdem Kohlhaas Genugtuung erfahren hat, ist er bereit, dem Staat Genugtuung zu geben, und unterwirft sich ohne Gegenwehr dem Beil des Scharfrichters. Wieder einmal geht eine Weigerung mit einer Akzeptanz einher.

Anderthalb Jahrhunderte nach seiner Veröffentlichung inspirierte *Michael Kohlhaas* den amerikanischen Romanautor E. L. Doctorow, der den Charakter des Coalhouse Walker in *Ragtime* nach dem Vorbild des Kohlhaas gestaltete: Coalhouse Walker, der dandyhafte Afroamerikaner mit dem schicken Auto, das von

Rassisten beschädigt wird, und der wie Michael Kohlhaas auf Wiedergutmachung beharrt, friedlich und höflich, solange er es – über die Grenzen der Geduld der meisten Menschen hinaus – erträgt, und erst dann zu extremen Maßnahmen greift, als die zurückhaltenden gescheitert sind. Das Gefühl von Ungerechtigkeit treibt einen Menschen zu Extremen; manches augenblickliche Missbehagen kann auf so ein Gefühl zurückgeführt werden; doch was diese Männer, Kohlhaas, Coalhouse und Bartleby, so besonders macht, ist ihr Glaube an Anstand und ihre Weigerung, Grobheiten oder Gewalt anzuwenden, bevor nicht alle anderen Wege erschöpft sind, ihr Bevorzugen der Gewaltlosigkeit, auch wenn in zwei dieser drei Beispiele reichlich Gewalt unter der Oberfläche lauert.

Die nahezu karmische Bereitschaft zu akzeptieren, was das Leben bereithält, steckt auch im Wesenskern von Mr. Leopold Bloom, Odysseus als moderner *pícaro,* als der wandernde, irische, quijotische Jude, Mr. Leopold Bloom, der »genüsslich die inneren Organe von Vieh und Geflügel isst«, der seine Frau trotz ihres Verhältnisses mit Blazes Boylan liebt; Bloom, der nach dem Aufenthalt in der Nachtstadt im Ithaka-Kapitel des *Ulysses* Stephen mit nach Hause nimmt, den verlorenen Sohn, den Bloom nie hatte, der auf der Suche nach einer verlorenen Mutter ist, und danach im Bett Molly von ihm erzählt, ihn ihr zu ihrem Vergnügen vorstellt und ihr ermöglicht, intuitiv zu erfassen, was er selbst nicht weiß, *er ist Schriftsteller und wird Universitätsprofessor für Italienisch,* grübelt Molly über Stephen, *und ich soll Stunden bei ihm nehmen also worauf will er damit nun wieder hinaus dass er ihm auch noch meine Fotografie zeigt,* Bloom ist gemeint, worauf will Bloom hinaus, ... *ein Wunder direkt dass er sie ihm nicht geschenkt hat und mich gleich dazu ... also ist er 20 oder noch mehr da bin ich nicht zu alt für ihn wenn er 23 oder 24 ist.*

Wie ergreifend ist es, am Ende von Blooms eintägiger Reise in eine lange Nacht, kurz vor Schluss des langen Katechismus dieses Kapitels und gerade ehe Mollys überwältigende Stimme auf uns niedergeht, zu entdecken, dass in Bloom eine Weigerung ist, auch in ihm, eine Weigerung, die seine Akzeptanz begründet: Er akzeptiert ihre Untreue, da er sich weigert, sie zu verlieren, er begibt sich in das Ehebett und findet dort »den Eindruck einer menschlichen Form, männlich, nicht seiner«, und als er neben seiner schlafenden Frau liegt, listet er im Stillen die Namen der Liebhaber seiner Frau auf, diese Liste, auf der er nicht einmal der Letzte in der Reihe ist, und durchlebt nacheinander »Neid, Eifersucht, Entsagung, Gleichmut«, und doch ist er erregt von ihr, liebt sie ungeachtet dessen, was er weiß, und dann in dieser wunderschönen Geste, in der sich die Demut des Betrogenen mit der Lust des Ehemanns vereint, küsst er »die lieblichen leckeren gelblichen schmeckeren schmelzlichen Melonen ihres Leibes, schleckte die leiblich melonigen weiblichen Hemisphären, schmeckte die honigmelonige Frucht zwischen ihnen, in dunkler verlängerter aufreizender schlecklichleiblecklicher Oskulation«. Und was Molly Bloom angeht, Molly das Ja, sie ist nichts anderes denn Charakter als Schicksal, sie ist die Selbstgespräche führende Molly, nichts als Schicksal, in ihrem Bett liegend, schlafend, erwachend, handelnd und erinnernd, kein Charakter war jemals mehr Schicksal als sie, das eines jeden sowie ihr eigenes schuldloses sinnliches Schicksal.

So: Spiel, Satz und Sieg für Heraklit, werden Sie denken. Charakter, Schicksal, das eine führt zum anderen, und das ist es, es bleibt nichts mehr zu sagen. Ah, aber da ist noch sehr viel mehr, denn Heraklits Diktum zieht nicht die fließenden Dinge des Lebens in Betracht, die gasförmigen Dinge, die Dinge über Menschen und Geschichten, Sprache und Wahrnehmung und, ja, über moralische Werte, die nicht unveränderlich, die nicht verlässlich sind. James Joyce, dieser Schöpfer von stark vorherbestimmten

Charakteren, *agenbitten by inwit*, von Gewissensbissen geplagt, kannte die Schwächen des Fleisches, so wie er alles andere kannte, er war ein Meister des Veränderlichen, des Wandelbaren und fast zu Anfang des *Ulysses* erwähnte er den metamorphischen »Altvater Ozean«, Proteus, »vor Nachahmungen«, ermahnt uns das Buch, »wird gewarnt«.

Es gibt zum Beispiel die Frage des Zufalls. Im *Mahabharata* verliert König Yudhisthira, ein Anhänger des Glücksspiels, seinen Reichtum, sein Königreich, die Freiheit seiner Brüder und sogar seine Gemahlin in einer Reihe von Würfelspielen. In gewissem Sinne schafft sein Charakter sein Schicksal. Doch es bleibt der Gedanke: Was, wenn die Würfel anders gefallen wären? Yudhisthiras Charakter war nicht verantwortlich für ihre zufällige Augenzahl, und die Andeutung im *Mahabharata*, sein Gegner Shakuni sei ein Meister des Spiels, wohingegen Yudhisthira ein Anfänger gewesen sei, ist nicht überzeugend; es ist wirklich unmöglich, ein Meister der Würfel zu sein. Eine Erklärung für Menschliches, die den Einfluss des Unvorhersehbaren, des Chaotischen, des Grundlosen ausspart, wird nie eine umfassende Erklärung sein. Eine Schlacht kann wegen eines fehlenden Nagels verloren gehen. Ein Kind fällt aus einem Fenster im dritten Stock und steht wundersamerweise unverletzt auf; dasselbe Kind, das ein anderes Mal aus demselben Fenster fällt, kann sterben. Auf einer bestimmten Party an einem bestimmten Abend wenden wir uns im Gedränge nach rechts und begegnen dem Mann oder der Frau, der oder die unser Ehepartner wird. Hätten wir uns nach links gewendet, hätten wir ihn oder sie womöglich nie kennengelernt. Ein Haus mit einem Mädchen darin wird von einem Wirbelsturm davongetragen, und als es landet, zerquetscht es zufällig eine Hexe, deren rote Zauberschuhe das Mädchen schließlich wieder nach Hause bringen. Aber was, wenn die Hexe nicht zerquetscht worden wäre?

Der religiöse Schriftsteller sieht im Zufall die Hand Gottes. In *Die Brücke von San Luis Rey* stellt sich Thornton Wilder die Aufgabe, die Bedeutung des Todes von fünf Menschen zu verstehen, die einander nicht kannten und rein zufällig die Brücke in dem Moment überquerten, als sie einstürzte. Warum genau diese Menschen und keine anderen? Recht heldenhaft verweigert das Buch, die Antwort zu akzeptieren, es habe keinen Grund gegeben, es sei einfach Pech gewesen, und versucht, die Absichten Gottes zu ergründen. Bis zu einem gewissen Grade tun wir das alle; die Vorstellung, unser Leben könne sich durch die Launen des Schicksals ändern, durch Glück oder Pech, durch etwas, das sich unserer Kontrolle entzieht, gefällt uns nicht.

Doch der Zufall existiert. Ein weit weniger religiöser Schriftsteller als Wilder, der britische Romanautor Ian McEwan, hat mehr als einmal zufällige lebensverändernde Ereignisse als Auslöser in seinen Büchern benutzt: die Entführung des Kindes im Supermarkt am Anfang von *Ein Kind zur Zeit*, das Bild des losgerissenen Heißluftballons und wieder eine Gruppe von Fremden, fünf Menschen, die sich nicht kennen und deren Leben durch den Ballonunfall im Eröffnungskapitel von *Liebeswahn* sich verknüpfen. Da McEwan aber der religiöse Impuls fehlt, suchen seine Geschichten nicht nach der verborgenen Hand des Allmächtigen, nicht nach Gott, der auf geheimnisvolle Weise handelt, wie es in dem Choral heißt, um seine Wunder zu vollbringen. Stattdessen akzeptiert er die Macht des Unvorhersehbaren, das das menschliche Leben verändert, und sucht angestrengt nicht nach versteckten Gründen, sondern vielmehr nach den Auswirkungen der Ereignisse auf das Leben derer, die mit ihnen konfrontiert sind, auf das Leben, das gemäß den Diktaten des Charakters der Figuren ausgelebt wird, aber jeder weiß – wir wissen, der Autor weiß –, dass in der Einmischung des Zufalls ein bedeutender Sinn liegt: Diese Charaktere haben ihr Schicksal nicht geschmiedet.

Paul Auster und Jerzy Kosiński sind auf ihre jeweils eigene Weise Schriftsteller, die dem Zufall große Aufmerksamkeit beimessen. Auster benutzt wie Vyasa, die Homer-ähnliche Figur, der das *Mahabharata* zugeschrieben wird, mit Freuden die Trope des Spielens, um das Leben seiner Charaktere zu verändern. Die katastrophale Pokerpartie, gespielt von den Protagonisten Nashe und Pozzi gegen die abgeschieden in Pennsylvania lebenden Flower und Stone in *Die Musik des Zufalls*, erinnert an Yudhisthiras Desaster. Kosiński erlaubt in seinem besten Buch *Willkommen, Mr. Chance* dem sanften Idioten »Chauncey Gärtner«, dessen Name nicht sein Name ist, der ihm aber per Zufall gegeben wurde, vom einfältigen Diener eines wohlhabenden Mannes zum Gefährten der Großen und zum Ratgeber der Mächtigen aufzusteigen. (In dem Film *Willkommen, Mr. Chance* hat Peter Sellers in seiner schönsten Rolle als Chauncey Gärtner eine unheimliche Ähnlichkeit mit Vizepräsident Dick Cheney, vielleicht war Kosińskis Roman prophetischer, als er ahnte.) Und Mitte der 1970er-Jahre erlebte ein Schriftsteller mit dem Pseudonym Luke Rhinehart einen enormen kommerziellen Erfolg mit einem Roman namens *Der Würfler*, ein Buch über einen Mann namens Luke Rhinehart, der beschließt, alle seine Wahlmöglichkeiten den Würfeln zu überlassen – wo er lebt, was er tut, wen er heiratet, alles. Ich erinnere mich an den Erfolg des *Würflers*, weil ich zu der Zeit eine Wohnung im Londoner Stadtteil Earl's Court mit einem jungen Verleger teilte, mit Mike Franklin, dessen eigenes Leben auf den Kopf gestellt wurde durch das Glück, die Rechte am Buch günstig gekauft zu haben, um dann mitzuerleben, dass es ein großer Bestseller wurde. Als um Anerkennung kämpfender junger Autor ärgerte ich mich zutiefst über den Erfolg des *Würflers*, aber heute habe ich es als ein Zeichen in Erinnerung, dass das Lesepublikum – obwohl junge Autoren normalerweise aufgefordert werden, solche Motive und Plots wie Zufallserfahrungen und nichtplausible Zufallsbegebenheiten zu meiden – an die Macht solcher Dinge glaubt, die auf das menschliche Leben einwirken.

Das Hollywood-Kino würde nahezu nicht mehr existieren, wäre es den Filmemachern verboten, dass ihr Werk auf dem Zufall basiert – der zufällige Spinnenbiss, der Peter Parker in Spider-Man verwandelt, die zufällige Entdeckung eines machtvollen Zauberrings durch den Hobbit Bilbo Beutlin (um fair zu sein, J. R. R. Tolkien, ein Mitglied von Thornton Wilders »Verborgene Hand«-Schule, hätte erklärt, der Ring habe gefunden werden wollen und sich dafür Bilbo ausgesucht: Sein Charakter war sein Schicksal). Und dann ist da das gesamte Filmbusiness der »romantischen Begegnungen«: Meg Ryan und Tom Hanks, die im Internet zufällig aufeinanderstoßen, Meg Ryan und Billy Crystal, die sich in einem einzigen Film zufällig ein halbes Dutzend Mal begegnen. Es scheint so, als würden die Leute in Filmen nie richtig vorgestellt, sie verkleiden sich lieber als Frauen, um einigen Gangstern zu entkommen, und treffen in einem Zug zufällig auf Marilyn Monroe, oder sie begegnen sich auf einem sinkenden Schiff oder lernen sich bei Verkehrsunfällen kennen oder bei Zugunglücken oder Flugzeugkatastrophen, oder sie sind auf einer einsamen Insel gestrandet oder gezwungen zu heiraten, weil ein Testament dies zur Bedingung macht, um ein Vermögen erben zu können, oder ein Märchengesetz zwingt sie, zu heiraten oder auf die Rolle des Weihnachtsmanns zu verzichten.

Die Bedeutung des Unvorhersehbaren in den menschlichen Belangen – die Revolution, die Lawine, die plötzliche Krankheit, der Börsencrash, der Unfall – verpflichtet uns zu akzeptieren, dass der Charakter nicht der einzige bestimmende Faktor in unserem Leben ist. Und darüber hinaus ist der Charakter nicht mehr das, was er vor zweieinhalbtausend Jahren einmal war. Als Heraklit konstatierte, des Menschen *ethos* sei sein *daimon*, drückten beide Wörter, *ethos* und *daimon*, Konzepte aus, die zu seiner

Zeit als beständig angesehen wurden. Der Charakter war nicht veränderlich, sondern festgelegt. Der Geist, der das Leben lenkte, veränderte sich nicht. Wie Popeye der Seemann es so prägnant ausdrückt: »Ich bin, was ich bin, und das ist alles, was ich bin.« Heute jedoch haben wir ein gleitenderes, eher fragmentiertes Verständnis von dem, was Charakter eigentlich ist. Wir diskutieren viel darüber, wie viel unseres Verhaltens durch äußere Faktoren bedingt ist und wie viel durch innere. Wir sind uns keineswegs sicher, ob es eine Seele gibt. Und wir wissen, dass wir unter verschiedenen Bedingungen sehr verschiedene Menschen sein können: In unserer Familie verhalten wir uns auf die eine Weise, am Arbeitsplatz auf eine andere; wir sind veränderlicher und metamorphischer, als unsere Vorfahren es von sich glaubten; wir wissen, dass es im »Ich« eine umtriebige Menge verschiedener »Ichs« gibt, die sich platzsuchend anrempeln, die nach vorne drängen, wieder zurückgestoßen werden, wachsen, schrumpfen, sogar gänzlich verschwinden, während neue heranwachsen; wir können uns im Laufe eines Lebens so gründlich verändern, dass wir unser jüngeres Selbst nicht mehr erkennen. Der letzte Kaiser von China, Puyi, begann sein Leben in der Überzeugung, er sei ein Gott, und beendete es unter dem Kommunismus als Gärtner, der von sich sagte, er sei glücklich. Kann ein Mensch sich so sehr verändern und zufrieden sein? War das Gehirnwäsche oder Transformation? Das ist eine offene Frage. Aber die Natur des Ichs und das Ausmaß, in dem es unsere Handlungen bestimmt, sind problematischere Themen als in früheren Zeiten. Charakter mag Schicksal sein, aber was ist Charakter?

Eine dritte Antwort auf Heraklit lässt sich in der Sphäre der Politik finden oder zumindest in der zunehmenden Durchdringung unseres Privatlebens durch öffentliche Angelegenheiten. Die Napoleonischen Kriege nehmen in Jane Austens Romanen keinen großen Raum ein. Die Funktion der Soldaten in ihrem

Werk ist es, auf Partys aufzutauchen und in ihren Uniformen adrett auszusehen. Aber dies bedeutet nicht, Kritik an ihr zu üben. Sie ist in der Lage, eine ausführliche, abgerundete, tiefgründige Darstellung des Lebens ihrer Charaktere zu geben, ohne die Sphäre der Öffentlichkeit erwähnen zu müssen, die von diesen Leben so weit entfernt war, dass sie fast keinen Einfluss darauf ausübte. Das ist heute nicht mehr der Fall. Die Kluft zwischen dem Privaten und dem Öffentlichen hat sich so sehr verringert, dass wir fast sagen können, sie existiert nicht mehr.

In großen Teilen der Welt prägt diese sich schließende Kluft das Leben der Menschen von früher Kindheit an. Man könnte sagen, dass in großen Teilen der Welt die Kindheit selbst abgeschafft wurde, Kindheit definiert als ein sicherer, geschützter Zeitabschnitt, in dem ein menschliches Wesen wachsen, lernen, sich entwickeln, spielen und gedeihen kann; in dem ein menschliches Wesen kindlich, kind*isch*, sein kann und es von den Härten des Erwachsenenlebens verschont bleibt. Heute zwingt globale Armut Kinder zu arbeiten, in Fabriken, auf dem Feld, auf städtischen Straßen. Das macht Kinder zu Straßenkindern, zu Kriminellen und Huren. Unterdessen fordert politische Instabilität nicht nur das Leben von Kindern in großer Zahl im Sudan, in Ruanda, in Indien, im Irak, sondern es macht sie auch zu Mördern. Im Fernsehen sehen wir afrikanische Kindersoldaten, die ihre Maschinengewehre schleppen und mit erschreckender Leichtigkeit über den Tod sprechen. In einer Zeit, in der der Druck von außen so stark auf uns einwirkt, in Palästina, in Israel, in Afghanistan, im Iran, haben sich viele Künstler verpflichtet gefühlt, die grausame Wahrheit zu berücksichtigen, dass für eine große Mehrheit der Weltbevölkerung ihr Charakter, ob stark oder schwach, sehr geringe Möglichkeiten hat, ihr Schicksal zu bestimmen. Armut ist Schicksal, Krieg ist Schicksal, alte ethnische, tribale und religiöse Hassgefühle sind Schicksal, eine Bombe in einem Bus oder auf einem Marktplatz ist Schicksal, und der Charakter muss einfach seinen Rang auf der Liste einnehmen. Ein milliardenschwerer Finanzspekulant greift die Währung Ihres Landes an, und sie bricht zusammen, und Sie verlieren Ihre Arbeit; es spielt keine Rolle, wer Sie sind oder wie gut Sie Ihre Arbeit geleistet haben, Sie sitzen auf der Straße. Das ist auch nicht lediglich ein Dritte-Welt-Problem. Am 11. September 2001 starben in Amerika Tausende Menschen aus Gründen, die mit ihrem Charakter nichts zu tun hatten. An jenem entsetzlichen Tag war ihr *ethos* nicht ihr *daimon*.

Bis zum Alter von dreizehn Jahren, als ich von Bombay aus auf ein Internat im fernen England geschickt wurde, war mein Selbst sehr viel homogener als heute. Ich hatte bis dahin mein ganzes Leben in demselben Haus in derselben Stadt verbracht, im Schoß der Familie, unter Menschen, deren Sitten ich kannte, ohne dass ich mir bewusst machen musste, sie zu »kennen«, ich sprach die Sprachen, die die Leute in dieser Stadt, in diesem Land zu dieser Zeit gesprochen haben. Die vier Wurzeln des Selbst sind: Sprache, Ort, Gemeinschaft und Sitten. Aber in unserem Zeitalter, im großen Zeitalter der Migration, wurde vielen von uns mindestens eine dieser Wurzeln ausgerissen. Wir ziehen fort von dem Ort, den wir kennen, fort von der Gemeinschaft, die uns kennt, an einen Ort, wo andere Sitten herrschen, und vielleicht ist die am häufigsten gesprochene Sprache eine, die wir nicht können, oder wenn wir sie sprechen, sprechen wir sie schlecht und können in ihr nicht die Feinheiten dessen ausdrücken, was wir denken und wer wir sind. Was mich betrifft, ich bin mehrsprachig aufgewachsen, deshalb war mein Englisch gut, es war die eine Wurzel, die noch in der Erde steckte, aber alle anderen waren verschwunden. In der nordischen Mythologie hat der Weltenbaum, die große Esche Yggdrasil, drei Wurzeln. Eine reicht hinab zum Brunnen des Wissens nahe der Walhall, dem Brunnen, aus dem

Odin trinkt, aber die beiden anderen Wurzeln werden nach und nach zerstört, die eine wird von dem Drachen Nidhöggr angenagt, die andere nach und nach von den Flammen der Feuerregion Muspellsheim verbrannt. Sind diese beiden Wurzeln vernichtet, fällt der Baum, und die *Götterdämmerung* setzt ein. Auch der Migrant ist anfangs ein Baum, der ohne Wurzeln stehen muss und versucht, nicht umzufallen. Migration ist ein existenzieller Akt, sie nimmt uns unsere Abwehr, da sie uns gnadenlos einer Welt aussetzt, die uns, wenn überhaupt, schlecht versteht: als wäre die Erde ihrer Atmosphäre beraubt und als raste die Sonne mit all ihrer erbarmungslosen Kraft auf sie nieder.

Es ist das Zeitalter migrantischer Schriftsteller, freiwilliger Migranten und unfreiwilliger, Exilierter und Geflüchteter: Tahar Ben Jelloun in Frankreich, Assia Djebar in den Vereinigten Staaten, Hanan al-Shaykh in London, der chinesische Nobelpreisträger Gao Xingjian in Paris, und selbst jene, die zurückkehren können, sind manchmal bei der Wiedereinreise auf Schwierigkeiten gestoßen, so wie der Kenianer Ngũgĩ wa Thiong'o, ein bekennender Gegner des Daniel-arap-Moi-Regimes, der bei seiner Rückkehr nach Nairobi vermutlich mit dem stillschweigenden Einverständnis der Behörden übel zusammengeschlagen und dessen Frau vergewaltigt wurde. Für diese Schriftsteller ist Instabilität eine gegebene Tatsache – die Instabilität des Wohnorts, der Zukunft, der Familie, des Selbst. Für diese Schriftsteller ist auch das Fehlen eines unwillkürlichen Themas eine gegebene Tatsache. Manche wie der somalische, seit Langem exilierte Nuruddin Farah tragen Somalia in sich, ebenso wie Joyce Dublin in sich trug, und wenden sich nie anderen Orten oder anderen Themen zu. Andere wie die in der Diaspora lebende indische Schriftstellerin Bharati Mukherjee definieren sich entsprechend ihren veränderten Lebensumständen neu – in ihrem Fall denkt und schreibt sie wie eine Amerikanerin. Andere, so wie ich, stehen irgendwo dazwischen, manchmal mit Blick nach Osten, manchmal nach Westen, aber immer mit einem Gespür für das Provisorische aller Wahrheiten, für die Veränderlichkeit allen Charakters, für die Ungewissheit aller Zeiten und Orte, unabhängig davon, wie unverrückbar Dinge erscheinen mögen. V. S. Naipaul, der »angekommene« Autor von *Das Rätsel der Ankunft*, arbeitet mächtig, um seine neue Welt lebendig werden zu lassen, sie so zu beschreiben, dass sie lebt, Hecke für Hecke, Straße für Straße, und wenn ihn die Anstrengung erschöpft, sodass das Buch die narrative Dynamik verliert, dann ist es eine nur allzu verständliche Erschöpfung.

Ein migrantischer Schriftsteller wie ich kann tief verwurzelte Schriftsteller wie William Faulkner oder Eudora Welty nur beneiden, die ihr Fleckchen Erde als eine Gegebenheit nehmen können und ein Leben lang aus ihm schöpfen. Der Migrant hat keinen Boden, auf dem er steht, bis er ihn sich erfindet. Auch das steigert sein Bewusstsein für die Ungewissheiten aller Dinge und führt ihn zu einer Literatur der Ungewissheiten, in der weder Schicksal noch Charakter als selbstverständlich genommen werden können und ebenso wenig deren Beziehung zueinander. Vielleicht reagiere ich deshalb so stark auf Romane wie *Maskeraden oder Vertrauen gegen Vertrauen* von Herman Melville mit seinem schwer fassbaren, aalglatten, wandelbaren Protagonisten oder auch auf andere proteische Fiktion so wie Philip Roths neuen Roman *Verschwörung gegen Amerika*, dessen alternative Geschichte eines Amerikas – in dem der Nazi-Sympathisant und Antisemit Charles A. Lindbergh in der Präsidentschaftswahl mitten im Zweiten Weltkrieg Roosevelt besiegt – uns daran erinnert, was Jorge Luis Borges wusste, nämlich dass Geschichte »ein Garten der Pfade« ist, »die sich verzweigen«, und dass, auch wenn die Dinge sich in eine Richtung entwickelt haben, sie genauso gut eine andere hätten einschlagen können, und wer wären wir dann, wie anders hätten wir gedacht oder gehandelt, hätte dann nicht eher unser Schicksal unseren Charakter geformt als andersherum?

Die amerikanische Literatur weiß, wie es sich für die Literatur eines durch Migration geschaffenen Landes gehört, eine Menge über die proteischen, gestaltwandlerischen Prozesse, durch welche die Migranten sich als Individuen und als Gemeinschaften selbst neu gestalten und gestaltet werden, und es ist kein Zufall, dass so viele ihrer überragenden Meisterwerke – zum Beispiel *Der große Gatsby* – von der Komödie und Tragödie des neu erfundenen Selbst handeln. Die amerikanische Literatur wird heute neu erfunden von Schriftstellern, deren Geschichten von überallher stammen. Viele der heutigen jüngeren Schriftsteller (jünger als ich, meine ich) umarmen und erweitern Amerikas proteische Horizonte: Yaa Gyasi, Esi Edugyan, Edwidge Danticat, Ocean Vuong, Viet Thanh Nguyen, Laila Lalami, Maaza Mengiste und viele andere mehr.

Vladimir Nabokov mahnt uns, uns nicht mit Charakteren in Romanen zu identifizieren, sondern vielmehr darauf zu achten, wie der Autor darum ringt, sein Kunstwerk zu schaffen. Leider ist er auch der Schöpfer von Humbert Humbert, mit dem man unweigerlich mitfühlt, obwohl er ein Pädophiler ist, und von Lolita, um die man sich trotz ihrer grundsätzlichen Banalität unweigerlich sorgt, und von Charlotte Haze, Lolitas Mutter, um die man weinen möchte; ich glaube also nicht, dass er selbst seinem Rat so ganz gefolgt ist. Im Zentrum des Romans steht und wird immer stehen die menschliche Figur, das heißt der menschliche Charakter, und es liegt in der Natur des Romans, die menschliche Figur in ihrer Bewegung durch Zeit, Raum und Zufall darzustellen, und wenn wir uns nicht für den Charakter interessieren, interessieren wir uns nur selten für den Roman, so einfach ist das; aber Menschen sind nicht die ganze Geschichte – in der Tat sind sie häufig nicht einmal die Helden der Geschichten, in denen sie vorkommen; sie sind Kleindarsteller ihres eigenen Lebens. Selbst der stärkste fiktionale Charakter muss sich an einem gewissen Punkt der schieren Fremdheit der Welt stellen.

Der Charakter kann das Schicksal kraftvoll formen, und es muss ihm erlaubt sein, es im Roman zu tun, wann immer er kann, aber auch das Surreale ist Teil des Realen, das Surreale ist die sichtbar gemachte Fremdheit der Welt. Heraklit, der uns beigebracht hat, das *ethos* eines Menschen sei sein *daimon*, schrieb auch:

»Pythagoras mag wohl am meisten von allen Menschen
Forschung betrieben haben. Und doch behauptete er,
sich an Einzelheiten aus seinen früheren Leben zu erinnern,
in einem war er eine Gurke und einmal eine Sardine.« (17)

Hier bin ich mit Pythagoras sehr einverstanden. Ich wünsche mir die Geschichte des ganzen Pythagoras, das Quadrat über seiner Hypotenuse ebenso wie die Summe der Quadrate auf seinen beiden anderen Seiten, und ich hätte nicht den Eindruck, Pythagoras richtig zu kennen, wenn ich nicht auch etwas über diese geheimen früheren Leben erführe, die er weit entfernt von der Mathematik als Gurke oder Sardine verbrachte.

DIE ANFÄNGE EINES ANDEREN SCHRIFTSTELLERS

Erweiterte Fassung der Eudora-Welty-Antrittsvorlesung, gehalten in der National Cathedral, Washington, D.C., am 20. Oktober 2016

Schon lange bewundere ich Eudora Weltys Werk, und ich empfinde es als Privileg, dass ich gebeten wurde, in die Fußstapfen ihres Klassikers *One Writer's Beginnings* (deutsch: *Eine Stimme finden*) zu treten und über meine eigenen Anfänge des Schreibens zu sprechen. Ich habe das große Glück, Eudora begegnet zu sein, wenn auch nur ein einziges Mal, 1982 in London. Ihr Roman *Losing Battles* war gerade in Großbritannien im feministischen Verlag Virago Press veröffentlicht worden, zwölf Jahre nachdem er in den Vereinigten Staaten erschienen war. Ich war gebeten worden, ihn zu besprechen, hatte ihn für irrsinnig amüsant und brillant befunden und es so auch in gedruckter Form gesagt, und so wurde ich, als Eudora nach London kam, von der beeindruckenden Verlegerin Carmen Callil zu einem kleinen Lunch ihr zu Ehren in ein Restaurant in Covent Garden eingeladen. Ich bin mir nicht ganz sicher, wen ich erwartet hatte, aber vermutlich dachte ich, sie sei eine kleine alte provinzielle Lady aus dem Süden. Sie war nichts dergleichen. Sie war überraschend groß, ungeheuer mondän und erfreute uns zwei Stunden lang mit Geschichten aus Paris und über die Fotografie, beides Leidenschaften von ihr. Als der Lunch dem Ende zuging, fiel mir auf, dass mich ihre Anekdoten so mitgerissen hatten, dass ich sie nichts über das Schreiben im Allgemeinen oder ihr Schreiben im Besonderen gefragt hatte. Sie war damals vielleicht zweiundsiebzig Jahre alt, ein Alter, das von meinen vierunddreißig unglaublich weit entfernt schien (heute bin ich selbst über zweiundsiebzig). Ich dachte, ich müsse sie etwas fragen, da ich sie vielleicht niemals wiedersehen würde. (Und tatsächlich habe ich sie nie wiedergesehen, somit war rückblickend mein Gefühl der Dringlichkeit gerechtfertigt.) Da mir keine richtige Frage einfiel, platzte ich heraus: »William Faulkner!«

Sie wandte sich zu mir und sah mich wohlwollend an. »Ja, mein Lieber«, sagte sie. »Was ist mit ihm?«

Ja, was ist mit ihm?, dachte ich in leichter Panik. »Würden Sie, im Ganzen gesehen, sagen«, fragte ich sie endlich, »dass er Ihnen eine Hilfe oder eher ein Hindernis war?«

»Weder das eine noch das andere, mein Lieber«, antwortete sie. »Es ist so, als hätte man einen hohen Berg in der Nachbarschaft. Es ist sehr schön zu wissen, dass er da ist, aber er hilft einem nicht bei der Arbeit.«

Das war eine großartige Antwort, aber ich wagte, ihr eine weitere Frage zu stellen. »Halten Sie Faulkner nicht für einen der Schriftsteller, der Ihnen am nächsten ist?«

»Oh, nein, mein Lieber«, antwortete sie gespielt schockiert. »Ich bin aus Jackson. Er ist aus Oxford. Das ist meilenweit voneinander entfernt.«

Ich gestehe, ich habe Schriftsteller wie Welty und Faulkner immer um ihre tiefe Verwurzelung beneidet, um die Fähigkeit, aus einem winzigen Fleckchen Erde ein Leben lang für ihre Meisterwerke zu schöpfen. Mein Leben ist rastloser gewesen als ihres, und vielleicht resultiert daraus, dass meine literarischen Anfänge eher zäh und voller Irrtümer waren. Ich habe lange gebraucht, meinen Weg zu finden.

Ich bin in Indien, in Bombay, aufgewachsen, als Sohn von Eltern, die nicht viele Romane lasen, obwohl mein Vater eine Menge über Urdu-Poesie wusste und gerne am Abend unter Freunden mit Begeisterung Verse von Hafis, Ghalib und Faiz vortrug. Doch meine Eltern waren ausgezeichnete Geschichtenerzähler. Folgendes habe ich über sie in meiner Autobiografie *Joseph Anton* gesagt, die, Achtung!, in der dritten Person geschrieben ist, aus Gründen, die zu kompliziert sind, um sie zu erklären:

»Als er ein kleiner Junge war, hatte sein Vater ihm zur guten Nacht die wundersamen Geschichten des Ostens erzählt, sie erzählt und ausgeschmückt und auf seine Weise umerzählt […] Mit diesen Geschichten aufzuwachsen bedeutete, zwei unvergessliche Lektionen zu lernen: Zum einen die, dass Geschichten nicht wahr waren (es gab keine ›echten‹ Dschinn in Flaschen, keine fliegenden Teppiche, keine Wunderlampen), nur konnte ihre Unwahrheit ihn Wahrheiten fühlen und wissen lassen, die ihm die Wahrheit selbst nicht zu vermitteln vermochte; und zum Zweiten lernte er, dass ihm alle Geschichten gehörten, so wie sie auch seinem Vater Anis und allen übrigen Menschen gehörten, sie waren so sehr seine wie die seines Vaters, fröhliche Geschichten, düstere Geschichten, heilige und weltliche Geschichten, die er nach Gefallen ändern, erneuern, beiseitelegen und erneut aufgreifen durfte, um darüber zu lachen, sich an ihnen zu erfreuen und in ihnen zu leben, mit ihnen und durch sie, um die Geschichten mittels seiner Liebe lebendig werden und sich durch sie im Gegenzug das eigene Leben bereichern zu lassen. Der Mensch ist das Geschichten erzählende Wesen, die einzige Kreatur auf Erden, die sich Geschichten erzählt, um zu begreifen, was für ein Geschöpf sie ist. Die Geschichte war sein Geburtsrecht, und niemand konnte ihm das nehmen.

Negin, seine Mutter, kannte ebenfalls Geschichten. Negin Rushdie wurde als Zohra Butt geboren. Für ihre Heirat mit Anis änderte sie nicht nur den Nachnamen, sondern auch den Vornamen, erfand sich für ihn neu, ließ die Zohra hinter sich, an die er sich nur ungern erinnerte, hatte sie doch einmal einen anderen Mann von Herzen geliebt. Ob sie in ihrem Innersten Zohra oder Negin war, sollte der Sohn nicht herausfinden, da sie niemals über den Mann sprach, den sie verlassen hatte; lieber als ihre eigenen verriet sie anderer Leute Geheimnisse. Sie war ein Plappermaul der Spitzenklasse, und wenn er, ältestes Kind und einziger Sohn, auf ihrem Bett saß und ihre Füße massierte, wie sie es gernhatte, nahm er die köstlichen, oft auch zotigen Klatschgeschichten in sich auf, die sie in ihrem Kopf herumtrug, diesen gigantischen, sich verzweigenden und verästelnden Wald miteinander flüsternder Familienstammbäume, der in ihr wuchs, behangen mit den saftigen, verbotenen Früchten des Skandals. Und auch diese Geheimnisse, das lernte er, gehörten ihm, denn einmal erzählte Geheimnisse gehören nicht mehr dem, der sie erzählt, sondern dem, der sie hört. Will man nicht, dass ein Geheimnis verraten wird, gibt es nur eins: *Erzähl es keiner Menschenseele.* Auch diese Lehre sollte ihm im späteren Leben nützlich sein. Und in diesem späteren Leben, als er bereits Schriftsteller geworden war, sagte ihm seine Mutter: ›Ich höre auf, dir solche Geschichten zu erzählen, weil du sie in deine Bücher packst und mich damit in Schwierigkeiten bringst.‹ Womit sie recht hatte, und vielleicht wäre sie gut beraten gewesen, wirklich damit aufzuhören, nur war der Tratsch ihre Droge, und sie kam davon nicht los, noch weniger als ihr Mann die Finger vom Alkohol lassen konnte.«

Das war eine Art des Anfangs, ein Junge zu Füßen seiner Eltern, der zuhört, der lernt. Meine Eltern erzählten mir, wenn ihre Freunde mich gefragt hätten, was ich einmal werden wolle, wenn ich groß sei, hätte ich immer geantwortet, ich wolle Schriftsteller werden. Ich selbst erinnere mich nicht daran, aber da meine Eltern mir erzählten, ich hätte es gesagt, muss es wahr sein. Ich habe darüber nachgedacht, was dieser Sechs- oder Siebenjähriger wohl mit dieser seltsamen Bemerkung gemeint haben könnte, und bin zu dem Schluss gekommen, dass er tatsächlich sagen wollte, er liebe es, ein Leser zu sein, und er träume davon, ein Teil der Welt zu werden, die er liebte, der Welt der Bücher. Aber ein Schriftsteller sein zu wollen und ein Schriftsteller zu sein, ist nicht das Gleiche, und in meinem Fall war der Weg vom Wollen zum Sein nicht leicht.

Es gibt Schriftsteller, die wie die Göttin Athene vollendet geformt dem Kopf Zeus' entspringen und hinauf in den literarischen Himmel schnellen. Ian McEwan und Zadie Smith sind Beispiele für diese beeindruckende frühzeitige Reife. Mein Weg vollzog sich langsamer, und die Strecke war voller Schlaglöcher.

Ich las viel und nicht immer Vernünftiges, ich schmuggelte Comicbücher in mein Zimmer und glaubte, meine Eltern wüssten es nicht. Superman und Batman, Wonder Woman und Aquaman traten früh in mein Leben, und bis zum heutigen Tag kann ich einen Joker von einem Riddler unterscheiden und kenne den Unterschied zwischen grünem und rotem Kryptonit. Ich konnte auch aus der Bücherei, die Taschenbücher verlieh, an dem Platz in der Nähe meines Zuhauses, der wundervoll Scandal Point heißt, für einen kleinen Betrag viele mit Alliterationen betitelte Bücher *(Die müde Mücke, Die feurigen Finger)* von Erle Stanley Gardner ausleihen, der die Taten des großen Strafverteidigers Perry Mason beschreibt und die vielen Niederlagen seines glücklosen Gegners, des Staatsanwalts Ham(ilton) Burger, nach Fast

Food benannt, aber langsam im Denken und Sprechen. Eines der fortdauernden Rätsel dieser Kriminalromane bestand genau darin, wie es Ham Burger nach so vielen Niederlagen gelang, seinen Job zu behalten. Jemand erzählte mir, und ich habe keine Ahnung, ob es stimmt, Erle Stanley Gardner habe auf seinem Rasen drei Airstream-Wohnwagen mit jeweils einer Sekretärin darin stehen gehabt und habe die Tage damit zugebracht, seinen drei Assistentinnen drei verschiedene Perry-Mason-Geschichten zu diktieren, und seine Fantasie sei so fruchtbar gewesen, dass alle drei Damen voll beschäftigt gewesen seien. Nun ja, dachte ich, das ist ein erstrebenswertes literarisches Ziel.

Am Fuße der Anhöhe im Breach Candy District von Bombay, wo ich aufwuchs, gab es einen magischen Buchladen, Reader's Paradise hieß er, in dem ich viele der glücklichsten Stunden meiner Kindheit verbrachte. Zu den englischen Kinderbüchern, die den weiten Weg nach Indien geschafft hatten und die ich dort fand, gehörten *Alice im Wunderland* und *Alice hinter den Spiegeln*, die mich so tief beeindruckten, dass ich bis heute den »Jabberwocky« und »Das Walross und der Zimmermann« auswendig aufsagen kann. Nicht dazu gehörte *Pu der Bär,* was ein arger Verlust war. Es gab eine Buchreihe, die allgemein unter dem Titel des ersten Bands, *Schwalben und Amazonen,* bekannt wurde, über die Kinder zweier Familien, die Abenteuer in kleinen Segelbooten auf einem unbenannten See im britischen Lake District bestehen. Diese Bücher faszinierten mich, ebenso wie *Huckleberry Finn,* da die Kinder ein hohes Maß an persönlicher Freiheit genießen und offenbar ohne ein Fünkchen elterlicher Aufsicht frei durch die Gegend streifen. Diesem kleinen Jungen in Bombay schien so eine wilde Freiheit fantastischer als alles, was Alice im Kaninchenbau fand, und England wurde ihm schließlich zu einem verlockenden Ort.

Meine Großeltern mütterlicherseits lebten in der Universitätsstadt Aligarh südlich von Delhi. Mein Großvater Dr. Ataullah Butt – »Ataullah« ist der Name, den Shakespeare zu »Othello« anglisiert hatte – war ein bekannter Mann in Aligarh; er fuhr auf dem Fahrrad durch die Straßen der Stadt, wenn er seine Runden drehte, ebenso wie meine später fiktionalisierte Version von ihm, Dr. Aziz, der durch die Straßen einer anderen Stadt radelt, durch Agra in den *Mitternachtskindern*. Er hatte auch Verbindungen zur Universität. So setzte ich mich hinten auf sein Fahrrad, und er nahm seinen büchervernarrten Enkel mit in die Universitätsbibliothek, wo ich mir jedes Buch aussuchen durfte, das mir gefiel. Damals wie heute sind die beliebtesten englischen Autoren in Indien Agatha Christie und P. G. Wodehouse, und ich kletterte auf den düsteren Büchertürmen herum und brachte Stapel von Krimis mit Hercule Poirot und Miss Marple und Geschichten über Bertie Wooster und Jeeves mit herunter und über Lord Emsworth und sein geliebtes Schwein, die Kaiserin von Blandings. Auch sie gehören zu meinen frühesten und prägendsten Lektüren.

Mein Großvater beeinflusste mich auch noch auf andere Weise. Er war ein religiöser Mann, er hatte den *Haddsch* zu den heiligen Stätten des Islam erfüllt und sprach pflichtgetreu fünfmal am Tag sieben Tage die Woche seine Gebete. Dennoch erschien er meinem jüngeren Ich als einer der aufgeschlossensten Menschen, den ich je kennengelernt habe, und kein Thema war ihm zu abseitig oder zu skandalös, um darüber zu diskutieren. Man konnte ihm sagen: »Großvater, ich glaube nicht an Gott«, und er klopfte auf den Platz neben sich und sagte: »Komm, setz dich und erkläre mir, wie du zu so einer närrischen Vorstellung kommst.« Er machte mir das Geschenk des freien Denkens, vielleicht das größte Geschenk von allen.

(Viele Jahre später entdeckte ich eine grauenhafte Wahrheit über meinen Großvater, die mich nötigte, das oben geschilderte liebevolle Bild von ihm aufzugeben. Er verhielt sich schlecht zu jungen Mädchen, zu denen, wie ich mit Gewissheit weiß, auch zumindest eine seiner Enkeltöchter gehörte. Mir gegenüber hat er sich nie schlecht verhalten, aber nun ja, ich war kein junges Mädchen. Die Entdeckung seiner Pädophilie hatte eine vernichtende Wirkung auf mich, sie zwang mich dazu, die ganze Geschichte meiner Familie neu zu schreiben. Doch dieses Thema gehört nicht hierher. Ich habe es in meinem Roman *Quichotte* genauer ausgelotet.)

Ich muss etwa zehn Jahre alt gewesen sein, als ich zum ersten Mal den Film *Der Zauberer von Oz* gesehen habe, und er beeindruckte mich so stark, dass ich nach Hause ging und eine Geschichte schrieb, meine erste, glaube ich, sie hieß »Over the Rainbow« und handelte von einem Jungen wie mir in einer Stadt wie Bombay, der eines Tages nicht das Ende des Regenbogens findet, sondern dessen Anfang; ein breiter, hoher Regenbogen, der sich von dem Gehweg, auf dem er stand, hoch aufwölbte, mit Stufen darin, die es ihm ermöglichten, ihn zu erklimmen und auf ihm zu wandern. Auf dem Regenbogen traf er verschiedene Fantasiegestalten, deren Identitäten mir vielleicht zum Glück entfallen sind; ich erinnere mich nur an ein sprechendes Pianola. Als mein Vater die Geschichte las, nahm er sie an sich und gab sie seiner Sekretärin, damit sie sie abtippte, und sagte dann, er werde sie aufheben, sodass sie nicht verloren gehe, denn Kindern könne man nicht trauen; und dann verlor er sie, ein Beweis für eine der starken Botschaften der Geschichte: Die Erwachsenen sind es, denen nicht zu trauen ist, Tante Em und Onkel Henry können Toto nicht vor Miss Gulch beschützen, und selbst der Zauberer – »Achten Sie nicht auf den Mann hinter dem Vorhang« – ist ein Schwindler.

Eine weitere literarische Kindheitserinnerung ärgert mich bis heute, mehr sogar als der Verlust meiner ersten Schreibversuche durch meinen Vater. Ich wurde, vielleicht als Folge meiner Lektüre von Edward Lear, ein Fan von Limericks. Mein persönlicher Favorit war der Meta-Limerick über den alten Mann aus Japan.

There was an old man of Japan
Who could never get limericks to scan.
When they asked him why
He replied with a sigh,
»Well, you see, it's because I always try and put as many words
into the last line as I possibly can.«

Es kam in meiner Schule, der Cathedral School in Bombay, der Tag, an dem der Lehrer uns in der Englischstunde die Aufgabe stellte, innerhalb von zwanzig Minuten so viele Limericks wie möglich zu schreiben. Ich jubelte und reimte, wenn mich die Erinnerung nicht täuscht, gut über ein Dutzend, während meine Klassenkameraden sich abmühten, auch nur einen oder zwei zustande zu bringen. Ich erinnere mich nur an einen.

To a very old man was once said,
»I bet you can't stand on your head.«
When he said, »Yes I can«,
They replied, »Prove it man«,
So he did it, and promptly fell dead.

Etwas makaber, ein kleiner Ableger von Lewis Carrolls »Ihr seid alt, Vater Franz«, das gebe ich zu, aber zu meiner Verteidigung: Ich war erst zwölf Jahre alt, und der Rhythmus stimmt. Am Ende der Schulstunde gab ich stolz meine Arbeit ab und wurde plötzlich beschuldigt, gefuscht zu haben. Ich hätte unmöglich so viele schreiben können. Ich müsse sie abgeschrieben haben. Die eklatante Ungerechtigkeit dieser Äußerung wurmt noch immer. Abgeschrieben von wem, von wo? Wie hätte ich denn wissen können, dass wir diese Aufgabe gestellt bekommen würden? Wütend wollte ich daraufhin beweisen, dass ich tatsächlich nicht schlecht in diesem Schreibding war. Ich vermute, ich versuche es noch heute.

Aus diesen verschiedenen kleinen Eicheln sollte schließlich ein Baum wachsen. Es begann jedoch mit einer Entwurzelung. Im Januar 1961 verließ ich Bombay und ging als Internatsschüler auf die Rugby School in England. Ich sollte betonen, es war meine Entscheidung. Meine Mutter wollte nicht, dass ich gehe, und mein Vater überließ die letzte Entscheidung mir. Was veranlasste diesen dreizehnjährigen Jungen, sein Zuhause zu verlassen? Ich war sehr glücklich in Bombay, in der Schule und auch mit meinen Freunden. Doch etwas drängte mich fort, hinaus in die Welt. Noch immer denke ich darüber nach. War es ein bis dahin ungeahnter Abenteuergeist? (Ich war ein notorisch »braves« und stilles Kind, ganz anders als meine frecheren und amüsanteren Schwestern.) War es ein Traum, so zu sein wie jene unbeaufsichtigten Schwalben und Amazonen oder wie Huck Finn die Gegend zu erkunden? Ich hatte auch englische Internatsgeschichten gelesen, vor allem die ehrlich gesagt grässliche Billy-Bunter-Reihe über einen sehr ausgenutzten dicken Jungen in einer Schule namens Greyfriars. In Greyfriars war ein indischer Junge, ein adliger Typ namens Hurree Jamset Ram Singh, der seltsam sprach. Statt zum Beispiel zu sagen, er habe Durst, sagte er vielleicht: »Die Durstigkeit ist schrecklich.« War er wütend, war die Zornigkeit schrecklich und so weiter. Er war beliebt, und womöglich dachte ich, ich würde es auch sein. Stattdessen stieß ich auf Rassismus und lernte zum ersten Mal, was es bedeutete, für jemanden der Andere zu sein und nicht nach meinem Charakter, meiner Person, beurteilt zu werden, sondern nach meiner Ethnizität. Es war ein radikales Erwachen. Der fast Achtzehnjährige, der die

Rugby School verließ, war noch immer ziemlich konservativ. In diesem Sinne war er ein unauffälliges Produkt einer englischen Internatserziehung. Aber über Rassismus wusste er bereits alles. In den etwa vier Monaten zwischen Internat und College schrieb ich einen langen Text, »Terminal Report«, einen kaum fiktionalisierten Bericht über meine letzten Monaten auf der Rugby School, in den meine Erfahrung rassistischer Vorurteile stark einfloss. Auch dieser Text ging verloren, dieses Mal durch mich, was beweist, dass Kinder ebenso unachtsam sein können wie ihre Eltern. Ich weiß aus meiner mageren Erinnerung, dass es recht armseliges Zeug war, aber es war ein Dokument jenes Augenblicks, und als solches bedauere ich seinen Verlust.

Ich war in Rugby so unglücklich gewesen, dass ich, obwohl ich bereits einen Studienplatz an der University of Cambridge zugesprochen bekommen hatte, meine Eltern bat, ihn ablehnen und näher an daheim auf ein College gehen zu dürfen. Mein Vater überzeugte mich, ihn anzunehmen, und ich bin froh, dass er es tat, denn meine Erfahrung in Cambridge war das Gegenteil meiner Rugby-Jahre. Sie heilte meine Schulwunden und zeigte mir ein England, in dem ich mir vorstellen konnte zu leben. Das waren die Jahre, in denen so etwas wie mein Erwachsenen-Ich erwachte.

In Cambridge entdeckte ich ein tolerantes Großbritannien, das meine Erinnerungen an das andere, das rassistische, auslöschte. Ich entdeckte auch den Internationalismus, Vietnamproteste, Feminismus, Bürgerrechte, Flowerpower und Mädchen. Ich entdeckte das Werk von Jorge Luis Borges und James Joyce, beide sprengten kleine Fenster in meinem Kopf auf. Im Geschichtsstudium lernte ich, dass die Vergangenheit umkämpftes Terrain und die Realität keine gegebene Tatsache, sondern etwas ist, das wir herstellen. Ich lernte von einem meiner Professoren, Arthur Hibbert: »Sie dürfen erst über Geschichte schreiben, wenn Sie die Menschen reden hören.« All diese Worte waren gute Lektionen für den angehenden Romanschriftsteller, und ich wagte allmählich, mir einzugestehen, einer sein zu können.

Doch ich verbrachte meine freie Zeit an der Universität mehr mit dem Studententheater, als Schauspieler, nicht als Stückeschreiber, und wirkte bei Produktionen von Theaterstücken von Bertolt Brecht, Ben Jonson, Eugène Ionesco und anderen mit. Geschrieben habe ich für die Studentenzeitung *Varsity*. Mein letzter Auftrag war, einen Artikel über gehäufte Diebstähle aus Studentenzimmern auf dem Universitätsgelände zu schreiben. Im guten Stil des New Journalism beschloss ich, »der Dieb zu sein« und eine Reihe von »Treppenhäusern« in verschiedenen Colleges aufzusuchen, um nachzusehen, wie viele Studenten ihre Räume unverschlossen ließen, um hineinzugehen und aufzulisten, was ich hätte stehlen können, wenn ich denn tatsächlich der Einbrecher gewesen wäre. In einem Zimmer, das ich betrat, befand sich eine Menge an teuren Audiogeräten und andere wertvolle Sachen. Artig berichtete ich, dass dies das Zimmer des Herausgebers von *Varsity* persönlich sei. Ich muss ihm hoch anrechnen, dass er meinen Artikel nicht zensierte und ihn veröffentlichte. Doch ich wurde niemals wieder gebeten, etwas für die Zeitung zu schreiben.

Als ich in Cambridge im letzten Jahr vor meinem Geschichtsexamen die Frühgeschichte des Islam studierte, erfuhr ich zum ersten Mal von dem sogenannten Vorfall der satanischen Verse, eine gut dokumentierte Episode, in der, so schien es, die Religion zum ersten Mal damit tändelte, drei beliebte geflügelte Göttinnen von Mekka anzuerkennen, und sie kurz darauf ablehnte – eine Geschichte der Versuchung eines Propheten durch einen Kompromiss, die mir ein Echo auf viele Geschichten der Versuchung von Propheten zu sein schien, wie man sie in der Bibel findet. Als ich die Geschichte zum ersten Mal hörte, dachte ich als aufkeimender Schriftsteller, der ich zu sein hoffte, »gute Story«. Das war im Jahr 1968. Zwanzig Jahre später fand ich mit der Veröffentlichung der *Satanischen Verse* heraus, wie gut diese Story tatsächlich war.

Als ich Cambridge verließ, wusste ich, dass mein Klein-Jungen-Ich recht gehabt hatte. Ich wollte Schriftsteller werden. Ich wollte auch Schauspieler werden, doch nach einigen Anstrengungen in Stücken des damals sehr aktiven Fringe of London Theatre, darunter ein zum Glück nicht aufgezeichneter Auftritt als Kummerkastentante in einem langen schwarzen Kleid, mit blonder Perücke und schwarzem Zapata-Schnurrbart, wurde mir klar, es sei klug, diesen Weg nicht weiterzuverfolgen. Schreiben war das, was ich mir am innigsten wünschte, und das Schreiben würde es von diesem Zeitpunkt an sein. Meinem Vater gefiel das nicht – Schreiben sei kein Beruf, es sei ein Hobby. Mit ihm in seiner Textilfabrik zu arbeiten, das sei ein Beruf. Aber ich beharrte darauf, ich wolle Schriftsteller werden. Was – nach all dem Geld, das meine exquisite Ausbildung im Ausland gekostet habe? Nachdem meine Mutter sich in den letzten acht Jahren mit meiner Abwesenheit habe abfinden müssen? Ich wolle zurück nach England, um zu schreiben?

Ein mitleiderregender Schrei entfuhr meinem Vater, völlig unabsichtlich, der das ausdrückte, was er im Innersten dachte. »Was soll ich meinen Freunden sagen?«, schrie er.

(Ich stamme nicht aus einer literarischen Familie. Mein Vater hatte eine Bibliothek, aber sie war verstaubt; die Bücher verließen nur selten ihren Platz auf dem Regal. Es hieß, er habe sie dem ursprünglichen Besitzer zum Meterpreis abgekauft; eine Geschichte, die ich lieber nicht glauben möchte, aber es ist mir nie vollkommen gelungen, sie einfach so abzutun. Ich war immer ein großer Leser, aber in den Regalen meines Vaters stand wenig, das mich reizte. Es gab nicht viel fiktionale Literatur. Es gab, daran erinnere ich mich, *The Tribe That Lost Its Head* von Nicholas Monsarrat und eine Autobiografie *Das Ei und ich* von jemandem mit Namen Betty MacDonald, beide in gekürzter Reader's-Digest-Version. Es gab einige russische Romane, obwohl ich meinen Vater nie über russische Literatur hatte sprechen hören; doch da es die Romane *Die Mutter* von Maxim Gorki und *Auferstehung* von Tolstoi waren, nehme ich es ihm nicht übel, vertröstet worden zu sein. An anderen Stellen standen zerlesenere Bücher mit Titeln wie *Ripley's Believe It Or Not!* und *Little Known Facts About Well Known People*. Immanuel Velikovskys überspannte pseudowissenschaftliche Bücher waren da – *Welten im Zusammenstoß* und *Zeitalter im Chaos*, in denen Velikovsky verrückte Theorien ausbreitet, wie interplanetarische Ereignisse die menschliche Geschichte geprägt hätten. Das war der »kosmische Katastrophismus«, der so vieles an Hokuspokus vorwegnahm, von Erich von Dänikens *Erinnerungen an die Zukunft* bis zu Dan Brown und seinem *Da Vinci Code*, ein Buch, das so schlecht geschrieben ist, so schlecht imaginiert, so schlecht geplottet, dass andere schlechte Bücher daneben gut aussehen. Es gab langweilige ziegelsteindicke Bücher, die aktuelle Sachverhalte analysierten, geschrieben von John Gunther und Chester Bowles. Und die vierbändige *Geschichte der englischsprachigen Völker* von Winston Churchill. Winston Churchill war, woran ich mehr als einmal erinnert wurde, rätselhafterweise mit dem Nobelpreis für Literatur ausgezeichnet worden; gegen seine Prosa blieb ich weiterhin resistent. Und dann war da, in doppelt so vielen Bänden wie der Churchill und in der unwiderstehlich fantastischen Version von Richard Burton, illustriert mit exotischen orientalischen monochromen Bildern, mit Darstellungen von üppigen Haremsdamen, eleganten Scheichs, Dieben, fliegenden Teppichen, Zauberlampen und des Vogels Roch, der Sindbad den Seefahrer in sein riesiges Nest trägt, dann war da *Tausendundeine Nacht*. Ich kämpfte mich durch die mottenzerfressenen Bände meines Vaters, war fasziniert von Burtons langen, sexuell besessenen Fußnoten und verliebte mich.

Um meinem Vater gegenüber fair zu sein: Als er verstand, dass ich es ernst damit meinte, Schriftsteller zu werden, unterstützte er meine Entscheidung, er kaufte mir ein Flugticket zurück nach London und steckte mir Geld in die Tasche für den Anfang. Da ich jetzt selbst Vater bin, weiß ich, wie schwer es ihm und meiner Mutter gefallen sein muss. Ich habe nie mehr wieder zu Hause gelebt und sah sie nur selten, wenn ich durch die Welt flog oder sie. Und ich war ihr ältestes Kind und ihr einziger Sohn. Aber in all den langen schwierigen Jahren, die folgen sollten, sagten sie nicht ein einziges Mal: »Gib auf und komm nach Hause.« Es war genau das, was ich wollte, und sie liebten mich so sehr, dass sie es auch wollten. Ich bin froh, dass sie lang genug gelebt haben, um zu erfahren, dass es keine völlig dumme Idee war.

Warum die Rückkehr nach London? Zum Teil weil es zu jener Zeit in Südasien sehr schwer war, ein literarisches Leben zu führen. Entweder brauchte man persönlichen Reichtum, oder man war pleite und lebte bei den Eltern, oder man brauchte einen Fulltime-Job, in dem man etwas anderes tat, und schrieb am Wochenende. Und das Fehlen eines literarischen Milieus war entscheidend, denn das bedeutete, es gab keine fundierte Meinung, um die ersten Arbeiten zu prüfen, zu verbessern und zu verfestigen, indem man sie einer guten Kritik hätte unterziehen können. Nichts davon stimmt heute mehr, aber damals war es so. Und es gab noch etwas. Im Jahr 1968, als ich mein Examen gemacht hatte, waren meine Eltern von meiner geliebten Heimatstadt Bombay nach Karatschi in Pakistan umgezogen, eine Stadt, die mir auf Anhieb nicht gefiel. Wenn nun Bombay für mich nicht mehr erreichbar war und wenn es galt, zwischen London und Karatschi zu wählen, und das musste ich, dann wählte ich London.

Ich war nun also einundzwanzig Jahre alt und lebte in London zusammen mit vier Freunden in einem Haus im Westen der Stadt, auf der Acfold Road nahe der New King's Road, die die absolut unschicke Verlängerung der megagroovy King's Road war. Mein Zimmer lag im Dach. Um hineinzugelangen, musste ich eine Holzleiter hochklettern und durch eine Falltür steigen. Ich konnte hinter mir die Leiter hochziehen und die Falltür schließen, und dann befand ich mich in meinem privaten Universum und konnte nicht gestört werden. Ich lebte in einer hölzernen Pyramide mit einem Sisalteppich auf dem Boden, mit einer Matratze auf dem Teppich, einem Schreibtisch, einem Stuhl und einer Lampe. Es war die perfekte Dachkammer für einen Autor.

Wie viele junge Leute schwankte ich damals zwischen Übermut und Panik, zwischen Phasen haltloser Verunsicherung und dem Zustand der Gnade, in dem ich mir sicher war, die Welt würde sich mir gleich wie eine Blüte öffnen. Alles, was ich tun müsse, sei, wie ein Nabokov'scher Schmetterlingssammler mein Netz zu nehmen und die flüchtigen Geschichten einzufangen, die irgendwo in meinem Inneren umherflatterten. Doch die Geschichten stellten sich als schwer greifbar heraus, und das meiste, was ich in meinem hohen Horst tat, war eine Form des niedergeschriebenen Tagträumens, Zusammenfassungen von Geschichten, die ich vielleicht schreiben würde, oder noch schlimmer, Darstellungen von Büchern, die ich mir vorstellte bereits geschrieben zu haben, ein ganzes Tagtraum-Œuvre, zusammengefasst von einem weit in der Zukunft liegenden Punkt. Ich schrieb mir selbst überschwängliche Rezensionen für dieses noch nicht erschaffene Werk und erlaubte mir eine Art geheuchelten Stolz auf meine scheinbaren Errungenschaften. Diese selbstglorifizierenden Prosafantasien waren mir immer peinlich, sodass ich sie, kurz nachdem sie auf der Seite standen, wegwarf. Sie boten einen kurzlebigen onanistischen Trost, dem für gewöhnlich stechende Scham folgte. Tag für Tag tippte ich herum, aber es gelang mir nicht, mir vor mir selbst die trostlose Wahrheit zu verbergen, die nämlich, dass meine Arbeit noch gar nicht begonnen und ich keine Ahnung hatte, wie ich es anstellen sollte. Lange Stunden saß ich in meiner hölzernen Pyramide, so unproduktiv und ungeschützt begraben wie eine Mumie ohne Sarkophag. Für ein paar Tage in der Woche tauchte ich aus ihr auf, um als Werbetexter mein Geld zu verdienen, und fand heraus, dass ich mit einem gewissen Grad an Kompetenz in der Lage war, über Investmentfonds, Hundefutter, Kartoffelchips, Zigaretten und Parfüm zu schreiben. Von meiner eigenen Arbeit fehlte weiterhin hartnäckig jede Spur.

Am Ende kamen tatsächlich ein paar Worte. Ich hatte die Idee zu einem Roman über ein östliches Land, in dem ein Militär und ein Milliardär konspirierten, um einen Staatsstreich anzuzetteln, als dessen Galionsfigur sie einen religiösen Führer, einen *pir* oder einen heiligen Mann, nutzen wollten, von dem sie glaubten, sie könnten ihn leicht kontrollieren. Doch kaum zum Anführer geworden, erwies sich der heilige Mann als unkontrollierbar und verschlang die Welt, mitsamt den Leuten, die ihn an die Spitze gestellt hatten. Hätte ich die Intelligenz gehabt, diese Geschichte klar und schlicht zu erzählen, hätte sie sich als brauchbar herausstellen können, vielleicht sogar als prophetisch für ein Zeitalter, in dem religiöse Tyrannen sich genauso verhalten haben. Leider war ich zu sehr am experimentellen Schreiben interessiert, und der Text mit dem Titel *The Book of the Peer*, den ich zustande brachte, war nach allgemeinem Konsens unlesbar und für eine Veröffentlichung nicht geeignet. Abgewiesen, niedergeschlagen machte ich mich daran, etwas noch weniger Attraktives zu schreiben, ein Drehbuch fürs Fernsehen, in dem die beiden Diebe von Golgatha, die auf den bald zu kreuzigenden Christus warten, sich in einem nihilistischen Geplänkel ergehen, das an die absurden Dramen von Ionesco und Beckett erinnerte, die ich auf dem College so bewundert hatte. Wladimir und Estragon an ihren Kreuzen, die auf einen Godot warten, der schließlich kommt. Das Stück, es ist mir peinlich, es einzugestehen, hieß *Crosstalk*.

Um Schriftsteller zu werden, muss man zuerst sich selbst verstehen, und es ist schwieriger, dieses Verständnis zu erlangen, wenn das eigene Ich auf der Welt zerstreut ist. In der ersten Hälfte der 1970er-Jahre tappte ich umher, weil ich mich selbst noch nicht gefunden hatte. Ich schrieb noch einen weiteren unveröffentlichbaren romanlangen Text mit dem Titel *The Antagonist*, ein Buch, das allzu sehr von Thomas Pynchon beeinflusst war, den ich zu der Zeit sehr mochte, und das ich mich entschied, niemandem zu zeigen, und mühte mich dann an einer kurzen, spannungsreichen politischen Satire ab, die auf Indira Gandhi zielte und *Madame Rama* hieß. Rückblickend waren diese beiden Frühwerke der falsche Start in den Prozess, der mich schließlich zu den *Mitternachtskindern* führen sollte. Auch die *Mitternachtskinder* nehmen es mit Indira Gandhi auf. Und in *The Antagonist* gab es eine Nebenfigur namens Saleem Sinai, der genau im Augenblick der Unabhängigkeit Indiens geboren wurde, um Mitternacht vom 14. auf den 15. August 1947. Ich hatte damals einfach noch nicht begriffen, was ich mit ihm anfangen sollte.

Nach vier nicht veröffentlichten Texten zeigt mein erster erschienener Roman *Grimus* meines Erachtens sehr eindeutig, dass der Autor sich noch nicht ganz gefunden und noch nicht vollkommen verstanden hat, wie seine Bücher zu schreiben sind, seine Bücher, die keine Echos auf Bücher anderer sind und in denen er seine Wirklichkeit, die nicht die Wirklichkeit anderer ist, ausdrücken kann. Wenn ich es mir heute anschaue, dann sehe ich etwas Unbeständiges. Ein Absatz lässt Leben aufkeimen, und dann folgt eine Seite, die unbeholfen amateurhaft wirkt. Manche Menschen mögen dieses Buch anscheinend, aber im Allgemeinen war sein Weg zur Veröffentlichung sehr holprig. Rückblickend bin ich dankbar für diese raue Behandlung, da sie mich zwang, mein Schreiben mit schonungslosem Blick anzusehen und herauszufinden, was ich meiner Meinung nach, nicht nach der der Kritiker, falsch machte. Und in dieser Phase grausamer Selbstprüfung begann endlich meine Laufbahn als Schriftsteller.

Als ich mich meinem dreißigsten Geburtstag näherte, verdiente ich meinen Lebensunterhalt noch immer als Teilzeit-Werbetexter, und meine größten Errungenschaften waren Slogans mit den *bubble*-Wörtern, die ich mir hatte einfallen lassen, um Luftschokolade zu verkaufen (»the bubbliest milk chocolate you can buy«): *Adorabubble, Delectabubble, Irrestibubble. Transportabubble* stand als Werbung auf Bussen. Eine Geschäftsreklame: *Profitabubble.* Ein Schild im Schaufenster eines Ladens: *Availabubble here.* Erfolg! Die Kampagne lief über Jahre und setzte sich noch lange fort, nachdem ich die Werbebranche längst verlassen hatte. Meiner Arbeit als Werber hatte ich auch meinen ersten Amerikabesuch zu verdanken, man schickte mich auf eine vom United States Information Service bezahlte Reise nach San Francisco und Los Angeles, nach Las Vegas und Washington und nach New York, sodass ich nach Hause fahren und eine Werbekampagne schreiben konnte, »The Great American Adventure«, die Briten ermuntern sollte, ihre Ferien in Amerika zu verbringen. (Die Fotografien für diese Kampagne waren das Beste daran. Der Fotograf war der große Elliott Erwitt.)

Das waren magere Brosamen für einen angehenden Romanautor, aber die Arbeit war gut bezahlt, und die Agenturleute wollten, dass ich mich für einen Vollzeitjob verpflichtete, und boten mir dafür erstaunliche finanzielle Anreize. Mein Selbstvertrauen war gering, und der lockenden Versuchung eines Werbeagentursalärs war schwer zu widerstehen. Doch irgendwie fand ich die Kraft abzulehnen. Wenn ich heute auf mein frustriertes, unvollendetes jüngeres Ich schaue, dann ist es diese Ablehnung, auf die ich am stolzesten bin. »Stell dir vor, wie schlecht du dich fühlen wirst«, flüsterte eine Stimme in meinem Kopf, »wenn du fünfzig oder fünfundfünfzig bist (ich konnte mir nicht vorstellen, noch älter zu sein) und dir sagen musst, du habest deinen Traum nach einer misslungenen Veröffentlichung aufgegeben.« Ich widerstand also den Schmeicheleien der Feinde des Versprechens. Die Sirenen des Werbelands sangen süß und verführerisch, aber ich dachte an Odysseus, der sich an den Mast seines Schiffes festband, und blieb auf Kurs.

Ich beschloss, dem Schreiben eine letzte Chance zu geben.

Ich nutzte den Vorschuss von siebenhundert Pfund, den ich für *Grimus* erhalten hatte, um so günstig wie möglich und solange das Geld reichen würde, durch Indien zu reisen, und auf dieser Reise mit fünfzehnstündigen Busfahrten und bescheidenen Unterkünften wurden die *Mitternachtskinder* geboren. Es war das Jahr, als Indien zu einer Atommacht, Margaret Thatcher zur Vorsitzenden der Konservativen Partei gewählt und Sheikh Mujib, der Gründer von Bangladesch, ermordet wurde; als die Baader-Meinhof-Bande in Stuttgart vor Gericht gestellt wurde, Bill Clinton Hillary Rodham heiratete, die letzten Amerikaner aus Saigon evakuiert wurden und Generalissimo Franco starb. In Kambodscha war es das blutige Jahr null der Roten Khmer. E. L. Doctorow veröffentlichte in dem Jahr *Ragtime*, und David Mamet schrieb *American Buffalo*, und Eugenio Montale bekam den Nobelpreis verliehen. Und kurz nach meiner Rückkehr aus Indien wurde Mrs. Indira Gandhi des Wahlbetrugs für schuldig befunden, und eine Woche nach meinem achtundzwanzigsten Geburtstag rief sie den nationalen Notstand aus und riss tyrannische Befugnisse an sich. Das war der Anfang einer langen Zeit der Dunkelheit, die erst 1977 enden sollte. Ich verstand fast unmittelbar, dass Mrs. G. für meine noch tastenden literarischen Pläne zentral geworden war.

Zu Anfang hatte ich den Entschluss gefasst, einfach einen Kindheitsroman zu schreiben, der von den Erinnerungen an meine eigene Kindheit in Bombay gespeist sein sollte. Lange Stunden und Tage stöberte ich in den Dachkammern meines Gehirns Kindheitserinnerungen auf, wo sie unter Staub lagen. Ich erinnerte mich an einen alten Glockenturm, um den herum wir gespielt hatten, ebenso wie an das Reader's Paradise, an den Süßwarenladen Bombelli's und seine legendäre zehn Zentimeter hohe Schachtel, auf der *One Yard of Chocolates* stand. Ich erinnerte mich an meine Wut über das Schwimmbad für »whites only« am Fuße des Hügels und an den Tag, als mein bester Freund die Kontrolle über sein Fahrrad verlor, gegen eine Mauer prallte und seine Schneidezähne verlor. Ich erinnerte mich an die Drangsalierer in der Schule und an den Tag, als der Sohn des Taxifahrers mitten in der Unterrichtsstunde starb. Ich erinnerte mich an meine burschikose Schwester, die einen mich ewig hänselnden Jungen verprügelt hatte, und ich erinnerte mich an seinen Vater, der sich bei meinem Vater beklagt hatte: »Ihre Tochter hat meinen Sohn verprügelt«, und daraufhin das amüsierte Lachen meines Vaters: »Das würde ich an Ihrer Stelle nicht zu laut sagen.« Ich erinnerte mich an die Fußgängerbrücke nahe dem Chowpatty Beach, wo auf der einen Seite der Esso-Werbeslogan »Pack den Tiger in den Tank« gestanden hatte und auf der anderen eine Warnung des Öffentlichen Diensts: »Fahren Sie wie der Teufel, und er kommt sie holen.« Ich erinnerte mich an Lieder und an die Filme, in denen die Lieder vorkamen. Eine Welt flutete zu mir zurück, und ich wusste, es war die Geburt eines Buchs. Als ich durch Indien reiste, zu alten Lieblingsplätzen und zu neuen Orten, dachte ich, dass ich vielleicht darüber schreiben wolle, denn ich verspürte eine zweite Heilung der Wunden, die das Internat mir zugefügt hatte, und sie war ebenso wichtig wie die Cambridge-Heilung. Diese zweite Heilung war das Heilen der

Kluft in mir selbst, die mich allmählich von meiner Vergangenheit abgetrennt hatte. Ich würde mein Buch schreiben, sagte ich mir, um diese Vergangenheit für mich zurückzufordern. Bombay ist eine Stadt, die zum großen Teil auf Land steht, das man dem Meer abgetrotzt hatte. Mein Buch würde auf literarischem Land stehen, das den Tiden des Vergessens abgetrotzt sein würde. Ich bin diese Welt, würde das Buch sagen, und diese Welt bin ich.

Nachdem ich tief vom indischen Brunnen getrunken hatte, entwickelte ich einen ehrgeizigeren Plan. Ich würde, so sagte ich mir, das ehrgeizigste, herausforderndste Buch schreiben, von dem ich nur träumen konnte. Hollywood oder Reinfall. Wenn ich als Schriftsteller scheitern sollte, dann wollte ich lieber glorios untergehen und nicht als der Autor eines schüchternen kleinen Scheiterns. Die Frage des großen Ehrgeizes ist vielschichtig, da sie Themen wie das Ego und andere nicht künstlerische Faktoren aufwirft. Aber was ich meinte, war, dass ich das höchste künstlerische Risiko wagen wollte, das ich mir vorstellen konnte. Über Geld machte ich mir kaum Gedanken, tatsächlich bezweifelte ich, dass ich je welches verdienen würde, und Ruhm, heute so ein großes Thema, kam mir buchstäblich nicht in den Sinn. Ich wollte ganz einfach die literarische Latte so hoch hängen, wie es mir möglich war. »Denn alles ernsthafte Wagen beginnt im Inneren«, lautet die letzte Zeile von Eudora Weltys *Eine Stimme finden*, und nach langen Jahren der Verwirrung fand ich endlich den Mut, mir diesen Geist des ernsthaften Wagens zu eigen zu machen.

Und ich erinnerte mich an Saleem Sinai, der genau um Mitternacht, im Moment der Unabhängigkeit Indiens, geboren wurde und ungeboren in meinem aufgegebenen Entwurf von *The Antagonist* lag. Als ich nun Saleem ins Zentrum meiner neuen Struktur stellte, wurde mir bewusst, dass der Zeitpunkt seiner Geburt mich in hohem Maße verpflichtete, das Format meiner Leinwand zu vergrößern. Wenn er und Indien als Paar zusammengespannt würden, müsste ich die Geschichten beider Zwillinge erzählen. Es war nun nicht mehr ein einfacher Kindheitsroman. Die Geschichte stürmte herein. Dann brachte Saleem, ein steter Sinnsucher, die beiden Stränge zusammen, was mir nahelegte, die ganze moderne indische Geschichte sei nur seinetwegen so verlaufen, wie sie verlaufen war; die Geschichte, das Leben dieser Nation, seines Zwillings, sei quasi *alles seine Schuld*. Mit diesem unbescheidenen Entwurf entstand der Tonfall, komisch forsch, unerbittlich geschwätzig und, wie ich hoffe, mit einem wachsenden Pathos in der zunehmend tragischen Überforderung des Erzählers. Ich machte den Jungen und das Land sogar zu eineiigen Zwillingen. Als der sadistische Geografielehrer Emil Zagallo in einer Stunde über die »menschliche Geografie« Saleems Nase mit der Dekkan-Halbinsel vergleicht, entspricht die Grausamkeit seines Scherzes auch ganz eindeutig meiner.

Doch eine Weile begriff ich nicht, dass Saleem sprechen musste. Er wollte nicht, dass seine Geschichte erzählt wurde. Er wollte sie selbst erzählen. Ich begann, das Buch in der dritten Person zu schreiben und musste mit wachsender Frustration feststellen, dass es schwerfällig klang. Ich wusste, ich war mir sicher, dass eine Unmenge guter Geschichten darauf warteten, erzählt zu werden, aber dass das Schreiben hinter dem zurückblieb, was die Geschichten forderten. Dann ließ ich eines Tages versuchshalber Saleem selbst den Roman erzählen. Ich habe an jenen Tag immer als an den Tag gedacht, an dem ich zum Schriftsteller wurde, denn was aus mir herausströmte, war, wie ich sofort erkannte, die beste Seite, die ich je geschrieben hatte, in einer Stimme, die nicht meine eigene war und mir doch eine Stimme gab. Als Saleem Sinai sich aus mir auf die Seiten ergoss, begriff ich, dass er meine Rettung war und dass das Beste und Einzige, das ich tun konnte, war, ihn loslegen zu lassen, diesen alles verschlingenden Geist auf die Seite loszulassen, mich an seine Rockzipfel zu hängen und ihm hinterherzurennen.

Ich war pleite, und den Roman zu schreiben würde viel Zeit in Anspruch nehmen. Ich war somit gezwungen, auf Teilzeitbasis in die Welt der Werbung zurückzukehren, um meine Miete bezahlen zu können. Zwei, drei Tage in der Woche arbeitete ich als Texter. Freitagabends kam ich nach Hause nach Kentish Town im Norden von London, damals ein heruntergekommenes Viertel, heute weitgehend gentrifiziert, wie eine Art britisches Williamsburg, und ich nahm rituell ein langes heißes Bad, um den Kommerz der Woche abzuwaschen, und ging als Romanautor daraus hervor, so redete ich es mir zumindest ein. Die Leute in der Agentur verstanden nicht, warum ich keinen Vollzeitjob akzeptieren wollte, und hielten mir immer wieder verlockende beträchtliche Geldsummen unter die Nase. Ich lehnte sie alle ab.

Ich brauchte fünf Jahre, um die *Mitternachtskinder* zu schreiben, da ich mir selbst beibrachte, wie ich das Buch schreiben musste, während ich es schrieb. Ich gehörte nach über zwei Jahrhunderten zu der ersten Generation von freien indischen Kindern, vom Geist der neuen Freiheit durchdrungen, aber auch mit dem Wissen um das Blut, um die großen Massaker an den Muslimen durch Hindus und an den Hindus durch Muslime, die mit dem Moment der Freiheit einhergingen. Jede Übergangsgeneration ist außergewöhnlich, sie gehört weder der Vergangenheit noch ganz der Zukunft an, und es war mein Geschenk als Schriftsteller, diesen einzigartigen Moment als mein Geburtsrecht zu haben. Ich musste lernen, auf welche Weise ich darüber schreiben, auf welche Weise ich öffentliche Ereignisse und private Lebenswege ineinander- und umeinanderfließen lassen wollte, auf welche Weise ich es vermied, bloß gegenwartsnah zu sein, ohne gleichzeitig zu veranschaulichen, wie die Geschichte uns alle formt, und ich musste die große Frage stellen: Sind wir Meister oder

Opfer unserer Zeit? Machen wir Geschichte, oder macht sie uns zunichte? Und können wir durch unsere eigenen Entscheidungen und Taten unsere Welt formen und verändern?

In Klammern: Ich war Kind der Sechziger genug, um diese letzte Frage zu bejahen. Die Sechziger waren in vielerlei Hinsicht verrückt, aber damals jung zu sein, bedeutete, ja, die Welt musste verändert werden, und ja, es würde uns gelingen. Ich habe diesen Geist des Möglichen lang genug in mir getragen, um ihn in dem Yes-we-can-Geist, den Barack Obama ins Weiße Haus brachte, wiedergeboren zu sehen und auch in dem neuen jungen Aktivismus der Ära Trump, der entschlossen ist, die Zukunft zu gestalten, und daran glaubt, er habe die Macht, es durchzusetzen.

Nicht nur die Zeit war interessant, meine Familie war es auch. Ich hatte einen Onkel, der für die Filmwelt schrieb und mit einer glamourösen Frau verheiratet war, eine von zwei Schauspielerschwestern, die meine amüsant flottesten Verwandten waren. Ich hatte einen weiteren Onkel, einen Militär, der als Adjutant von Feldmarschall Auchinleck, dem letzten Befehlshaber der britischen Armee in Indien, seine Laufbahn begann und als General der pakistanischen Armee und als Freund des militärischen Diktators Ayub Khan endete, und zu meiner großen Beschämung war er Gründer und erstes Oberhaupt des berüchtigten pakistanischen Geheimdiensts, der Inter-Services Intelligence oder der ISI, derselben ISI, die viel später die sicheren Häfen in Pakistan überwachte, die von den Talibans Mullah Omar und Osama bin Laden besetzt waren. Das war lange nach dem Tod meines Onkels, aber er war der Gründer dieses Systems, das solche Dinge in Pakistan möglich machte, ja sogar normal werden ließ.

Beim Schreiben aber lernte ich auch etwas sehr Wichtiges. Fiktion ist nicht Autobiografie. Die Familie im Roman hat schon vieles gemeinsam mit meiner tatsächlichen Familie. Saleems Großvater ist Arzt, meiner war es auch. Auch er hat einen Onkel in der

Welt des Films und einen anderen Onkel, der General ist. Seine Schwester Jamila, bekannt als der Messingaffe, ist genauso burschikos, wie es meine Schwester war. Ich hatte eine christliche *ayah* aus Südindien und Saleem ebenfalls. Und so weiter. Doch als ich anfing, diese Charaktere auf dem Papier zu erschaffen, fiel es mir schwer, sie lebendig werden zu lassen. Solange sie bloß Imitationen des wirklichen Lebens blieben, hatten sie kein fiktionales Leben. Und so rückte ich die Figuren von den wirklichen Menschen ab, um sie ihren Vorbildern unähnlich zu machen, und mit einem Mal bewegten sie sich, standen auf und lebten. So begeht die christliche *ayah*, die eine Zeit lang als Krankenschwester arbeitet, das Verbrechen, dem die Geschichte des Romans entspringt, wohingegen meine tatsächliche *ayah* der gesetzestreueste Mensch war. Und die Schwester im Roman wird eine wundervolle Sängerin, während jeder, der meine Familie kennt, bestätigen kann, dass bis auf meine Nichte, die Konzertpianistin, nicht einer von uns singen konnte. Und die Geschichte des Onkels aus der Filmwelt verfinstert sich zur Tragödie, und sein Schicksal ist völlig anders als das meines tatsächlichen Onkels. Und der Großvater im Roman verstrickt sich tief in die Politik der Unabhängigkeitsbewegung, ganz anders als mein Großvater, der absolut unpolitisch war. Und der Militäronkel wird überzeichnet zu einer komisch-satirischen Karikatur. Als das Buch fertig war, hatten die Figuren ihre Vorbilder hinter sich gelassen und waren einfach sie selber geworden.

Ich habe irgendwo gelesen, als Gabriel García Márquez sein Meisterwerk *Hundert Jahre Einsamkeit* vollendet hatte, wollten er und seine Frau Mercedes es verschicken, und den ganzen Weg von ihrem Zuhause zum Postamt haben sie gedacht: Und wenn es nicht gut ist? Als ich die *Mitternachtskinder* fertig geschrieben hatte, dachte ich: Soweit ich es beurteilen kann, ist das ein gutes Buch; doch nach den langen Jahren der Erfolglosigkeit fehlte mir jedes Vertrauen in mein eigenes Urteil, und ich hatte ehrlich keine Ahnung, ob irgendjemand auf der Welt mir zustimmen würde. Sollte mir niemand zustimmen, sagte ich mir, dann weiß ich vielleicht nicht, was ein gutes Buch ist, und dann sollte ich mit dem Schreiben aufhören. Alles hing von der Rezeption des Buches ab. Hollywood oder Reinfall.

Zum Glück war es kein Reinfall, und endlich hatte ich eine Antwort auf die Frage meines Vaters: »Was soll ich meinen Freunden sagen?«

Als Kind in Bombay hatte ich einen wiederkehrenden Traum vom Fliegen, mit einer Version davon stattete ich später eine Figur in meinem Roman *Zwei Jahre, acht Monate und achtundzwanzig Nächte* aus. Ich träumte, dass ich mich in meinem eigenen Bett in meinem eigenen Zimmer befand, und wenn ich im Traum die Augen aufschlug, konnte ich ganz einfach hinaufschweben, ich warf mein Betttuch von mir und flog ohne jede Anstrengung durch das Zimmer. Es war leicht, und nach einer Weile flog ich zum offenen Fenster und hinaus in die Welt. Mit einem Mal verlor ich ganz langsam an Höhe, nicht schwindelerregend, nicht beängstigend, aber wahrnehmbar. Wie ich bereits erwähnt habe, stand unser Haus in Bombay auf einer kleinen Anhöhe, und mir wurde klar, es käme der Moment, wo ich zu weit unten sein würde, um wieder zurück in mein Zimmer zu fliegen, und ich würde unvermeidlich tiefer und tiefer fallen bis auf die geschäftige Hauptstraße am Fuße der Anhöhe, auf eine Straße voller Fußgänger, Rad-, Roller- und Autofahrer, und niemanden würde es kümmern, dass mitten unter ihnen ein gefallener Engel war. Irgendwann an dieser Stelle wachte ich dann auf. Der Traum war ein Albtraum.

Der Traum, Schriftsteller zu werden, ist ein bisschen wie dieser Kindheitstraum. Um deinen Traum zu erreichen, verlässt du deinen Platz, an dem du dich sicher und beschützt fühlst, und du fliegst hinaus in die Welt und verlierst an Höhe. Hast du Pech, landest du so flugunfähig wie ein Dodo inmitten einer Schar unsympathischer Fremder, und dein Traum stellt sich als Albtraum heraus. Hast du aber Glück und bist entschlossen, kehrt der Traum wieder, und nach und nach entdeckst du, dass du den Schutz deines Zimmers nicht brauchst, um in der Luft zu bleiben, und du kannst zum Fenster hinausfliegen, ohne das Gefühl von Gefahr zu verspüren. Du verlierst nicht mehr an Höhe, du verlierst nicht die Kontrolle. Du navigierst durch die helle, dich tragende Luft. Vielleicht schwebst du. Aber hast du erst einmal deine Flügel gefunden, wie lange es auch dauert, wie oft du auch gescheitert bist, ehe du sie gefunden hast – hast du erst einmal deine Flügel gefunden, fliegst du.

Teil zwei

PHILIP ROTH

Philip-Roth-Vorlesung, gehalten in der Newark Public Library am 27. September 2018

Zum letzten Mal hörte ich von Philip Roth im Oktober 2017. »Weil ich ein Sohn Newarks bin«, schrieb er in seiner E-Mail, »hat die Newark Public Library kürzlich eine Vorlesungsreihe unter meinem Namen eingerichtet. … Nach Newark sind es nur zwölf Minuten mit dem Zug und nicht viel mehr mit dem Auto. Diese Bibliothek und ihre Abteilungen boten mir als Jungen zahllose Anregungen, es würde mich sehr freuen, wenn Sie irgendwann in der zweiten Hälfte des September 2018 kommen würden und über die gegenwärtige amerikanische Befindlichkeit sprechen könnten, die in Ihrem neuen Buch so reichlich zutage tritt. Herzlich, Philip.«

Wenn Philip Roth Ihnen schreibt und Sie bittet, die Philip-Roth-Vorlesung zu halten, so lautet die richtige Antwort auf diese Anfrage: »Ja.« Ich sagte also umgehend zu und war auch, ich gestehe es, überrascht und geschmeichelt zu erfahren, dass Philip mein Buch *Golden House* gelesen und es ihm gefallen hatte. Sie erwarten nicht, dass Ihre Helden der Literatur Ihr Werk lesen. Ich war auch einverstanden, wie er es vorschlug, über diese gegenwärtige amerikanische Befindlichkeit zu sprechen, wozu ich noch kommen werde. Aber nachdem er gestorben war (ich spüre, dass Philip Ausdrücke wie *entschlafen* oder *von uns gegangen* missfallen hätten; er war nicht der Autor, bei dem man nach Euphemismen suchte!), war ich der Meinung, dass die erste Philip-Roth-Vorlesung nach Philip Roths Tod Philip Roth zum Thema haben sollte, einen Schriftsteller, an dessen Schreiben viel amerikanische Befindlichkeit, vergangene und gegenwärtige, erforscht und verstanden werden kann und dessen Werk eine große »Anregung«, um seinen Begriff zu nehmen, für mich und viele Schriftsteller meiner Generation gewesen ist sowie für die der Generationen, die meiner nachfolgen.

Zu meinem Bedauern kannte ich Philip nicht so gut, wie ich es mir gewünscht hätte, trotz meiner großen Bewunderung für sein Werk und des glücklichen Zufalls, dass wir beide von derselben Literaturagentur, der Wylie Agency, vertreten werden. Wir trafen uns dennoch über einen langen Zeitraum einige Male. Meine lebhafteste Erinnerung ist ein Gespräch in London Mitte der Achtzigerjahre bei einem Dinner in einem Haus in Chelsea, wo er mit Claire Bloom lebte. Er sprach von seinem Wunsch, wegen seines zunehmenden Abscheus vor dem britischen Antisemitismus nach Amerika zurückzukehren, und auch von der Irritation, die die damit einhergehende britische Weigerung in ihm hervorrief, zuzugeben, dass es überhaupt so etwas wie einen britischen Antisemitismus gebe, und zudem wegen des Bedürfnisses einiger Briten, Philip erklären zu wollen, er sei womöglich einer Art kulturellem Missverständnis unterlegen. Ich habe noch einmal darüber nachgedacht, was Philip in all diesen Jahren empfunden haben mochte, denn die britische Labour Partei befand sich viele Jahre lang mitten in der Kontroverse über den sich ausbreitenden Antisemitismus in ihren eigenen Reihen, ein Problem, dessen Existenz die Führung der Partei offenbar kleinreden oder bis vor Kurzem sogar bestreiten wollte. Nicht zum ersten Mal war Philip Roth seiner Zeit weit voraus.

Ich erzählte ihm an jenem Abend von meiner einzigen persönlichen Erfahrung mit dem Antisemitismus. In einem Sommer, als ich noch jung war, lud man mich, noch ehe ich irgendetwas veröffentlicht hatte und nicht einmal ansatzweise fashionable war, zu einer fashionablen Dachgartenparty in London ein, wo ich einem Designer äußerst fashionabler Hüte vorgestellt wurde, dessen Kreationen, so hieß es, öfter in der *Vogue* abgebildet seien. Er zeigte kein großes Interesse daran, mich kennenzulernen, war bis zur Unhöflichkeit kurz angebunden und rauschte auf der Suche nach fashionableren Partygästen davon. Doch wenige Minuten später kam er mit derselben Geschwindigkeit zu mir zurück, sein ganzer Körper zu einer Gestalt verbogen, die Verlegenheit und Bedauern ausdrücken sollte, und zu seiner Entschuldigung sagte er: »Es tut mir so leid. Sie haben vermutlich gedacht, ich sei gerade sehr schroff zu Ihnen gewesen, und tatsächlich war ich vermutlich schroff, aber sehen Sie, das liegt daran, dass man mir gesagt hat, Sie seien Jude.« Die Entschuldigung wurde in einem Tonfall vorgebracht, der darauf schließen ließ, ich würde sofort verstehen und verzeihen. Niemals zuvor habe ich mir so sehr gewünscht, sagen zu können, ich sei tatsächlich Jude. Als ich Philip diesen Vorfall erzählte, sagte er mit großem Nachdruck: »Genau. Das ist es, genau.« So waren wir für diesen Augenblick einfach zwei Juden, die in London zusammen zu Abend aßen. Es ist eine Erinnerung, auf die ich stolz bin.

Ich habe noch immer die zerfledderte Corgi-Taschenbuchausgabe von *Portnoys Beschwerden*, die ich Anfang 1971 als Dreiundzwanzigjähriger las. Zu jener Zeit hatte ich noch keinen Fuß in die Vereinigten Staaten gesetzt, in ein magisches Land, das ich nur durch seine Literatur und seine Filme kannte. Amerika war damals für mich *Bonnie und Clyde, Die Reifeprüfung, Kaltblütig, Rosemaries Baby, Bullitt, Easy Rider, Midnight Cowboy, M*A*S*H, Love Story, Klute, Die Kunst zu lieben* und *Die letzte Vorstellung.* In der Literatur waren es *Sohn dieses Landes, Der unsichtbare Mann* und *Die*

Abenteuer des Augie March. Es waren Pynchon, Vonnegut, Morrison, Updikes *Hasenherz,* Cheevers »Der Schwimmer« und Joseph Hellers Yossarian und Nabokovs *Lolita.* Auch mein Wissen über jüdisches Leben beruhte ausschließlich auf Büchern von Bellow, Malamud und Singer. Amerika ist jenen von uns, die es von außen betrachten, wirklich gut bekannt und gleichzeitig gänzlich unbekannt. Es ist einerseits die Verkörperung der Macht und andererseits der vielfältige Ausdruck von Freiheit, zugleich Uncle Sam und Emma Lazarus, zugleich »The Star-Spangled Banner« und »Blue Suede Shoes« oder Louis Armstrong, der »What a Wonderful World« singt. Setzen wir als Fremde zum ersten Mal einen Fuß auf New Yorker Straßen, denken wir, wir erkennen alles, da wir es viele Male gesehen haben, gefilmt und fotografiert, gemalt und im Fernsehen, und doch kennen wir uns nicht aus und verlaufen uns leicht. Wir haben Amerikas Musik im Kopf, aber wir kennen nicht das Leben der Leute, die diese Musik schufen, und wenn wir belesen sind, tragen wir auch die geschriebenen Worte in uns, ohne aber wirklich etwas über die gelebten Erfahrungen zu wissen, denen diese Worte entsprangen. Ohne je die Windy City gesehen zu haben, merkte ich mir die Anfangszeilen des *Augie March,* »Ich bin Amerikaner, geboren in Chicago – dem düsteren Chicago –, habe mir selbst beigebracht, wie man die Dinge in die Hand nimmt, nämlich unkonventionell, und werde auch auf meine Art Erfolg haben«, und die gleichfalls gefeierten letzten Zeilen: »Ja, ich bin eine Art Kolumbus des Naheliegenden, und ich glaube fest daran, dass man es in der *terra incognita,* die sich unmittelbar vor einem in alle Himmelsrichtungen erstreckt, entdecken kann. Gut möglich, dass ich bei diesem Versuch versagen werde. Kolumbus hat vermutlich auch geglaubt, versagt zu haben, als man ihn in Ketten zurückschickte. Was aber nicht bewies, dass es kein Amerika gab.« Ich suchte nach Hilfe, nach Worten, die mir Türen zu den unbekannten Ländern öffnen und die, so hoffte ich, sich vor meinem geistigen Auge entfalten würden, und an diese Worte, diese Bilder, diese Klänge klammerte ich mich. Vielleicht würden sie mir zeigen, wie ich das, was ich tun wollte, tun müsste.

In dieses imaginäre, imaginierte Amerika fiel *Portnoys Beschwerden* wie eine Bombe. »Wichsen«? »Verrückt nach Mösen«? So etwas hatte ich noch nie gelesen. Ich erinnere mich, dass ich ernsthaft verblüfft war, nicht nur über das Thema, sondern auch über die rhapsodische Ausgelassenheit, mit der es behandelt wurde, über die ungenierte Nacktheit der Sprache, die nahezu fanatische Offenheit der Prosa. Ich wuchs in Indien auf, wo es nicht einmal erlaubt war, dass Leute sich auf der Kinoleinwand küssten, wo öffentliche Gesten der Zuneigung auch im echten Leben verpönt waren und wo die alte Sexualität der tantrischen Kunst schon vor langer Zeit durch eine schnell zu schockierende Prüderie ersetzt wurde, der ich mich teilweise auch schuldig machte. In meinem eigenen Schreiben habe ich mich oft gesträubt, Einzelheiten des menschlichen Sexuallebens explizit darzustellen, da ich glaubte, diese Dinge lasse man sozusagen besser hinter den Kulissen stattfinden, aber es gibt Szenen, in denen ich rückblickend leicht Mr. Roths Einfluss feststellen kann, über den Jacqueline Susann – ausgerechnet Jacqueline Susann! – zu Johnny Carson sagte: »Ich möchte ihn gerne kennenlernen, aber ich würde ihm nicht die Hand schütteln wollen.«

In den *Mitternachtskindern* gibt es einen Moment, in dem sich die Mutter des Erzählers, die sich liebevoll an ihren schon lang verstorbenen ersten Ehemann erinnert, selbst befriedigt, ohne zu wissen, dass ihr Sohn, der Voyeur, sich in der Wäschetruhe versteckt und sie beobachtet. An dieser Szene mag Philip Roth schuld sein. Allgemein jedoch ist es meinen Erzählern im Gegensatz zu Alexander Portnoy schwergefallen, über Sex zu schreiben. In *Des Mauren letzter Seufzer* versucht der Erzähler zu schildern, wie seine Eltern zum ersten Mal miteinander schlafen. »Er kam zu ihr wie ein Mann, der in sein Verderben rennt, zitternd, aber entschlossen, und hier, an dieser Stelle, gehen mir die Worte aus, darum werden Sie von mir nicht die blutigen Details dessen erfahren, was geschah, als sie, und dann er, und dann beide, und danach sie, woraufhin er, und daraufhin wiederum sie, und somit, und außerdem, und eine kurze Zeit lang, und dann eine lange Zeit lang, und leise, und geräuschvoll, und am Ende ihrer Durchhaltekraft, und schließlich, und danach, bis … puh! Boy! Endlich geschafft!« Diese Passage verdanke ich Roths Einfluss und ebenso die Erkenntnis, wenn du über Sex schreibst, dann gestalte es amüsant. Woanders in dieser Passage, ich gestehe es, gab mir die Lektüre von Roth den Mut, ein bisschen schockierender zu sein und außerdem Sex und Religion zusammenzuführen. »Habt ihr jemals den Schwanz eures Vaters, die Muschi eurer Mutter gesehen? Ja oder nein spielt keine Rolle, der springende Punkt ist, dass es mythische Orte gibt, mit Tabus belegt; zieh dir die Schuhe aus, dies ist geweihter Boden, wie die Stimme auf dem Berg Horeb sagt, und wenn Adam Zogoiby die Rolle des Moses spielte, dann war meine Mutter so sicher wie das Amen in der Kirche der brennende Dornbusch.« Danke, Philip. Tabus, so brachte er mir bei, sind dazu da, gebrochen zu werden. Diese Lektion hat mir gelegentlich Schwierigkeiten eingebracht.

In der schlimmsten Zeit der Schwierigkeiten, im Furor, der auf das Erscheinen von den *Satanischen Versen* folgte, dachte ich oft an Roth. Ich erinnerte mich, dass er nach dem Erscheinen von *Goodbye, Columbus* von einigen Juden des Antisemitismus beschuldigt wurde, und nach dem Erscheinen von *Portnoy* nannte ein Kabbala-Gelehrter (Gershom Scholem) den Roman »schlechter als die berüchtigten ›Protokolle der Weisen von Zion‹«. Ich erinnerte mich auch, dass eines der Mittel, seinen radikalen Text anzugreifen, in dem Vorwurf bestand, er sei unlesbar schlecht geschrieben. »Das Grausamste, was man mit *Portnoys Beschwerden* tun kann«, schrieb Irving Howe, »ist, es ein zweites Mal zu lesen.« Mit dieser Art von Angriffen wurde auch ich vertraut, und sie trafen mich härter als die Drohung des Ayatollah. Es war tröstlich zu wissen, dass Philip Roth ähnliche Angriffe hatte ertragen müssen.

Trotz Irving Howe habe ich *Portnoys Beschwerden* ein zweites Mal gelesen. Als ich es mit dreiundzwanzig zum ersten Mal las, war ich ein knappes Jahrzehnt jünger als Alexander Portnoy, und die Angst eines Jugendlichen war mir noch lebhaft in Erinnerung. Am eindringlichsten erstaunte mich damals, dass diese vollkommen unbekannte Welt, die Welt einer jüdischen Kindheit in Newark, diesem Jungen aus Bombay so vertraut vorkam. Vor allem die übermächtige Familie. Meine eigene Mutter war ganz anders als Sophie Portnoy, aber viele – hinduistische, christliche, parsische – Mütter meiner Freunde hätten bestens in Roths Newark gepasst. Es war seltsam und herrlich, in diesem Werk aus weiter Ferne so vieles zu entdecken, das mir die Freude des unmittelbaren Wiedererkennens bereitete.

Als ich das Buch jetzt mit einundsiebzig wieder las, überkam mich erneut die Freude des Wiedererkennens, auch wenn Roths Beschreibung von Jugend mir heute wie eine Botschaft von einem fremden Planeten erscheint. Doch am erstaunlichsten ist die schiere Härte des Texts. Würde man ihn kritisch betrachten, könnte man sagen, er bediene sich immer desselben Tons. Aber dieser Ton, dieser aufgeladene Schrei der Not, des Schmerzes und Begehrens, diese Stimme, von der Roth sagte, er habe es zum ersten Mal »krachen lassen«, hatte man nie zuvor gehört, und sie besitzt nach all diesen Jahren noch ihre volle Wucht. Ja, sie ist schockierend, aber ja doch, sie wirft einen noch immer um. Um heute diese Art Sprache zu finden, müssen wir Stand-up-Comedians zuhören. Vielleicht ist Dave Chappelle Alexander Portnoys afroamerikanisches Kind.

Portnoy und *Goodbye, Columbus* wieder zu lesen, bedeutet auch, den frühesten Versionen jener Figuren zu begegnen, die man die Roth'schen Geliebten nennen könnte: Brenda Patimkin, Bubbles Girardi, die viel zusammenfantasierte blonde *Schickse,* die Alex Portnoy Thereal McCoy nennt, und am bedeutsamsten Mary Jane Read alias das Äffchen, deren sexueller Appetit dem von Alex gleichkommt. Die Roth'schen Geliebten haben sich im Laufe der Jahre viel Kritik eingehandelt, aber die Wiederentdeckung der ersten Beispiele dieser Art hat mich, erstens, erkennen lassen, mit wie viel Zuneigung sie gezeichnet sind, und, zweitens, dass Roths männliche Stimmen recht offensichtlich und absichtlich unzuverlässige Erzähler seiner Frauen sind. Das heißt, wir durchschauen Alex Portnoys Tirade und verstehen, dass sein Schöpfer seine Frauen mit mehr Tiefgang und Leidenschaft sieht als Alex selbst. Man beendet *Portnoy* mit einem Gefühl echter Zuneigung für Alex, die von dem Wissen herrührt, dass er eine tiefe Wahrheit über Jungen und junge Männer verkörpert, aber am Ende verspüren wir eine ebenso tiefe Zuneigung und ein ebenso tiefes Verständnis für das Äffchen.

Das Buch funktioniert wegen seines Humors. Ohne Humor wären Alex Portnoy und der Roman selbst unerträglich. Doch Humor steckt in jeder Zeile, und darum, statt ihn unerträglich zu finden, lieben wir ihn, Alex und den Roman. Nach einem halben Jahrhundert ist seine Kraft ungetrübt.

Folgendes schrieb Philip Roth im *New Yorker* über das Wiederlesen von Saul Bellows *Augie March,* der fünfzehn Jahre vor *Portnoys Beschwerden* erschienen war und Roth zweifellos dabei geholfen hatte, den Weg zu seinem eigenen Werk zu finden: »Die Verwandlung des Romanautors, der im Jahr 1944 *Mann in der Schwebe* und 1947 *Das Opfer* veröffentlichte, in den Romanautor, der im Jahr 1953 *Die Abenteuer des Augie March* veröffentlichte, ist revolutionär. Bellow stößt in *Augie March* alles um …, eine grandiose, selbstbewusste, unbekümmerte Konzeption des Romans sowie der im Roman dargestellten Welt löst sich von allen selbst auferlegten Strukturen, die Kompositionsprinzipien des Anfängers sind umgestürzt, und … der Autor selbst ist ›versessen auf überbordende Fülle‹. Da ist der narzisstische Enthusiasmus für das Leben in all seinen Mischformen, der Augie March vorantreibt, und da ist eine unerschöpfliche Leidenschaft für die Üppigkeit der schillernden Besonderheiten, die Saul Bellow nach vorne scheucht.« Tauscht man in dieser Passage Augie March gegen Alexander Portnoy aus und *Mann in der Schwebe* und *Das Opfer* gegen *Anderer Leute Sorgen* und *Lucy Nelson oder Die Moral* und Saul Bellow gegen Philip Roth, haben wir eine nahezu perfekte Beschreibung des revolutionären Genius von *Portnoys Beschwerden* und seiner außerordentlichen Wucht, insbesondere da ihm zwei eher konventionelle Romane vorausgingen. Der Einfall, den ganzen Text als eine Niederschrift von Alex' Sitzung oder Sitzungen beim Psychoanalytiker zu gestalten, gab Roth eine immense Freiheit. »Der Schauplatz einer Analytikerpraxis«, sagte er einmal zu David Remnick, »bedeutet, hier herrscht die Regel, dass keine Regeln herrschen, hier herrscht die Regel: keine Hemmung, hier herrscht die Regel: keine Zurückhaltung, hier herrscht die Regel: keine Etikette.« Roth und Bellow, Bellow und Roth. Diese beiden Schriftsteller sind für immer ein Gespann, zumindest für die Schriftsteller meiner Generation. Um noch einmal einen Außenblick auf sie zu werfen: Für Martin Amis, Ian McEwan und mich waren sie die beiden amerikanischen Schriftsteller, die uns nicht nur Amerika am klarsten, am brillantesten zeigten – die den amerikanisch-jüdischen Roman in etwas verwandelten, das dem großen amerikanischen Roman sehr nahe kam –, sondern die uns auch halfen, besser zu verstehen, wie wir die Welten gestalten sollten, die wir zu gestalten versuchten.

Ich dachte viel über Sprache nach und versuchte, ein Englisch zu finden, das nicht so klang, als gehöre es den Engländern, eines, das das polyglotte Stimmengewirr auf indischen Straßen einfangen und darstellen konnte, und bei Roth und Bellow hörte ich die Energie, die ich anstrebte. Ich entdeckte auch die Neigung, unübersetzte Wörter aus einer anderen Sprache zu verwenden. Als ich Roth las, fragte ich mich, ob wohl alle Amerikaner wissen, was es bedeutet, einen »zetz in the kishkes« zu bekommen. Denn ich musste es nachschlagen. Ich erriet aus dem Kontext, dass ein »zetz« etwas Schmerzhaftes und die »kishkes« verletzlich waren, aber die genauen Einzelheiten entzogen sich mir. Und doch standen sie da, jiddische Wörter, die unumwunden in einem englischen Text dargeboten wurden. Genauso sprachen wir Englisch in Bombay, wir mischten es mit Wörtern aus dem Hindi, Urdu, Marathi oder Gujarati. Und genauso sprachen wir auch Hindi, Urdu, Marathi und Gujarati, denn wir mischten diese Sprachen mit englischen Wörtern, wo sie uns passend erschienen. Indisches Englisch war also nicht unbedingt das Englisch der Königin. Wie die Iren, die Menschen der Westindischen Inseln, die Australier und Amerikaner hatten die Inder das Englische abgeändert, damit es ihnen entsprach. Das indisch-englische Wort für einen Angeklagten vor Gericht ist der *undertrial*, denn er ist *under trial*, unter Anklage, auf dem Prüfstand. Dein Chef ist dein *incharge*, er ist *in charge*, er trägt die Verantwortung, sollten also Marsmenschen in Bombay landen, müssten sie bitten: »Bringt uns zu eurer Verantwortung.« Wenn die Polizei einen Menschen bei einem Schusswechsel tötet, heißt es, er sei bei einem *police encounter*, bei einer Begegnung mit der Polizei, umgekommen. Und ein sexueller Übergriff, es tut mir leid, es sagen zu müssen, ist ein *Eve teasing*, eine Eva-Neckerei. Ich las *Augie March* und *Portnoy* und begriff, dass ich »mein« Englisch verwenden konnte, ebenso wie diese beiden Meisterwerke »ihres«

verwendeten. Und wenn ich Wörter aus anderen Sprachen hineinträufeln wollte – *rutputty*, *khalaas*, *shanti* –, dann war das in Ordnung, solange ich ihre Bedeutung durch den Kontext erklärte, sodass der englischsprachige Leser verstehen oder erraten würde, dass *rutputty* so etwas wie *ramshackle*, baufällig, *khalaas* in etwa *finished*, beendet, oder *done for*, erledigt, und *shanti peace,* Friede, bedeutet. Englisch, das begriff ich, konnte eingelegt werden wie ein Chutney. Das war ein Augenblick wahrer Befreiung.

Ich dachte auch über die Form nach. Ich habe lange geglaubt, es gebe nur zwei Arten wirklich guter Romane. Die eine Art nenne ich den »Alles-Roman«, was Henry James als »unförmiges sackartiges Ungetüm« bezeichnete, den Roman, der so viel Leben wie nur möglich in sich aufzunehmen versucht. Die andere Art ist der »Nahezu-nichts-Roman«, der Roman, der sozusagen einen einzigen dünnen Erzählstrang vom Kopf der Göttin zupft und ihn im Licht dreht, um die Wahrheit zu enthüllen. Jane Austen, W. G. Sebald und Raymond Carver, Letzterer auf ganz andere Weise in seinen Kurzgeschichten, sind Schriftsteller dieser zweiten Art. Das Interessante an Bellow und Roth ist, dass sie beide zu unterschiedlichen Zeitpunkten ihrer Karriere zu beiden Kategorien von Romanautoren gehörten. Bellow begann klein *(Mann in der Schwebe)*, schrieb dann die großen, weltverschlingenden Ungetüme *Die Abenteuer des Augie March, Herzog, Der Regenkönig, Humboldts Vermächtnis* und wurde im späteren Leben wieder klein *(Bellarosa Connection, Ein Diebstahl, Ravelstein)*. Im Fall von Roth kamen die großen allumfassenden Bücher in einer späten brillanten Welle – *Sabbaths Theater, Amerikanisches Idyll, Mein Mann, der Kommunist, Der menschliche Makel* –, die ihn zumindest mit Bellows »grandioser, selbstbewusster, unbekümmerter Konzeption des Romans sowie der im Roman dargestellten Welt« als ebenbürtig ausweist.

Ehe ich auf diese Bücher zu sprechen komme, möchte ich

zunächst einen Blick auf Roths »mittlere Periode« werfen, die Periode seiner zahlreichen Alter Egos: David Kepesh, Peter Tarnopol und vor allem Nathan Zuckerman, der zum ersten Mal in *Der Ghost Writer* auf die Bühne trat und sie dann im Grunde – wie in Kaufmans und Harts *Der Mann, der zum Essen kam* – nie wieder verließ. Abermals bietet sich hier ein Vergleich mit Bellow an. Moses Herzog in *Herzog* und Charlie Citrine in *Humboldts Vermächtnis* sind Bellows Stellvertreter. Charlie ist so etwas wie ein Schüler des Dichters Von Humboldt Fleisher, ebenso wie Bellow eine Art Schüler von Humboldts Vorbild Delmore Schwartz war. Und die Geschichte von *Herzog*, in der Moses seine Frau an seinen Freund verliert, spiegelt Ereignisse aus Bellows Leben während seiner Jahre in Bard wieder. (In dem Roman ist der treulose Freund zu einem Einbeinigen geworden. So sind die Privilegien und die Rache der Fiktion.) Doch vielleicht hat niemand die vielfältigen Nuancen des literarischen Alter Egos so gründlich erforscht wie Philip Roth.

Wir wissen, oder wir sollten wissen, dass autobiografisch gefärbte Fiktion nicht als Autobiografie taugt, dass Stephen Dedalus James Joyce ist und nicht ist, dass Marcel, der Erzähler von *Auf der Suche nach der verlorenen Zeit*, Proust ist und nicht ist; dass Nathan Zuckermans umstrittener Roman »Carnovsky« *Portnoys Beschwerden* ist und nicht ist. Aber da wir in einem autobiografisch besessenen Zeitalter leben, besteht die Tendenz, das Alter Ego einfach mit dem Autor gleichzusetzen. Niemand hat mehr für und gegen diese Idee der Gleichsetzung getan als Roth, der sie forciert, mit ihr spielt und sie letztendlich auch zerstört. Irgendwo in einem seiner Stierkampftexte schreibt Hemingway, die besten Stierkämpfer kämen dem Stier am nächsten. Da Roth Zuckerman erlaubt, dem Stier so nahe wie nur irgend möglich zu kommen und doch so meisterhaft seine Pirouetten zu drehen, sodass er nie auf die Hörner genommen wird, ist er der unbestrittene Meister dieses Sports. Wenn Zuckerman, Kepesh und Tarnopol entstehen und an einem Punkt ins Leben kommen, der knapp neben ihrem Schöpfer liegt, haben sie, wenn er mit ihnen fertig ist, in ein unabhängiges Leben gefunden, und diese Reise von den persönlichen Ursprüngen zur fiktionalen Autonomie mag man schöpferischen Akt nennen.

Roth erforscht subtil die Vieldeutigkeit dieser Art des Schreibens. In *Gegenleben* schlägt die Wut von Nathan Zuckermans Bruder Henry, eines Zahnarztes, über Zuckermans fiktionales Porträt von ihm und ihrer gemeinsamen Familie eine Saite im Herzen eines jeden Schriftstellers an, der dem Stier so nahe gekommen ist. Als ich *Gegenleben* las, schrieb ich gerade den Roman, der *Die satanischen Verse* wurde, und am Schluss dieses Romans entschied ich, vielleicht ein wenig beeindruckt von Roths Buch, einige sehr persönliche Dinge, nämlich den Tod meines Vaters, zu verwenden, um die Szene kurz vor Ende des Buchs zu gestalten, in der Saladin Chamcha am Sterbebett seines Vaters steht. Als der Roman vollendet war, löste diese Szene bei meiner Schwester Sameen Verzweiflung aus, denn, so argumentierte sie, ich hätte sie bei der Beschreibung dieses Augenblicks ausgelassen, der für sie ebenso bedeutsam gewesen sei wie für mich. »Nicht du hast das für ihn getan«, sagte sie, »ich war das. Nicht zu dir hat er das gesagt, er hat es zu mir gesagt.« Ich konnte nur entgegnen, sie sei keine Figur im Roman, eine Antwort, die sie nicht wirklich beschwichtigte. In diesem Moment verstand ich genau, wie Henry Zuckerman sich fühlte. Einen Schriftsteller in der Familie zu haben, ist vielleicht immer ein Desaster für die Familie, insbesondere wenn sein Alter Ego so störrisch ist wie Nathan Zuckerman. In Roths teils nichtfiktionalem Buch *Die Tatsachen* – allein schon der Titel zeigt eine von Roths Methoden, uns zu verwirren – erlaubt er Zuckerman, sein Porträt seiner »echten« Familie zu kommentieren. Zuckerman sagt ihm, er habe sich selbst und seine Familie zu nett dargestellt. »Veröffentliche das nicht«, rät er ihm. In den *Tatsachen* deutet er an, Roth erzähle nicht die Wahrheit oder nicht annähernd so gut, wie sie sein Alter Ego Zuckerman in den Romanen erzähle.

Am Ende war diesem nach innen gerichteten, selbstreferenziellen, spiegelbildlichen Ansatz zwangsläufig die Luft ausgegangen, und Roth wusste es. *Operation Shylock* ist sein Buch des Übergangs: einerseits vielleicht doch das extremste Beispiel spiegelbildlichen Schreibens, in dem Philip Roth nach einem durch Halcion ausgelösten Zusammenbruch – offenbar demselben Zusammenbruch, der in den *Tatsachen* geschildert wird – entdeckt, dass es einen Betrüger Philip Roth in Israel gibt, der den Prozess gegen John Demjanjuk aus Cleveland verfolgt, der vielleicht Ivan der Schreckliche aus den Nazi-Todeslagern sein mag – der es vermutlich ist –, und dass dieser falsche Roth Ideen vertritt, die dem echten Roth missfallen, insbesondere den »Diasporismus«, der empfiehlt, die Juden sollten Israel verlassen und nach Europa zurückkehren, ehe die Araber einen zweiten Holocaust anrichten. Europa, erklärt der falsche Roth den Leuten in Israel, ist »das authentischste jüdische Heimatland, das es je gegeben hat«. Andererseits hat sich, während das Roth'sche Spiel der Spiegelungen sich in diesem Roman fortsetzt, das Thema geändert. Wir sehen Roth, der allmählich sowohl nach außen als auch nach innen blickt und statt sein Selbst die Welt – oder zumindest in gleichem Maße die Welt – zu seinem Thema macht, er eröffnet das große Projekt, in seiner Fiktion die bedeutenden Fragen seiner Zeit, in diesem Fall Israel, anzugehen. Diese Hinwendung zum Außen wird sich als der Schlüssel zu seinem Spätwerk, seinem literarischen goldenen Zeitalter, und als die Antwort auf das Problem erweisen, dem Nathan Zuckerman gegenübersteht: dem Verlust, der Erschöpfung seines Themas.

»Zuckerman hatte sein Thema verloren. Seine Gesundheit, sein Haar und sein Thema. Daß es keine Körperhaltung gab, in der er jetzt noch schreiben konnte, spielte keine Rolle mehr. Alles, was ihn zu seinen Romanen angeregt hatte, war dahin – sein Geburtsort war nur noch die ausgebrannte Szenerie eines Rassenkampfes, und die Menschen, die für ihn überlebensgroß gewesen waren, lebten nicht mehr. Der große Existenzkampf der Juden wurde jetzt mit den arabischen Staaten ausgefochten. Hier war er vorbei: Drüben am New-Jersey-Ufer des Hudson – auf Zuckermans West Bank – hatte sich ein anderer Volksstamm angesiedelt. Für Zuckerman würde es kein neues Newark mehr geben – keines, das so wie das erste war; keine Väter wie jene von Pioniergeist und Tabus strotzenden jüdischen Väter, keine Söhne wie ihre immer wieder in Versuchung geratenden Söhne, keine Loyalitätsprobleme, keine Ambitionen, keine Rebellionen, keine Kapitulationen, keine so heftigen Konflikte wie damals. Nie wieder würde er so zärtliche Gefühle hegen, nie wieder so erpicht darauf sein auszubrechen. Ohne Vater, ohne Mutter und ohne Heimstatt war er kein Romancier mehr. Kein Sohn mehr, kein Schriftsteller mehr. Alles, was ihn angefeuert hatte, war ausgelöscht, nichts war übrig geblieben, was unverkennbar *ihm* gehörte und von keinem anderen beansprucht, exploitiert, vergrößert und rekonstruiert werden konnte.«

In dieser Passage aus *Die Anatomiestunde* verspüre ich meine tiefste Identifikation mit Philip Roth. Auch ich weiß etwas davon, was es bedeutet, einen Ort, eine Vergangenheit zu verlieren und sie nicht zurückfordern zu können, weil sie schlicht nicht mehr da sind, um sie zurückfordern zu können; etwas über das Gefühl, ganz plötzlich keinen Boden mehr unter den Füßen zu haben, keinen festen Boden für die Räder der Kunst, in den sie sich krallen könnten, und für die Dinge, die einen erst zum Schreiben anregen und dann ausgelöscht sind, und dass ein zweiter Akt schwer zu finden ist; und ich weiß auch etwas vom Finden dieses zweiten Akts, nicht in der eigenen Person, sondern in der Welt, in der einer, aus Mangel an Alternativen, gelebt hat. »In einem amerikanischen Leben gibt es keinen zweiten Akt«, so Fitzgeralds berühmter Satz, aber Philip Roths späte Größe widerlegt diese Behauptung, denn Roth, wenn nicht gar Nathan Zuckerman, fand sein neues Thema, indem er sich von seinen Ursprüngen abwandte und einen durchdringend scharfen Blick auf die Gegenwart warf, in der er aus Mangel an Alternativen sich selbst fand.

Der Auftakt zu der großen Trilogie ist ein Roman, den viele Leute womöglich für Roths besten halten, das ungestüme, erstaunliche Buch *Sabbaths Theater*, dessen alternativer Titel »Alexander Portnoy wird erwachsen« hätte lauten können. Der alternde Puppenspieler Mickey Sabbath liefert sich – wie auch der junge Alex – mit »einer bemerkenswerten Lobeshymne auf die Obszönität« aus, so nennt es eine andere Figur. Gleich dem jungen Portnoy ist der alte Sabbath nicht gerade zaghaft von Sexobjekten erregt – aber dieses Mal ist es nicht ein Stück Leber oder »der Büstenhalter seiner fetten älteren Schwester«, sondern die gestohlene Unterwäsche aus dem Schrank eines jungen Mädchens oder eine Kassette mit Telefonsex oder die Bluse, unter der sich die Brust einer Studentin verbirgt. Er oder sein Autor besitzt auch die erstaunliche, treibende narrative Kraft, mit der Portnoy und Roth vor so langer Zeit auf die Bühne gestürmt sind. Er ist ungeheuerlich und manchmal kaum zu ertragen, aber wir haben hier den reifen Roth, nicht den jugendlichen Monologisierer auf der immer selben Tonhöhe – was wir hier haben, ist *Große Erwartungen*, nicht *David Copperfield*. Mickey Sabbath und der Roman, der seinen Namen trägt, stellen sich als berührend und tiefgründig heraus. Mickey Sabbath, der sich an seinen geliebten älteren Bruder erinnert, der im Zweiten Weltkrieg gestorben ist; Mickeys Erinnerungen an seine Kindheit an der Atlantikküste von New Jersey; Mickey auf dem Friedhof, wo seine Familie beerdigt ist, und der sein eigenes Grab aussucht; vor allem vielleicht Mickey, der seiner Geliebten Drenka Lebewohl sagt … Diese großartigen Szenen zeigen, dass Roth an Zuckerman vorbeigezogen ist und sein Thema nun in gleichem Maße andere Menschen und er selbst sind. Natürlich steckt ein wenig Portnoy in Sabbath, und der Moment, in dem der Puppenspieler als ein Akt der Liebe auf Drenkas Grab uriniert und deswegen von ihrem Sohn, dem Polizisten, verhaftet wird, ist ein Moment, auf den Alex Portnoy stolz gewesen wäre.

Über die Trilogie aus Meisterwerken, die auf *Sabbaths Theater* folgte – *Amerikanisches Idyll, Mein Mann, der Kommunist* und *Der menschliche Makel* –, ist so viel geschrieben und ihr so viel Lob gezollt worden, dass ich dem Berg nur einige kontextgebende Maulwurfshügel hinzufügen möchte. Es genügt anzumerken, dass Nathan Zuckerman in allen drei Romanen auftritt, nun aber erzählt er die Geschichten anderer Leute, nicht seine eigene, und die Leute, deren Geschichte er erzählt – der Schwede und Merry Levov, Iron Rinn und Coleman Silk –, führen Roths Werk auch in das finstere Herz Amerikas, wie er es sein ganzes Leben lang erlebt hat, und diese Zeit findet viel Widerhall in unserer.

Mein Mann, der Kommunist handelt von der McCarthy-Ära und spielt zu einer Zeit in Amerika, als mächtige Finger auf so viele gute Männer und Frauen, insbesondere auf Journalisten, zeigten, als gute Männer und Frauen als »Volksfeinde« diffamiert wurden; die zerstörerische Kraft der Politik der Roten Angst kann leicht als Metapher für die Gegenwart gelesen werden.

Der menschliche Makel greift das Thema der Hautfarbe auf, des sogenannten »Passing«, des Durchgehens eines Schwarzen als Weißer, ein Thema für amerikanische Schriftsteller von Mark

Twains *Tragödie von Pudd'nhead Wilson* über Nella Larsens *Seitenwechsel*, Langston Hughes' Kurzgeschichten »Passing« und »Who's Passing for Who« bis zu Fannie Hursts *Imitation of Life* über ein hellhäutiges schwarzes Mädchen namens Peola, deren Namen Toni Morrison in ihrem Roman *Sehr blaue Augen* in der Figur der Pecola anklingen lässt, des schwarzen Mädchens, dessen unerreichbare Träume von weißer Schönheit es in den Irrsinn treiben. *Imitation of Life* wurde im Jahr 1959 von Douglas Sirk verfilmt – die Geschichte wurde zwar sehr verändert, hatte aber noch immer das »Passing« zum Thema – mit Lana Turner und Susan Kohner als Sarah Jane, die umbenannte Peola (deutscher Filmtitel: *Solange es Menschen gibt*).

Philip Roths Coleman Silk, der angesehene Akademiker, der sein Leben als jüdischer Amerikaner führt, ist ein Echo auf den echten Fall des Anatole Broyard, der, wie Henry Louis Gates sagte, »als Schwarzer geboren war und zum Weißen wurde«. Broyard war erfolgreich, sexuell attraktiv und äußerte sich oft sogar gegen Schwarze, er griff Baldwins *Beale Street Blues* mit den Worten an: »Wenn ich noch ein einziges Mal eine Beschreibung des Mülls lesen muss, der sich auf den Straßen von Harlem türmt, könnte ich jede Etikette über den Haufen werfen und fragen, wessen Müll das eigentlich ist.« Henry Louis Gates zitiert auch eine von Broyards Mitarbeiterinnen, Evelyn Thornton, die sich an Broyards Reaktion erinnerte, als ihn ein betrunkener Schwarzer um Geld anbettelte. Wütend habe er gesagt: »Ich sehe mich in New York um und denke mir, wenn es keine Schwarzen in New York gäbe, wäre das wirklich ein Verlust?« (In *Der menschliche Makel* wird auch Coleman Silk vorgeworfen, er habe rassistische Vorurteile gegen Schwarze.) Diese dunklen Entscheidungen, reale und fiktionale, von Roth in Kunst verwandelt, waren sein Einstieg in das Rassenthema in Amerika, ein Thema, das noch immer seinen Platz mitten in der amerikanischen Geschichte hat.

Und so wie *Der menschliche Makel* das Rassenthema aufgriff, befasste sich *Amerikanisches Idyll* mit den Konsequenzen des Vietnamkriegs in Amerika und dem Anwachsen, zum Teil angefeuert von der Antikriegsbewegung, eines amerikanischen Radikalismus, der die Form eines gewalttätigen, sogar mörderischen inländischen Terrorismus annahm. Da die meisten Terrorakte in Amerika von schwer bewaffneten Weißen ausgeführt werden, findet Roths Darstellung der Terroristin Merry Levov mehr Resonanz denn je. *Amerikanisches Idyll*, vielleicht Roths »öffentlichste Fiktion«, beinhaltet Überlegungen zu den Bombenattentaten, die die sogenannten Weathermen oder der Weather Underground verübt haben, ebenso zu dem Aufruhr von Newark im Jahr 1967, zu den Black Panthers, dem Gerichtsverfahren gegen Angela Davis, zu der Watergate-Affäre und zu Deep Throat (der damals anonymen Quelle von Woodward und Bernstein, später identifiziert als der Associate Director des FBI Mark Felt und als der Pornofilmstar Linda Lovelace). Und wieder hört man unweigerlich deren Echo in der Gegenwart. Da nun die aktuelle Regierung so oft über die angeblichen Versuche des »Deep State« spricht, die Regierung zu untergraben, erinnert uns die Geschichte von Deep Throat – ein Mann im Zentrum des »Deep State«, der genau das während der Nixon-Präsidentschaft tat – daran, dass es Zeiten geben kann, in denen die Loyalität gegenüber dem Land Vorrang hat vor der Loyalität gegenüber dem Präsidenten.

Diese Bücher haben mein Denken über Philip Roth verändert. Bis ich sie las, ich gestehe es, hatte ich in der Roth-Bellow-Debatte Bellow ein klein wenig höher platziert als Roth, nur eine Stufe über ihm auf den höchsten Sprossen der Leiter – da ich Bellows bedeutendste Bücher als etwas anspruchsvoller, weltverschlingender, größer einschätzte. Die Trilogie hat dieses Argument für immer zum Verstummen gebracht. Ich bin davon überzeugt, dass wir in einer Zeit leben, in der öffentliche Ereignisse so unmittelbar auf unser privates Leben einwirken, dass die Literatur nun zeigen muss, wie das geschieht, und dass Romane nicht mehr Darstellungen von gänzlich privatem Leben sein können wie *Madame Bovary* oder *Stolz und Vorurteil*. In meinem eigenen Werk habe ich oft versucht, die Schnittpunkte zu finden, an denen das private Gespräch in meinem Inneren sich mit dem öffentlichen Gespräch um mich herum verknüpft, und Philip Roth in dieser Weise schreiben zu sehen, war und ist belebend und inspirierend.

Das ist der Philip Roth, der in *Verschwörung gegen Amerika* als eine Art Prophet endet, als eine Kassandra für unser Zeitalter, die vor dem warnt, was uns bevorsteht, und ebenso wie Kassandra nicht ernst genommen wurde. Ich erinnere mich, als ich *Verschwörung gegen Amerika* zum ersten Mal las mit seiner höchst imaginierten, alternativ-geschichtlichen Darstellung des Aufstiegs des prominenten Fliegers Charles Lindbergh zum Präsidentschaftskandidaten, eines populistischen Demagogen, eines radikalen Isolationisten, eines Rassisten und Antisemiten, eines Mannes, der es leicht fand, sich mit Adolf Hitler zu einigen, und der in seinem Wahlerfolg den dunklen Unterbauch der amerikanischen Voreingenommenheit offenbarte, dass ich das nicht glauben wollte, dass ich es für zu extrem hielt und dass ich, kurz gesagt, dachte, so etwas könne hier nicht geschehen. Aber jetzt stehen wir da mit einem prominenten Präsidenten, der ein populistischer Demagoge, ein Isolationist ist, der fast gegen die ganze Welt Zollbarrieren errichtet, mit einem Mann, dessen Zielscheiben in der Kultur (LeBron James, Don Lemon, Maxine Waters) sehr oft *people of color* sind und dessen Regierung an der politischen Basis eine Welle des Rassismus ausgelöst hat; mit einem Mann, dem es leichtgefallen ist, sich bei dem mörderischen Tyrannen Wladimir Putin einzuschmeicheln und dessen Anhänger – manche von ihnen sieht man mit bedruckten T-Shirts, *Ich wäre lieber ein Russe als ein Demokrat* – uns tatsächlich zeigen, wie dunkel und geschwollen der Unterbauch der amerikanischen Voreingenommenheit (und Dummheit) noch ist. Um R. D. Laings Beschreibung von Schizophrenie aufzugreifen, Amerika ist ein tief »geteiltes Selbst« geworden, und Roth, ein Schriftsteller, der seit *Portnoy* von der Psychoanalyse fasziniert war, bot uns in diesem Buch die scharfsinnigste Analyse unserer geteilten Realität. Philip Roths Schicksal ist es, als literarischer Revolutionär begonnen und nach einer langen, merkwürdigen, immerzu interessanten Reise als politischer Prophet geendet zu haben. Vor so einer Karriere kann man sich nur verneigen und zugleich tiefes Bedauern ausdrücken, dass er mit seinem prophetischen Werk von vor vierzehn Jahren richtiglag, was das Thema Geld angeht, und dass er nicht mehr da ist, um uns dabei zu helfen, den rechten Weg zu finden.

KURT VONNEGUT UND
SCHLACHTHOF 5

Schlachthof 5 habe ich zum ersten Mal 1972 gelesen, drei Jahre nach seinem Erscheinen und drei Jahre bevor ich meinen ersten eigenen Roman veröffentlichte. Ich war fünfundzwanzig Jahre alt. 1972 war das Jahr des Abkommens von Paris, das den Krieg in Vietnam beenden sollte, obwohl der letzte schändliche amerikanische Rückzug – die Hubschrauber, die Menschen vom Dach der amerikanischen Botschaft in Saigon ausflogen – erst drei Jahre später stattfand.

Obwohl *Schlachthof 5* vom Zweiten Weltkrieg handelt, erwähne ich Vietnam, weil auf seinen Seiten auch Vietnam gegenwärtig ist und die Gefühle der Menschen gegenüber diesem späteren Krieg einen entscheidenden Anteil an dem großen Erfolg des Romans haben. Acht Jahre zuvor, 1961, hatte Joseph Heller *Catch-22* veröffentlicht, und genau in dem Jahr begann Präsident Kennedy, das Engagement der Vereinigten Staaten im Vietnamkonflikt zu verstärken. *Catch-22* war ebenso wie *Schlachthof 5* ein Roman über den Zweiten Weltkrieg, der die Vorstellungskraft der Leser fesselte, die viel über einen anderen Krieg nachdachten. Zu der Zeit lebte ich in Großbritannien, das keine Soldaten in den Kampf nach Indochina schickte, dessen Regierung aber die amerikanischen Kriegsanstrengungen unterstützte, und so war auch ich, damals als Student und danach, sehr damit befasst, über diesen Krieg nachzudenken und gegen ihn zu protestieren. 1961 habe ich *Catch-22* nicht gelesen, weil ich erst vierzehn Jahre alt war. Tatsächlich las ich beide, *Schlachthof 5* und *Catch-22*, im selben Jahr, elf Jahre später, und die beiden Bücher hatten große Wirkung auf meinen jungen Verstand.

Es war mir nicht in den Sinn gekommen, bis ich sie las, dass Antikriegsromane lustig und ernst zugleich sein konnten. *Catch-22* ist verrückt-lustig, slapstick-lustig. Der Roman deutet Krieg als Irrsinn und das Verlangen, dem Kampf zu entkommen, als die einzig vernünftige Position. Sein Erzählton ist der einer trockenhumorigen Farce. *Schlachthof 5* ist anders. Dieses Buch enthält viele komödiantische Elemente wie alles, was Vonnegut schrieb, aber es deutet den Krieg nicht als Farce. Es deutet Krieg als eine so große Tragödie, dass vielleicht nur die Maskierung als Komödie es ermöglicht, ihm ins Auge zu blicken. Vonnegut ist ein Komödiant mit traurigem Gesicht. Wenn Joseph Heller Charlie Chaplin war, dann war Kurt Vonnegut Buster Keaton. Sein vorherrschender Tonfall ist die Melancholie; der Tonfall eines Mannes, der einen großen Horror miterlebte und überlebte, um die Geschichte zu erzählen. Eines haben die beiden Bücher aber gemeinsam: Sie beide sind Darstellungen einer Welt, die den Verstand verloren hat, in der Kinder hinausgeschickt werden, um die Arbeit von Männern zu erledigen, und sterben.

Als zweiundzwanzigjähriger Kriegsgefangener, das heißt, er war drei Jahre jünger als ich, als ich seine Geschichte las, befand sich Vonnegut in der bekanntlich wunderschönen Stadt Dresden, wo er mit anderen Amerikanern im *Schlachthof 5* eingesperrt war, an dem Ort, wo man vor dem Krieg Schweine geschlachtet hatte, und so wurde er zufällig Zeuge einer der größten Menschenschlachtungen der Geschichte, des Feuersturms von Dresden, der die ganze Stadt einebnete, und seiner Nachwirkungen. Der Feuersturm von Dresden ereignete sich zwischen dem 13. und 15. Februar 1945.

Vonnegut erzählt uns in seinem Roman, dass bei diesem Angriff auf Dresden über 135 000 Menschen starben. Zum Vergleich, etwas später im selben Jahr, am 6. August, starben über 70 000 Menschen durch den Abwurf der Atombombe Little Boy über Hiroshima. Drei Tage später starben etwa 60 000 Menschen durch den Abwurf der Bombe Fat Man über Nagasaki. Der Feuersturm von Dresden, behauptete Vonnegut, sei ein Horror gewesen, der in etwa den Schrecken von Hiroshima und Nagasaki zusammen entspreche.

Die Zahl der Toten hat sich nicht als zuverlässig erwiesen. Heute schätzt man, es seien über 20 000, vielleicht sogar 25 000 Menschen zu Tode gekommen. Was nicht Hiroshima plus Nagasaki entspricht, aber es ist schrecklich genug.

Wie das so ist.

Ich hatte nicht in Erinnerung, bis ich kürzlich *Schlachthof 5* wieder las, dass dieser berühmte Satz, »Wie das so ist«, ausschließlich und ständig als Kommentar zum Sterben verwendet wird. Manchmal kann ein Satz aus einem Roman, einem Theaterstück oder einem Film so sehr die Fantasie anregen, dass er sich von der Seite löst und ein eigenständiges Leben erlangt. Etwas in dieser Art ist mit dem Satz »Wie das so ist« geschehen. Problem ist, dass bei dieser Ablösung eines Satzes sein Originalkontext verloren geht. Ich vermute, dass viele Menschen, die Kurt Vonnegut *nicht gelesen* haben, mit dem »Wie das so ist« sehr vertraut sind, aber sie und vermutlich auch viele Menschen, die Kurt Vonnegut *gelesen haben*, halten diesen Satz für einen resignierten Kommentar auf das Leben. Nur selten entwickelt sich das Leben so, wie man es sich erhofft, und »Wie das so ist« ist zu einer Wendung geworden, mit der wir verbal mit den Schultern zucken und akzeptieren, was das Leben uns bietet. Genau das ist aber nicht die Absicht in *Schlachthof 5*. »Wie das so ist« ist nicht eine Haltung, mit der man das Leben akzeptiert, sondern dem Tod ins Gesicht schaut. Sie taucht im Text jedes Mal und ausschließlich dann auf, wenn jemand stirbt.

Sie ist auch zutiefst ironisch. Unter der scheinbaren Resignation liegt eine Traurigkeit, für die es keine Worte gibt. Dies ist die Manier im ganzen Roman, und sie hat dazu geführt, dass der Roman vielfach missverstanden wurde. Ich möchte nicht andeuten, mit *Schlachthof 5* sei schlecht umgegangen worden. Die Rezeption war überwiegend positiv, die Verkaufszahlen waren enorm, die Modern Library stellt es auf ihrer Liste der hundert besten englischsprachigen Romane des 20. Jahrhunderts auf Rang achtzehn, und auf einer ähnlichen Liste, die das *Time Magazine* führt, erscheint es auch. Und dennoch haben manche dem Buch die Sünde des »Quietismus« vorgeworfen, eine resignierte Akzeptanz, sogar laut Anthony Burgess ein »Ausweichen« vor dem Schlimmsten auf der Welt. Einer der Gründe dafür war der Satz »Wie das so ist«, und ausgehend von diesen Kritiken leuchtet mir ein, dass der britische Autor Julian Barnes recht hatte, als er in seinem Buch *Eine Geschichte der Welt in 10½ Kapiteln* in etwa schrieb: »Ironie ist, was keiner versteht.«

Kurt Vonnegut ist ein höchst ironischer Schriftsteller, der jedoch manchmal so gelesen wurde, als sei er es nicht. Die falsch verstandene Lesart geht über das »Wie das so ist« weit hinaus und ist eng mit den Bewohnern des Planeten Tralfamadore verknüpft. Zufällig bin ich ein großer Fan der Tralfamadorier, deren Aussehen einem Pömpel gleicht, vorneweg ihr mechanischer Botschafter Salo, der in einem frühen Vonnegut-Roman, in *Die Sirenen des Titan*, auf dem Titan, einem Mond des Planeten Saturn, festsitzt und ein Ersatzteil für sein Raumschiff braucht. Und nun kommt das klassische Vonnegut-Thema des freien Willens, ausgedrückt als ein komischer Science-Fiction-Einfall. Wir lernen in *Die Sirenen des Titan*, dass die gesamte Menschheitsgeschichte von den Tralfamadoriern manipuliert wurde, um die menschliche Rasse davon zu überzeugen, dem Botschafter Salo große Nachrichten »zu bauen« und unsere primitiven Vorfahren dazu zu bewegen, eine Zivilisation zu entwickeln, die fähig sein würde, das fehlende Ersatzteil zu konstruieren. Stonehenge und die große Chinesische Mauer waren einige der Nachrichten von Tralfamadore. Stonehenge bedeutete: »Ersatzteil wird so schnell wie möglich besorgt.« Die Chinesische Mauer bedeutete: »Nur Geduld. Wir haben dich nicht vergessen.« Der Kreml bedeutete: »Wir machen dich wieder flott, bevor du bis 3 zählen kannst.« Und der Palast des Völkerbunds in Genf (Schweiz) bedeutete: »Pack deine Sachen und halte dich bereit. Jetzt kann es jeden Augenblick losgehen.«

Tralfamadorier, so erfahren wir in *Schlachthof 5*, nehmen Zeit anders wahr. Sie erleben, dass Vergangenheit, Gegenwart und Zukunft gleichzeitig und für immer existieren und einfach da sind, fest und ewig. Als der Protagonist des Romans Billy Pilgrim, der entführt und nach Tralfamadore gebracht wird, »sich aus dem Lauf der Zeit gelöst hat« und die Zeitabläufe wie die Tralfamadorier erlebt, versteht er, warum seine Kidnapper die Vorstellung eines freien Willens komisch finden.

Zumindest diesem Leser erscheint es eindeutig, dass hier eine schelmisch-ironische Intelligenz am Werke ist und es für uns keinen Grund zur Annahme gibt, dass die Zurückweisung des freien Willens durch Aliens, die Pömpel gleichen, auch die Zurückweisung ihres Schöpfers ist. Es ist sehr gut möglich, vielleicht sogar vernünftig, Billy Pilgrims ganze Tralfamadore-Erfahrung als eine fantastische, traumatische, durch seine Kriegserlebnisse ausgelöste Störung zu deuten – als »nicht wirklich«. Vonnegut lässt diese Frage offen, wie es ein guter Schriftsteller tun sollte. Diese Offenheit ist der Raum, in dem der Leser sich seine eigene Meinung bilden kann.

Vonnegut zu lesen heißt zu wissen, dass es ihn immer wieder drängte, den freien Willen zu ergründen, was er wohl sein mag, und wie er funktioniert oder eben nicht funktioniert, und dass er sich dem Thema aus verschiedensten Blickwinkeln annäherte. Viele seiner Grübeleien fanden ihren Niederschlag in Form von Büchern seines fiktionalen Alter Egos Kilgore Trout.

Ich liebe Kilgore Trout ebenso innig wie die Bewohner des Planeten Tralfamadore. Ich besitze sogar ein Exemplar von Kilgore Trouts Roman *Die Geburt der Venus*, in dem der Schriftsteller Philip José Farmer eine von Vonnegut geschriebene Trout-Geschichte nahm und sie auf Romanlänge ausdehnte. *Die Geburt der Venus* handelt von der zufälligen Zerstörung der Erde durch inkompetente Bürokraten des Universums und von dem Versuch des einzigen Überlebenden, Antworten auf die sogenannte Ultimative Frage zu finden. Hiermit inspirierte Kilgore Trout Douglas Adam zu seiner berühmten Buchreihe *Per Anhalter durch die Galaxis,* in der, Sie erinnern sich vielleicht, die Erde von Vogonen zerstört werden sollte, um Platz für eine Hyperraumroute im Weltall zu schaffen, und in der sich der einzige überlebende Mensch, Arthur Dent, auf die Suche nach Antworten machte. Schließlich enthüllte der Supercomputer »Deep Thought«, dass die Antwort auf das Leben, das Universum und den ganzen Rest »42« war und ist. Bleibt das Problem, wie lautet die Frage?

In Vonneguts Roman *Frühstück für Helden* erfahren wir von einem anderen Kilgore-Trout-Roman, *Jetzt kann es gesagt werden*, in dem Gott sich in Form eines Briefes an den Leser der Geschichte wendet. Gott schreibt, das ganze Leben sei ein langes Experiment. Bei dem Experiment handele es sich darum: in ein ansonsten vollkommen deterministisches Universum ein einziges Geschöpf einzubringen, das mit einem freien Willen ausgestattet ist, um herauszufinden, wie es davon in einer Realität Gebrauch macht, in der jedes andere Lebewesen eine programmierte Maschine war, ist und immer sein wird. Jeder in der ganzen Geschichte ist ein Roboter, die Eltern des einzigen Individuums mit freiem Willen und jeder, den es kennt, sind ebenfalls Roboter, und Sammy Davis Junior ist übrigens auch einer. Das Individuum mit dem freien Willen, so erklärt Gott, sind SIE, der Leser der Geschichte, und um ehrlich zu sein, das Experiment ist nicht so gut ausgegangen, und darum möchte Gott sich bei Ihnen entschuldigen – Ende.

Es lohnt sich, ein weiteres Detail zu erwähnen. In den vielen Werken Vonneguts, in denen Kilgore Trout auftaucht, wird er durchweg von allen anderen als der schlechteste Schriftsteller der Welt bezeichnet, dessen Bücher totale Misserfolge seien und der vollkommen und sogar verächtlich ignoriert werde. Und gleichzeitig sind wir dazu aufgerufen, ihn als Genie und Narren zu betrachten. Das geschieht nicht zufällig. Sein Schöpfer Kurt Vonnegut war der intellektuellste der spielerischen Fantasten und zugleich der spielerischste Fantast der Intellektuellen. Er hatte einen Abscheu vor Leuten, die Dinge zu ernst nahmen, und war gleichzeitig besessen von den Überlegungen zu den ernsten Dingen, Dingen, die einerseits philosophisch waren (wie der freie Wille) und andererseits tödlich (wie der Feuersturm von Dresden). Aus diesem Paradox heraus erwächst seine dunkle Ironie. Niemand, der so häufig und auf so viele Arten mit der Idee des freien Willens herumalberte oder so tiefgründig sich mit dem Tod befasste, könnte als Fatalist oder Quietist oder als resigniert bezeichnet werden. Seine Bücher erörtern von der ersten bis zur letzten Seite die Ideen der Freiheit und betrauern die Toten.

Ungefähr zur selben Zeit, als ich *Schlachthof 5* und *Catch-22* zum ersten Mal las, las ich noch ein weiteres Buch über ein ähnliches Thema. Es war *Krieg und Frieden*, ein Roman, der länger als Hellers und Vonneguts Bücher zusammen und überhaupt nicht lustig ist. Beim ersten Lesen von Tolstois Meisterwerk dachte mein fünfundzwanzigjähriges Ich alles in allem: geliebter Friede, verhasster Krieg. Ich wurde aufgesogen von den Geschichten über Natascha

Rostow, Fürst Andrej und Pierre Besuchow und fand die extrem langen Beschreibungen der Kämpfe, insbesondere der Schlacht von Borodino, ehrlich gesagt ziemlich langweilig. Als ich *Krieg und Frieden* etwa dreißig Jahre später wieder las, entdeckte ich, dass ich nun genau das Gegenteil empfand. Die Beschreibung der Männer im Krieg, dachte ich, sei nie übertroffen worden, und die Größe des Romans liege in diesen Beschreibungen und nicht in den eher konventionellen Geschichten der Protagonisten. Geliebter Krieg, verhasster Friede.

Als ich *Schlachthof 5* wieder las, musste ich ebenfalls feststellen, dass sich mein Urteil über den Text verändert hatte. Dieses jüngere Ich hatte sich stark zu Fantasy und Science-Fiction hingezogen gefühlt und Zeitschriften aufgespürt, die etwa *Galaxy*, *Astounding* und *Amazing* hießen, es hatte sich hingezogen gefühlt zu dem Werk nicht nur der Genregrenzen überschreitenden Riesen wie Kurt Vonnegut, Ray Bradbury, Isaac Asimov, Ursula K. Le Guin und Arthur C. Clarke – ebenso wie Mary Shelley und Virginia Woolf, deren *Frankenstein* und *Orlando* ehrenwerte Mitglieder des Kanons sind –, sondern auch zu den Hardcore-Meistern des Genres wie James Blish, Frederik Pohl, C. M. Kornbluth, Clifford D. Simak, Katherine MacLean, Zenna Henderson und L. Sprague de Camp. Dieser junge Mann, der mit Vonneguts Meisterwerk konfrontiert war, hatte am stärksten auf die Science-Fiction-Aspekte des Buchs reagiert. Es noch einmal zu lesen, bedeutete, die menschliche Schönheit der Abschnitte jenseits der Science-Fiction zu entdecken, die den größten Teil dieses Buchs ausmachen.

In Wahrheit ist *Schlachthof 5* ein großer realistischer Roman. Sein erster Satz heißt: »Das ist alles passiert, mehr oder weniger.« In diesem nichtfiktionalen ersten Kapitel erzählt uns Vonnegut, wie schwer es ihm fiel, dieses Buch zu schreiben, wie schwer es ihm fiel, mit dem Krieg zurechtzukommen. Er erzählt uns, dass seine Figuren echte Menschen seien, auch wenn er alle Namen geändert habe. »Ein Typ, den ich damals kannte, ist *tatsächlich* in Dresden erschossen worden, weil er einen Teekessel mitgenommen hat, der ihm nicht gehörte. Ein anderer hat *tatsächlich* gedroht, seine persönlichen Feinde nach dem Krieg von professionellen Killern umlegen zu lassen.« Und wenn dann später seine Figuren, die mit den geänderten Namen, im Schlachthof 5 ankommen, dessen Namen er nicht geändert hat, erinnert er uns daran, dass er mit ihnen darin gefangen ist und gemeinsam mit ihnen leidet.

> »Billy warf einen Blick hinter die Wand [der Latrine]. Von dort kam das Gejammer. [...]
> Ein Amerikaner in Billys Nähe jaulte, dass er bis auf sein Gehirn schon alles ausgeschieden hätte. Augenblicke später sagte er: ›Hier kommt's, hier kommt's.‹ Womit er sein Gehirn meinte. Das war ich. Ich selbst. Der Autor dieses Buchs.«

An einer Stelle zitiert Vonnegut ein Gespräch, das er mit einem Filmproduzenten namens Harrison Starr hatte, der zu bescheidenem Ruhm kommen sollte als ausführender Produzent von Michelangelo Antonionis Film über amerikanische Hippies, *Zabriskie Point*, der ein riesiger finanzieller Flop war.

> »[Harrison Starr] hat die Stirn gerunzelt und gefragt: ›Ist es ein Buch gegen den Krieg?‹
> ›Ja‹, habe ich gesagt, ›ich denke schon.‹
> ›Wissen Sie, was ich immer sage, wenn mir Leute erzählen, dass sie Bücher gegen den Krieg schreiben?‹
> ›Nein, Harrison Starr, was sagen Sie denn?‹
> ›Ich sage: Warum schreiben Sie nicht lieber ein Buch gegen Gletscher?‹

Was er damit meinte, war natürlich, dass es immer Kriege geben würde, dass sie ebenso unaufhaltsam waren wie Gletscher.
Das sehe ich auch so.«

Genau davon handelt Vonneguts Roman, von der Unvermeid-
lichkeit menschlicher Gewalt und was sie nicht-sonderlich-ge-
walttätigen Menschen antut, die in sie hineingeraten. Er weiß, die
meisten Menschen sind nicht sonderlich gewalttätig. Oder nicht
gewalttätiger als Kinder. Gib einem Kind eine Maschinenpistole,
und es wird sie benutzen. Was nicht bedeutet, dass Kinder sonderlich gewalttätig sind.

Der Zweite Weltkrieg war, Vonnegut erinnert uns daran, ein
Kinderkreuzzug.

Billy Pilgrim ist ein Erwachsener, den Vonnegut mit der Unschuld eines Kindes ausstattet. Er ist nicht sonderlich gewalttätig.
Er tut nichts Furchtbares im Krieg oder in seinem Vorkriegs-
oder Nachkriegsleben oder in seinem Leben auf dem Planeten
Tralfamadore. Er scheint gestört, und meist hält man ihn für verrückt oder fast für einen Einfaltspinsel. Aber er besitzt eine Eigenschaft, die er mit vielen Figuren im Laufe von Vonneguts Schrift-
stellerkarriere gemeinsam hat, und es ist diese Eigenschaft, die es
uns ermöglicht, uns um ihn zu sorgen und folglich den Horror
mitzuempfinden, den er empfindet.

Billy Pilgrim ist liebenswert.

Wäre er nicht liebenswert, wäre das Buch unerträglich. Eine
der großen Fragen, die sich allen Schriftstellern stellt, die sich mit
Grausamkeit befassen müssen, lautet: Kann man es tun? Gibt es
so Mächtiges, so Entsetzliches, dass die Kraft der Literatur nicht
ausreicht, um es zu beschreiben? Jeder Schriftsteller, der vor der
Herausforderung stand, über den Zweiten Weltkrieg zu schreiben, musste über diese Frage nachdenken. Alle entschieden, sie
müssten sich der Grausamkeit sozusagen von der Seite nähern,

könnten sie nicht frontal angehen, denn sonst wäre sie unerträglich.

Günter Grass nutzte in der *Blechtrommel* den Surrealismus als Seiteneingang. Seine Figur Oskar Matzerath, der aufhört zu wachsen, da er sich der Erwachsenenrealität seiner Zeit nicht stellen kann, ist eine Art fabulistisches Wesen, das dem Autor erlaubt, in das Grauen einzutreten. Und der kleine Oskar mit seiner Blechtrommel, der den Takt der Geschichte schlägt, ist wie Billy Pilgrim, der sich aus dem Lauf der Zeit gelöst hat, liebenswert. Er ist auch, wie es uns der erste Satz der *Blechtrommel* erzählt, Insasse einer Heil- und Pflegeanstalt. Von unterschiedlichen Seiten, der deutschen und der amerikanischen, liefern uns diese beiden gestörten Kind-Männer die besten Porträts der großen Gestörtheit ihrer Zeit. Wie Grass kombiniert Kurt Vonnegut den Surrealismus, der die Realität der Zeit seiner Figuren geworden ist, mit einer distanzierten, geradezu fassungslosen Zärtlichkeit, sodass der Leser sich ihnen sehr nahe fühlt, selbst wenn sie ungeschickt durchs Leben stolpern.

Es mag unmöglich sein, Kriege aufzuhalten, ebenso wie es unmöglich ist, Gletscher aufzuhalten, und doch lohnt es sich, die Form und die Sprache zu finden, die uns daran erinnern, was sie sind. Es lohnt sich, sie bei ihrem echten Namen zu nennen. Das macht Realismus aus.

Schlachthof 5 ist auch ein so menschlicher Roman, dass er am Ende des Grauens, das sein Thema ist, die Möglichkeit von Hoffnung zulässt. Der letzte Absatz beschreibt das Kriegsende und die Befreiung der Gefangenen, unter ihnen Billy Pilgrim und Vonnegut selbst. »Und irgendwo dazwischen war dann Frühling«, schreibt Vonnegut, und ganz am Schluss des Buchs fangen die Vögel wieder an zu zwitschern. Diese Heiterkeit allem zum Trotz ist Vonneguts charakteristische Note. Es mag, wie ich es angedeutet habe, eine Heiterkeit sein, unter der sich viel Leid verbirgt.

Und doch ist es Heiterkeit. Vonneguts Prosa pfeift, auch wenn sie das Grauen darstellt, eine fröhliche Melodie.

Was hat uns dieser große Roman fünfzig Jahre nach seinem ersten Erscheinen, vierundsiebzig Jahre nach Vonneguts Erfahrung im Schlachthof 5 des Feuersturms von Dresden, zu sagen?

Er sagt uns nicht, wie man Kriege aufhält.

Er sagt uns, dass Kriege die Hölle sind, aber das wussten wir bereits.

Er sagt uns, dass die meisten Menschen nicht so schlecht sind, mit Ausnahme derjenigen, die es sind, und das ist eine wertvolle Information. Er sagt uns, dass die menschliche Natur die eine große Konstante des Lebens auf Erden ist, und er zeigt uns schön und wahrheitsgetreu die menschliche Natur weder von ihrer besten noch von ihrer schlechtesten Seite, sondern wie sie meistens ist, die meiste Zeit, selbst wenn die Zeiten schrecklich sind.

Er sagt uns nicht, wie man zu dem Planeten Tralfamadore gelangt, aber er sagt uns, wie man mit seinen Bewohnern kommuniziert. Wir müssen nur etwas Großes bauen, etwas wie die Pyramiden oder die Chinesische Mauer. Vielleicht wird die Mauer, die eine Person, deren Name ich nicht nennen möchte, zwischen den Vereinigten Staaten und Mexiko zu bauen plant, auf Tralfamadore als eine dringende Botschaft gelesen. Derjenige, der die Mauer bauen will, wird nicht wissen, was die Botschaft bedeutet. Er ist eine Schachfigur, die von einer Macht, die größer ist als seine eigene, manipuliert wird, um die Botschaft in dieser Zeit großer Not zu senden.

Ich hoffe, die Botschaft heißt: »Hilfe.«

SAMUEL BECKETTS ROMANE

In meinen Augen war Samuel Beckett immer zuerst Romanautor und erst später Dramatiker, obwohl ich zugestehe, dass diese Meinung ganz einfach die Folge meiner persönlichen Beckett-Chronologie sein mag. Ich las Becketts Romane, ehe ich eines seiner Stücke gesehen habe, sodass ich, als ich Godots existenzialistischen Landstreichern Didi und Gogo begegnete, sie sozusagen durch das Glas ihrer Prosa-Kumpanen sah und sofort erriet, dass der von ihnen erwartete Godot der Tod war, der Tod, das große Schreckgespenst, dem so viele Figuren in den Romanen mit letzten Zuckungen des Lebens gegenüberstehen, mit seinem letzten Grinsen, seinem letzten Rülpsen und seinem verzweifelten, gequälten Wortschwall, die hier Plots ersetzen.

Wenn ich zu Studentenzeiten in Buchläden stöberte, war das für mich wie Essen und Trinken. Ich habe nie englische Literatur studiert, da ich aber Bücher liebe, stürmte ich wie ein Verhungernder in Büchereien und Buchläden und verschlang alles, was mir in die Hände fiel. Ich ging auf lange eigenwillige Lesetrips und experimentierte mit bewusstseinsverändernden Wirkungen von Literatur zu einer Zeit, als viele meine Altersgenossen mit anderen, weniger verbalen Schlüsseln an den Türen der Wahrnehmung nestelten. Eine Zeit lang verschlang ich Science-Fiction, und eines Tages, als hätte jemand den Stecker gezogen, hörte ich damit auf. Es folgte die Sucht nach amerikanischer Literatur (nicht nur nach den kanonischen Huckleberry Finns und weißen

Walen, sondern auch nach schrägeren Büchern von Pynchon, Gardner, Hawkes). Dann kam Borges, dessen *Fiktionen* in meiner Gedankenwelt etwas Wichtiges veränderten und mich dazu anregten, alles lesen zu wollen, was in den kargen Taschenbucheditionen des Verlegers John Calder erschien. Da ich dem exquisiten Geschmack des Calder-Imprints erlegen war, entdeckte ich Alain Robbe-Grillets *Die Jalousie oder die Eifersucht* und anschließend noch zahlreiche weitere Autoren des Nouveau Roman, und so fand ich eines Sommertages auf dem Umweg über Frankreich zu Samuel Beckett. Als Erstes griff ich zu *Molloy* und dann zu den beiden anderen Bänden der Trilogie, *Malone stirbt* und *Der Namenlose*, bei Bowes & Bowes, einer Cambridger Buchhandlung am nördlichen Ende der King's Parade, in meiner liebsten Stöberstube, deren Namen nur zwei »r« fehlten (die ich mit spielerischer orthografischer Großzügigkeit gedanklich ergänzte), um ein Anagramm von Browse & Browse zu sein.

Es war 1966, ich war noch nicht ganz neunzehn Jahre alt, und damals waren der Tod und ich entfernte Bekannte, die sich nur zunickten. Das heißt, ich hatte den Tod schon gelegentlich aus der Ferne gesehen, aber wir waren uns noch nicht richtig vorgestellt worden. Ungefähr im Jahr 1958 hatte es einen Tag in der Cathedral School in Bombay gegeben, als all die Türen und Fenster der Klassenräume, die zum Schulhof gingen, geschlossen und verriegelt wurden, sodass wir den Wagen nicht sehen konnten, der durch das hintere Tor hereinfuhr, um die Leiche eines gleichaltrigen Kindes abzuholen, das Jimmy King hieß. Am King's College in Cambridge hatte es einen Tag gegeben, an dem sich rasch herumsprach, ein Studienanfänger wie ich sei an einer Überdosis Drogen gestorben, an *bad acid*, aber für mich sah ich kein Ende voraus. Auch in meiner Familie war der Tod noch ein Abstraktum. Meine Großeltern mütterlicherseits lebten noch. Der Vater meines Vaters, der vor meiner Geburt starb, war für mich nicht viel mehr als eine Fotografie. Die sehr kranke Mutter meines Vaters zog bei uns ein, als ich etwa drei Jahre alt war, und ertrug es, dass ich mit Spielzeugstethoskop und allem den Doktor spielte, auf mein unüberlegtes Drängen hin erhob sie sich vom Krankenbett und humpelte unter Schmerzen in ihrem mit Vorhängen abgetrennten Schlafzimmer auf und ab, doch dann verließ sie uns und kehrte zurück nach Old Delhi, und als sie kurz darauf dort starb, war es etwas Unsichtbares, etwas Fernes, das ein Kind leicht lernen konnte auszuklammern, es war nicht viel schlimmer, als hätte sie uns an der Bombayer Central Station zum Abschied zugewinkt und wäre mit dem Postzug dem Abend entgegengedampft.

Der Tod war für mich, so könnte man sagen, lediglich ein Wort in einem Buch. Zu der Zeit hatte ich noch nicht den kleinen, schweren Körper meines Vaters gewaschen oder der Leiche mit dem offen stehenden Mund der ersten Frau, die ich geliebt hatte, ein Lebewohl zugemurmelt oder Tränen der Wut vergossen, als die Umstände es mir verwehrten, am Grab meiner Mutter zu stehen. Folglich fühlte ich mich noch unsterblich, und Unsterbliche gehen mit dem Thema Sterblichkeit anders um, da sie wissen, dass sie gegen diese merkwürdige unheilbare Heimsuchung immun sind. Als ich also als junger Mann zum ersten Mal diese Texte las, die sich so intensiv mit der Frage unseres üblichen Endes beschäftigen, das Henry James das »distinguierte Ding« genannt hatte, das aber bei Beckett immer schmuddelig undistinguiert ist, eine düstere, erniedrigende, aus Flatulenz, Impotenz und Demütigung bestehende Angelegenheit, nahm ich diese Bücher, ihr wildes Aufbegehren gegen den Tod mit ungeheuren Tiraden gleichförmiger Prosa, im Wesentlichen als fabelhafte, fantastische Geschichten von Stimmen grotesker Geister wahr. Ich erlebte sie kurzum als Komödien, und das sind sie, es sind Komödien, aber nicht von der Art, wie ich sie mir damals vorstellte.

Sie sind dunkler und, ja, sogar heroisch; denn diese ganze Komödie spöttelt über Helden, zieht ihnen die Unterhosen runter und drückt ihnen eine Torte ins Gesicht; und doch bleibt in der Komödie dieser gebrochenen, umhertastenden Figuren ein schaler Hauch müffelnden Heldentums. Manches davon begriff ich als unerfahrener Leser nur halb, oder es entging mir ganz. Doch da ich nicht niedergeschlagen auf ein Werk reagierte, das Niedergeschlagenheit wie ein ungewaschenes Lieblingshemd trägt, habe ich zumindest etwas halb Richtiges erfasst.

Diese Bücher noch einmal zu lesen heißt, schlagartig und aufrichtig die Frage nach der Schwierigkeit beantworten zu müssen, denn, darum kommt man nicht herum, es sind schwierige Bücher. Kopfschmerzen nach dem Lesen wären keine unangemessene Reaktion – zumindest in manchen Fällen –, obwohl man gerechterweise hinzufügen sollte, dass es lohnenswerte Kopfschmerzen gibt, Kopfschmerzen, die im Gegenzug für etwas Wertvolles vergehen, und der Beckett'sche Kopfschmerz ist ein Pochen dieser befriedigenden Art. Zum Beispiel, dieses hier aus dem *Namenlosen*. »Sie sind vielleicht darin, irgendwo, in dem, was sie gerade sagten, die Worte, die gesagt werden mussten, sie sind nicht notwendigerweise zahlreich. Sie sagen sie, indem sie von sich sprechen, damit ich glaube, daß ich es bin, der spricht. Oder ich sage sie, indem ich von ich weiß nicht wem spreche, damit ich glaube, daß ich es nicht bin, der spricht. Oder es herrscht vielmehr Schweigen …« und so weiter, Sie sehen, was ich meine, hier setzt das Pochen ein, aber auch eine Wahrnehmung von Schönheit, von etwas Gesagtem, das unter Schwierigkeit gesagt wird, weil es nicht leicht zu sagen ist, und das Sagen von etwas Schwierigem ist nicht ohne Wichtigkeit, wir sind in unseren verhätschelten Zeiten zu sehr in die Leichtigkeit verliebt, sind mehr als nur halb in sie verliebt.

Diese Bücher, in denen die direkte Rede von dem Merkmal der

Anführungszeichen befreit ist, in denen einem die Unterteilung in Absätze wie ein Luxus vorkommt, den der Autor sich kaum leisten kann, in denen ein Satz drei Seiten lang sein mag oder sogar länger, sodass, wenn andere, kürzere Sätze die Vertrautheit des Autors mit Prägnanz aufdecken, der Leser – vielleicht – irritiert ist oder zumindest aufseufzt, warum konnte er das nicht öfter tun, erhebt sich der Schrei, warum quält uns der Mann so, warum treibt er uns durch diese dunklen, endlosen labyrinthischen Worttunnel. Und doch und doch. Am Ende des Tunnels ist die Schönheit. Ich kann nicht weitermachen, schreit der Leser, ich werde weitermachen.

Die Antwort auf die Frage nach der Schwierigkeit ist das Sich-Ausliefern. Liefert man sich dem Text aus, öffnet er sich, eine seltene, wenn auch armselige Blume. Hören Sie auf, nach dem zu fragen, was nicht da ist, und Sie beginnen zu sehen, was ist. »In der Stille, in der meine langsame Auflösung sich vollzieht, schaue ich zurück auf die lange, wilde Erregung, aus der mein Leben bestanden hat, und halte Gericht darüber, so, wie geschrieben steht, daß Gott über uns Gericht halten wird, und mit der gleichen Anmaßung.« Ein Schriftsteller, Samuel Beckett, nicht Molloy oder Beckett als Molloy oder Beckett, der durch Molloy nach etwas greift, das weder Beckett noch Molloy ist, versucht das Unmögliche: nämlich, über den Tod zu schreiben, über das Ende aller Enden, über das Ende, das die Zukunft ebenso wie alle anderen Zeitformen beendet, das Imperfekt, den Konjunktiv I, den Indikativ Präsens, das Plusquamperfekt, und dazu benutzt er nicht das Werkzeug der Prophezeiung, sondern das der Erinnerung. Sich zu erinnern, nicht nur an das Geschehene, an die lange, wilde Erregung, sondern auch an das Nichtgeschehene, an das Etwas, an das kein Mensch eine lebendige Erinnerung hat – denn das Etwas selbst ist das Ende der Erinnerung –, bedeutet, das Primat des Lebens über den Tod zu behaupten, denn die Erinnerung ist das Werkzeug, durch das die Lebenden erkennen, vergessen, sich verstehen und missverstehen, welches Werkzeug also könnte besser geeignet sein, um es wie eine Waffe gegen den Tod einzusetzen, wissend, dass es unzureichend ist, wissend um die Unerbittlichkeit, wissend und ohne aufzugeben oder noch nicht, noch nicht ganz, nicht ehe noch einige weitere Worte gesprochen sind, nicht bis die Erinnerung gesprochen hat, wie es der Künstler, Beckett ebenso sehr wie Nabokov, verlangt und befiehlt.

Und darum ist es möglich zu behaupten, und ich behaupte es hier, ich sammle all mein Behauptungsvermögen, um die Behauptung aufzustellen, dass diese Bücher, deren vorgebliches Thema der Tod ist, in Wahrheit Bücher über das Leben sind, über den lebenslangen Kampf des Lebens gegen seine Schatten, über das Leben, wie es sich kurz vor dem Ende des Kampfes darstellt und das die Narben der Lebenszeit in sich trägt, aber dennoch über das Leben, erinnertes, verdorbenes, unbedeutendes Leben, als das nichts mehr zählt. Leben als Paradoxon, jede Erklärung widerspricht der nächsten, Leben als Widerspruch, Leben, das sich selbst auslöscht. Molloy, Malone und der Namenlose stehen dem Tod gegenüber. Aber sie sind lebendige Wesen. »Man muss nur auf die Zuckungen achten«, ermahnt sich Malone. Doch selbst als die Gefahr zu zucken zunimmt, findet er, er habe noch immer Geschichten zu erzählen. »Eine über einen Mann, eine andere über eine Frau, eine dritte über irgendein Ding und schließlich eine über ein Tier ...«, wohl wissend, dass sie alle Teil seiner eigenen Geschichte sind. »Wie langweilig«, schreit er. »Ich frage mich, ob es nicht immer noch ich bin, um den es sich handelt ...«, und natürlich ist es so und auch in hohem Maße, er nutzt seine halbe Geschichte über Saposcat, der sich in Macmann verwandelt, und seine anderen Halbgeschichten, um den letzten Deich des Lebens zu festigen, bis er ihn nicht mehr festigen kann, bis zum »Gluckgluck des Abflusses«, das wir alle am Ende hören werden, wie die Erinnerung weiß. Der Tod reduziert das Leben auf die Essenz und nimmt letztlich diese Essenz mit sich, und diese Bücher ahmen den Tod nach und streifen alles ab, was nicht wesentlich ist. Worte sind wesentlich, und so bleiben einige wenige Worte, auf Geschichten kann nicht gänzlich verzichtet werden; sie werden begonnen, verändert und verworfen, aber niemals völlig fallen gelassen, denn in Geschichten wohnt bis zur letzten Zwangsräumung das Leben – solange es dort wohnt. Also: manche Worte, manche Fragmente von Geschichten, die trotz ihrer scheinbaren Oberflächlichkeit die überraschende Fähigkeit besitzen zu bezaubern, nicht bloß um die Zeit zu vertreiben, sondern um sie zu beleben, und hinter den Worten und Geschichten gibt es Dinge, Krücken zum Beispiel oder Fahrräder, und hinter den Dingen gibt es andere Menschen, einen Sohn, eine lüsterne Frau, einen Mann, der einen anderen Mann verfolgt, der den anderen Mann nicht findet, sondern stattdessen sich selbst verliert, einen Mann mit, es muss gesagt werden, einem Regenschirm. »Ich habe meinen Stock verloren«, sagt Malone. »Das ist das Hauptereignis dieses Tages.« In diesen Tagen, in Becketts glücklichen Tagen, ist das Atmen ein Hauptereignis und der Gedanke ebenso, und am Ende oder kurz vor dem Ende ist da das Ich, das aufhört, sich etwas vorzustellen, das namenlose, unbenannte, unbenennbare Ich. »Diese Murphys, Molloys und Malones können mich nicht beirren. Sie haben mich meine Zeit verlieren lassen, mich umsonst leiden lassen, indem sie mir erlaubten, von ihnen zu sprechen, als ich nur von mir hätte sprechen dürfen, um schweigen zu können«, sagt es, das Ich, das der Autor und auch der Nichtautor ist, der Beckett ist und der Namenlose oder Beckett als der Namenlose oder Beckett, der durch den Namenlosen nach etwas Dahinterliegendem greift, nach etwas, das weder Beckett noch der Namenlose ist, es sagt: »Es gibt nichts als mich, von dem ich nichts weiß.«

Und dies schließlich ist das große Thema dieses großen Schriftstellers, das Ich, von dem das Ich nichts weiß, das Ich, das sich jenseits von Malones Hut oder Molloys Mantel oder Murphys Anzug befindet, obwohl es bisweilen alle drei getragen hat, das Ich, das nichts auf Steakhäuser oder Gastwirtschaften gibt, obwohl es bisweilen solche Orte aufgesucht hat. »Das ist es vielleicht, was ich bin, das Ding, das die Welt in zwei teilt, einesteils das Draußen, andernteils das Drinnen, es kann dünn sein wie ein Blatt, ich bin weder einerseits noch andererseits, ich bin in der Mitte, ich bin die Scheidewand.«

Es ist das Ding, das spricht. Ein Mann, der wunderbar Englisch spricht, entscheidet sich, Französisch zu sprechen, was ihm größere Schwierigkeiten bereitet, sodass er genötigt ist, seine Worte sorgsam zu wählen, sodass er gezwungen ist, den Redefluss aufzugeben und die schweren Wörter zu suchen, die sich mit Schwierigkeiten einstellen, und nach all diesem Finden überträgt er diese Worte zurück ins Englische, in ein neues Englisch, das all die Schwierigkeiten des Französischen, des Prägens von Gedanken in einer zweiten Sprache, in sich birgt, in ein neues Englisch, das die Kraft hat, das Englische für immer zu verändern. Das ist Samuel Beckett. Das ist sein großes Werk. Es ist das Ding, das spricht.

Liefern Sie sich aus.

CERVANTES UND SHAKESPEARE

Im Jahr 2015 wurde ich gebeten, ein Vorwort zu Lunatics, Lovers and Poets, *einer Sammlung von Geschichten zu verfassen, für die sechs englischsprachige Schriftsteller von Cervantes inspirierte Texte und sechs spanischsprachige Schriftsteller von Shakespeare inspirierte Texte geschrieben hatten, um an den Todestag dieser beiden Giganten zu erinnern. Dies hier ist dieses Vorwort. Und noch eine persönliche Bemerkung: Das Wiederlesen des* Don Quixote *in Edith Grossmans brillanter englischer Übersetzung – die so viel lebendiger ist als die alte Version von J. M. Cohen – wurde zum Ausgangspunkt, zur ersten Inspiration für den Roman, der* Quichotte *werden sollte.*

Da wir den vierhundertsten Todestag von William Shakespeare und Miguel de Cervantes Saavedra würdigen, mag es erwähnenswert sein, dass die beiden Giganten, wie allgemein anerkannt, am selben Tag, am 23. April 1616, starben, dass es aber tatsächlich nicht am selben Tag war. Im Jahr 1616 hatte Spanien den gregorianischen Kalender eingeführt, während England noch den julianischen nutzte und elf Tage hinterherhinkte. (England hielt bis 1752 an dem alten julianischen Datierungssystem fest, und als schließlich die Umstellung vollzogen wurde, kam es zu Aufständen; es heißt, der Mob auf den Straßen habe gebrüllt: »Gebt uns unsere elf Tage zurück!«) Sowohl die Übereinstimmung des Datums als auch die Abweichung der Kalender hätten vermutlich das spielerische, gebildete Feingefühl der beiden Väter der modernen Literatur entzückt.

Wir wissen nicht, ob sie voneinander wussten; was wir aber wissen, ist, dass *Don Quijote* zu Shakespeares Lebzeiten ins Englische übersetzt wurde, und wir wissen auch von einem verloren gegangenen Theaterstück, das zumindest in Teilen Shakespeare, vielleicht Shakespeare unter der Mitarbeit von John Fletcher, zugeschrieben wird: *Cardenio*, was auch der Name einer der bekanntesten Nebenfiguren im *Don Quijote* ist. Die Geschichte des Cardenio handelt von Menschen, deren Liebe unter einem schlechten Stern steht, ein Thema, das den Autor von *Viel Lärm um nichts* und *Ein Sommernachtstraum* angezogen haben könnte. Es ist somit möglich, dass Shakespeare Cervantes gelesen hatte und von ihm inspiriert wurde. Nichts jedoch weist darauf hin, dass Cervantes mit Shakespeares Dichtung oder seinen Stücken vertraut war. Dennoch hatten sie vieles gemeinsam, beginnen wir gleich hier mit dem Was-wir-nicht-wissen-Bereich, denn beide Männer geben Rätsel auf; in ihren Aufzeichnungen sind Jahre nicht belegt, und außer *Cardenio* fehlen noch viele weitere Dokumente. Keiner der beiden Männer hat sonderlich viele persönliche Materialien hinterlassen. Nur sehr weniges in Form von Briefen, Arbeitstagebüchern und aufgegebenen Entwürfen; nur ihre kolossalen, kompletten Œuvres. »Der Rest ist Schweigen.«

Folglich wurden beide Männer zur Beute von Wirrköpfen, die ihnen ihre Autorenschaft streitig machen wollen. Eine flüchtige Suche im Internet »enthüllt« zum Beispiel, Francis Bacon hätte nicht nur Shakespeares Werke verfasst, er hätte »ebenso den *Don Quijote* geschrieben«. Und Cervantes musste schon zu Lebzeiten erfahren, dass man seine Autorenschaft in Abrede stellte, als ein gewisser Alonso Fernández de Avellaneda, ein Pseudonym, dessen Identität ungewiss ist, eine falsche Fortsetzung des *Don Quijote* veröffentlichte, was Cervantes dazu anspornte, das echte Zweite Buch zu schreiben, dessen Figuren sich des Plagiators Avellaneda bewusst sind und ihn aufs Äußerste verachten.

Es ist nahezu sicher, dass Cervantes und Shakespeare sich nie begegnet sind, doch je näher man sich mit ihren hinterlassenen Seiten befasst, desto mehr Echos werden laut. Die erste und meines Erachtens wertvollste gemeinsame Idee ist die Auffassung, ein literarisches Werk müsse nicht schlichtweg komisch oder tragisch oder romantisch oder politisch/historisch sein: Bei richtiger Konzeption könne es vieles gleichzeitig sein. Beide sind proteische, gestaltwandlerische Schriftsteller, und sie beide sind selbstbewusst und auf eine Art modern, welche die meisten modernen Meister anerkennen würden; der eine schafft Stücke, die mit ihrer Theatralität, ihrer Bühneninszenierung, höchst bewusst spielen; der andere schafft eine Fiktion, die sich ihrer fiktiven Natur überaus gewahr ist, bis hin zur Erfindung eines imaginären Erzählers, Cide Hamete Benengeli – eines Erzählers mit interessanterweise arabischen Vorfahren.

Und beide lieben das ihnen bestens bekannte zwielichtige Milieu in gleichem Maße, wie sie hochfliegende Ideen verfolgen, und all ihre Halunken, Huren, Beutelschneider und Säufer wären in denselben Wirtshäusern zu Hause. Diese Urtümlichkeit offenbart sie beide als Realisten im großen Stil, selbst wenn sie sich als Fantasten ausgeben, und darum, noch einmal, können wir, ihre Nachfolger, von beiden lernen, dass Magie sinnlos ist, außer sie stellt sich in den Dienst des Realismus – gab es je einen realistischeren Zauberer als Prospero? –, und dass Realismus eine gesunde Dosis Fabulistisches gut verträgt. Obwohl schließlich beide Tropen verwenden, die ihre Ursprünge in Volksmärchen, Mythen und Sagen haben, lehnen sie es ab zu moralisieren, und insbesondere sind sie genau darin moderner als viele ihrer Nachfolger, sie sagen uns nicht, was wir denken oder fühlen sollen, aber sie zeigen uns, wie man es macht.

Von den beiden war Cervantes der Mann der Tat, der in Schlachten kämpfte, der schlimm verwundet wurde, der seine linke Hand nicht mehr benutzen konnte, den die Korsaren von Algier fünf Jahre lang versklavten, bis seine Familie das Lösegeld für ihn aufbringen konnte. Shakespeare hat derartige Dramen in seiner persönlichen Erfahrung nicht erlebt; doch von den beiden scheint er der Schriftsteller gewesen zu sein, der sich mehr für das Kriegshandwerk und das Soldatentum interessierte. *Othello*, *Macbeth*, *Lear* sind alles Geschichten von Männern im Krieg (mit sich selbst, ja, aber auch auf dem Schlachtfeld). Cervantes verarbeitete seine leidvollen Erfahrungen – zum Beispiel in der »Geschichte des Gefangenen« im *Don Quijote* und in einer Reihe von Stücken –, aber der Kampf, in den Don Quijote sich aufmacht, ist – um moderne Wörter zu benutzen – eher absurd und existenziell als »real«. Erstaunlicherweise schrieb der spanische Kriegskämpfer über die komische Sinnlosigkeit, in die Schlacht zu ziehen, und schuf die große ikonische Gestalt des Kämpfers als Narr (man denke an Hellers *Catch-22* und Vonneguts *Schlachthof 5* für zeitnähere Ergründungen dieses Themas), während die Fantasie des englischen Dichters und Dramatikers sich (wie Tolstoi, wie Mailer) kopfüber in den Krieg stürzte.

Mit ihren Unterschiedlichkeiten verkörpern sie sehr zeitgenössische Gegensätze, ebenso wie sie mit ihren Ähnlichkeiten in vielem übereinstimmen, was bis heute für ihre Erben von Nutzen ist. Insbesondere sind sie unerschöpflich, und endlos wieder gelesen, haben sie uns jedes Mal, wenn wir ihnen einen Besuch abstatten, etwas Neues zu sagen.

GABO UND ICH

Als ich meinen ersten, heute zu Recht unbedeutenden Roman *Grimus* veröffentlichte, sagte ein Freund: »Du bist ganz eindeutig stark von Gabriel García Márquez beeinflusst.« Das war im Jahr 1975, ich war siebenundzwanzig Jahre alt und hatte diesen Namen noch nie zuvor gehört. Die englische Fassung *One Hundred Years of Solitude* – übersetzt von Gregory Rabassa – war fünf Jahre zuvor erschienen, drei Jahre nach dem spanischen Original, aber sie war mir bislang nicht untergekommen. »Wer ist Gabriel García Márquez?«, fragte ich meinen Freund, und er sah mich mit einer Mischung aus Ungläubigkeit, Mitleid und Verachtung an. »Er ist der Autor eines Buchs, das du jetzt sofort kaufst«, sagte er mir. »Heute, an diesem Nachmittag, sofort.« Er nannte mir den Titel des Buchs, und ich entgegnete voller Zweifel: »Wirklich? *Einhundert Jahre*? *Einsamkeit*? Ist das ein gutes Buch?« – »Du Trottel«, erwiderte mein Freund, nur dass er ein gröberes Wort benutzte. »Geh einfach und kauf es.«

Aus irgendeinem Grund gehorchte ich widerstandslos. In einer Londoner Buchhandlung fand ich eine Penguin-Modern-Classics-Taschenbuchausgabe mit grauem Einband, auf dem Umschlag ein Ausschnitt von J. C. Orozcos Wandbild *La miseria de los campesinos*. Das war entmutigend. Nicht nur dass ich ein ganzes Jahrhundert Einsamkeit durchhalten müsste, sondern in dieser endlosen Isolation würde man mir zudem etwas über notleidende Bauern erzählen. In Erwartung einer, ehrlich gesagt, unerträglichen

Langeweile schlug ich das Buch gleich in der Buchhandlung auf und sah zum ersten Mal diese heute weltberühmten Worte und meinte, sie zu hören:

»Viele Jahre später, vor dem Erschießungskommando, sollte Oberst Aureliano Buendía sich an jenen fernen Nachmittag erinnern, als sein Vater ihn mitnahm, das Eis kennenzulernen. Macondo war damals ein Dorf von zwanzig Häusern, aus Lehm und Pfahlrohr am Ufer eines Flusses gebaut, dessen glasklares Wasser dahinschoss in einem Bett glatt polierter Steine, weiß und riesig wie prähistorische Eier. Die Welt war so neu, dass viele Dinge noch keinen Namen hatten, und wer von ihnen sprechen wollte, musste mit dem Finger auf sie zeigen.«

Ich schrieb das Datum des Tages, an dem ich das Buch kaufte, auf die erste Seite unter die Angaben zum Autor, und daher weiß ich sehr genau, dass dies am 13. März 1975 geschah, im selben Monat, als mein erster Roman erschien. Ich besitze dieses Exemplar bis heute, obwohl ich seither viele weitere gekauft habe, um sie zu behalten und zu verschenken, denn was an jenem Tag mit mir geschah, geschah mit Millionen Menschen, als sie diese Worte lasen. Ich verliebte mich Hals über Kopf, und diese Liebe währt seit vierzig Jahren, ohne zu verblassen. Diese Bauern waren alles andere als notleidend, und der Titel auf dem Umschlag, der mir anfangs so verboten vorkam, schien nun wie ein Versprechen auf ein langes Vergnügen, ein Versprechen, das die nachfolgenden Seiten überreichlich einlösten.

Ich wusste so gut wie nichts über die lateinamerikanische literarische Welt, die ich betreten hatte, und ebenso wenig über die Realität, der sie entsprang. Im Augenblick dieser ersten Begegnung war mir das einerlei. Ich reagierte mit der schlichten Offenheit, der glücklichen Unschuld des Lesers, der von der Schönheit und dem Witz des Textes erschüttert und begeistert war:

>»Die Kinder sollten sich für den Rest ihres Lebens an den feierlich erhabenen Ernst erinnern, mit dem ihr Vater sich an das Kopfende des Tisches setzte und ihnen, vor Fieber zitternd, gezeichnet von langen Nachtwachen und einer unerbittlichen Fantasie, seine Entdeckung offenbarte:
>›Die Erde ist rund wie eine Orange.‹
>Úrsula verlor die Geduld. ›Wenn du wahnsinnig werden musst, dann bitte allein‹, schrie sie. ›Und wehe, du trichterst den Kindern deine Zigeunerideen ein.‹«

Das Komische des Augenblicks gibt einen Vorgeschmack auf das, was zum Markenzeichen des magischen Realismus im Roman werden wird und das selbst in dem berühmten ersten Satz über das Wunder vom Eis bereits enthalten ist. In Macondo ist es die Welt der Technik und der Wissenschaft, die als »wunderbar«, das heißt als unwirklich, empfunden wird; während die Wirklichkeiten des Dorfs aus Aberglaube und Glaube als »natürlich« und darum als wahr erscheinen. Eine Eismaschine ist magisch. Die Entdeckungen der Wissenschaft sind Spinnereien. Der gelehrte Zigeuner Melquíades – dessen Muttersprache, wie wir erst kurz vor Ende des Romans erfahren, das Sanskrit war, eine Enthüllung, die vielleicht eine Hommage des Autors an die wundersamen Geschichten des Ostens in sich birgt – wird in Macondo wie ein zerlumpter Zauberkönig aufgenommen, da er in der Lage ist, höchst irdische Normen, den Tod inklusive, zu überschreiten. Und die Ankunft der allerersten Eisenbahn macht zumindest einer der Frauen verstörende Angst. »Da kommt es«, schreit sie, »ein grauenvolles Ding, so etwas wie eine Küche, die ein Dorf hinter sich herzieht.«

Dieser Blick auf die Technik als etwas im Wesentlichen Surreales ist nicht allein auf das Dorf beschränkt. In *Der Herbst des Patriarchen* führt die Macht des amerikanischen Know-how zum buchstäblichen Verlust der Karibik. Nachdem der Diktator, der Patriarch, die Karibik an die Amerikaner verkauft hatte, trugen die Marine-Ingenieure des amerikanischen Botschafters sie »in nummerierten Teilen davon, um sie fern von den Hurrikanen in die blutroten Sonnenuntergänge Arizonas zu verpflanzen … sie trugen sie fort mit allem, was sie in sich hatte, Herr General, Sir, mit dem Spiegelbild unserer Städte, unserem ängstlich ertränkten Volk, unseren wahnsinnigen Drachen.«

Hingegen wundert es niemanden, wenn die reine und fromme Remedios die Schöne zur Transzendenz gelangt, sodass sie eines Tages, als die Frauen Laken zusammenlegen, in die Luft gehoben wird und in den Himmel hinaufschwebt. Selbst die Matriarchin Úrsula, deren praktischer Sinn und gesunder Menschenverstand die Dynastie der Buendías verankert – und ebenso den Roman –, selbst Úrsula akzeptiert die wundersame Natur des Ereignisses, und so verliert sich Remedios »in den hohen Lüften, wo auch die höchsten Vögel der Erinnerung sie nicht mehr erreichen konnten«. »Die Fremden«, erzählt man uns, »glaubten nicht an das Märchen von der Levitation, aber in Macondo glaubten die meisten an ein Wunder, es wurden sogar Kerzen angezündet und Novenen gebetet.«

Hier haben wir etwas Außergewöhnliches: die Schöpfung durch eine Umkehrung der Erwartungen der modernen Welt, durch einen Tonfall, den in der langen Geschichte der Literatur niemand zuvor angeschlagen hatte. Selbstverständlich schuldet sie vielen etwas; kein Schriftsteller ist vollkommen *sui generis*. Selbst Shakespeare stieß durch die *Holinshed's Chronicles* auf Lear und Macbeth, und wer weiß, was er dem verloren gegangenen *Hamlet* von Thomas Kyd schuldete, der vor seinem herauskam? Auch in García Márquez entdecken wir Spuren großer Schrift-

steller, von denen er gelernt hatte, wir entdecken Faulkners Yoknapatawpha irgendwo in der Gegend von Macondo, und auch
Juan Rulfos Comala liegt in der Nähe; und der Ort, über den sich
Kafkas Schloss erhebt, ist auch da, ebenso wie Kafkas Gebrauch
der Metamorphose, die Kafka wiederum von Ovids *Metamorphosen* und Apuleius' *Der goldene Esel* entlehnt hatte. Wir erkennen
Spuren von Machado de Assis' *Brás Cubas* und *Dom Casmurro* in
den vielen José Arcadios und Aurelianos (und in den Arcadios
und Aurelianos Josés) der Buendía-Dynastie. Machados »anti-
melancholisches Pflaster« könnte leicht den Weg in Úrsula Igua-
ráns Medizinschränkchen gefunden haben; und Brás Cubas nützlichen Trick, seine Geschichte von jenseits des Grabs zu erzählen,
durch eine Methode, die zu vielschichtig und weitschweifend ist,
um sie hier zu beschreiben, könnte Melquíades von ihm gelernt
haben. Oder andersherum.

Im Übrigen: Die großherzige und melancholische Hure ist
einer der beliebtesten und häufigsten Charaktertypen der lateinamerikanischen Literatur. Es mag mir gestattet sein, eine miss-
tönende Anmerkung zu machen, ich erinnere mich, dass Angela
Carter – eine große Bewunderin von García Márquez – des Öfteren wehmütig, aber schnippisch sagte, sie wünschte, nur eine
von García Márquez' prachtvollen Prostituierten wäre zänkisch
und sähe aus wie eine schielende Ziege.

Es liegt im Wesen der Literaturkritik, einen großen Schriftsteller in den Kontext seiner eigenen Literatur stellen zu wollen, in
den Kontext der Zeit, in der er gelebt und gearbeitet hat, und im
Falle der größten sie auch in den Kontext der Weltliteratur einzu-
ordnen; und gleich möchte ich die Verbindungen zwischen dem
magischen Realismus und anderer Literatur aus anderen Ländern
erörtern, die sich auch jenseits der Grenzen des Naturalismus begibt. Diese Vorgehensweise bedeutet keinesfalls, die Einzigartig-
keit des Künstlers zu mindern. Und García Márquez' Einzig-

artigkeit liegt, so glaube ich, im präzisen Ton, den er anschlägt, einem Ton irgendwo zwischen Süße und Bitterkeit, zwischen sanfter Akzeptanz des Schicksals und Wut; »der Zorn seiner Fantasie«, von dessen Klang die Musik der Einsamkeit herrührt, der Menschen, die einsam in ihre unabwendbaren Schicksale eingesperrt sind und sich auf angekündigte Tode zubewegen. Die Kraft dieser Musik mit ihrem einzigartigen Klang hat sich als groß und beständig erwiesen, ihr Einfluss als weitverbreitet. Ich habe früher schon einmal Carlos Fuentes' Scherz erwähnt, den er mir gegenüber geäußert hat, und ich erzähle ihn auch hier. »Ich habe den Eindruck«, sagte Fuentes, »die Schriftsteller in Lateinamerika können das Wort ›Einsamkeit‹ nicht mehr verwenden, da sie Sorge haben, die Leute könnten denken, es sei eine Anspielung auf Gabo. Und ich fürchte«, fügte er schelmisch an, »dass wir schon bald auch die Wendung ›hundert Jahre‹ nicht mehr verwenden können.«

Das erinnert mich daran, was Heinrich Böll, der große deutsche Schriftsteller, Nobelpreisträger wie García Márquez, einmal über Humor sagte. Das lateinische Wort *humor*, erklärte Böll, bedeute »Feuchtigkeit«, und er empfahl eine Art des Schreibens – eine Art des *Sehens* – »mit einem menschlichen Auge, das normalerweise nicht ganz trocken und nicht ganz nass ist, sondern feucht«, was also heißt *humorvoll*. Böll beschrieb, wie er und seine deutschen Nachkriegszeitgenossen versuchten, die deutsche Literatur auf den Trümmern, die das Nazitum hinterlassen hatte, wiederaufzubauen, doch das Auge, von dem er spricht, das weder sentimental nass noch zynisch trocken sein solle, sondern feucht, hat auch etwas mit García Márquez' Blick auf die Welt zu tun.

Vor langer Zeit, als ich *Hundert Jahre Einsamkeit* zum ersten Mal las, nahm ich die Geschichte als pure Geschichte und die Figuren schlicht als Figuren in einem Buch auf. Mein Interesse an der

Welt, aus der sie stammen, entwickelte sich erst später. Wir leben in einem der größten Zeitalter literarischer Übersetzungen, denen wir zu verdanken haben, dass die Weltliteraturen in unseren Hinterhof dringen, dass sie unsere Sprachen sprechen und uns das Gefühl vermitteln, sie gehörten auch uns und nicht allein dem Boden, auf dem sie gewachsen sind. Jede Diskussion über die weltweite Bedeutung von Gabriel García Márquez' Schreiben muss auch eine Ehrbezeugung für seine Übersetzer und Übersetzerinnen einschließen.

Ich erinnere mich, vor langer Zeit den Übersetzer Gregory Rabassa kennengelernt zu haben, der mir erzählte, García Márquez habe einmal öffentlich gesagt, er halte Rabassas englische Version für besser als das spanische Original. Das stimmt vermutlich nicht, aber die Großzügigkeit der Bemerkung berührte den berühmten Übersetzer zutiefst, und er erzählte die Geschichte (wahrscheinlich nicht zum ersten oder letzten Mal) mit großem Stolz. Diese großartige Übersetzung vermittelt dem Leser den Eindruck vollkommener Transparenz. Und man meint, die ganze Schönheit des Originals zu erfassen. Rabassas Übersetzung von *Der Herbst des Patriarchen*, eines Werks, dessen äußerst komplexe und gewundene Sätze eine noch größere Herausforderung darstellen als die helle Klarheit und der trockene Humor in *Hundert Jahre Einsamkeit*, ist vielleicht sogar eine noch größere Leistung.

Um zu erkennen, wie sehr eine Übersetzung dem Originaltext Glanz verleihen oder ihm schaden kann, muss man nur die kürzlich erschienenen, weitgehend grässlichen Neuübersetzungen des Werks von Borges mit den früheren Versionen vergleichen. Um nur ein Beispiel zu nennen: Borges' berühmte Erzählung »Funes el memorioso« enthält in ihrem Titel ein Wort *(memorioso)*, das der Autor konstruiert hat und das in der englischen Fassung perfekt mit »Funes the Memorious« wiedergegeben war, da das erfundene Wort »memorious« genau die Auffassung von Borges' Original einfängt. In der Neuübersetzung wurde der Titel zu »Funes, His Memory«, was dem Originaltext schrecklichen Schaden zufügt. Die Neuübersetzung von Günter Grass' Meisterwerk *Die Blechtrommel* wirkt ähnlich bleifüßig, vergleicht man sie mit Ralph Manheims wunderbarer Übersetzung. Ich hoffe, niemand hat vor, García Márquez' Bücher neu zu übersetzen. Sollten sie es tun, würden sie sich mit einer Armee verärgerter Leser anlegen.

Es ist verführerisch, die Welten der übersetzten Literaturen als Parallelwelten zu unserer eigenen aufzufassen, als magische Sphären des Andersartigen, in denen das Selbst umherstreifen kann, und ich vermute, dass für viele nichtlateinamerikanische García-Márquez-Leser diese »Illusion des Wunderlands« einen Teil der ursprünglichen Anziehungskraft ausmachte. Mir erging es etwas anders. Für mich stieß die erste Lektüre von *Hundert Jahre Einsamkeit* das Tor zur lateinamerikanischen Literatur auf, und dank einer Buchhandlung und eines Verlegers stürzte ich mich hinein.

Der Verlag war Avon Books, der in den 1970er-Jahren eine beachtliche Reihe der besten lateinamerikanischen Bücher herausgab: Mario Vagas Llosas *Das grüne Haus*, Julio Cortázars *Rayuela*, Jorge Amados *Dona Flor und ihre zwei Ehemänner*, Alejo Carpentiers *Explosion in der Kathedrale*, Manuel Puigs *Verraten von Rita Hayworth* und viele andere. Diese Bücher waren nicht überall in London zu bekommen. Doch ein kleiner unabhängiger Buchladen im Londoner Norden, Compendium Books in Chalk Farm, nicht weit von Camden Lock, wo man allerlei entrücktes Zeug fand – Science-Fiction, okkulte Texte, Bücher, die einem die Numerologie nahebrachten und sich mit schwarzer Magie befassten, Romane etwa wie die paranoide Fantasie *Illuminatus!* und Kunstbücher über die Mystik der Spirale –, war auch auf interessante importierte Buchreihen spezialisiert, und genau dort fand ich die gesamten Veröffentlichungen des Avon-Verlags. Als ich damals diese Bücher verschlang, begriff ich allmählich, dass der »realistische« Part des magischen Realismus ebenso wichtig war wie der »magische«. Ich begriff, dass diese Bücher so beschaffen waren, weil die Welt, in der die Schriftsteller lebten, auch so beschaffen war. Und so entdeckte ich, wie groß meine eigene Affinität nicht nur zu den Büchern war, sondern auch zu den bis dahin nie besuchten Ländern, aus denen sie in die Exzentrik der Post-Hippie-Zeit dieses schon lang nicht mehr bestehenden Ladens gereist waren.

Wir leben in einem Zeitalter erfundener, alternativer Welten. Tolkiens Mittelerde, Rowlings Hogwarts, die dystopischen Universen der *Tribute von Panem*, die Orte, wo Vampire und Zombies umherschleichen, diese Orte feiern Erfolge. Doch trotz der Beliebtheit geradliniger Fantasy-Fiction ist in den besten fiktionalen Mikrokosmen der Literatur mehr Wahrheit als Fantasie auszumachen. In William Faulkners Yoknapatawpha, in R. K. Narayans Malgudi und, ja, im Macondo von Gabriel García Márquez kommt der Imagination die Aufgabe zu, die Realität zu bereichern, und nicht, ihr zu entrinnen; das Wundersame wurzelt tief im Realen und kann daher das Surreale nutzen, um Metaphern und Bilder des Realen zu schaffen, die realer wirken als die Realität und wahrer als die Wahrheit.

Das Problematische am Begriff *magischer Realismus* ist, dass Menschen, wenn sie ihn aussprechen oder hören, ihn nur halb hören oder aussprechen, *magisch*, ohne die andere Hälfte zu beachten, den *Realismus*. Wäre aber der magische Realismus bloß magisch, hätte er keine Bedeutung. Er wäre nur eine grillenhafte Schreibart, in der, weil alles geschehen kann, nichts Auswirkungen hätte. Da jedoch das Magische des magischen Realismus tief im Realen verwurzelt ist, da es aus dem Realen erwächst und es auf wunderbare, unerwartete Weise erhellt, funktioniert es.

Betrachten wir das Folgende:

»Sobald José Arcadio die Schlafzimmertür geschlossen hatte, dröhnte der Knall eines Pistolenschusses durchs Haus. Ein Blutrinnsal kam unter der Tür hervor, durchquerte das Wohnzimmer, lief auf die Straße hinaus, bewegte sich in gerader Linie über die unregelmäßigen Gehsteige, über Stufen hinab und Dämme empor, ließ die Calle de los Turcos hinter sich, bog einmal rechts und einmal links ab, schlug vor dem Haus der Buendías einen rechten Winkel, floss unter der geschlossenen Tür hindurch, durchquerte, dicht an der Wand entlang, um die Teppiche nicht zu beschmutzen, den Salon, lief durch das Wohnzimmer, wich in einem breiten Bogen dem Esszimmertisch aus, arbeitete sich über die Begonienveranda voran, floss unbemerkt unter Amarantas Stuhl weiter, die Aureliano José eine Mathematikstunde gab, von dort in die Getreidekammer und tauchte in der Küche auf, wo Úrsula gerade sechsunddreißig Eier für den Brotteig aufschlagen wollte.

›Heilige Jungfrau Maria!‹, schrie Úrsula auf.«

In dieser berühmten Passage aus *Hundert Jahre Einsamkeit* geschieht etwas völlig Fantastisches. Das Blut eines toten Mannes hat ein Ziel, es erlangt fast ein Eigenleben und bewegt sich planvoll durch die Straßen von Macondo, bis es zu Füßen seiner Mutter verharrt. Das Verhalten des Bluts ist »unmöglich«, und doch liest sich die Passage als wahrhaftig, die Reise des Bluts wirkt wie die Reise der Todesnachricht aus dem Zimmer, wo er sich erschossen hat, bis in die Küche seiner Mutter, und sein Ankommen zu Füßen der Matriarchin Úrsula Iguarán liest sich wie eine große Tragödie: Eine Mutter erfährt vom Tod ihres Sohnes. José Arcadios Blut kann und muss weiterleben, bis es Úrsula die traurige Nachricht zu überbringen vermag. Das Reale gewinnt durch die Hinzufügung des Magischen tatsächlich an dramatischer und emotionaler Kraft. Es wird realer und nicht weniger real.

Weniger ist mehr, bringt man uns bei. Aber in diesen Büchern ist mehr manchmal mehr. García Márquez hat eine große Vorliebe für Übertreibungen, wie man in der gerade zitierten Passage erkennt. »Sechsunddreißig Eier für den Brotteig.« Das sind viele Eier. Die gleiche numerische Inflation ist in der gefeierten Beschreibung des Oberst Aureliano Buendía zu beobachten: »Oberst Aureliano Buendiá zettelte zweiunddreißig bewaffnete Aufstände an und verlor sie alle. Er hatte siebzehn Söhne von siebzehn verschiedenen Frauen, und in einer einzigen Nacht wurden sie ausgemerzt, einer nach dem anderen, noch bevor der Älteste fünfunddreißig war. Er entkam vierzehn Attentaten, dreiundsiebzig Hinterhalten und einem Erschießungskommando. Er überlebte eine Dosis Strychnin im Kaffee, die ein Pferd hätte töten können.«

Die meisten literarischen Figuren wären schon mit einem einzigen Aufstand zufrieden oder vielleicht mit zweien, mit einer kleineren Familie, mit weniger Frauen, nicht ganz so vielen Mordversuchen und einer moderateren Giftdosis. García Márquez' Figuren müssen härter arbeiten, häufiger kämpfen, mehr Kinder zeugen, mehr Mordversuche, mehr Hinterhalte und Erschießungskommandos überleben und mehr Strychnin schlucken als normale Leute. Das muss sie erschöpft haben.

Als ich die Werke von García Márquez und anderen Schriftstellern las, die ich bei Compendium Books entdeckt hatte, überlegte ich als Reaktion auf nahezu jede Seite unweigerlich, wie viel von ihren Welten ich aus meiner Erfahrung in Indien und Pakistan wiedererkannte. In Lateinamerika und in Südasien herrschte und herrscht noch immer ein Konflikt zwischen Stadt und Dorf, und die Abgründe zwischen Reich und Arm, mächtig und machtlos, zwischen Groß und Klein sind ähnlich tief. Beide Regionen haben eine mächtige Kolonialgeschichte – verschiedene Kolonialisten, gleiche Ergebnisse –, und in beiden Regionen hat die

Religion große Bedeutung, und Gott lebt und somit leider auch die Gottesfürchtigen.

Ich kannte García Márquez' Oberste und Generäle oder zumindest ihre indischen und pakistanischen Ebenbilder; seine Bischöfe waren meine Mullahs; seine Märkte waren meine Bazare. Seine Welt fühlte sich für mich wie meine, ins Spanische übersetzt, an. Es ist kein Wunder, dass ich mich in sie verliebte, nicht wegen der Magie – obwohl sie für einen Schriftsteller, der mit den fabelhaften »wundersamen Geschichten« des Ostens aufgewachsen war, einen großen Reiz hatte –, sondern auch wegen ihres Realismus. Lange bevor ich Lateinamerika besuchte, hatten mir seine Schriftsteller das Gefühl vermittelt, es wäre mir vertraut. Und als ich schließlich tatsächlich nach Nicaragua, Mexiko, Kolumbien, Argentinien, Chile, Peru und Brasilien reiste, dachte ich, was sagt man dazu, diese Orte sind genauso verrückt, wie es mir ihre Schriftsteller geschildert haben, und sie sind auf die gleiche Weise verrückt wie meine Orte. Die gleiche tropische Vegetation, die gleichen grellen Plakatwände und Geschäftsfassaden, das Leben auf den Straßen, die reiche Tradition des Geschichtenerzählens, die Exzesse, die Gerüche, die Sinnlichkeit, die Hitze. Als ich an meinem allerersten Tag in dieser Region durch Managua fuhr, dachte ich unwillkürlich, ich kenne diese Stadt. Und das lag teils an García Márquez und seinen Kollegen und teils daran, dass unsere Welten sich wirklich gleichen.

García Márquez selbst betonte immer mehr den Realismus seines Werks als dessen Fabelartigkeit. »Ich erfinde nichts«, sagte García Márquez einmal der BBC auf die Frage nach seinem literarischen Stil. »Die Leute loben immer meine Fantasie, aber ich glaube, ich bin ein schrecklicher Realist. Alles, was ich erfinde, war in der Wirklichkeit schon da.«

Der Schriftsteller Daniel Alarcón erzählte einmal der BBC: »Als ich vor Jahren in Cartagena war, saß ich in einem Taxi, und der Taxifahrer sagte: ›Das da ist Gabos Haus.‹ Und er fügte hinzu: ›Wir alle hier in der Karibik haben großartige Geschichten, Gabo kann einfach nur gut auf der Schreibmaschine schreiben.‹«

Wir leben nicht in magischen Zeiten. Die Welt ist dunkel, und die Literatur reagiert darauf mit Dystopien. Viele der höchstgepriesenen literarischen Neuerscheinungen zeichnen sich durch ihre Trostlosigkeit aus. Offenbar kommt darin nur wenig Freude vor. Wie alle Dinge unterliegt auch die Literatur Moden, und die herrschende Mode favorisiert eine Art des Schreibens, die nahezu die Antithese zu García Márquez ist. Der Modebegriff für diese neue Werkgattung ist *Autofiktion*, eine Literatur, die vor allem Erfundenen zurückscheut, die allein dem rein Autobiografischen, dem unverhüllt Persönlichen, vertraut.

Non-Fiction verkauft sich in den Buchhandlungen besser als Fiction, und so wird auch die Fiction zur Non-Fiction. Es scheint, als sei die Fantasie für viele Leser etwas, dem man nicht vertrauen dürfe, und deshalb wenden sie sich dem Werk der belgischen Romanautorin Amélie Nothomb zu, der italienischen Autorin, die unter dem Pseudonym Elena Ferrante schreibt, und dem Norweger Karl Ove Knausgård, dem zweiten Autor, der sein Werk *Min kamp* nannte, was so viel wie *Mein Kampf* heißt.

Ich habe nicht die Absicht, diese Schriftsteller zu kritisieren. Ich schätze ihr Talent, und es ist eindeutig, dass sie die gespannte Aufmerksamkeit vieler Leser in vielen Ländern auf sich gezogen haben. Und in vielerlei Hinsicht ist es eine große Sache, unmodisch geworden zu sein. Es entzieht das Werk dem grellen Schein der Aufmerksamkeit der Welt und erlaubt ihm ganz einfach, da zu sein, sich über jeden Leser zu freuen und darauf zu warten, dass sich das große Rad dreht, wie es das letztlich irgendwann immer tut.

Zweifellos ist in Lateinamerika und darüber hinaus die große

Zeit des magischen Realismus vorbei, und die neuen Schriftsteller wollen fast alles schreiben außer Werke dieser Art. Der hoch angesehene Schriftsteller aus der Generation nach García Márquez, der verstorbene Roberto Bolaño, erklärte bekanntlich, der magische Realismus »stinke«, und spottete über García Márquez' Ruhm, indem er ihn einen Mann nannte, »den es schrecklich freute, mit so vielen Präsidenten und Erzbischöfen freundschaftlich geplaudert zu haben«. Es war ein kindischer Ausbruch, doch er enthüllte, dass für viele lateinamerikanische Schriftsteller die Präsenz des Giganten in ihrer Mitte zu mehr als nur einer kleinen Bürde geworden war. Mit García Márquez' Tod wurde ihnen diese Bürde genommen, und nun eröffnet sich die Möglichkeit, das Œuvre nicht als das Phänomen zu betrachten, das es war, sondern einfach als Werk.

Es muss in aller Klarheit gesagt werden, dass, während literarische Moden kommen und gehen – und *Autofiktion* mit ihrer Zurückweisung des Fiktionalen mag auch nicht viel mehr sein als eine augenblickliche Mode –, die Strömung, die in Lateinamerika als magischer Realismus bekannt wurde, keine vorübergehende Erscheinung ist. Er ist eine neuere Manifestation einer Tradition, die sich in jeder Sprache in allen Zeitaltern offenbart und der realistischen Tradition zumindest ebenbürtig ist. Kafkas riesiges Ungeziefer in »Die Verwandlung«, Bulgakows Teufel, der in dem Moskau von *Der Meister und Margarita* ein Chaos anrichtet, und auch Charles Dickens schweben neben García Márquez. Der Kanzleigerichtshof in *Bleak House* – eine Regierungsbehörde, deren einziger Zweck darin besteht, nichts zu tun – und der endlose Prozess »Jarndyce kontra Jarndyce« im selben Roman sind Bilder, auf die jeder ernsthafte magische Realist stolz gewesen wäre, wenn er sie geschaffen hätte. Bei meiner ersten Lektüre von García Márquez war der Name, der mir am häufigsten in den Sinn kam, Luis Buñuel, ein Surrealist, dessen Meisterwerke wie

Der Würgeengel García Márquez' einzigartigem Ton näher kamen als sonst jemand. García Márquez wusste sehr wohl, dass er zu einer weit verstreuten literarischen Familie gehörte. Der amerikanische Romanautor William Kennedy, der Autor von *Ironweed*, zitiert ihn folgendermaßen: »In Mexiko läuft der Surrealismus durch die Straßen.« Und: »Die lateinamerikanische Realität ist ein totaler Rabelais'scher Spaß.«

Die Dynastie der Buendías, der Patriarch, die unschuldige Eréndira und der traurige Oberst, dem niemand schreibt, reihen sich in diese Tradition ein, zu der viele der haltbarsten Werke gehören, die je geschrieben wurden, und zu der nun auch Gabriel García Márquez' Werk gehört, das fortbestehen wird, indessen Moden kommen und gehen.

Ich habe ihn nie kennengelernt, was ich sehr bedauere, aber wir hatten ein langes Gespräch. Ich war in Mexiko-Stadt im Haus eines Freundes, und Carlos Fuentes kam zum Abendessen. Ich erzählte ihm, wie enttäuscht ich sei, als ich erfahren hätte, García Márquez sei nicht in der Stadt, sondern besuche seinen Freund Fidel auf Kuba. Fuentes sagte so etwas wie: »Es ist ja lächerlich, dass ihr euch nie begegnet seid.« Kurz darauf verließ er für eine Weile den Raum und kam zurück, um mich in einen anderen Raum zu bitten, wo er mir einen Telefonhörer reichte. »Hier ist jemand, mit dem du sprechen musst«, sagte er und ließ mich mit Gabos Stimme in meinem Ohr allein.

Das Gespräch begann unbeholfen. Er behauptete, kein Englisch zu können, doch rasch zeigte sich, dass er es zwar leidlich beherrschte, es aber lieber nicht sprach. Mein Spanisch ist absolut erbärmlich. Ich spreche es überhaupt nicht, verstehe es aber ein wenig. Und beide sprachen wir ein bisschen Französisch. So gingen wir dreisprachig vor, und es wurde besser. Tatsächlich gibt es in meiner Erinnerung an das Gespräch kein Sprachproblem.

In meiner Erinnerung sprechen wir einfach miteinander und verstehen uns bestens. Es war ein recht langes Gespräch. Wir deckten viele Themen ab. Ich erinnere mich, ihm erzählt zu haben, dass ich gelesen hätte, welch große Bedeutung die Geschichten seiner Großmutter für ihn gehabt hätten und wie hilfreich sie für ihn gewesen seien, um später seine eigenen zu formulieren, und ich erzählte ihm von den Familiengeschichten, die meine Mutter mir erzählt hatte, und ihrer Bedeutung für mein Werk. Er äußerte sich sehr freundlich über mein Schreiben. Wir sprachen über die Unterschiede zwischen uns, den Unterschied zwischen Macondo und Bombay, zwischen Dorf und Stadt. Ich sagte ihm, dass ich über die *Chronik eines angekündigten Todes* geschrieben hätte und auch über seine Reportage *Illegal in Chile*, in der er die Geschichte des Filmemachers Miguel Littín schildert, der unter der Nase, der sehr gefährlichen Nase, des Tyrannen Pinochet heimlich einen Film drehte, und mir fiel auf, dass er mein Interesse für seinen Journalismus mit größerer Begeisterung aufnahm als meine Besprechung seiner literarischen Arbeit. Einmal ein Journalist, immer ein Journalist. Er zeigte Interesse an meinem eigenen Ausflug in den Journalismus, an meinem kleinen Buch über Nicaragua während des Contra-Kriegs. Ich erzählte ihm die Geschichte von einem Abendessen im Haus von Daniel Ortega, bei dem fast die gesamte Führungsriege der Sandinisten zugegen gewesen war, und dass ich gezögert hatte, ein Aufnahmegerät herauszuziehen, da ich wusste, es würde die Art des Tischgesprächs verändern. Stattdessen hatte ich Magenprobleme vorgegeben und mich alle zehn, fünfzehn Minuten auf die Toilette zurückgezogen, wo ich hektisch Dialoge und andere Beobachtungen in mein Notizbuch kritzelte. Er fand das amüsant und meinte: »Siehst du, auch du bist ein Reporter.«

Als ich viele Jahre später Präsident des amerikanischen PEN wurde, versuchte ich sehr oft, ihn dazu zu bewegen, als unser

Gast nach New York zu kommen, und er antwortete immer höflich und lehnte ab. Das war ein Verlust für New York und für mich.

Auch Borges habe ich nie getroffen, aber in meinen frühen Zwanzigern erlebte ich ihn bei einer Lesung in London, und sehr viel später, dank der Freundlichkeit seiner Witwe María Kodama, durfte ich seine Bibliothek besuchen, was fast genauso gut war. Und auch wenn ich García Márquez nie begegnet bin, bleibt mir die Erinnerung an unser Gespräch, und mir bleiben, uns allen bleiben, seine Bücher, und das ist eine ganze Menge.

Das Eintreffen seines Archivs im Harry Ransom Center in Austin, Texas, ist vielleicht vergleichbar mit dem fiktionalen amerikanischen Kauf der Karibik in *Der Herbst des Patriarchen*, die nach Arizona abtransportiert wird. Darin steckt eine Ironie, die ihm sicherlich gefallen hätte. Hier ist er nun. Er wurde in nummerierten Teilen davongetragen. Er ist hier, er ist noch in Kolumbien, noch in Mexiko, er ist überall.

Überall.

HAROLD PINTER (1930–2008)

David Leveaux führte 1993 Regie im Londoner Almeida Theatre, als Harold Pinters Stück *Niemandsland* wiederaufgeführt wurde, in dem Paul Eddington – berühmt als Minister Jim Hacker in der TV-Sitcom *Yes Minister* – und Harold selbst die Hauptrollen übernahmen, die in der ersten Inszenierung im Jahr 1975 ursprünglich John Gielgud und Ralph Richardson gespielt hatten. Leveaux erzählte mir einmal, dass es bei den Proben zu einer Situation gekommen sei, in der Paul Eddington Harold verdutzt gebeten habe, ihm beim Verständnis einer bestimmten Stelle des Stücks zu helfen: Wonach strebe seine Figur hier, wie solle er damit umgehen, was wolle er erreichen? Harold nahm Paul Eddington den Text aus der Hand, schaute darauf und gab ihn ihm mit den Worten zurück: »Die Intentionen des Autors sind aus dem Text nicht klar ersichtlich.« Wenig später fragte ich Harold, ob er das wirklich gesagt habe. »Ja«, antwortete er. »Ja, tatsächlich, das könnte ich gesagt haben.« Aber warum?, wollte ich wissen. Ob es nicht einfacher gewesen wäre, Paul Eddingtons Frage ganz schlicht zu beantworten? »Ich habe dieses Stück vor fast fünfundzwanzig [Schimpfwort gestrichen] Jahren geschrieben«, entgegnete Harold. »Wie [Schimpfwort gestrichen] soll ich das noch wissen.«

Die Geschichte ist ein Beweis für Pinters legendären Starrsinn und sein Missbehagen, wenn er gebeten wurde, seine Werke zu erklären. Für ihn lag die Stärke einer Arbeit in ihrer Widerstandskraft gegen die Vorstellung von »Bedeutung« oder zumindest in der Verringerung von Bedeutung bis hin zu einer rein wörtlichen Erläuterung, »worum es sich« in einer Szene, einem Stück, einem Gedicht oder einem Roman »handelt«. (Als er bei anderer Gelegenheit gefragt wurde, worum es sich bei *Die Geburtstagsfeier* handle, soll er geantwortet haben: »Es handelt von einem Mann, der in einem Zimmer sitzt, und zwei andere Männer treten ein.«) Aber die Geschichte zeigt auch seine Aufrichtigkeit – wenn er eine vor Jahrzehnten geschriebene Passage vergessen hatte, gab er keine fadenscheinige Erklärung dazu ab. Harold Pinter war ein unerbittlich aufrichtiger Künstler und Mensch.

(Harold gab immer dem Konkreten und Fassbaren den Vorzug vor dem Abstrakten und Theoretischen. Kurz nachdem wir uns kennengelernt hatten, befragte er mich zu meinen Büchern. Er war wohlwollend, doch er erwähnte auch ihre »Formlosigkeit«. Ich hatte damals sehr viel Ehrfurcht vor ihm, murmelte aber doch etwas Nichtssagendes zu meiner Verteidigung, dass es unter der Oberfläche so etwas gebe, das ich vielleicht *tiefe Struktur* genannt habe. Harold verzog das Gesicht zu seinem berühmten und furchterregenden Lächeln und wiederholte: »Tiefe Struktur. Was soll das wohl sein?« Ich geriet in Panik und plapperte etwas von meinem Interesse für die Wagner'sche Idee des Leitmotivs, bei dem der wiederholte Gebrauch eines Bilds in verschiedenen Kontexten – ein silberner Spucknapf, die Form einer Hand mit ausgestrecktem Zeigefinger, das Geräusch einer tickenden Uhr – zu einer interessanten Anhäufung von Bedeutung führen könne. Doch ich verstummte rasch. Ich bemerkte, dass ich wie ein Theoretiker und nicht wie ein Romanautor geklungen hatte. Ich lernte etwas aus Harolds grausamem Lächeln und bemühte mich daraufhin, diesen Literaturkritik-Jargon nicht mehr zu verwenden.)

Wie wir alle wollte er, dass seine Arbeit gemocht wurde. Hin und wieder faxte er seinen Freunden neue Gedichte, und wir wussten, dass wir verdammt rasch reagieren mussten, ansonsten riskierten wir den gefürchteten Pinter-Zorn. Einmal schickte er uns ein Gedicht über einen berühmten englischen Cricketspieler namens Len Hutton. Das war das Gedicht. Das ganze Gedicht.

I saw Len Hutton in his prime
Another time,
Another time.

Laut genussvoll verbreitetem Tratsch antwortete sein enger Freund, der Dramatiker Simon Gray, nicht pünktlich, sodass Harold ihn schließlich anrief.

»Simon, du hast mir noch nicht gesagt, was du von meinem neuen Gedicht hältst.«

»Es tut mir leid, Harold«, entgegnete Gray. »Ich hatte noch nicht die Zeit, es zu Ende zu lesen.«

Harold war nicht amüsiert.

Der Pinter-Zorn führte oft zu dem Phänomen, »gepintert« zu werden, wenn ein unglückseliger Freund oder Feind die Peitsche von Harolds mächtiger Zunge zu spüren bekam. Zum Glück wurde ich nie »gepintert«. Dem am nächsten kam ich, als Harold die Regie bei einer Produktion von David Mamets Stück *Oleanna* im Royal Court Theatre in London führte – auch im Jahr 1993, im selben Jahr wie seine Rolle bei der Wiederaufnahme von *Niemandsland* im Almeida Theatre –, und nachdem ich das Stück gesehen hatte, versäumte ich es, seine Arbeit ausreichend zu loben, und begann ein Gespräch mit seiner Frau Antonia Fraser über irgendein anderes Thema. Aus dem Augenwinkel bemerkte ich, dass Harold langsam immer wütender wurde, und da ich eine regelrechte Kernschmelz-Katastrophe fürchtete, eilte ich rasch zu ihm zurück.

»Harold, habe ich vergessen, dir zu sagen, dass deine Inszenierung von *Oleanna* absolut verdammt fantastisch war?«

»Ja«, sagte er. »Ja, in der Tat, du hast vergessen, es mir zu sagen.«

»Harold«, sagte ich. »Deine Inszenierung von *Oleanna* war absolut verdammt fantastisch.«

»Schon besser so«, antwortete er und grinste teuflisch.

Harold Pinter hatte eine große Wut in sich, und er hielt sie für einen Fehler, für den er sich oft entschuldigte. Ich halte sie nicht für einen Fehler, sondern eher für den Quell seiner Kunst und auch seiner politischen Leidenschaft. Es war, möchte man sagen, eine öffentliche Wut, geboren aus seinem Zorn auf alles, was im menschlichen Umgang falsch, zynisch, unmoralisch, korrupt, schikanös und hässlich ist; und darunter lag eine existenzielle Wut, ein Toben gegen das Gefängnis des menschlichen Lebens, gegen die Fallen, die wir uns selbst stellen und denen wir nie entkommen. Die Gewalt, die unter der Oberfläche all seiner Stücke brodelt, und die meist grausame Präzision an der Textoberfläche geben Pinters Werk seine wesentliche Qualität; dies und dazu die großartige Schwärze seiner Komödie. Die Drohung in Harolds Lächeln, dem gefährlichsten Lächeln in der Literatur, findet sich in jedem Satz wieder, den er schrieb, in jeder Szene, die er lebendig werden ließ.

Als ich Harold Pinter in den frühen 1980er-Jahren kennenlernte, bewegte sich sein Werk gerade erst in Richtung offener politischer Meinungsäußerung. Ich war mir nicht sicher, ob das eine gute Sache sei. Meine Erinnerung an Harolds Rolle als Goldberg im Jahr 1968 in der Inszenierung der *Geburtstagsfeier* für das britische Fernsehen war so lebendig, meine Bewunderung für die elliptische Kraft dieses Stücks und tatsächlich von *Niemandsland* so groß (ich hatte das große Glück, die Originalinszenierung mit Gielgud/Richardson gesehen zu haben), dass ich Sorge hatte, offenes politisches Engagement könne womöglich ein allzu expliziter Weg für Pinters düsteren Genius sein. Andere stimmten mir zu, und die erste Reaktion auf die »politischen Stücke« – *Noch einen Letzten*, *Berg-Sprache* und *Party Time* – war ein wenig ratlos. Die Zeit hat erwiesen, dass diese drei kurzen Stücke Meisterwerke sind, wie üblich also wusste es Harold besser als wir alle.

In den 1980er-Jahren stürzte Harold sich mit all seiner Kraft ins politische Engagement. 1985 protestierten er und Arthur Miller während einer Reise des PEN International bei einem Empfang in der amerikanischen Botschaft in Ankara gegen die Folter von inhaftierten türkischen Schriftstellern, und man bat sie zu gehen. Später beschrieb Harold seinen und Arthur Millers Rauswurf aus der amerikanischen Botschaft »als einen der stolzesten Augenblicke meines Lebens«. Er engagierte sich für die Sache Nicaraguas während des Contra-Kriegs und später für die Kurden und äußerte immer schärfere Kritik an der amerikanischen Außenpolitik, insbesondere in den Regierungsjahren von George W. Busch. Er nutzte seine Rede zur Verleihung des Nobelpreises, um mit gleicher Eloquenz über die beiden Seiten seiner Arbeit zu sprechen, über die Kunst und die Politik, und gegen Ende seines Lebens waren die beiden Seiten nicht mehr voneinander zu trennen. Die Rede war überschrieben mit »Kunst, Wahrheit & Politik«, und in diesem Titel erkennen wir die Brücke, die den Künstler und den politischen Aktivisten miteinander verband. Die Brücke war sein Hass auf die Lüge und seine Entschlossenheit, sie zu entlarven und so viel wie möglich von dem zum Ausdruck zu bringen, was er als Wahrheit ansah.

Außerhalb seiner Arbeit als Dramatiker weigerte sich Harold Pinter nicht zu erklären, was er meinte. Seine Rede zum Nobelpreis begann so:

»1958 schrieb ich Folgendes: ›Es gibt keine klaren Unterschiede zwischen dem, was wirklich, und dem, was unwirklich ist, genauso wenig wie zwischen dem, was wahr, und dem, was unwahr ist. Etwas ist nicht unbedingt entweder wahr oder unwahr, es kann beides sein, wahr und unwahr.‹ Ich halte diese Behauptungen immer noch für plausibel und weiterhin gültig für die Erforschung der Wirklichkeit durch die Kunst. Als Autor halte ich mich daran, aber als Bürger kann ich das nicht. Als Bürger muss ich fragen: Was ist wahr? Was ist unwahr?«

Aufgrund dessen, was er meinte, als Bürger tun zu müssen, wurde Pinter zu einem eindeutigen, leidenschaftlichen Gegner von Heuchelei, Vorurteil, Zensur und Machtmissbrauch der Mächtigen. In *Berg-Sprache* und *Party Time* gelang es ihm, seinen Argumenten eine angemessene dramatische Form zu geben. Und natürlich wussten in den 80er- und 90er-Jahren diejenigen von uns, die das Glück hatten, ihn gekannt zu haben, dass allein schon die Erwähnung des Worts *Lateinamerika* eine Pinter'sche Tirade auslöste. Folglich gab es Zeiten, in denen wir dieses Wort und ebenso die Wörter *Vereinigte Staaten* mieden.

Doch es war immer die Sprache, die Pinter am genauesten durchleuchtete. Sehr denkwürdig sprach er davon, »eine Krankheit im Kern der Sprache« auszumachen, »sodass Sprache zu einer dauerhaften Maskerade, zu einer Darstellung von Lügen wird. Die skrupellose und zynische Verstümmelung und Erniedrigung von Menschen, ihres Geists und Körpers ... diese Taten werden gerechtfertigt durch rhetorische Tricks, sterile Terminologie und Machtkonzepte, die stinken. Werden wir je die Sprache, die wir verwenden, genauer betrachten, frage ich mich? Liegt es in unseren Fähigkeiten, das zu tun? ... Bleibt die Wirklichkeit im Wesentlichen außerhalb der Sprache, getrennt von ihr, hartherzig, fremd, nicht empfänglich für Beschreibungen? Ist eine zutreffende und grundlegende Übereinstimmung von dem, was ist, mit dem, was wir davon wahrnehmen, unmöglich? Oder ist es so, dass wir gezwungen sind, Sprache nur dazu zu benutzen, um die Wirklichkeit zu verschleiern und zu verdrehen? – Zu verdrehen, was ist – zu verdrehen, was geschieht –, da wir es fürchten? Ich glaube, wegen unserer Art des Sprachgebrauchs haben wir uns selbst in diese schreckliche Falle gelockt, in der Wörter wie Freiheit, Demokratie und christliche Werte immer noch benutzt werden, um barbarische, schändliche Politik und Taten zu rechtfertigen.«

Harold Pinter war mein Freund und ein großartiger, loyaler Verbündeter. Am 6. Februar 1990, nur ein knappes Jahr nach Khomeinis Fatwa gegen *Die satanischen Verse*, wurde ich gebeten, die jährliche Herbert Read Lecture am Institute of Contemporary Arts in London zu halten. Doch zu meiner unermesslichen Enttäuschung weigerte sich die britische Polizei, bei diesem Ereignis für die Sicherheit zu sorgen, sodass ich nicht hingehen konnte. Ich rief Harold an und fragte ihn, ob er an meiner statt die Rede halten würde, und ohne auch nur einen Augenblick zu zögern, stimmte er sofort zu, und das zu einer Zeit, als viele andere vielleicht unumstößliche Termine anderswo vorgebracht hätten. Für diesen Akt aus Prinzip und Mut und für viele, viele andere solcher öffentlichen Akte; für das private Geschenk seiner Freundschaft zu mir und meiner Familie; und vor allem für seinen Genius danke ich ihm, und wie allen, die ihn liebten, fehlt er mir noch jeden Tag.

Hier einige zusätzliche Worte aus meiner Dankesrede, als ich im Oktober 2014 mit dem PEN-Pinter-Preis ausgezeichnet wurde:
  Meine Ablehnung von übermäßiger Textdeutung erklärt sich zum Teil aus dem, was nach dem Erscheinen der *Satanischen Verse*

im Herbst 1988 geschah. Zu jener Zeit machten sich die Gegner des Buchs mit bemerkenswertem Erfolg daran, ihren Anhängern die Bedeutung des Buchs vorzuschreiben, und für viele Leute funktioniert diese Vorschrift bis heute, sie sagt ihnen genau, warum der Roman sozusagen krank ist. Ganz zu Anfang hoffte ich, die offenkundige Verdrehtheit und Voreingenommenheit dieser Vorschriften würden sich von allein entlarven, und die beste Verteidigung würde das Buch selbst sein. Ebenso hoffte ich, dass meine Erfolgsbilanz, die Dinge, die ich geschrieben, die Arbeit, die ich bis dahin getan hatte, die Person, die ich war, meine beste Verteidigung gegen die stattfindende Dämonisierung meines Charakters und meiner Motive wären. Doch das waren die Gedanken aus einer Zeit, bevor wir alle zu viel Angst vor der Religion im Allgemeinen und vor einer speziellen Religion im Besonderen bekamen – Religion, neu definiert als die Befugnis religiöser Fanatiker, irdische Gewalt im Namen ihres überirdischen Gottes zu verüben.

Die Zeit, in der wir heute leben, ist eine, in der das, was selbstverständlich sein sollte, allmählich wie Maßlosigkeit aussieht, in der die engen Pseudoerklärungen der Religion, formuliert in dem neuen – oder eigentlich sehr alten – Vokabular von Blasphemie und Beleidigung, zunehmend den Ton angeben. Darum fühlte ich mich lange Zeit gezwungen, gegen diese Verzerrung, diese verfälschende Deutung der *Satanischen Verse* anzukämpfen, indem ich selbst Gegenerklärungen abgab. Ich tat es nur höchst ungern und spürte oft, dass ich durch die offenbar notwendige Verteidigung nahezu einer jeden Zeile der offenen, persönlichen Lesart meines Romans schadete, auf die ich wie jeder Schriftsteller gehofft hatte. Und ich musste mir eine harte Frage stellen. Wenn ich daran glaubte, wie ich es tat, dass der Leser das Buch vervollständigte und dass all diese Versionen des Buchs, das Buch im Kopf eines jeden einzelnen Lesers, gültige Versionen waren und tatsächlich Versionen, deren Entstehen ich mir erhofft hatte, waren dann die Versionen dieser erzürnten Leute nicht ebenso authentisch wie die Versionen in den Köpfen der geneigteren Leser des Buchs? Untergrub nicht meine eigene Vorstellung von der Natur der literarischen Erfahrung meine Verteidigung des Buchs? Die einzige Antwort, zu der ich gefunden habe, ist, es muss ein Unterschied zwischen Urteil und Reaktion gemacht werden. Menschen sind berechtigt, ein Buch so freundlich oder so schroff zu beurteilen, wie es ihnen gefällt, reagieren sie aber mit Gewalt darauf oder mit der Androhung von Gewalt, ändert sich das Thema, und die Frage lautet nun: Wie treten wir solchen Drohungen entgegen? Wir alle ringen seitdem an vielen Fronten um die Antwort auf diese Frage.

Harold Pinters Nobelpreis-Jeremiade zielte in erster Linie gegen die Verdrehung von Sprache durch weltliche Mächte und insbesondere durch die mächtigste Supermacht der Welt, doch alles, was er sagt, gilt für die Abscheulichkeiten, die in der ganzen Welt im Namen des einen oder anderen Glaubens verübt werden. Gerechterweise muss man sagen, dass mehr als nur eine Religion eine genaue Prüfung verdient. Christliche Extremisten in den Vereinigten Staaten greifen die Freiheiten von Frauen und die Rechte Schwuler in einer Sprache an, von der sie behaupten, sie komme von Gott. Hinduistische Extremisten im heutigen Indien starten einen Angriff auf die Meinungsfreiheit und versuchen buchstäblich, die Geschichte umzuschreiben, und beabsichtigen, die Schulbücher so zu ändern, dass sie ihrer engen safrangelben Dogmatik dienen. Aber das überwältigende Gewicht des gegenwärtigen Problems liegt in der Welt des Islam, und vieles davon hat seine Wurzeln in der ideologischen Sprache von Blut und Krieg, die von der salafistischen Strömung innerhalb der Religion ausgeht und weltweit von Saudi-Arabien unterstützt wird.

Ed Husain, ein britischer Verfechter eines modernen und pluralistischen Islam, schrieb in der *New York Times*:

»Lassen Sie uns Klartext sprechen: Al-Qaida, der Islamische Staat im Irak und in Syrien, Boko Haram, al-Shabaab und andere sind alles gewalttätige sunnitische Salafistengruppierungen. Seit fünf Jahrzehnten ist Saudi-Arabien weltweit der offizielle Geldgeber des sunnitischen Salafismus. Die meisten sunnitischen Muslime in der Welt, ungefähr 90 Prozent der muslimischen Bevölkerung, sind keine Salafisten. Der Salafismus wird als zu rigide, zu schriftgläubig, zu abgewandt vom Mainstream-Islam angesehen ... Die Anhänger des Salafismus und andere Fundamentalisten repräsentieren drei Prozent der Muslime in der Welt.«

Zu diesen drei Prozent können wir vielleicht noch ein weiteres Prozent extremistischer Schiiten hinzurechnen, die von der Iranischen Revolution finanziert werden und deren Ideologe Ali Schariati Khomeinis Revolution mit marxistischer Sprache eine »Revolte gegen die Geschichte« nannte. In diesem Sinne sind schiitische und sunnitische Extremisten gleich. Die Moderne an sich ist der Feind, die Moderne mit ihrer Sprache der Freiheit für Frauen und Männer, mit ihrem Beharren auf der Rechtmäßigkeit der Regierung statt auf Tyrannei und mit ihrer starken Neigung zum Säkularismus und zur Religionsferne. Sie, die Sprache der modernen Welt, wird von der deformierten mittelalterlichen Sprache des Fanatismus ins Visier genommen, unterstützt von modernen Waffen.

Diese Sprache hört man immer mehr in Moscheen und in den sozialen Medien, und für manche jungen Männer ist ihre Anziehungskraft so groß, dass sie Hunderte, vielleicht Tausende britischer Muslime davon überzeugt, sich den enthauptenden Barbaren des sogenannten IS anzuschließen (beunruhigend, es schließen sich viel mehr britische Muslime den Dschihadisten an, als in die Streitkräfte des Vereinigten Königreichs einrücken). Auf manchen dieser sozialen Netzwerkseiten zirkuliert nun eine saudische Meinungsumfrage, aus der hervorgeht, dass zweiundneunzig Prozent der Befragten zustimmen, der IS »entspricht den Werten des Islam und dem islamischen Gesetz«. Sollte das stimmen, lässt diese Art von Information Ed Husains drei Prozent ein wenig zu optimistisch erscheinen. Selbst wenn man die Umfrage als Ausreißer abtut, fällt es schwer, daraus nicht abzuleiten, dass hasserfüllte religiöse Rhetorik, die aus den Mündern skrupelloser Fanatiker in die Ohren wütender junger Männer dringt, die gefährlichste neue Waffe der heutigen Welt geworden ist.

Ein Begriff, der mir missfällt, »Islamophobie«, wurde geprägt, um jene zu diskreditieren, die, als bigott abgestempelt, auf diese Exzesse hinweisen. Aber erstens, wenn mir deine Ideen nicht gefallen, muss es akzeptabel sein, dass ich das sage, ebenso wie es akzeptabel ist, dass du sagst, meine Ideen gefallen dir nicht. Ideen können nicht eingezäunt werden, nur weil sie behaupten, sie hätten diesen oder jenen fiktionalen Himmelsgott an ihrer Seite. Und zweitens ist es wichtig, daran zu erinnern, dass die meisten Menschen, die unter dem Joch des neuen islamischen Fanatismus leiden, andere Muslime sind. Die Taliban unterdrückten die afghanische Bevölkerung und sind kurz davor, es wieder zu tun; die Ayatollahs unterdrücken weiterhin die iranische Bevölkerung; fast alle Menschen, die im Irak starben, waren Muslime, getötet von anderen Muslimen im Namen ihrer eigenen Religion, die in sektiererischen Begriffen umgeschrieben wurde, um die Morde zu billigen. Angesichts solcher Dinge ist es richtig, Furcht zu empfinden. Wie es verschiedene Kommentatoren gesagt haben, im Irak werden nicht nur Menschen getötet, sondern eine ganze Kultur. Abscheu gegen eine solche Macht zu empfinden, ist keine

Bigotterie. Es ist die einzig mögliche Antwort auf die grauenhaften Ereignisse.

Wie Harold Pinter ziehe ich die Sprache des Künstlers mit ihren Zweideutigkeiten und Anspielungen bei Weitem vor, sodass ein Werk auf viele verschiedene Arten gelesen werden kann. Aber Harolds Beispiel folgend, kann auch ich als Bürger nicht darauf verzichten, über die Gräuel in der Welt in diesem neuen Zeitalter religiösen Chaos' und über die Sprache zu sprechen, die sie heraufbeschwört und rechtfertigt, sodass junge Männer, junge Briten eingeschlossen, zu Taten von extremer Bestialität verleitet werden und glauben, sie kämpften einen gerechten Kampf.

Die Arbeit des PEN in dieser dunklen Zeit ist nie wichtiger gewesen. Journalisten auf der ganzen Welt sind nie in größerer Gefahr gewesen. In den Konflikten im Irak und in Syrien betrachtet man sie als legitime Ziele. Die Enthauptung von James Foley durch einen britischen Dschihadisten schockierte uns alle, aber Mr. Foley war nicht das erste Opfer dieses Kriegs. Laut der Vereinigung syrischer Journalisten, der Syrian Journalists' Association, sind im syrischen Bürgerkrieg über hundertfünfzig Journalisten getötet worden, und das Komitee zum Schutz von Journalisten, The Committee to Protect Journalists, teilt mit, über hundertneunzig weitere seien im Irak seit 1992 gestorben. In Putins Russland ist die Zahl der getöteten Journalisten unterdessen ebenfalls dreistellig. Überall, von Eritrea bis nach China, sitzen Schriftsteller und Reporter ohne Anklage in Haft, sie verschwinden und werden manchmal sogar getötet.

Ich selbst erhielt, als ich Hilfe brauchte, die starke Unterstützung des PEN in Großbritannien, in den Vereinigten Staaten und sonst wo und war unendlich dankbar dafür. Harold Pinter führte persönlich eine Delegation zur Downing Street und forderte meinen Schutz. Es waren Harold und Antonia, die mir ihr Haus zur Verfügung stellten, damit ich meinen kleinen Sohn sehen konnte.

Es war Harold, der meinetwegen mit Václav Havel sprach und seine Unterstützung gewinnen konnte. Und als die britische Regierung ablehnte, sich mit mir in den Monaten nach der Fatwa zu treffen oder in Kontakt zu treten, war es Harold, der William Waldegrave anrief, den damaligen Staatssekretär im Außenministerium, um mit Erfolg darauf zu beharren, dass man mit mir spreche. Kein Schriftsteller in Not könnte sich einen besseren Verbündeten wünschen.

Seitdem bemühe ich mich, Harolds Beispiel zu folgen, und tue, was ich kann, um dem PEN zu helfen, anderen zu helfen. Die Arbeit ist wichtig, und der PEN hat sich immer wieder als wirksame Interessenvertretung erwiesen. Ein Beispiel dafür ist der PEN/Barbara-Goldsmith-(heute der PEN/Barbey-)Freedom-to-Write-Preis, der seit 1987 jährlich vom amerikanischen PEN verliehen wird, um den Fall spezieller Schriftsteller in Not hervorzuheben. Vier der geehrten Schriftsteller wurden zu dem Zeitpunkt freigelassen, als sie den Preis erhielten. Von den achtunddreißig, die in Haft saßen, als sie ausgezeichnet wurden, sind seither nicht weniger als fünfunddreißig freigelassen worden. Auf diese Bilanz darf man stolz sein. Wir werden unsere Arbeit fortsetzen und das geschriebene Wort und diejenigen verteidigen, die alles riskieren, um die Wahrheit zu sagen.

Ich bin stolz, einen Preis zu bekommen, der nach Harold Pinter benannt ist, nach einem großartigen Schriftsteller, einem großartigen Bürger und einem großartigen Freund in der Not.

VORWORT ZU DEN *PARIS-REVIEW-*
INTERVIEWS, VOL. IV

Ich fragte einmal eine Goldschmiedin, warum sie ausschließlich mit so kostbarem Material arbeite, und sie antwortete, das
Besondere an Gold sei seine Formbarkeit: Mit Gold lasse sich
alles machen, man könne es biegen und drehen, und es nehme
jede gewünschte Gestalt an. Ich dachte damals und denke
heute, das Englische sei das Gold unter den Sprachen – es er-
laube einem, anders als einige andere Sprachen, die ich nennen
könnte, wegen seiner syntaktischen Freiheit und seiner Elastizi-
tät daraus zu machen, was man wolle, und aus dem Grund habe
es, als es sich über die ganze Welt verbreitete, so viele erfolgreiche lokale Abwandlungen ausgebildet – das irische Englisch,
das westindische Englisch, das australische Englisch, das indische Englisch und die vielen Varianten des amerikanischen
Englisch. Ich war beglückt zu entdecken, dass Maya Angelou in
dem in dieser Nummer der *Paris Review* abgedruckten Interview
genauso empfindet, wenn sie davon spricht, »wie schön, wie ge-
schmeidig die Sprache ist, wie geeignet sie ist. Zerrt man an ihr,
sagt sie, okay.«

Törichterweise vielleicht habe ich lange angenommen, das
Englische besitze diese Qualität in höherem Maße als jede andere
Sprache, und so ist es heilsam, dass mich David Grossman daran
erinnerte, dass andere Schriftsteller anderer Sprachen genau das
Gleiche denken. »Das Hebräische«, sagt Grossman, »ist eine

flexible Sprache, und sie gibt sich begeistert allen Arten von Wortspielen hin. Man kann im Slang über die Bibel und biblisch über den Alltag reden. Man kann Wörter erfinden, die die Menschen leicht verstehen, da fast jedes Wort eine Wurzel hat, und die Menschen kennen die Herleitung oder können sie für gewöhnlich herausfinden. Diese Sprache ist sehr sexy. Sie ist gigantisch, erhaben und herrlich, doch gleichzeitig hat sie große Lücken, die von Schriftstellern gefüllt werden sollen.« Oh, okay, muss ich eine Spur knurrig zugestehen; okay, vielleicht also gibt es unter den Sprachen mehr als nur eine Goldvariante.

Einer der Gründe, warum die Interviews der *Paris Review* so großartig sind, ist: Sie unterhalten nicht nur, sie regen zum Nachdenken an, und sie bringen einen sogar dazu, Bekanntes neu zu denken; wie viele Schriftsteller (und Möchtegernschriftsteller und auch Leser) bin ich, solange ich denken kann, ein Fan der Reihe »Art of Fiction«. Ich habe meine alten Nummern des Magazins aus dem Regal genommen, und sie liegen hier neben mir, während ich schreibe.

Als ich im Sommer 1981 den ersten Entwurf von *Scham und Schande* schrieb, hatte mich Donald Barthelmes Interview in der *Paris Review* sehr inspiriert, insbesondere seine Anmerkungen zu seinem Gebrauch des Fantastischen. Eine Frau in einer Geschichte mit einem goldenen Hintern auszustatten, war »ein Weg, der dem Leser ermöglichte, den Hintern zu sehen«. Und: »Hätte ich nicht Kakerlaken so groß wie Bügelbretter in der Geschichte, könnte ich Cortés und Montezuma nicht Händchen haltend darstellen, das wäre bloß rührselig. Man sieht sich nach ausgleichendem Material um, nach Dingen, die dem Leser sagen, dass obwohl X geschieht, X im Licht von Y gesehen werden muss.« Wie *nützlich* mir das damals war, und wie nützlich es mir tatsächlich noch immer ist!

Die Interviews von »The Art of Fiction« befriedigen unsere

tiefe und bleibende Neugier auf das Leben der Schreibenden. Wie die meisten Schriftsteller interessiere ich mich als Leser und wissbegieriger Mensch für andere Schriftsteller. Ich möchte ihr Werk kennenlernen, aber ich möchte auch erfahren, woher es stammt und wie es entstanden ist. Der vielleicht einzige Schriftsteller, der mir einfällt, der dieses Interesse bestreitet, ist V. S. Naipaul. Als ich einmal auf dem Literaturfestival von Hay-on-Wye war, wurde Naipaul auf der Bühne von dem amerikanischen Autor und Herausgeber Bill Buford interviewt. Auf Bufords Frage, welche Autoren er lese, antwortete er mit einer majestätischen Abfuhr: »Ich bin kein Leser, ich bin Schriftsteller.« Doch er ist hier auf diesen Seiten der *Review*, wo er eine seiner vielen veröffentlichten Erklärungen zu seinen literarischen Ursprüngen und auch zu seinem Schreibprozess abgibt, vermutlich weil er der Vorstellung anhängt, dass, während er selbst kein Interesse daran hat, zu lesen oder etwas von anderen Schriftstellern zu erfahren, diese anderen Schriftsteller – und auch die Leser – sehr wohl daran interessiert sein könnten, etwas über *ihn* zu erfahren. Wie er uns mitteilt, gibt es viele exzellente Gründe, warum wir vielleicht etwas über ihn erfahren wollen. »Es ist unendlich schwer, als Erster über etwas zu schreiben. Es ist immer leicht, später nachzuahmen«, sagt er, als er über *Miguel Street* spricht; und über *In einem freien Land* ist er froh, uns sagen zu können: »Es ist sehr gut gemacht.«

In Momenten wie diesen sind die Interviews von »The Art of Fiction« höchst erhellend, da sie uns vielleicht mehr vom Autor offenbaren, als selbst der Autor weiß. P. G. Wodehouse' wohlbekanntes heiteres Gemüt erreicht eine fast schockierend unschuldige Qualität, wenn er über seine Radiosendungen zu Kriegszeiten in dem von Nazis besetzten Paris erzählt – Sendungen, die viele dazu veranlassten, ihn als Verräter zu denunzieren, was, wie er selbst sagt, »sein ganzes Leben veränderte« und dazu führte, dass er den Rest davon in den USA verbrachte und nie wieder heimkehrte. Es ist mir immer ein schmerzlicher Gedanke, dass dieser englischste aller englischen Schriftsteller, der Schöpfer des Fantasie-Englands von Jeeves, Bertie Wooster, dem Drohnenclub, von Schloss Blandings und dem unvergesslichen Schwein, der Kaiserin von Blandings, so lange im Exil leben sollte. Doch Wodehouse klingt vollkommen glücklich. Nimmt er den Engländern übel, wie sie ihn behandelt haben? »Oh, nein, nein, nein. Nichts dergleichen. Das Ganze scheint heute vergeben und vergessen zu sein.« Und was ist mit seinem amerikanischen Exil? »Ich denke, ich lebe viel lieber hier als in England. Ich kann mir keinen Ort in England vorstellen, den ich diesem hier vorziehen würde. London mochte ich immer sehr, aber ich glaube nicht, dass ich es heute noch mögen würde ... In gewisser Weise habe ich viel Glück gehabt. Ich mache mir wirklich keine großen Sorgen. Ich kann mich den Gegebenheiten ganz gut anpassen.« Oh, dann ist ja alles gut.

Jack Kerouac wirkt in seinem Interview genau so, wie er sollte, lebhaft und wirr zugleich, voller Kerouac-heit. Hier erklärt er seinen Namen: »Also *kairn*. K (oder C)AIRN. Was ist ein *cairn*? Ein Steinhaufen. Nun *Cornwall*, cairnwall. Nun, richtig, *kern*, auch KERN, bedeutet dasselbe wie *cairn*. Kern. Cairn. *Ouac* bedeutet Sprache von. *Kernouac* bedeutet also die Sprache von Cornwall. *Kerr* so wie Deborah Kerr. *Ouack* bedeutet Sprache des Wassers. Denn *Kerr*, *Carr* etc. bedeutet Wasser. Und *cairn* bedeutet Steinhaufen. In einem Steinhaufen gibt es keine Sprache. Kerouac. *Ker* (Wasser), *ouac* (Sprache von). Und es hängt zusammen mit dem alten irischen Namen Kerwick, was eine Verfälschung ist. Und es ist ein cornischer Name, was selbst cairnish bedeutet, ein Name aus Cornwall. Und laut Sherlock Holmes ist alles persisch.« Ein Zeichen für die Gewandtheit, mit der diese Interviews geführt und anschließend redigiert werden – ein Prozess, in den die Interviewten eng eingebunden sind –, ist, dass die Schriftsteller so aufrichtig und (meistens) so ungeschützt nach sich selbst klingen.

Auch Uneinigkeit kommt vor. William Styron akzeptiert unter anderem den Einfluss von Faulkner und lobt ihn – aber mit Einschränkungen. »Ich bin sehr für Faulkners Vielschichtigkeit, aber nicht für die Verworrenheit … Was *Schall und Wahn* angeht, denke ich, dass es trotz seiner schwierigen Konstruktion ein Erfolg wurde. Faulkner bleibt oft einfach zu lange zu verdammt intensiv.« Maya Angelou jedoch ist höflich, aber entschieden unbeeindruckt von Faulkner und von Styron. Sie wird gefragt: »Was halten Sie von weißen Schriftstellern, die über schwarze Erfahrungen geschrieben haben – von Faulkners *Schall und Wahn* oder William Styrons *Die Bekenntnisse des Nat Turner*?« Und sie antwortet: »Manchmal bin ich enttäuscht – eigentlich meistens.« Wir werden daran erinnert, dass Literatur ein umkämpftes Terrain ist. Noch heute mit dem Aufstieg einer brillanten afroamerikanischen Generation von Roman-, Memoir- und Lyrikautoren – Jesmyn Ward, Colson Whitehead, Mitchell S. Jackson, Safiya Sinclair, Natasha Trethewey, Tracy K. Smith, um nur einige zu nennen –, noch heute ist es möglich, ja, sogar richtig zu argumentieren, jeder könne über alles schreiben, niemandem gehöre ein Thema, aber angesichts all dieser Brillanz erscheint es redundant, das zu tun. Diese Autoren haben so kraftvoll ihren Anspruch auf ihr Thema geltend gemacht, dass es ein unbesonnener Kollege wäre, der sich da hineindrängen wollte. (Bei Jeanine Cummins ist diese Nachricht eindeutig nicht angekommen, ihr Bestseller *American Dirt* hat wegen des literarischen Terrains die gleiche Art von Furor hervorgerufen wie vor langer Zeit Styrons *Nat Turner*.)

Zwei der Schriftsteller in diesem Band sind meine Freunde: Auster und Grossman. Aber Schriftsteller reden weniger miteinander über ihr Handwerk, als sie es vielleicht tun sollten, sodass sogar in diesen Fällen die Inhalte der Interviews für mich sehr erhellend sind. Auster spricht vom »Lesen mit den Fingern«, von dem Akt, das ganze Buch nach der Fertigstellung noch einmal abzutippen, und wie wertvoll er das findet – »es ist großartig«. Er staunt darüber, »wie viele Fehler die Finger finden, die dem Auge nie aufgefallen sind«. Und dann ist da Grossmans Lobgesang auf das Hebräische, aus dem ich bereits zitiert habe.

Hier haben wir auch John Ashbery, der verschwommen und klarsichtig zugleich ist (»Ich habe so einen ungenauen Eindruck davon, was für eine Person ich bin«, klagt er, aber er sagt auch mit einer gewisser Schroffheit, er versuche, »das wohlbekannte Klischee zu vermeiden, dass man von seinen Studenten lerne«); und Philip Roth, der sich selbst genügt (»Ich frage Autoren nicht nach ihren Schreibgewohnheiten. Das ist mir wirklich gleichgültig. Joyce Carol Oates sagt irgendwo, wenn Schriftsteller sich gegenseitig fragen, um wie viel Uhr sie mit der Arbeit beginnen und wann sie aufhören und wie viel Zeit sie sich für das Mittagessen nehmen, dann wollen sie eigentlich nur herausfinden: ›Ist er genauso verrückt wie ich?‹ Ich brauche keine Antwort auf diese Frage.«); und Stephen Sondheim, der verrät, den *Clement Wood Rhyming Dictionary* und *Roget's Thesaurus* zu benutzen; E. B. White über *Wilbur und Charlotte* (»Wer für Kinder simpel schreibt, vergeudet nur seine Zeit. Man muss besonders klug schreiben, nicht simpel.«); Ezra Pound, der über Disneys »Eichhörnchenfilm« *Perris Abenteuer* spricht und »Disneys konfuzianische Seite« lobt, »ein absolutes Genie«; Marilynne Robinson über *Haus ohne Halt*, wie es aus einem »Metaphernstapel« gewachsen sei; Marianne Moore, die am Tag vor der Wahl Kennedys interviewt wird, aber einem ganz anderen Zeitalter angehört; und Haruki Murakami, so zeitgenössisch, wie ein Schriftsteller nur sein kann, der seine Angst vor Toni Morrison und Joyce Carol Oates bekennt.

Sollten Sie kein Schriftsteller sein, seien Sie unbesorgt: Dieses Buch bringt Ihnen nicht bei, wie Sie einer werden können. Und sollten Sie Schriftsteller sein, dann bringt es Ihnen vermutlich sehr vieles bei. So oder so, es ist eine Schatztruhe und eine wahre Freude.

AUTOBIOGRAFIE UND ROMAN

I

Sehen wir uns die Titelseiten der drei größten Romane des achtzehnten Jahrhunderts an – für viele von uns das goldene Zeitalter des englischen Romans.

Folgendes steht auf der Titelseite von *Robinson Crusoe*: »The LIFE and STRANGE SURPRIZING ADVENTURES of ROBINSON CRUSOE of YORK, MARINER: Who lived Eight and Twenty Years, all alone, in an un-inhabited Island on the Coast of AMERICA, near the Mouth of the Great River of OROONOQUE (Orinoco); Having been cast on Shore by Shipwreck, wherein all the Men perished but himself. WITH An Account how he was at last strangely deliver'd by PYRATES. *Written by Himself.* LONDON: Printed for W. Taylor at the Ship in *Pater-Noster-Row.* MDCCXIX (1719).« [»Das Leben und die seltsamen überraschenden Abenteuer des Robinson Crusoe aus York, Seemann, der achtundzwanzig Jahre allein auf einer unbewohnten Insel an der Küste von Amerika lebte, in der Nähe der Mündung des großen Flusses Orinoco; durch einen Schiffbruch an Land gespült, bei dem alle außer ihm ums Leben kamen. Mit einer Aufzeichnung, wie er endlich seltsam durch Piraten befreit wurde. Geschrieben von ihm selbst. London: Gedruckt für W. Taylor im Ship in der Pater Noster Row. MDCCXIX (1719).«]

Und der vollständige Text der Titelseite von *Gullivers Reisen* lautet so: »TRAVELS into several REMOTE NATIONS of the WORLD. In Four PARTS. By *LEMUEL GULLIVER*, First a SURGEON, and then a CAPTAIN of several SHIPS. Vol. I. *LONDON*: *Printed for* BENJ. MOTTE, *at the Middle* Temple-Gate *in* Fleet-street. MDCCXXVI (1726).« [»Reisen in mehrere weit entfernte Länder der Erde. In vier Teilen. Von Lemuel Gulliver. Erst als Arzt, dann als Kapitän mehrerer Schiffe. Band I. London: Gedruckt für Benj. Motte, am Middle Temple Gate in Fleet-street. MDCCXXVI (1726).«]

Und drittens, die Titelseite des ersten Bands von *Tristram Shandy:* »The LIFE and OPINIONS of TRISTRAM SHANDY, GENTLEMAN.« [»Das Leben und die Ansichten von Tristram Shandy, Gentleman.«] Dann folgt ein Zitat von Epiktet, wiedergegeben auf Griechisch. »*Tarassei tous Anthropous ou ta Pragmata, alla ta peri ton Pragmaton, Dogmata*«, was so viel bedeutet wie:»Nicht die Tatsachen selbst beunruhigen die Menschen, sondern die Meinungen darüber.« Anschließend heißt es schlicht: VOL. I., die Angabe des Bandes, und die Druckangaben: LONDON: Printed for J. DODSLEY, in *Pall Mall*« [London: Gedruckt für J. Dodsley in Pall Mall], und das Datum (1759 für die erste Auflage der beiden ersten Bände).

Bei all den drei Titelseiten verblüfft, dass die Namen der wahren Autoren fehlen. *Robinson Crusoe* gibt vor, von Robinson Crusoe geschrieben zu sein, *Gulliver* von Gulliver und *Tristram Shandy* vom armen Tristram selbst, diesem glücklosen Erzähler, der so lange braucht, um uns seine Geschichte zu schildern, der so leicht und so oft abschweift, dass die Darstellung seines Lebens langsamer voranschreitet als das Leben selbst, das heißt, je mehr er schreibt, umso mehr seines Lebens liegt noch vor ihm, über das er schreiben muss. Die Namen Daniel Defoe, Jonathan Swift und Laurence Sterne fehlen in ihren Büchern. Noch vor gerade einmal zweihundertfünfzig Jahren war es möglich, dass Bücher bekannt und berühmt wurden, wie es all diese Bücher zu ihrer Zeit waren, und der Autor im Schatten blieb. Die Persönlichkeit und Lebensgeschichte des Autors galten für sein Werk als nicht relevant. Man dachte nicht, *Robinson Crusoe* gründe auf Defoes Empfindungen in seiner Kindheit, in der er sich (außer an Freitagen) einer freudlosen Welt ausgesetzt gefühlt habe. Auch Jonathan Swift wurde nicht gefragt, ob er je enge Begegnungen mit sehr kleinen Menschen, mit sehr großen Menschen oder sprechenden Pferden gehabt habe. Und Laurence Sternes Eltern wurden nie von Journalisten an der Tür bedrängt und nach ihren sexuellen Gewohnheiten gefragt und ob Mr. Sterne senior tatsächlich vergessen habe, diese Wanduhr aufzuziehen. Fiktion war Fiktion; das Leben war das Leben; vor zweihundertfünfzig Jahren wussten die Menschen, dass es sich dabei um verschiedene Dinge handelte.

Heute ist das nicht mehr der Fall. Und wenn es einen Schriftsteller gibt, den wir dafür verantwortlich machen können, dann ist es vermutlich Charles Dickens. Wenn auch Dickens nicht gänzlich den Kult des Schriftstellers als öffentliche Person begründete, tat er doch eine Menge dafür, um ihn populär zu machen. Auf seiner ersten Vortragsreise durch Amerika im Jahr 1842 – es gefiel ihm, Vorträge in Amerika zu halten, weil er dort besser bezahlt wurde – nutzte er seinen Ruhm, um als leidenschaftlicher und prominenter Kämpfer gegen die Sklaverei einzutreten, und er sprach sich auch eindringlich für die Schaffung eines internationalen Urheberrechts aus. Doch vor allem wurde er zu einem legendären Darbieter berühmter Szenen seines Werks, wobei er alle Rollen selbst übernahm, auch die weiblichen; seine Darstellung des Sterbens von Klein Nell aus *Der Raritätenladen* war ein ganz besonderer Erfolg, und seine Inszenierung der sterbenden Nell war offenbar trotz seines fusseligen Barts nicht weniger überzeugend. Seine Fähigkeiten als Darsteller erhöhten seinen Bekanntheitsgrad enorm, aber womöglich waren sie auch der Grund für seinen plötzlichen Tod, kurz nachdem er im Jahr 1870 bei schlechter Gesundheit von seiner zweiten Amerika-Tour zurückgekehrt war. (Folglich ist eine Moral aus dieser Geschichte, manche Schriftsteller sind zwar gut im öffentlichen Reden ... aber es bringt sie um.)

Mit der Veröffentlichung von *David Copperfield*, dem achten seiner fünfzehn Romane, oder um seinen ganzen Titel anzugeben, *David Copperfield or The Personal History, Adventures, Experience and Observation of David Copperfield the Younger of Blunderstone Rookery (Which He Never Meant to Publish on Any Account)* [David Copperfield oder die Lebensgeschichte, Abenteuer, Erfahrungen und Beobachtungen David Copperfields des Jüngeren aus Blunderstone, Krähengenist (die er auf gar keinen Fall die Absicht hatte zu veröffentlichen)], nutzte Dickens auch explizit sein eigenes Leben, seine eigenen Erfahrungen als arbeitendes Kind, seine erste Liebe und seine gescheiterte juristische Laufbahn als Grundlage für seine Fiktion. Zu der Zeit, 1850, steht der Name des Autors prominent auf der Titelseite. Dickens war nicht daran interessiert, seine Autorenschaft zu verschleiern; auch unternahm er nicht den geringsten Versuch, die autobiografischen Ursprünge des Romans zu verhehlen; und ein Jahr vor seinem Tod nannte er ihn sein »Lieblingskind«. Die Schriftsteller nach Dickens hatten sich vielleicht nicht stärker bemüht, ihre eigene Geschichte zu fiktionalisieren, aber die Leser müssen geglaubt haben, dass es so sei. Heute überwiegt die Annahme, alle Romane seien in Wirklichkeit verkappte Autobiografien.

Jeder zeitgenössische Romanautor oder jede -autorin wird Ihnen erzählen, dass die häufigst gestellte Frage die autobiografische Frage sei. »Wie autobiografisch ist es?« In dem Roman mag es um einen Mann gehen, der einem minderjährigen Mädchen sexuell nachstellt, oder um einen Mann, der eines Morgens in ein riesiges Ungeziefer verwandelt aufwacht, oder es mag um einen Amerikaner gehen, der mit seinen eigenen Worten »ein Zeitpastiker« geworden ist und keinen Einfluss darauf hat, in welches Lebensalter es ihn als Nächstes verschlägt; oder es geht um einen Mann, der mit der Behauptung, er sei geisteskrank, aus der Armee entlassen werden will, nur um zu erfahren, dass es da einen Haken gebe, nämlich, dass ein Mann, der die Armee verlassen wolle, nicht geisteskrank sein könne; doch die Frage ist immer dieselbe und ebenso die zugrunde liegenden Annahmen. Wenn Nabokov *Lolita* schrieb, dann muss er zumindest seine eigenen unterdrückten pädophilen Begierden erforscht haben. Wenn Kafka »Die Verwandlung« schrieb, dann muss er sich selbst als ein abstoßendes, zurückgewiesenes Insekt empfunden haben. Und Billy Pilgrim, der Protagonist von *Schlachthof 5*, muss ein verschleierter Kurt Vonnegut sein, und Yossarian aus *Catch-22* muss Joseph Heller sein und so weiter. Die Fantasie in unseren fantasielosen Zeiten ist nicht mehr als ein Kostüm, das die Fakten sich überstreifen. Schreibt man über einen Serienmörder wie Hannibal Lecter, dann haben Sie, Mr. Harris, vielleicht insgeheim mörderische Fantasien. Ist die Hauptfigur ein Zwerg wie Oskar Matzerath in *Die Blechtrommel*, dann muss Günter Grass sich selbst für zwergenhaft gehalten haben. Und schreibt man öfter über Bären, wie John Irving es zu Anfang seiner Laufbahn tat, dann muss es – oder etwa nicht? – einen Bären gegeben haben, der für sein Leben wichtig war.

»Wie autobiografisch ist es?« Tatsächlich gibt es eine richtige und eine falsche Antwort auf diese Frage. Zuerst die falsche Antwort: »Es ist eigentlich nicht autobiografisch. Vermutlich steckt schon etwas von mir darin, Elemente von Ereignissen, die sich wirklich zugetragen haben, aber sie sind alle verändert und mit anderem, einfach Erfundenem versetzt, und auch Züge von Menschen, die ich kenne, finden sich darin wieder, aber sie sind alle mit Erfundenem vermischt. Wissen Sie, es ist Fiktion.« Diese Antwort hat für sich, dass sie normalerweise wahr ist, und dennoch ist es die falsche Antwort. Die richtige Antwort lautet: »Es ist durch und durch autobiografisch. Ja! Alles in diesem Roman ist entweder mir selber passiert oder nahen Freunden oder Familienmitgliedern!« Allein diese Antwort befriedigt und beeindruckt sogar den Fragesteller. Allein diese Antwort ermöglicht, die Frage nach dem Autobiografischen hinter sich zu lassen, um sich anderen, unter Umständen interessanteren Fragen nach dem Werk selbst zuzuwenden. Dies wurde mir klar, nachdem mein Roman *Wut* erschienen war, dessen Protagonist als Kind sexuell missbraucht wurde; der immer wieder von unerklärlichem Jähzorn gepackt wird, dessen Ursprung er nicht versteht; der in einem solchen Wutausbruch beinahe seine schlafende Ehefrau und das kleine Kind mit einem Küchenmesser umbringt; und der später in New York an nächtlichen Erinnerungslücken leidet, die merkwürdigerweise zeitlich mit den Morden zusammenfallen, die ein Serienkiller verübt … und jeder Journalist, der mich interviewte, meinte: »Das ist doch Ihr autobiografischster Roman, nicht?« Lange Zeit blieb ich dabei, die falsche Antwort zu geben – »Nein, eigentlich nicht« –, bis ich herausfand, dass wenn ich mit »Ja, selbstverständlich« antwortete, der Journalist und ich erleichtert aufatmen konnten und das richtige Gespräch begann.

Die autobiografische Obsession betrifft nicht allein Journalisten. Auch Leser haben sie, und jeder, der einen mittelmäßig erfolgreichen Roman schreibt, erlebt das Phänomen, dass Leute Figuren in seinen Büchern sein wollen, Leute, die annehmen, sie seien eigentlich eine Figur in deinem Buch, selbst wenn du sie nie kennengelernt hast. Nach einer Lesung in Bombay in den frühen 1980er-Jahren kam eine Frau, eine eher vornehme, schmuckbehangene Frau, eine Frau mit einem Fächer in der Hand, auf mich zu, schloss den Fächer und schlug mir mit ihm auf den Arm:

zack! »Böser Junge«, sagte sie. »Egal, ich vergebe Ihnen.« Ich dachte, Madam, wer zum Teufel sind Sie? Dann gab sie sich als das »eindeutige« Vorbild für eine spezielle Figur in meinem Buch aus. »Madam«, protestierte ich, »Sie müssen doch akzeptieren, dass wir uns gerade zum ersten Mal begegnen.« Sie schnalzte ungeduldig mit der Zunge. »Ich verstehe gar nicht, warum Sie noch darüber reden. Ich habe Ihnen doch bereits verziehen«, sagte sie.

Nicht alle Leser sind so versöhnlich. Nach dem Erscheinen von *Der Boden unter ihren Füßen* gab ein vergessenes indisches Starlet und abgedankte Jazzsängerin, eine Asha Puthli, einige Zeitungsinterviews, in denen sie mir vorwarf, ich hätte sie gestalkt, um ihr Leben als Vorlage für die Figur der Vina Apsara in meinem Roman zu benutzen. Folgendes stammt aus der *Times of India* vom Juli 2002: »Zwischen Vina Apsara und mir gibt es fünfzig Gemeinsamkeiten. Aber er wird es nicht zugeben. Ich hätte ihn verklagen können, aber ich habe es nicht getan.« (Das war, nachdem ich den Zeitungen erklärt hatte, sie sei mir beim Schreiben meines Buchs nie in den Sinn gekommen.) »Wissen Sie, die Leute behaupten das nur, um Gerichtsverfahren zu entgehen«, wütet sie. Gleichzeitig bekräftigt sie, sollte das Buch je verfilmt werden, müsse sie sich querstellen. »Sein Stil ist der magische Realismus, und das ist eine Verdrehung von Tatsachen. Wenn ich etwas will, das auf meinem Leben fußt, dann mache ich es lieber selbst.« Wenn also jemand mein Buch verfilmen möchte, sollte er sich in Acht nehmen. Asha Puthli und ihre fünfzig Ähnlichkeiten sind uns auf der Spur.

Das Problem mit derartigen Albernheiten ist, dass es die vielen Arten, wie das Leben eines Schriftstellers sein Werk tatsächlich prägt, verdunkelt. Es stimmt, dass viele fiktionale Charaktere Vorbilder im richtigen Leben haben. Wenn aber eine echte Person – den Schriftsteller selbst eingeschlossen – der Ausgangspunkt eines Schriftstellers ist und ein fiktionaler Charakter dabei herauskommt, ist die Strecke von der einen zu dem anderen ein schöpferischer Akt. In dieser transformativen Reise liegt die Kunst. Dies trifft insbesondere in hohem Maße für die Fälle zu, in denen der Schriftsteller einen »Ich-Charakter« wählt, um ihn in die Mitte seines Werks zu stellen. Es ist klar, dass Stephen Dedalus mit James Joyce eng verbunden ist und dass Marcel in *À la recherche du temps perdu* vieles mit seinem Autor Marcel Proust gemeinsam hat. Schriftsteller spielen mit Autobiografischem. Und doch sind Stephen und Marcel keine Wesen aus Fleisch und Blut. Sie sind aus Worten erschaffen, und ein in der Sprache gelebtes Leben ist etwas ganz anderes als ein Leben, in dem man Sauerstoff atmet. Stephen ist nicht Joyce, auch wenn er auf dieselbe Schule ging und mit seinem Autor den bescheidenen Wunsch teilt, »in der Schmiede meiner Seele das ungeschaffne Gewissen meines Volkes zu schmieden«; und Marcel ist nicht Proust, zum einen, weil er heterosexuell ist, und zum anderen, weil ihn die Welt viel weniger zu ängstigen scheint und er viel mehr herumkommt als sein Autor in seinem berühmten mit Kork ausgeschlagenen Zimmer. Jede literarische Version des Wirklichen – ein wirklicher Ort, eine wirkliche Familie, ein wirklicher Mann oder eine wirkliche Frau – ist genau das, eine Version, und es ist gefährlich, sie mit dieser heikelsten aller Vorstellungen gleichzusetzen, mit der »Wahrheit«.

James Atlas berichtet uns in seiner kürzlich erschienenen Saul-Bellow-Biografie von dem Quellenmaterial zu *Herzog*. Wir entdecken, dass Bellows eigene Ehefrau sich mit einem seiner Freunde aus dem Staub gemacht hatte, genauso wie es Madeleine Herzog tut. Das wahre Leben und die Fiktion spiegeln sich in bemerkenswertem Maße. Hier nun eine Frage: *Na und?* Derartiges zu wissen, ist unbestreitbar interessant, es ist eine höhere Form von Tratsch, und Tratsch hat natürlich seinen Platz. Doch nachdem wir erfahren haben, dass Madeleine Herzog auf Sondra Bellow basiert und ihr einbeiniger Geliebter Valentine Gersbach seine Wurzeln in Bellows Freund Jack Ludwig hat, und selbst nachdem wir intuitiv erfasst haben, dass der arme, verrückte, Briefe schreibende Herzog eine Verkörperung des Autors ist, was tatsächlich haben wir dadurch gelernt? Die Antwort ist: nichts, was die Lesart des Romans bereichert oder erhellt. Madeleine, Valentine und Moses bewohnen nicht dasselbe Kontinuum wie wir. Sie leben in einer Welt der Worte, und die Kritiker, die in Gersbach ein Echo auf die Figur des Dr. Tamkin in *Das Geschäft des Lebens* erkannt haben, sind klüger als der Biograf, der annimmt, die Kunst gehe in irgendeiner – wie sage ich es – buchstäblichen, prosaischen Weise aus dem Leben hervor. Bellow war fasziniert von dem, was er »Realitätslehrer« nannte, Gurus à la Deepak Chopra, oder was Alfred Kazin als »die genaue[n] Personifizierung[en] einer Art des modernen urbanen Besserwissers, des Quacksalber-Analysten, des falschen Ratgebers für die vielen durch ihre schreckliche Unsicherheit Geplagten« definierte. Bellows Entschlossenheit als Künstler, solch hohle Männer zu porträtieren und zu entlarven, liegt seiner Charakterisierung von Valentine Gersbach zugrunde. Bloß betrogen worden zu sein, ist ein weit weniger mächtiger Treibstoff.

Und der höhere Tratsch umgibt uns ständig. Um *Wer die Nachtigall stört* zu verstehen, müssen wir zuerst wissen, dass Harper Lees Buch auf Beobachtungen von ihr bekannten Leuten basiert, ihre eigene Familie eingeschlossen, dass Atticus Finch eine Version ihres Vaters Amasa Coleman Lee ist, dass die Figur des Dill auf Truman Capote anspielt und dass die Geschichte von Boo Radley mit einem Haus auf der Lee'schen Straße zu tun hat, das mit Brettern vernagelt war. Um *Schall und Wahn* zu verstehen, muss uns der Lattenzaun in Oxford, Mississippi, gezeigt werden – so wie er mir gezeigt wurde –, wo der geistig behinderte Junge, dem Faulkner vermutlich die Figur des Benjy nachempfand, für gewöhnlich stand. Um Flannery O'Connors unheimliche Erzählung »Good Country People« wertzuschätzen, sollten wir die Scheune in Milledgeville besuchen – ich hatte Gelegenheit, sie im letzten Jahr zu sehen –, die ein wichtiger Schauplatz der Geschichte ist. Und so weiter. Das Leben ist der Schlüssel zum Werk.

Ich wiederhole: Auch ich finde diese Dinge interessant. Und auch ich denke, dass zum Beispiel Kurt Vonneguts Erfahrung in Dresden seinen Blick auf alles – auf den Krieg, auf die Absurdität, die Irrationalität, die Technik, den Tod und die menschliche Natur – tief beeinflusste. Aber die Frage, die ich mir stelle, ist: Viele Menschen erlebten den Feuersturm von Dresden, ebenso wie viele Leute zur selben Zeit wie Faulkner in Oxford, Mississippi, lebten. Doch nur Vonnegut schrieb *Schlachthof 5*, und nur Faulkner war Faulkner. Warum diese Männer und nicht die Männer, die neben ihnen standen? Warum Flannery O'Connor oder Harper Lee und nicht die Frau von nebenan, die Ausblick auf dieselbe Straße hatte und dieselbe Welt vorübergehen sah? Warum Roth und niemand anderer aus Weequahic High, New Jersey? Warum Joyce und keiner der anderen Jungen, die unter der Erziehung der Jesuiten in Clongowes Wood litten? Ein Leben mag einiges an Rohmaterial bieten. Aber es bietet nicht den Funken, das, was den schöpferischen Sprung ausmacht, die Reise in die tatsächlichen Worte.

Hier ein Beispiel für das, was ich unter »tatsächlichen Worten« verstehe. Reden wir über Joyce, reden wir im Besonderen über »Stattlich und feist erschien Buck Mulligan ...« – er ist nicht nur der erste Protagonist, der im *Ulysses* erscheint, sondern es sind auch die Eröffnungsworte des Romans. Joyce' Biograf Richard Ellmann erzählt uns, dass Buck Mulligan, Stephens Freund und der Verfasser von »Die Ballade vom Juxer Jesus« und anderen derartigen Blasphemien, inspiriert ist von Joyce' Freund Oliver St. John Gogarty, einem Medizinstudenten, Schwimmer, Dichter und Witzbold, der mit Joyce im berühmten Martello-Turm wohnte (den ich auch besichtigt habe, und als ich oben stand, erlag ich wie wir alle in diesen biografisch besessenen Zeiten der machtvollen gefühligen Verlockung des höheren Tratschs, dem Eindruck, ich wäre in die Seiten des großen Buchs hineingeschlüpft). Sei es, wie es sein mag. Aber mir geht es um Folgendes. Wäre er nicht der »stattliche und feiste Buck Mulligan«, sondern wäre er der »sich träge bewegende und übergewichtige Buck Mulligan«, würde er nicht so existieren, wie er es tut. Die Magie dieser Figur liegt nicht in der Herleitung ihres Ursprungs, sondern in der präzisen Sprache, mit der sie erfasst wird. »Mr. Leopold Bloom aß mit Vorliebe die inneren Organe von Vieh und Geflügel.« Dieser Satz ist das Sesam-öffne-Dich, das Bloom auf den Seiten von Joyce' beschriebenem Dublin, seines »neuen Bloomusalem«, zum Leben erweckt. Er hätte ihn zu Anfang auch als Anzeigenverkäufer, als Juden oder als Ehemann einer untreuen Frau beschreiben können, es hätte nicht funktioniert. Es ist sein Verlangen, sich diese inneren Organe einzuverleiben, das ihn für uns lebendig werden lässt. Nichts in der Joyce-Biografie bereitet uns auf diese magischen Worte vor oder bereichert unser Verständnis.

Schriftsteller haben gute Gründe dafür, dass sie oft Figuren wählen, die Avatare, Inkarnationen ihrer selbst sind. Es ist hilfreich, durch einen Schatten zu sprechen, zu denken und zu handeln, durch ein alternatives »Ich«, das eine nicht genommene Straße entlanggeht, das eine Variation des Themas »Ich« darstellt. Ich habe es zweimal getan. Saleem Sinai in *Mitternachtskinder* und Malik Solanka in *Wut* haben vieles mit ihrem Autor gemeinsam. Saleem/Salman: nicht so weit voneinander entfernt. Zudem lebt Saleem in meinem Haus (obwohl ich es umbenannt habe), streift durch mein Viertel, geht in meine Schule, und seine Kindheitsfreunde sind ein bisschen nach meinen gestaltet. (Ein weiterer autobiografischer Zufall. Wieder in Bombay, kam ein Mann meines Alters auf mich zu und sagte: »Hallo, Salman, ich bin Haaröl.« In *Mitternachtskinder* hat Saleem einen Freund mit dem Spitznamen Haaröl, einen sehr sauberen, ordentlichen Jungen mit gut geöltem und gerade gescheiteltem Haar. Wie der Zufall es wollte, hatte ich das Haar einem Kindheitsfreund entlehnt, obwohl das Leben des fiktionalen Jungen unter dem Haar ganz anders verlief als das des echten Jungen. Und tatsächlich stand hier mein alter Freund vor mir, der sich seltsamerweise nicht mit seinem richtigen Namen, nicht einmal mit dem Spitznamen, mit dem wir ihn früher riefen, sondern mit dem Spitznamen, den ich für das Buch erfunden hatte, zu erkennen gab. Wie verwirrend, dachte ich, dass er es leichter fand, sich als fiktionaler Charakter vorzustellen, statt mit dem eigenen Namen. Und wie traurig außerdem, dass ihm alle Haare ausgefallen waren.)

Ebenfalls richtig ist, dass Saleems Familie eine ähnliche Struktur aufweist wie meine Familie mütterlicherseits. Auch ich hatte einen Großvater, der Arzt war, eine Tante, die einen pakistanischen General geheiratet hatte, einen Onkel, der in Bombay in der Filmindustrie beschäftigt war, und eine *ayah*, ein Kindermädchen, das aus Goa stammte. Ich hatte gedacht, wenn ich dem Roman ein Skelett gäbe, das ich sehr gut kenne, wäre es leichter, seine enorme Länge und seinen Umfang zu beherrschen. Doch beim Schreiben des Romans machte ich eine interessante Entdeckung. Als ich schlicht versuchte, diese Menschen so zu schildern, wie sie wirklich waren – als ich meiner Autobiografie zu viel Macht zubilligte –, weigerten sie sich hartnäckig, lebendig zu werden, und blieben schwerfällig nichtfiktiv. Erst, als ich sie von ihren Vorbildern wegschob – als Saleems Großeltern sich durch ein Loch in einem Laken kennenlernten (meine Großeltern haben sich nicht so kennengelernt), als Saleems Onkel, um die Zensur zu umgehen, die innovative Technik erfand, die als indirekter

Kuss bekannt ist (mein Onkel war nicht so erfinderisch), als Saleems Onkel, der General, sich an einem Militärputsch beteiligte (mein eigener Onkel mochte es vielleicht gewollt haben, tat es aber vermutlich nicht) und vor allem als Saleems goaische *ayah* Mary als politische Geste zwei Neugeborene auf einer Säuglingsstation vertauschte (nein, ich wurde nicht nach der Geburt in meiner Wiege vertauscht) und als sie später die angesehene Chefin einer Pickles-Fabrik wurde –, erst da hatte ich einen Roman zu schreiben. Der Sprung der Fantasie war das Entscheidende und nicht das Quellenmaterial aus dem wahren Leben: Um die berühmte Unterscheidung von Lévi-Strauss anzuführen, nicht das Rohe, sondern das Gekochte zählt. Und das ist es, was ich letztendlich verteidige: die Kochkunst. Die Freude am Kochen.

Da gerade von Kochkunst die Rede ist, noch ein Wort zu Saleem Sinai, der wie seine alte *ayah* Mary in der Pickles-Fabrik endet. Es stimmt, dass Saleems frühe Kindheit ein Echo meiner Kindheit ist. Doch als er älter wird, unterscheiden sich unsere Lebensgeschichten drastisch und auch unsere Persönlichkeiten. Mit zunehmendem Alter verhält sich Saleem immer passiver, sodass er nach und nach zu einer Person wird, *für die Dinge getan werden*, statt ein handelnder Mann zu sein, der sein Schicksal in die Hand nimmt. Um ehrlich zu sein, es gab Zeiten, da hat mich das irritiert, und ich versuchte mehr als einmal, Szenen zu schreiben, in denen er weniger passiv war. Diese Szenen waren nicht gut, und ich lernte eine weitere große Lektion über die Fiktion. Der Autor kann eine Figur erschaffen, aber ist die Figur erst einmal erschaffen, ist der Autor nicht mehr frei. Er muss in den Grenzen des von ihm erfundenen menschlichen Wesens agieren. Kurzum, ich musste Saleem Saleem sein lassen und aufhören, ihn zu jemandem machen zu wollen, der er nicht war, zum Beispiel zu meinem Alter Ego.

Als *Wut* veröffentlicht wurde und die Leute feststellten, dass sein Protagonist etwa in meinem Alter, wie ich indischen Ursprungs und ebenso wie ich kürzlich nach New York übersiedelt war, übertönte der höhere Tratsch alles andere, und die Annahme, das Buch sei autobiografisch, wurde erdrückend. Es wurde nicht nur unterstellt, ich hätte eine Affäre mit einer vollkommen imaginären jungen Serbin – meine Reaktion darauf: »Schön wär's!« –, sondern zudem wurde gemutmaßt, alle Ansichten des Professor Solinka seien meine. Tatsächlich hatte ich in Dr. Solinkas mürrischer Geisteshaltung all die mäkeligen Standpunkte verdichtet, die ich dem Leben, Amerika und allem gegenüber nur aufbringen konnte, und versuchte dann, ihn mit einer New Yorker Ausgelassenheit zu umgeben, die, so dachte ich, seinen verdrossenen inneren Monolog ausbalancieren würde, mit ihm im Streit läge und ihm einen Kontext gäbe. Ich hatte die erste Regel über das Autobiografische in der Fiktion vergessen, die ich Ihnen bereits beigebracht habe: »Es ist Fiktion«, falsch; »Es ist absolut autobiografisch«, richtig. Die Rezeption von *Wut* schockierte mich, sodass mir klar wurde, dass ich »Ich-Charaktere« in meinen Büchern von nun an würde meiden müssen. Um es deutlich zu sagen, in dieser Hinsicht habe ich ein besonderes Problem. Zu viele Details meiner Lebensgeschichte haben bereits den Weg in die Öffentlichkeit gefunden, man könnte sagen, insgesamt hat es zu viel »niederen Tratsch« gegeben, und für Leser einer bestimmten Art ist es unmöglich, meine Fiktion in Bezug auf das, was sie über meinen Charakter und mein Privatleben wissen oder zu wissen glauben, nicht »dekodieren« zu wollen. Das ist, muss ich sagen, etwas gruselig, und ich schrecke davor zurück. In den beiden Romanen, die auf *Wut* folgten, *Shalimar der Narr* und *Die bezaubernde Florentinerin*, findet sich keine Spur einer autobiografischen Figur. Diese Schatten stammen nicht von mir. Auch in jeder zukünftigen Fiktion, die mir zu schreiben gelingen mag, wird kein Abbild des Autors erkennbar sein. Ich habe meine Lektion gelernt.

II

Ich möchte ein bisschen darüber sprechen, wie das Leben eines Autors *tatsächlich* sein Werk indirekt beeinflusst, indem es seine Sensibilität schärft, ihn in die eine oder andere Richtung leitet, und ich vermute, ich werde mich weiterhin auf den Autor konzentrieren, dessen Leben mir am besten bekannt ist. Ich bin in einer Großstadt geboren und aufgewachsen und habe die meiste Zeit meines Lebens in Großstädten verbracht, von daher ist es nicht überraschend, dass ich mich als einen im Wesentlichen urbanen Schriftsteller betrachte. Auch, zunächst einmal, als einen postkolonialen. Ein Empire endet nicht an dem Tag, an dem die Imperialisten das Land verlassen, und in meinen Jugendjahren herrschte noch ein stark nachwirkender Einfluss der Briten. Auf vielerlei Weise waren die Briten durch das Rechtswesen, die schulischen Lehrpläne, die Eisenbahnen, das Beamtentum, die Landgewinnung noch bei uns; andererseits wuchsen wir mit dem Stolz auf ein neues, unabhängiges Indien auf, dessen Kinder wir waren. Meine Eltern scherzten immer, acht Wochen nach meiner Geburt seien die Briten davongerannt – und wirklich, wie lustig ist dieser Scherz? –, aber ich wuchs in einer Stadt auf, die die Briten auf indischem Boden erbaut hatten, die ein Gemisch aus Ost und West war, und diese Mischung hat für immer meine Sicht auf die Welt geprägt.

Ich war auch das Produkt einer Teilung, der Aufteilung des indischen Subkontinents in die neuen Staaten Indien und Pakistan, ich wuchs mit den Nachwirkungen der Massaker auf, die darauf folgten, und konnte die Geschichten von den Zügen mit abgeschlachteten Männern, Frauen und Kindern nicht vergessen, die in den Bahnhöfen von Amritsar und Lahore ankamen. Die Teilung trennte meine Familie in der Mitte, meine beiden Tanten befanden sich auf der pakistanischen Seite der Grenze, wohingegen wir, eher Inder als Muslime, es vorzogen, auf der indischen Seite zu bleiben. Dem verdanke ich ein zufälliges Privileg als Schriftsteller: Ich konnte die Teilung, die Massaker und die Geschichte des Subkontinents von beiden Seiten betrachten. Es machte mich stolz, dass pakistanische Leser die *Mitternachtskinder* hernahmen, um sich nach Indien »hineinzubegeben«, und indische Leser nahmen *Scham und Schande*, um sich nach Pakistan »hineinzubegeben«; und ich habe immer eine große Nähe zu den Schriftstellern empfunden, die wie der große Urdu-Autor von Kurzgeschichten S. H. Manto einen Fuß in Karatschi und den anderen in Bombay hatten.

Der erste große Schriftsteller, den ich kennengelernt habe und der für mich zum Vorbild wurde, was einen Schriftsteller ausmachen sollte, war der pakistanische Urdu-Dichter Faiz Ahmed Faiz. Faiz war sein Leben lang Kommunist gewesen, Träger des Lenin-Friedenspreises und ein starker Whiskytrinker, in diesen Dingen folge ich ihm nicht. Doch er war wie ein zusätzlicher Onkel für mich, ein enger Freund der Familie, vielleicht der beste Freund der älteren Schwester meiner Mutter, und er schaukelte mich buchstäblich auf seinen Knien. Als ich größer war, beeindruckte mich seine Entschlossenheit, wie Pablo Neruda privat und öffentlich zu sein, der Autor schöner, etwas verbitterter und enttäuschter Liebesgedichte in Ghaselenform, von denen viele, mit Musik unterlegt, ihm eine immense Popularität einbrachten, und auch der Autor eines Fundus von öffentlicher, politischer Dichtung, ebenfalls verbittert und enttäuscht; und dieses Doppelprojekt des Öffentlichen und Privaten hielt ich einfach für etwas, das der Job forderte. Ich glaubte damals und glaube weiterhin, dass dieser zweiseitige Ansatz dem Schriftstellertum entspreche.

Nach der blutigen Geburt Pakistans schrieb Faiz das berühmte Gedicht »Subh-e-Azadi« (»Morgen der Freiheit«): »This trembling light, this night-bitten dawn,/This ist not the dawn we were waiting for«, ein Gedicht, dessen klarsichtiger Realismus stark kontrastiert mit der viel rosigeren Vision des indischen Nehru in seiner noch berühmteren Rede »Freedom at Midnight«. Diese Klarsichtigkeit machte ihn unvermeidlich zu einem Ziel der patriotisch Verblendeten, und bei einer Gelegenheit, die Sie vielleicht an eine Szene in den *Mitternachtskindern* erinnert, versteckte ihn eine meiner Tanten im Keller unter ihrem Wohnzimmerteppich, sie steckte ihn in den Keller, breitete den Teppich über der Falltür aus, stellte ein Sofa auf den Teppich, setzte sich mit ihrer fülligen Figur auf das Sofa und starrte dann den Mob, der nach ihm suchte, nieder und scheuchte ihn weg.

Faiz war kein religiöser Mensch, um es milde zu sagen. Mein Vater auch nicht. Und ich auch nicht. Doch in Indien und Pakistan ist es so gut wie jeder, und will man diese Welt glaubwürdig zu Papier bringen, musst du stets mit der Religion rechnen, denn deine Figuren werden religiös sein, auch wenn du selbst es nicht bist. Und schreibst du über Indien, musst du auch mit einer enormen Anzahl von Göttern rechnen. Es hatte Versuche von indischen Gelehrten gegeben, all die indischen Götter aufzuzählen, nicht nur die berühmten, die Superstars, unter den Hauptgöttern, sondern all die örtlichen Götter der indischen Haushalte und Gegenden, der Wäldchen und Gebirgsbäche. Diese Gelehrten sind auf die erstaunliche, magisch-realistische Zahl von dreihundert Millionen gekommen. Dreihundert Millionen Götter. Die Bevölkerung der USA in übernatürlicher Form. Die Bevölkerung Indiens zählt 1,35 Milliarden Menschen, das macht, grob geschätzt, einen Gott auf 4,5 Menschen.

Und es ist noch befremdlicher, weil, während die göttliche Bevölkerung vermutlich einigermaßen stabil ist – die göttliche Geburtenkontrolle dürfte besser sein als die menschliche Variante –, hat die menschliche Bevölkerung sich rasend schnell vermehrt;

sie hat sich seit meiner Schulzeit in den 1950er-Jahren in Bombay tatsächlich mehr als verdoppelt. Wenn wir diese Bevölkerungskurve rückwärts projizieren, erkennen wir, dass es wahrscheinlich nur irgendwann in den 1930er-Jahren vorkam, dass die menschliche Bevölkerung Indiens zum ersten Mal die göttliche Bevölkerung überstieg. Was macht das mit der Sensibilität und der künstlerischen Fantasie eines Schriftstellers, in einer Welt aufzuwachsen, in der das Übernatürliche und das Alltägliche sich ungefähr in gleicher Zahl aneinanderreiben? Was macht das mit dem Verständnis des Begriffs »Realismus«? In meinem Fall lautet die Antwort, es befreite mich, es zeigte mir früh, dass der Realismus nur eine der vielen Möglichkeiten ist und vielleicht eine recht begrenzte, um die Welt zu beschreiben.

Diese Erkenntnis war Teil dessen, was ich das »Gegebene« nenne. Alle Schriftsteller beginnen zunächst mit etwas »Gegebenem«, einem kleinen oder großen Klumpen guter oder schlechter Gefühle, lustigen Haha- oder lustig-skurrilen Geschichten, kleinen moralischen oder sexuellen Verschrobenheiten, einem unerwarteten Blickwinkel auf die Sprache, einem ungestillten Juckreiz, der sie in erster Linie zum Schreiben antreibt. Manche Schriftsteller sind fähig, ein Leben lang diesen Flöz abzubauen. Andere – die meisten von uns, glaube ich – spüren schließlich, dass wir das, mit dem wir anfingen, unterdessen ausgeschöpft haben, und müssen einen neuen Ansatz suchen.

Ich bin als Schriftsteller ungewöhnlich begünstigt, da mir das Leben mehr als einen solchen Goldklumpen geschenkt hat. Zunächst einmal hatte ich Indien, dieses unerschöpfliche Füllhorn, diesen endlos nährenden Quell. Dann hatte ich die Migration, denn die Reise, die ich von Ost nach West machte, machten Millionen andere ebenso. Migration ist ein altes Thema in Amerika, aber jetzt ist es auch ein weltweites Thema. Zu der Zeit der indisch-pakistanischen Teilung ereignete sich die größte Massenmigration in der Geschichte der Menschheit, und seither hat es andere gegeben, die ihr den Rang streitig machen. Auf die eine oder andere Weise ist dies das Zeitalter des Migranten, die Zeit in der menschlichen Geschichte, in der mehr Menschen als je zuvor an Orten enden, an denen sie ihr Leben nicht begonnen haben, angetrieben von wirtschaftlicher Notwendigkeit, politischen Unruhen oder einfach von den Verlockungen der hellen Lichter der Großstädte. Dank den Zufällen des Lebens wurde auch dies mein Thema. Und dann ist da ein Drittes, etwas, das mich zunehmend beschäftigt – der Wunsch zu zeigen, wie die Welt sich zusammenfügt, wie das *Hier* sich mit dem *Dort* verbindet, wie die kleinen Schachteln, in denen wir leben, sich in oftmals weit entfernte andere kleine Schachteln öffnen; um unser Leben zu erklären, müssen wir oft Dinge begreifen, die auf der anderen Seite der Welt geschehen. Ich schrieb einmal, dass die Briten ihre eigene Geschichte nicht ganz verstehen, weil so vieles davon in Übersee stattfand. Heute trifft das auf uns alle zu, und ich ertappe mich bei dem immer größer werdenden Wunsch, dieses Nichtverstehen zu verringern, indem ich die Geschichten finde, die die Punkte miteinander verbinden.

Hier ist so eine Geschichte. Im Mai 1662 heiratete die Infantin Catarina von Portugal, in der Geschichte bekannter als Katharina von Braganza, König Charles II. von England, den extrovertierten Monarchen der Restauration, der für seine Zechgelage und Liebesgeplänkel berühmt war. Leider war Katharina nicht so schön, und um sie für König Charles attraktiver zu machen, für einen Mann, der eine Schwäche für hübsche Gesichter hatte, musste die Mitgift verdammt hübsch sein, und den Briten gelang es, Portugal davon zu überzeugen, sich von seinen früheren kolonialen Besitzungen, den Inseln und dem Hafen von Bombay, zu trennen. Dies mag ohnehin das zugrunde liegende Motiv für die Heirat gewesen sein. Jedenfalls bauten die Briten sofort eine

Festung auf Bombay Island, nahmen das riesige Landgewin-
nungsprojekt in Angriff, das die sieben Inseln miteinander und
auch mit dem Festland verbinden sollte, und es wuchs eine Stadt,
die zum bedeutendsten Hafen und wirtschaftlichen Machtzen-
trum von British India wurde. Unterdessen steckte man in Amerika zwei neue Bezirke jenseits des Flusses von Manhattan Island
ab, die entwickelt werden sollten. Ursprünglich hießen sie King's
Borough nach Charles II. und Queen's Borough nach Katharina
von Braganza. Heute heißen sie Brooklyn und Queens. Sehen
Sie, wie unerwartet die Welt sich verbindet? Es stellt sich heraus,
dass Bombay und New York zum Zeitpunkt ihrer Gründung
oder kurz danach dieselbe Königin hatten.

(Die Geschichte hat ein trauriges Nachspiel. 1988 bestanden
Pläne, am Hunters Point in Queens eine Statue von Katharina
von Braganza zu errichten, eine über zehn Meter hohe Statue auf
einem viereinhalb Meter hohen Sockel. Es wäre die zweitgrößte
Statue New Yorks gewesen, nur von der Liberty persönlich über-
ragt. Die Bildhauerin Audrey Flack gewann in einem Wettbewerb
das Anrecht, die Statue zu modellieren. Sie entschied – vielleicht
nach dem Betrachten der Porträts von Katharina –, nicht ein
wahres Ebenbild zu schaffen, sondern eher ein »multikulturelles
Abbild« mit dicken Lippen, breiter Nase und Ringelhaar, das
man leicht für Dreadlocks hätte halten können. Dann wurde es
noch schlimmer. Örtliche Historiker erhoben Einwände. Die
Iren erhoben Einwände. Anti-Sklaven-Gruppen brandmarkten
Katharina als Sklavenhalterin, obwohl es keinerlei Beweise gibt,
dass sie selbst Menschen besaß oder mit ihnen handelte, wohingegen mehrere amerikanische Präsidenten, die sehr wohl Sklaven
besaßen, ihre Statuen haben. Und am Ende wurde der armen
Katharina das Recht verwehrt, prachtvoll dazustehen und zur
Lady Liberty hinüberzuschauen. Heute schmachtet sie in diesem
Limbo, das ungewollter Kunst und vergessenen Prinzessinnen

vorbehalten ist. Augenblicklich befindet sie sich in einer Gießerei in Beacon, nördlich von New York, wo sie noch nicht in Bronze gegossen worden ist; und da wartet sie und wartet.)

III

All das Reden von der Reise über das Quellenmaterial hinaus, von der unerklärlichen schriftstellerischen Idiosynkrasie, die aus dem Nichts zu kommen scheint, von der vielschichtigen Entstehung künstlerischer Sensibilität und von dem indirekten Einfluss von Leuten, Orten, Geschichten und Menschenscharen auf die Schöpfer von Fiktion wird jene nicht beeindrucken, die fest daran glauben, Romane seien schwach getarnte Autobiografien. Und es ist nur ein kleiner Schritt von diesem Glauben zu der Schlussfolgerung, dass ungetarnte Autobiografien ohnehin zu bevorzugen seien. Vielleicht sei es besser, sich von der Fiktion abzuwenden, hin zu der scheinbar höheren Authentizität und Autorität von faktisch nacherzähltem Leben. In diesen nicht-fiktionalen Zeiten bezeugt die Ausuferung von Memoirs und Autobiografien den wachsenden Argwohn der Leute, dass die Fiktion, nun ja, *also nicht wahr* sei und deshalb irgendwie wertlos. Und es scheint, dass der alte Spruch, jeder trage ein Buch in sich, sich allmählich im wörtlichen Sinne bewahrheitet, denn heutzutage kann jeder, das ist klar, seinen Namen auf einem Buch haben, selbst wenn er es nicht selbst geschrieben, selbst wenn er es, wie es in manchen Fällen den Anschein hat, nicht einmal selbst *gelesen* hat. Sehen Sie in die Schaufenster der Buchhandlungen. Geschichten von Selbstfindung durch Brustverkleinerung oder von Glücksgewinn durch kolossale Gewichtsabnahme; Berichte von sportlichen Erfolgen, vom Triumph in TV-Realityshows, von dem Überwinden furchtbarer Nachteile durch die Schönheit des Körpers oder der Seele oder von der unverfälschten Reinheit des blinden Ehrgeizes des Memoir-Schreibers. Und die ewigen Geschichten von Fall und Rettung, vom Selbst, das durch Verbrechen, Drogen und das Eingreifen von Übeltätern abgestürzt war und dann durch gute Freunde, die Familie, Jesus und Entgiftungskliniken wieder zurück ins Licht fand.

Selbstachtung wurde noch nie so hoch geachtet. Selbstentblößung war noch nie so populär, und je entblößter das Selbst ist, umso besser. Wie kann die Kunst inmitten derart freizügiger Enthüllungen mithalten? Wie kann die Wahrheit nicht seltsamer sein als die Fiktion?

Und es ist keinesfalls sicher, dass das, was in diesen traurigen Büchern dargeboten wird, die Wahrheit ist, wie es der entsetzliche, aber auch lachhafte Fall von Mr. James Frey zeigt. Erinnern Sie sich an James Frey, den Autor von *Tausend kleine Scherben* – ein prophetischer Titel, der den augenblicklichen Zustand seines Rufs verrät –, James Frey, erst Oprahs Darling und dann ihr Prügelknabe, beides sehr aufregend. Für das, was man anstelle der Wahrheit in diesen tausend kleinen Büchern findet, hat Stephen Colbert unvergesslich den Begriff *truthiness*, gefakte Wahrheit, geprägt. Ist das wirkliche Leben nicht sexy genug, so besteht die Antwort – die sehr romanhafte Antwort, muss man sagen – offensichtlich darin, es sexyer darzustellen. Oder um es anders auszudrücken, zu lügen.

Ich kannte einmal eine *truthy* Schriftstellerin, eine vollendete Lügnerin, eine wirklich brillante, sogar majestätische Lügnerin, die, konfrontierte man sie mit der offensichtlichen Unwahrheit ihrer Äußerungen, einmal mit ernstem Gesicht entgegnete: »Es war eine Metapher dafür, wie unglücklich ich war.« Den Unterschied zwischen einer Metapher und einer Lüge nicht zu kennen, ist eine Definition für Geisteskrankheit. Vielleicht ist es auch eine notwendige Ignoranz, wenn einer Bücher schreibt, die *truthy* statt wahrheitsgemäß sind.

Befindet man sich in der Stimmung von Der-Roman-ist-tot, könnte man schlussfolgern, dass diese Zeit bekennender Knausgårderei, diese Flut an Memoir-abilien und die offenkundige Bereitschaft der Leser, sich mit Freude solchen Büchern zuzuwenden, nicht nur eine kurzfristige Mode ist, sondern tatsächlich schon bald die Feinheiten der Fiktion verdrängen könnte. Was muss ein Romanautor tun? Ich vermute, es bieten sich folgende Optionen, (a) ungeachtet dessen weitermachen; oder (b) sich aufhängen; oder (c) widerwillig anerkennen, dass viele der neuen Memoirs erstklassig sind, zumindest so gut, wenn nicht gar besser als die meisten Romane; oder (d) ein Memoir schreiben. Im Falle von Elias Canetti, dem Nobelpreisträger von 1981, werden wir zugeben müssen, dass seine dreibändige Autobiografie, *Die gerettete Zunge*, *Die Fackel im Ohr* und *Das Augenspiel*, sein Meisterwerk ist. Und in Amerika bezeichnen afroamerikanische Schriftsteller die Form des Memoirs als die ihre. Margo Jeffersons *Negroland*, Sarah M. Brooms *The Yellow House*, Tracy K. Smiths *Ordinary Light*, Kiese Laymons *Heavy* und Roxane Gays *Hunger* sind nur einige Beispiele dieses neuen *Reichtums*.

Diese Memoirs am Ende des literarischen Spektrums tun, was der New Journalism von George Plimpton und Tom Wolfe in den Sechzigern und Siebzigern tat: Sie klauen die Techniken der Romanautoren, um eine neue Art der Nichtfiktion zu schaffen. Das ist nicht die *truthiness* der Selbstglorifizierer, sondern ein Bemühen, durch Handwerk mehr von der Wahrheit zu vermitteln.

Ich will ganz offen sein: Zwar habe ich mich der Memoiristen-Nummer angeschlossen, aber ich finde es weiterhin zufriedenstellender, mir vorzustellen, was Platon abschätzig »das Ding, das nicht ist« nannte, als bloß meine Vergangenheit nachzuerzählen.

Mehr und mehr beneide ich jene Meister des achtzehnten Jahrhunderts um ihre Freiheit, deren Bücher gefeiert wurden, während sie selbst im Hintergrund blieben. Mehr und mehr bewundere ich die Stärke dieser Autoren, die ihre privaten Aufzeichnungen vernichten – und *das* sage ich als Autor, der gerade seine Manuskripte, Tagebücher und sein müßiges Gekritzel den Händen und der liebevollen Obhut der guten Leuten von MARBL, der Manuscript and Rare Book Library, der Emory University in Atlanta überlassen hat. Ich denke an Philip Larkin, der seine Geliebte Monica Jones anwies, für die Vernichtung seiner über dreißig privaten Tagebücher zu sorgen. Seltsamerweise erledigte sie es nicht selbst, sondern bat eine andere seiner Geliebten, seine frühere Sekretärin Betty Mackereth, diese Bücher Seite für Seite an einem langen Nachmittag im Dezember 1985 zu schreddern.

Shakespeares Stücke erzählen uns nicht viel über sein Leben. War Anne Hathaway das Vorbild für Lady Macbeth oder für ein lustiges Weib aus Windsor? Wir können es nicht sagen. Shakespeares einziger Sohn Hamnet starb 1596 im Alter von elf Jahren vermutlich an der Pest. Wandelte Shakespeare im drei, vier Jahre später geschriebenen *Hamlet* seinen Kummer und Zorn über den Tod eines Kindes in den Zorn und Kummer eines Sohnes über den Tod eines Vaters? Wir wissen es nicht. Wir können ein paar Dinge über Shakespeares Charakter aus solchen Einzelheiten seines Lebens ableiten, die erhalten geblieben sind. In einem exzentrischen und zweifellos fragwürdigen Buch mit dem Titel *Shakespeare hinter den Kulissen. Der Werktag des Theatermannes*, 1963 geschrieben, betont der britische Gelehrte Ivor Brown, dass selbst nachdem Shakespeare der erfolgreichste und reichste Dramatiker des Elisabethanischen Zeitalters geworden war, er weiterhin bis zum Tag seines Rückzugs in oder nahe bei Southwark lebte – in dem heruntergekommenen Southwark mit seinen Hurenhäusern, Spielhöllen, Bärengruben Hahnenkämpfen, Bierschenken und Theatern, was verrät, dass er ein Stadtmensch war, der sich am glücklichsten fühlte, wenn er in die raue Wildnis des Lebens eintauchte. Das Wesentliche an Shakespeare ist, dass man über ihn endlos so weiterspekulieren, er aber niemals wahrhaftig erfasst werden kann. Und wie es sein muss und sollte, wendet sich die Aufmerksamkeit wieder von seinem Leben ab und seinem Werk zu.

Ich aber bin nicht seinem glorreichen Beispiel gefolgt, und die Manuscript and Rare Book Library (MARBL) der Emory University hat all meine Aufzeichnungen. Ich habe die Sorgfalt und Achtsamkeit gesehen, mit der sie katalogisiert wurden, und ich weiß, sie könnten sich nicht in besseren, verantwortungsvolleren, sorgsameren Händen befinden, und nun ist der Tag gekommen, an dem die Aufzeichnungen für die wissenschaftliche Forschung freigegeben sind; und ich kann nur jedem von MARBL und von Emory danken, und Gott stehe mir bei.

ADAPTION

Die Adaption, der Prozess, durch den eine Sache sich zu einer anderen Sache entwickelt, durch den eine Gestalt oder Form zu einer anderen Form wird, ist natürlich eine alltägliche künstlerische Tätigkeit. Bücher werden ständig in Theaterstücke und Filme, Theaterstücke in Filme und manchmal auch in Musicals verwandelt, Filme werden in Broadwayshows und durch die hässliche Methode, bekannt als »Romanfassung«, sogar auch in Bücher verwandelt. Wir leben in einer Welt solcher Transformationen und Metamorphosen. Gute Filme – *Lolita*, *Der rosarote Panther* – werden im Remake zu schlechten Filmen, schlechte Filme werden im Remake zu noch schlechteren Filmen – Ang Lees *Hulk* (2003) kehrt fünf Jahre später als *Der unglaubliche Hulk* zurück; britische TV-Comedyserien werden zu amerikanischen TV-Comedyserien umgearbeitet, sodass *The Office* zu einem anderen *The Office* wird, und Ricky Gervais wird zu Steve Carell, ebenso wie vor langer Zeit der britische Rassist aus der Arbeiterklasse Alf Garnett in *Till Death Us Do Part* zu dem amerikanischen bigotten Arbeiter Archie Bunker in *All in the Family* wurde. Auch britische Realityshows werden angepasst, sodass sie sich für das amerikanische Publikum eignen; *Pop Idol* wird, wenn es den Atlantik überquert, zu *American Idol*, *Strictly Come Dancing* wird zu *Dancing with the Stars*, eine Sendung, die mich einmal einlud, in ihr aufzutreten, eine Einladung, die ich ablehnte, da ich zu Recht oder zu Unrecht glaubte, ein Auftritt in dieser Show würde augenblicklich meine Karriere beenden.

Songs großer Künstler werden von weniger guten Künstlern gecovert; am Inauguration Day im Januar 2009 sang Beyoncé ihre Version von Etta James' Klassiker »At Last«, sehr zu Etta James' Verwunderung (doch dann schien Ms. James noch verwunderter über die Wahl Barack Obamas, vielleicht also war sie einfach schlechter Stimmung). All das sind Beispiele für die Myriaden Variationen von Adaption, ein unersättlicher Prozess, der manchmal gefräßig erscheinen kann, als lebten wir heute in einer Kultur, die sich endlos selbst ausschlachtet, sodass sie sich am Ende selbst vollkommen aufgefressen haben wird. Jeder kann eine Liste von vielen katastrophalen Adaptionen aufstellen, die er gesehen hat; meine persönlichen Favoriten sind David Leans lächerlicher Film *Reise nach Indien*, in dem Alec Guinness als weiser Hindu mit »brownface«, mit tiefbraunem Make-up, seine Füße blasphemisch in einem Becken mit heiligem Wasser baumeln lässt; und die Merchant-Ivory-Kastration von Kazuo Ishiguros *Was vom Tage übrig blieb*, in dem Ishiguros höllisch schuldiger britischer Nazi-Aristokrat als ein liebenswürdiger, fehlgeleiteter, getäuschter alter Mistkerl gezeichnet wird, der mehr unser Mitgefühl als unsere Verachtung verdient.

Doch die Adaption kann auch eine schöpferische, nicht nur eine zerstörerische Kraft sein. Rod Stewart, der »Downtown Train« singt, ist Tom Waits ebenbürtig, und Joe Cocker gelingt mit »With a Little Help from My Friends« das seltene Kunststück, einen Beatles-Song besser zu singen als die Beatles, was zu einer weniger beeindruckenden Leistung wird, wenn man sich daran erinnert, dass das Original Ringo Starr gesungen hat. Und als Aretha Franklin »Respect« sang, wurde es zu ihrem Song, obwohl Otis Redding ihn geschrieben und als Erster aufgenommen hatte. Ich habe einmal einen Kurs gegeben, in dem ich Beispiele von guten Büchern hervorhob, die zu ebenso guten Filmen adaptiert wurden. Edith Whartons *Zeit der Unschuld* verwandelte sich erfolgreich in Martin Scorseses *Zeit der Unschuld*; Guiseppe Tomasi di Lampedusas Porträt von Sizilien im Jahr 1860, *Der Leopard*, wurde zu Luchino Viscontis bestem Film; Flannery O'Connors *Die Weisheit des Blutes* wurde von John Huston bestens verfilmt; und mit seinem Film *Große Erwartungen* drehte David Lean einen Filmklassiker, der ohne Abstriche neben Dickens' Roman stehen kann, ein Film, der diesem Kinogänger ermöglicht, ihm jedenfalls den späteren Fehler mit *Eine Reise nach Indien* zu verzeihen.

Es gibt viele weitere Beispiele für gelungene Adaptionen. Nur wenige englischsprachige Leser kennen Jan Potockis französisch-polnisches Meisterwerk aus dem neunzehnten Jahrhundert *Die Handschrift von Saragossa*, aber ich bitte Sie eindringlich, es wegen seiner Verspieltheit und Bizarrerie zu entdecken, wegen seiner surrealen, übernatürlichen, schauerlichen, pikaresken Welt aus Zigeunern, Dieben, Halluzinationen, Ketzergerichten und zwei unglaublich schönen Schwestern, die zum Unglück der von ihnen verführten Männer nur Geister sind. Seine Qualitäten sind von dem polnischen Filmregisseur Wojciech Has in seinem Film von 1964 *Die Handschrift von Saragossa* vollendet eingefangen. Auf der anderen Seite der Welt, in Bengalen, Indien, kam der Film *Pather Panchali (Apus Weg ins Leben: Auf der Straße)* von Satyajit Ray aus dem Jahr 1955 nicht nur seiner Vorlage des bengalischen Klassikers (1929) von Bibhutibhushan Bandhopadyahya gleich, sondern überflügelte sie sogar. John Huston scheint ein besonders begabter Bearbeiter guter Literatur gewesen zu sein, und seine Verfilmung von Joyce' »Die Toten«, vielleicht die größte Erzählung in der englischen Sprache, lässt sie lebhaft, leidenschaftlich lebendig werden; obwohl, wenn ganz am Ende die Kamera durch ein Fenster den Blick nach draußen auf den fallenden Schnee einfängt und Joyce' berühmte Worte Hustons Bilder ablösen, die von dem Schnee sprechen, der »auf ganz Irland« fällt, von dem Schnee, »den er still durch das All fallen hörte, und still fiel er, der Herabkunft ihrer letzten Stunde gleich, auf alle Lebenden und Toten«, dann werden wir an den Unterschied zwischen Vorzüglichkeit und Genie erinnert. *Die Toten* ist ein vorzüglicher Film, aber die letzten Zeilen von Joyce' Erzählung übertreffen ihn mühelos.

Der Film, der die Idee der Adaption am radikalsten ergründet, ist womöglich Spike Jonze' und Charlie Kaufmans Film *Adaption – Der Orchideen-Dieb* von 2002, ein Film, der sich gegenüber seinem Ausgangsmaterial außerordentliche Freiheiten nimmt, nämlich dem nicht-fiktionalen Buch *The Orchid Thief* von Susan Orlean, das als Artikel für das *The New Yorker Magazine* seinen Anfang nahm, in dem Orlean ihre Nachforschungen zu der Verhaftung eines Mannes namens John Laroche schildert; er war beim Stehlen seltener Orchideen in Florida, im Fakahatchee Strand State Preserve, erwischt worden. Der Film erlaubt sich große Freiheiten mit der Wahrheit, er lässt die Figur der Susan Orlean eine Affäre mit der Laroche-Figur haben, beide werden als Fantasiegestalten des eigentlich fiktionalen Alter Egos des Drehbuchautors dargestellt, der ebenfalls Charlie Kaufman heißt und mit einem imaginären Zwillingsbruder namens Donald gesegnet oder verflucht ist. Der Film ist ein Gewirr aus Spiegelungen, Vortäuschungen, befangenen, metafiktionalen Ratschlägen und begibt sich am Ende in eine verrückte Thrillerwelt aus Drogen, Sex und Schießereien; und dieser John Laroche, der John Laroche des Films, wird am Schluss wie Captain Hook bei lebendigem Leib von einem Alligator verschlungen. Ich muss sagen, die Person, die ich am meisten bei all dem bewundere, ist Susan Orlean, nicht die Figur, die Meryl Streep verkörpert, sondern die tatsächliche Susan Orlean, die es zulässt, dass ihre Arbeit und, noch mutiger, ihre eigene Person in dieser schöpferisch wilden, in dieser fast entsetzlich unbekümmerten Weise behandelt werden. Sie wird sozusagen zum Geschwister von John Malkovich, der in dem früheren Jonze-und-Kaufman-Film *Being John Malkovich* einwilligte, so schonungslos und komisch »malkovichisiert« zu werden.

Die Frage, die sich bei den adaptiven Extremen des Films *Adaption – Der Orchideen-Dieb* erhebt, betrifft den Kern des gesamten Themas der Adaption, der Tätigkeit des Adaptierens; das heißt, die Frage nach der Essenz. »Poesie ist, was in der Übersetzung verloren geht«, sagte Robert Frost, aber Joseph Brodsky konterte: »Poesie ist, was in der Übersetzung gewonnen wird«, und die Frontlinien könnten nicht eindeutiger gezogen sein. Ich bin der Ansicht – ob wir nun über ein Gedicht sprechen, das eine Sprachgrenze überquert und zu einem anderen Gedicht in einer anderen Sprache wird, oder über ein Buch, das eine Grenze zwischen der Welt des Prints und der des Zelluloids überwindet, oder über Menschen, die von einer Welt in eine andere ziehen –, beide, Frost und Brodsky, haben recht. In der Übersetzung geht immer etwas verloren; und doch kann vielleicht auch etwas gewonnen werden. Sie sehen, ich definiere Adaption sehr breit, um Übersetzung, Migration und Metamorphose mit einzubinden, all die Mittel und Wege, durch die ein Etwas zu einem anderen Etwas wird. In meinem Roman *Mitternachtskinder* erklärt der Erzähler Saleem das Herstellen von Pickles als seine Art des adaptiven Prozesses: »Ich versöhne mich mit den unausbleiblichen Verzerrungen des Einlegevorgangs. Einlegen heißt letzten Endes unsterblich machen: Fisch, Gemüse, Obst sind einbalsamiert in Gewürze und Essig; eine gewisse Veränderung, eine leichte Intensivierung des Geschmacks sind doch sicherlich Bagatellen? Die Kunst besteht darin, den Geschmack in der Intensität, nicht aber der Natur nach zu verändern, und vor allem ihm (in meinen dreißig und einem Glas) Gestalt und Form – das heißt Bedeutung – zu geben.«

Die Frage nach der Essenz steht immer im Mittelpunkt des adaptiven Prozesses; wie schaffst du eine zweite Version von einem ersten Etwas, von einem Buch, einem Film, einem Gedicht, einem Gemüse oder von dir selbst, das erfolgreich ein eigenständiges, neues Etwas ist und doch den ursprünglichen Kern, den Geist, die Seele des ersten Etwas in sich trägt, des Etwas, das du selbst, dein Buch, dein Gedicht, dein Film, deine Mango oder deine Zitrone waren.

Ist das unmöglich? Werden im Prozess der Neugestaltung das Nichtgreifbare in unseren Künsten und in unserem Wesen, der Raum zwischen unseren Worten, die Dinge, die zwischen dem Gezeigten aufscheinen, unweigerlich ausrangiert? Und wenn dem so ist, kann es mit anderen Räumen, anderen Sichtweisen, die uns zufriedenstellen oder gar bereichern, gefüllt werden, sodass uns der Verlust nicht bekümmert? Adaption in diesem breiten Spektrum zu betrachten, sie über den Bereich der Kunst hinaus für das ganze Leben gültig zu erklären, heißt zu verstehen, dass alle Bedeutungen der Welt mit der Frage verknüpft sind, was ist der Kern, was ist essenziell an einem Werk, das in eine andere Form adaptiert wird, an einem Individuum, das sich an ein neues Zuhause adaptiert, an einer Gesellschaft, die sich an ein neues Zeitalter adaptiert? Was bewahrt man? Was verwirft man? Was ist veränderbar, und wo muss man die Grenze ziehen? Die Fragen sind immer die gleichen, und die Art unserer Antworten bestimmt die Qualität der Adaption des Buchs, des Gedichts oder unseres Lebens.

Ich schreibe dies in der Oscar-Nacht 2009, lassen Sie uns also einen Blick auf zwei kürzlich hochgelobte Filmadaptionen von Büchern werfen, beide vielfach für Preise der Academy nominiert.

Wenden wir uns zuerst dem seltsamen Fall von F. Scott Fitzgerald und Brad Pitt zu. 1921 schrieb F. Scott Fitzgerald eine sonderbare kurze Geschichte mit dem Titel »Der seltsame Fall des Benjamin Button«, sie handelt von den »jungen Mr. und Mrs. Roger Button«, die einen Sohn bekommen, der als siebzigjähriger alter Mann geboren wird, dann rückwärtslebt und immer jünger wird, bis er am Ende seines Lebens die Größe eines Babys hat und in seinem weißen Bettchen langsam schwindet, bis er sich ins Nichts auflöst. 2008 wurde aus dieser kleinen Satire eines Märchens von Brad Pitt und dem Regisseur David Fincher ein Zweihundert-Millionen-Dollar-Film gemacht, der, während ich dies hier schreibe, für nicht weniger als dreizehn Academy Awards im Rennen ist. (Eine Anmerkung aus der Zukunft: Er gewann nur drei, für das beste Szenenbild, für das beste Make-up und die besten visuellen Effekte.)

Der Unterschied zwischen der Geschichte und dem Film ist ungewöhnlich groß. In Fitzgeralds Geschichte wird Benjamin als ein voll ausgewachsener Siebzigjähriger geboren. Es wird nie erklärt, wie Mrs. Button es schaffte, ein so großes Baby zur Welt zu bringen, ohne auseinandergerissen zu werden. Tatsächlich bekommt Mrs. Button keinen Besuch, und erst eine Anspielung auf sie mehrere Seiten weiter zeigt, dass sie irgendwie die überwältigende Geburt überlebte. Die Art und Weise ihres Überlebens wird nicht erwähnt. Im Film jedoch wird Benjamin zwar alt geboren, aber in Babygröße; er ist ein siebzigjähriges Roboterbaby, das ein wenig wie Brad Pitt aussieht. Und Mrs. Button überlebt bedauerlicherweise nicht, obwohl ihr Baby so hilfreich verkleinert wurde. In der Geschichte ist es Mr. Button, der sein Kind aufzieht und erzieht; im Film legt Mr. Button das von ihm gezeugte, gewickelte, kleine Ungeheuer, das ihn entsetzt, auf eine Türschwelle, sodass es von Taraji P. Henson großgezogen wird. In der Geschichte spielt sich Benjamins Leben hauptsächlich in privater Sphäre ab, mit einer Ausnahme, nämlich seiner Exkursion, um im Spanisch-Amerikanischen Krieg zu kämpfen, während er im Film in so viele öffentliche Ereignisse seiner Zeit verwickelt ist, dass der Film fast hätte *Zelig umgekehrt* oder vielleicht *Forrest Gump läuft rückwärts* hätte heißen können. (Der Drehbuchautor von *Forrest Gump*, Eric Roth, der Winston Grooms Roman adaptierte, ist auch für das Drehbuch von *Benjamin Button* verantwortlich.)

Der größte Unterschied zwischen den beiden Werken ist vielleicht, dass außer der zugrunde liegenden Idee – ein Mann durchlebt sein Leben rückwärts – ihre Geschichten völlig anders ablaufen; der Film ist nicht wirklich eine Adaption des Buchs, sondern fast zur Gänze eine Schöpfung von Eric Roth. Und während Roths und Finchers Film im Wesentlichen ein Bravourstück von Spezialeffekten ist, unterstützt von zwei guten schauspielerischen Darstellungen, von Pitt und Cate Blanchett, hat er letztendlich keine besondere Aussage, wohingegen Fitzgeralds Geschichte zumindest eine komödiantische Beschreibung von Snobismus und Peinlichkeiten ist, die in einem absichtlich seichten, leichtfüßigen Ton die gesellschaftlichen Haltungen im Baltimore des späten neunzehnten und frühen zwanzigsten Jahrhunderts amüsant persifliert.

Den Film *Button* als eine Adaption der »Button«-Geschichte zu bezeichnen, heißt, die Bedeutung des Worts *Adaption* aufs Äußerste zu strapazieren, so dehnbar diese Bedeutung auch ist. Adaptieren heißt, um nur die geläufigste Definition zu wiederholen, etwas durch Veränderung einem neuen Gebrauch oder Zweck anzupassen, als würde man zum Beispiel ein altes Krankenhaus für die moderne Medizin adaptieren. Spezieller für unseren gegenwärtigen Zweck: Eine Adaption »arbeitet einen Text um, damit er sich für eine Verfilmung, für eine Sendung oder für die Bühne eignet«. Jeder akzeptiert, dass Geschichten und Filme verschiedene Dinge sind und dass das Ausgangsmaterial modifiziert, sogar radikal modifiziert werden muss, um in dem neuen Medium Wirkung zu entfalten. Die einzig interessanten Fragen lauten: »Wie?« und »Wie viel?«. Wenn das Original jedoch so gut wie verworfen wird, ist es schwer zu sagen, ob das Ergebnis überhaupt eine Adaption genannt werden darf.

Andere bekannte Geschichten von Zeitumkehr gehen dem Fincher-Roth-Film voraus. In Martin Amis' Roman *Pfeil der Zeit* von 1991 wird die Geschichte des Holocaust in zeitlicher Umkehrung erzählt, sodass in einer außerordentlichen Szene freundliche Nazi-Ärzte in einem Konzentrationslager mit Gold aus ihren privaten Vorräten ihren jüdischen Patienten die Zähne füllen. Aber in *Pfeil der Zeit* läuft alles und nicht nur ein einziges Leben rückwärts. Das vielleicht bekannteste Beispiel einer »Button«-mäßigen Zeitumkehr ist die Figur des Zauberers Merlin in T. H. Whites Klassiker von 1938 *Das Schwert im Stein*, der auch Gegenstand einer »disneyfizierten« Adaption wurde, über die wir am besten den Schleier des Vergessens breiten. Merlin, der Lehrer des Jungen, der Floh genannt wird, des zukünftigen Königs Arthur, lebt zeitlich rückwärts und hat somit den großen Vorteil, die Zukunft bereits zu kennen, während die Vergangenheit ihn in Verwirrung bringt. Benjamin Button hat nicht so ein Glück. Er ist alt und roboterhaft, aber so unwissend wie jedes Neugeborene. Andererseits wächst er zu Brad Pitt heran, es ist also nicht alles schlecht.

Was kann man über Danny Boyles *Slumdog Millionär* sagen, über den Film, der etliche Oscars gewann? Acht Oscars! Um Wallace Shawn in *Die Braut des Prinzen* zu zitieren: »Unvorstellbar!« Für den Film wurde der Roman *Rupien! Rupien!* des indischen Diplomaten Vikas Swarup von Simon Beaufoy adaptiert, Regie führten Danny Boyle und Loveleen Tandan. Viele von Ihnen werden ihn gesehen und gemocht haben, denn ein Wohlfühlfilm über die grauenhaften Bombayer Slums, ein bildgewaltiger Film über extreme Armut, ein romantischer Bollywood-artiger Blick auf die harte, unromantische Schattenseite Indiens – das fühlt sich doch gut an, oder? Und um das Ganze perfekt zu machen, gibt es eine schicke Bollywood-Tanzszene am Schluss. (Eigentlich ist es eine selbst für Bollywood-Standards zweitklassige Tanzsequenz, aber egal.) Es ist schwierig und womöglich sinnlos, gegen einen so populären Film anzugehen, aber lassen Sie es mich dennoch versuchen.

Die Probleme beginnen mit der adaptierten Vorlage. Vikas Swarups Roman ist ein schmalziger Reißer mit einem unglaubwürdigen Plot: Einem Jungen aus den Slums gelingt es, irgendwie (wie?) in die beliebte indische Version von *Wer wird Millionär*, *Kaun Banega Crorepati*, zu kommen, und er beantwortet alle Fragen richtig, denn die Zufälle des Lebens haben ihm in einer Reihe ungeheuerlicher Glücksfälle die Informationen beschert, die er braucht, und die Fragen werden ihm praktischerweise genau in der Reihenfolge gestellt, damit sich seine Flashbacks chronologisch aneinanderfügen. Das ist schlicht ein lächerlicher Einfall, es ist diese Art der Fantasyliteratur, die den schlechten Ruf der Fantasyliteratur ausmacht. Diese Handlungsstruktur wird von den Filmemachern präzise bewahrt und liegt im Kern des seltsam umbenannten *Slumdog Millionär*. Das Ergebnis ist ein völlig unglaubwürdiger Film.

Der Film türmt Unmögliches auf Unmögliches und übersteigt sogar die Krassheit des Buchs. Zwei Jungen aus den Slums von Bombay, die mit der Hindi- und Marathi-Sprache aufwachsen, fliehen vor einem Feuer und können plötzlich perfektes Englisch, zumindest gut genug, um mit westlichen Touristen zu reden (und sie zu beschwindeln). Oh, und als sie vom brennenden Slum wegrennen, beweisen sie eine außergewöhnliche Fitness, denn als Nächstes erfährt man, dass sie am Taj Mahal sind, das Hunderte Kilometer entfernt in Agra steht. Kurz darauf sind sie wieder in Bombay, und der ältere Junge hat nun wundersamerweise eine Waffe und Patronen und die Fähigkeit sowie den Mut, beides einzusetzen. Wie kam er zu der Waffe? Es wird nie erklärt.

Indien ist nicht die Vereinigten Staaten, und folglich ist es nicht so leicht, dort an eine Waffe zu kommen, es sei denn, man gehört bereits zu einer kriminellen Mafia, und an diesem Punkt der Geschichte ist das nicht der Fall. Zu sehen, wie die Geschichte deiner Heimatstadt in dieser komisch-absurden, kitschigen Weise erzählt wird, verärgert letztlich. Die Sentimentalität von *Slumdog Millionär* würde, wäre sein Setting westlichen Zuschauern vertrauter, als genau die banale Schmonzette erkannt, die sie ist. Glauben wir ernsthaft, dass die Braut eines Mafiapaten diesem entfliehen und anschließend glücklich mit ihrer Jugendliebe leben kann? Würde Don Corleone sich damit abfinden? Nein. Und ebenso wenig die Paten der D-Company oder anderer Verbrecherbanden in Bombay.

Und obwohl ich mir des Potenzials an Brutalität, das im indischen Polizeiapparat lauert, sehr wohl bewusst bin, strapaziert die Idee, dass ein Quizshow-Teilnehmer mit dem Kopf nach unten aufgehängt und gefoltert wird, da er zu viele Fragen richtig beantwortet hat …, sagen wir mal, die Glaubwürdigkeit. Die indische Polizei ist nicht genügend an Quizshows interessiert, um so etwas zu tun. Sie haben viele andere Leute, die sie lieber foltern.

Westliche Filme über Indien handelten für gewöhnlich von blonden weißen Frauen, die dort ankommen und fast auf der Stelle einem Maharadscha begegnen, in den sie sich verlieben, der Nachschub an solchen Maharadschas schien endlos und stand insbesondere für englische oder amerikanische Blondinen bereit; oder sie handelten von europäischen Frauen, die Nicht-Maharadscha-Inder der Vergewaltigung beschuldigen, vielleicht weil sie so empört waren, dass sich ihnen ein Nicht-Maharadscha genähert hatte; oder sie handelten zur Abwechslung von schneidigen weißen Männern, die Pistolenschüsse abgebend und den Säbel blankziehend durch die Kolonien galoppieren. Heute hat diese Art von Exotik ihren Reiz verloren; die Leuten wollen stattdessen reichlich Härte und Gewalt, um sich von der Authentizität dessen zu überzeugen, was sie sehen; aber es ist noch immer Tourismus. Wenn in den früheren Filmen Raj-Tourismus, also Maharadscha-Tourismus herrschte, dann haben wir heute stattdessen Slum-Tourismus. In einem Interview beim Telluride Film Festival im Herbst 2008 sagte Danny Boyle auf die Frage, warum er sich für ein Projekt entschieden habe, das so anders sei als seine üblichen, er sei nie in Indien gewesen und wisse nichts über das Land, darum habe er gedacht, dieses Projekt sei eine großartige Gelegenheit. Als ich ihm zuhörte, stellte ich mir einen indischen Regisseur vor, der einen Film über das Leben der Armen in New York dreht und sagt, er habe ihn gemacht, da er nichts über New York wisse und tatsächlich niemals dort gewesen sei. Ihm wären von der Kritik die Arme und Beine einzeln ausgerissen worden. Sagt aber ein Regisseur der Ersten Welt so etwas über das Dritte-Welt-Land, gilt es als lobenswert, als Zeichen für seinen künstlerischen Wagemut. Die doppelten Standards postkolonialer Einstellungen sind eindeutig noch nicht ganz verblasst.

Ich möchte kurz die Ablehnung von Filmadaptionen im Allgemeinen betrachten, denn unter Filmliebhabern ist die Ansicht weitverbreitet, dass Filme, die nach Originaldrehbüchern entstehen, den Filmen nach adaptierten Theaterstücken oder Büchern überlegen seien und als besser zu gelten haben. Viele erfolgreiche Bücher der letzten Zeit haben filmische Bearbeitung erfahren, darunter – um eine unvollständige Liste aufzustellen – Günter Grass' *Die Blechtrommel*; Gabriel García Márquez' *Liebe in Zeiten der Cholera*, *Eréndira* und *Chronik eines angekündigten Todes*; Philip Roths *Der menschliche Makel*; *Short Cuts* nach den Erzählungen von Raymond Carver; Donna Tartts *Der Distelfink*; *Die Töchter des Himmels* von Amy Tan und die *Harry-Potter*-Reihe von J. K. Rowling.

(*Independence Day*, der Film, war keine Adaption von Richard Fords preisgekröntem Roman, der leider ungefähr zur selben Zeit erschien wie der Film, sodass angeblich die Buchhändler, wenn Kunden im Laden nach dem Buch verlangten, sie fragen mussten: »Mit oder ohne Aliens?«)

Von dieser speziellen Liste ist es vielleicht nur Volker Schlöndorffs Film *Die Blechtrommel* wert, von ihm als Film zu sprechen, und diese Unausgewogenheit zwischen guten und schlechten Adaptionen stärkt das Argument der Antiadaptionslobby. Die *Harry-Potter*-Filme, die den Büchern entschlossen treu blieben, leiden filmisch unter dieser Loyalität, mit Ausnahme vielleicht von Alfonso Cuaróns *Harry Potter und der Gefangene von Askaban*. *Short Cuts* begeht Verrat an der Sicht von Raymond Carver, da die meisten Charaktere auf der gesellschaftlichen Skala höher angesiedelt wurden, wo ihre kaum unterdrückte Verzweiflung wie Selbstgefälligkeit wirkt. Der Film *Der Distelfink* war, um es höflich auszudrücken, ein totaler Flop. Und ganz unten angesiedelt ist der Film *Der menschliche Makel*, der die Rolle eines hellhäutigen Afroamerikaners, dem es gelingt, die meiste Zeit seines Lebens als Weißer durchzugehen, mit dem Schauspieler Anthony Hopkins besetzt, einem hellhäutigen Waliser. Ich vermute, man erwartete von dem großen Darsteller, den schwarzen Part einfach zu schauspielern. Das Antiadaptions-, das Prooriginaldrehbuch-Argument wurde mir einmal mit immenser Vehemenz von einem etwas alkoholisierten britischen Filmproduzenten erläutert, der womöglich viele Adaptionen im Stil des *Menschlichen Makels* gesehen hatte. Er sagte in schlichter Sprache und mit einigen Faustschlägen auf den Esstisch unseres Gastgebers: »Alle Filme, die nach Büchern entstehen, sind scheiße«. Es ist gewiss möglich, ein starkes Argument für den Scheiße-Standpunkt anzuführen. *Der menschliche Makel* ist kein Einzelfall. Die Filme nach all den Büchern, die ich weiter oben erwähnt habe, sind schlappe Misserfolge, wohingegen die Originale packend, kraftvoll und straff sind. Besonders die Filme nach García Márquez' Meisterwerken sind Travestien, da sie die Präzision seiner Fantasie durch eine träge Exotik ersetzen, was die Originale zutiefst verrät, ohne dass sich die Filme dessen überhaupt bewusst sind.

Doch Schlöndorffs *Blechtrommel* steht als die Ausnahme von diesem Fäkaliengrundsatz da, vor allem aufgrund von David Bennents elektrisierender Darstellung des Oskar Matzerath, dem Peter Pan unter den Millionen verlorener Jungen und mörderischer Piraten von Nazi-Deutschland; des kleinwüchsigen Oskar, des anderen Jungen in der klassischen Literatur, der nie erwachsen wurde. Es gibt weitere Filme, die das Diktum des britischen Produzenten widerlegen, zum Beispiel *No Country for Old Men* von den Coen-Brüdern, ein Film, dem es (im Gegensatz zu der Potter-Reihe) tatsächlich gelingt, sehr eng, Szene für Szene, Dialogzeile für Dialogzeile, an Cormac McCarthys Roman *Kein Land für alte Männer* zu bleiben; und Paul Thomas Andersons *There Will Be Blood*, der mit der gegenteiligen Methode Erfolg hat und nur eine freie, lockere und weitgehend erfolgreiche Adaption von Upton Sinclairs Roman *Öl!* ist; doch der üble Geruch hängt noch in der Luft, denn die Misserfolge sind so viel zahlreicher als die Erfolge.

Die *Auteur*-Theorie des Filmemachens wurde zuerst von François Truffaut in den späten 1950er-Jahren in den *Cahiers du cinéma* formuliert und erweitert, zunächst als Filmtheorie und dann durch konkrete Filme, realisiert von einer Gruppe von Filmkritikern, die sich zu einigen der berühmtesten Filmemachern der Welt entwickeln sollten, François Truffaut selbst, Jean-Luc Godard, Claude Chabrol, Éric Rohmer und Jacques Rivette; aber obwohl die Idee der Überlegenheit von original geschriebenen Drehbüchern gegenüber den Adaptionen im (oder knapp neben dem) Mittelpunkt der französischen Neuen Welle stand, waren viele der besten Werke des französischen und sogar des Weltkinos in den 1950er- und 1960er-Jahren in Wirklichkeit erfolgreiche Adaptionen. Godard, ein glühender Verfechter des Originaldrehbuchs, erlangte seinen größten kommerziellen Erfolg mit *Le Mépris, Die Verachtung*, der auf einem Roman von Alberto Moravia basiert. Chabrol machte einen großartigen Film aus dem von dem britischen Hofdichter (und Vater von Daniel) Cecil Day-Lewis' unter Pseudonym veröffentlichen Thriller *Das Biest muss sterben* oder auf Französisch *Que la bête meure*; Éric Rohmer verfilmte brillant Heinrich von Kleists klassische Novelle »Die Marquise von O.«; und Truffaut mischte Originaldrehbücher wie *Les quatre cents coups* (was zu dem irrigen, wörtlich übersetzten englischen Titel *The 400 Blows* führte, dabei würde die französische Redewendung besser mit »The Wild Life« wiedergegeben) und *La Nuit américaine (Die amerikanische Nacht)* mit Adaptionen wie *Fahrenheit 451* nach Ray Bradburys berühmtem Buch und *Jules und Jim* nach dem Roman von Henri-Pierre Roché, ein Roman, der ursprünglich inspiriert sein mag von der realen Dreiecksbeziehung zwischen Roché, Marcel Duchamp und der amerikanischen Künstlerin und Keramikerin Beatrice Wood, die wegen ihrer engen Verbindung zur Dada-Welt als »Mama of Dada« bezeichnet wurde.

Auch das immens reiche Weltkino dieser Zeit bewegte sich in die Richtung, den »Alle-Adaptionen-sind-scheiße«-Standpunkt zu sprengen oder zumindest zu verwässern. Kurosawas frühe Samurai-Meisterwerke *Yojimbo – Der Leibwächter* und auch *Sanjuro* gründeten auf literarischen Vorlagen, obgleich *Die sieben Samurai* nach einem Originaldrehbuch entstanden; und *Rashomon* basierte auf der Verknüpfung zweier Kurzgeschichten von Akutagawa Ryūnosuke. Satyajit Ray entnahm vieles der klassischen bengalischen Literatur, und manche seiner größten Filme, etwa *Charulata – die einsame Frau* und *Das Heim und die Welt*, sind mehr oder weniger getreue Adaptionen von Werken Rabindranath Tagores. Ingmar Bergman und Federico Fellini verfilmten ausnahmslos ihre eigenen Originaldrehbücher, Luis Buñuel hingegen war weniger dogmatisch und realisierte einige seiner erfolgreichsten Filme, als er seine anarchischen, surrealistischen Tendenzen mit der klassischen europäischen Literatur zusammenführte, er adaptierte *Belle de Jour* von Joseph Kessel, *Tristana* und *Nazarín* (beides Romane von Benito Pérez Galdós) sowie *Tagebuch einer Kammerzofe* von Octave Mirbeau.

Die völlige Ablehnung von Filmadaptionen bleibt also umstritten, und betrachten wir die Literatur unterhalb des Spitzenniveaus, lässt sich das plausible Argument vorbringen, dass viele filmische Adaptionen besser sind als ihr Ausgangsmaterial in Prosa. Auf die Gefahr hin, das riesige Heer der Tolkien-Fans zu verletzen, möchte ich nahelegen, dass Peter Jacksons Filme Tolkiens Originale übertreffen, denn, um ehrlich zu sein, Jackson dreht bessere Filme, als Tolkien schreibt; Jacksons Filmsprache, mitreißend, lyrisch, gelegentlich gefühlvoll und episch, ist Tolkiens Prosa bei Weitem vorzuziehen, die sich erschreckend zwischen Schwafelei, Schalkhaftigkeit, Schwülstigkeit und einem unerträglichen falschen Klassizismus mit *thee-* und *thou*-Formulierungen windet, sodass allein in den Abschnitten über die Hobbits, die »Halblinge«, die in weit höherem Maße unsere Stellvertreter in der Saga sind als ihre großartig heroischen (oder wehleidig gebeugten) Menschen, so etwas wie Menschlichkeit und normales Englisch entstehen.

Meine erste persönliche Erfahrung mit einer Adaption machte ich mit der Bühnenfassung von den *Mitternachtskindern*, inszeniert von Tim Supple, aufgeführt in England und in Amerika von der Royal Shakespeare Company. Theater ist etwas völlig anderes als der Film – es ist so *gegenwärtig;* denn da man es direkt vor dir spielt, wird es zu einer sehr eindringlichen Form der Aussage (außer bei einem Beckett oder einem Pinter, die die Theaterregeln auf den Kopf stellten); und was auf das Theater im Allgemeinen zutrifft, trifft auf das epische Theater doppelt zu. Im Ergebnis unterschied sich die Bühnenfassung der *Mitternachtskinder* vom Buch in zwei bemerkenswerten Punkten: Erstens, sie war sehr viel lauter, deutlich politisch, sie rückte öffentliche Themen nach vorne und in die Mitte, statt sie eher andeutungsweise im Hintergrund zu verwenden, wie es im Roman meist der Fall ist; und zweitens, sie beinhaltet mehr Sex. Ich meine: *sehr viel mehr.* Im Roman wird der Sex nur schicklich angedeutet, aber im Theater schien es manchmal, dass die Schauspieler sich unaufhörlich aufeinanderstürzten und zielstrebig zur Tat schritten.

Aus der Perspektive des Coautors der Adaption und ebenso als Autor des Romans gefielen mir die Unterschiede. Ich hielt das Stück für so etwas wie einen Cousin des Buchs oder vielleicht für sein uneheliches Kind; für einen Verwandten, nicht für sein Spiegelbild. Ich dachte, sein frecherer, aggressiv-direkterer Stil sei wirkungsvoll, werde dem Theater gerecht und bleibe doch dem Geist des Buchs treu. Die Reaktion der Zuschauer war interessanterweise geteilt. Rasch stellte sich heraus, dass das Stück den Menschen, die das Buch nicht gelesen hatten, am besten gefiel. Wenn die Leute einfach als Theaterzuschauer kamen, ohne literarisches Gepäck gewissermaßen, als Leute, die daran interessiert waren, ein neues Stück zu sehen, gingen sie zufrieden, ja sogar begeistert nach Hause. Die Buchfans reagierten vielschichtiger, fast alle hatten etwas auszusetzen, entweder am Stil oder an dem, was in der Adaption weggefallen war. Manchen gefiel die Aufführung, andere hassten sie, nur wenige waren zufrieden.

Die Essenz eines zu adaptierenden Werks mag woanders liegen: in den Rahmenhandlungen, die uns zum Beispiel erzählen, wie Superman super, warum Batman *batty,* verrückt, wurde oder warum der Joker scherzt. Es mag an den einzigartigen Stimmungen einer Geschichte liegen – an den Heucheleien zur Zeit der Depression in einer Kleinstadt in Alabama, aus dem Blickwinkel eines jungen Mädchens gesehen –, oder es mag an dem Innenleben einer Figur liegen, an Holden Caulfields Innenleben oder an dem des Proust'schen Erzählers Marcel. Dass dieser Kern, diese Essenz, begriffen und im Film eingefangen werden kann, veranschaulicht zum Beispiel Raúl Ruiz' großer Film von Prousts *Die wiedergefundene Zeit* oder auch Robert Mulligans Verfilmung von *Wer die Nachtigall stört* oder Heath Ledgers außergewöhnliche Darstellung des Jokers in *The Dark Knight*.

Für den Bearbeiter am schwierigsten sind die Texte, deren Essenz in der Sprache liegt, und das mag erklären, warum all die García-Márquez-Verfilmungen so schlecht sind, warum aus den Werken von Italo Calvino oder Evelyn Waugh nie gute Filme entstanden sind (obwohl es viele Snobismus-gedämpfte Versionen von *Wiedersehen mit Brideshead* gibt), warum Hemingway-Verfilmungen so oft misslangen (ich denke an *Der alte Mann und das Meer* mit Spencer Tracy, der mit einem toten Fisch hilflos auf den Wellen umhertreibt) und warum sogar ein wirklich guter Versuch wie Joseph Stricks Bemühen, 1967 Joyce' *Ulysses* zu verfilmen, dem Original nicht ganz gleichkommt, obwohl der Film perfekt besetzt ist mit Milo O'Shea als eine unglaublich gute Verkörperung des Leopold Bloom und mit Maurice Roëves als einem mehr als angemessenen Stephen Dedalus. In der Schlussszene von Stricks *Ulysses*, das muss gesagt werden, wenn Barbara Jefford als Molly Bloom sich auf dem Ehebett räkelt, sich promiskuitiv hin und her rollt und im Voiceover das großartigste Selbstgespräch abliefert, das je in einem Roman zu lesen war, und als sie sagt: »… und ich habe Ja gesagt Ja ich will Ja«, wird endlich die Welt von Joyce' Sprache ganz lebendig.

Was ist essenziell? Das ist eine der größten Fragen des Lebens, und wie ich bereits angedeutet habe, ist es eine Frage, die auch in anderen Adaptionen als in künstlerischen aufscheint. Ehe ich zum Ende komme, möchte ich noch einmal auf das Thema dieser anderen, im wirklichen Leben stattfindenden Adaptionen zu sprechen kommen, in denen das zu adaptierende »Werk« wir selbst sind. Der Text ist die menschliche Gesellschaft und das menschliche Selbst, einzeln oder in Gruppen; die Essenz, die bewahrt werden muss, ist eine menschliche Essenz; und das Ergebnis ist die pluralistische, hybride, vermengte Welt, in der wir heute alle leben. Adaption als Metapher, als ein *Übertragen*, was die wörtliche, aus dem Griechischen abgeleitete Bedeutung des Worts *Metapher* und des verwandten Worts *Translation* ist, eine andere Form des *Übertragens*, diesmal vom Lateinischen abgeleitet.

Was ist essenziell? Wir alle beantworten diese Frage in kleinerem Rahmen jeden Tag. Welche Dinge halten wir für essenziell in unserem Leben? Die Antwort könnte lauten, unsere Kinder, einen täglichen Spaziergang im Park, einen guten harten Drink, Bücherlesen, den Beruf, Ferien, ein Baseballteam, eine Zigarette oder die Liebe. Und das Leben bringt uns immer wieder dazu, diese Antwort zu überdenken. Unsere Kinder ziehen aus dem Zuhause aus, wir ziehen weg von unserem Lieblingspark, der Arzt verbietet uns zu trinken oder zu rauchen, wir verlieren unser Augenlicht, uns wird gekündigt, es fehlt an Geld oder Zeit, um Ferien zu machen, unser Baseballteam spielt grottenschlecht, unser Herz ist gebrochen. Zu solchen Zeiten hängt unser Weltbild schief an der Wand. Doch wenn wir es schaffen, passen wir uns an, wir adaptieren uns, allmählich gefällt uns die Vorstellung, nicht mehr jeden Tag zupackende Eltern sein zu müssen, wir gewöhnen uns an einen anderen täglichen Spaziergang, wir müssen nicht mehr trinken oder rauchen, wir lernen die Brailleschrift, wir finden eine neue Arbeit, wir kommen zu dem Schluss, dass wir keine Ferien brauchen, wir lernen, ohne Liebe zu leben, und dann vielleicht sehen wir die Möglichkeit, uns neu zu verlieben. Unser Baseballteam spielt noch immer grottenschlecht, aber so ist das Leben, wir adaptieren uns, wir überleben, und das zeigt uns, dass die Essenz tiefer liegt als all das, es ist das Ding, das uns durchbringt. Alle zwölf verschiedenen Finkenarten, die Charles Darwin auf den Galapagosinseln entdeckte, hatten sich an die örtlichen Bedingungen adaptiert, aber als der Ornithologe John Gould 1837 Darwins Exemplare überprüfte, sah er, dass es keine verschiedenen Vögel waren, sondern zwölf verschiedene Arten des gleichen Vogels. Trotz zufälliger Mutation und natürlicher Auslese war ihre »Finkigkeit« unberührt geblieben.

Als Individuen, als Gemeinschaften, als Staaten sind wir ständige Adaptierer unserer selbst und müssen uns ständig diese Frage stellen; worin besteht gewissermaßen unsere Finkigkeit: Woraus besteht unsere Essenz, welche Dinge können wir nie aufgeben, es sei denn, wir wollten nicht mehr wir selbst sein? Wir ziehen in eine neue Stadt, in ein neues Land; wir finden uns unter Menschen wieder, die wir nicht kennen und die uns nicht kennen. Vielleicht sprechen wir ihre Sprache nicht gut und sie nicht unsere. Vielleicht unterscheiden sich ihre Gewohnheiten, ihre Glaubenssysteme von unseren? Unsere Kinder wachsen auf diesen neuen Straßen auf, unter diesen neuen Leuten und sprechen diese neue Sprache. Sollten auch wir uns an das Neue anpassen, damit unsere Kinder uns nicht als fremd empfinden? Oder sollten wir an dem Alten festhalten, damit wir es an künftige Generationen weitergeben können? Wenn wir religiös unter Nichtreligiösen sind, sollen wir dann unser Denken ihrem anpassen, damit wir problemlos unter ihnen leben können, oder unseres verfestigen, selbst wenn es bedeutet, dass man uns ewig als Außenseiter betrachtet? Wenn wir Radikale unter Konservativen sind, sollen wir dann unsere Ideen mäßigen? Sie sehen, dass die Frage nach der Adaption die grundlegende älteste Frage ist: *Wer sind wir, und wie sollen wir leben?* Die Frage nach der Essenz ist letztendlich auch eine ethische Frage, sie wirft unweigerlich die alte Auseinandersetzung zwischen richtigem und falschem Handeln auf.

Von den Dichtern, die die Poesie anderer übersetzen, von den Drehbuchautoren und Filmemachern, die aus Worten auf der Seite Bilder auf der Leinwand machen, von all denen, die ein Ding in einen anderen Zustand *übertragen*, können wir das lernen: Eine Adaption funktioniert am besten, wenn sie eine echte Transaktion vom Alten zum Neuen ist und von Personen ausgeführt wird, die beides verstehen und achten, die dem adaptierten Ding helfen können, die Kluft zu überwinden und in einem anderen Licht wieder zu glänzen. Mit anderen Worten, der Prozess sozialer, kultureller und individueller Adaption muss frei sein, nicht starr, wenn er gelingen soll. Wer sich zu fest an den alten Text, an das zu Adaptierende, an das Alte, an die Vergangenheit klammert, der ist dazu verurteilt, etwas hervorzubringen, das nicht funktioniert, ein Unglück, eine Entfremdung, einen Zwist, ein Scheitern, einen Verlust.

Aber diejenigen, die nicht wissen, wer sie sind, sind auch verloren: Menschen, die sich aufopfern, um andere zu erfreuen; Comedians, die keine Witze mehr erzählen, weil sie sich in einer humorlosen Welt befinden; ernste Leute, die anfangen, Witze zu erzählen, da sie fürchten, man könnte sie für humorlos halten; Menschen in einer neuen Situation, in einer neuen Beziehung, in einem neuen Land, die gegen ihre Natur handeln, weil sie meinen, es sich dadurch leichter zu machen.

Ganze Gesellschaften können sich durch einen Prozess schlechter Adaption selbst abhandenkommen. In dem Bemühen, sich selbst zu retten, können sie andere unterdrücken. In der Hoffnung, sich zu verteidigen, können sie genau jene Freiheiten beschädigen, von denen sie glauben, sie würden angegriffen. Mit der Behauptung, die Freiheit zu verteidigen, können sie ihre eigene

Freiheit und die anderer einschränken. Oder in der Absicht, die brutalen Hitzköpfe in ihrer Mitte zu beruhigen, können Gesellschaften versuchen, ihnen Zugeständnisse zu machen, und vermitteln so den brutalen Hitzköpfen den Eindruck, ihre Brutalität und Hitzköpfigkeit führe zu etwas. In dem Wunsch, ein besseres Verständnis unter den Menschen zu fördern, können sie versuchen, Meinungsäußerungen zu verhindern, die für manche Mitglieder der Gesellschaft kränkend sind, und machen somit andere Menschen unmittelbar noch wütender, als sie es bereits waren.

Gesellschaften in Bewegung zu einer Zeit raschen Wandels wie in der Gegenwart sind erfolgreich wie alle guten Adaptionen, wenn sie wissen, was essenziell ist, was nicht aufs Spiel gesetzt werden darf, was alle Bürger als Preis für ihre Mitgliedschaft akzeptieren müssen. Es tut mir leid, es sagen zu müssen, seit vielen Jahren durchleben wir eine Ära schlechter sozialer Adaption, eine Ära von Beschwichtigungen und Preisgaben auf der einen Seite, von arroganten Exzessen und Zwängen auf der anderen. Folglich sind wir in Zeiten von – politischen, ökologischen oder medizinischen – Krisen womöglich schlecht gerüstet, um mit ihnen richtig umzugehen.

Um eine optimistische Note zu wagen: Die Menschheit hat sich als eine Spezies erwiesen, die zu raschen Adaptionen in der Lage ist, wenn sie ernsthaft bedroht ist. Wir brauchen diesen menschlichen Erfindungsreichtum mehr denn je, damit sich unsere Hoffnung auf bessere Zeiten – und bessere Filme! – erfüllt.

ANMERKUNGEN ZUR TRÄGHEIT:
VON SALIGIA ZU OBLOMOW

Saligia

»Saligia«, das sind alle sieben Todsünden, die sich zu einer einzigen zusammenwinden. Ich stelle sie mir wie eine groteske Figur bei Fellini vor, üppig, fleischig und wabbelnd, wenn sie lacht. Die Kamera richtet sich auf sie, und sie bietet ihren riesigen Busen dar. Sie hat schlechte Zähne und fettiges dunkles Haar, das sie straff zu einem Knoten zurückgenommen hat. Wäre sie eine Skulptur, hätte Fernando Botero der Künstler sein müssen, der kolumbianische Bildhauer überdimensionaler Menschen (und Tiere). Pubertierende Jünglinge in vielleicht Federico Fellinis Heimatstadt Rimini oder in einer ähnlichen Stadt fürchten sich vor ihr, aber dieselben Jugendlichen fühlen sich auch unerbittlich zu ihr, zum Duft ihrer mächtigen Brüste, hingezogen. Sie weiht sie in die Geheimnisse des Fleisches ein, und ihre Schwestern sind Cabiria und Volpina und die übrigen. Sie streckt uns ihre Arme entgegen, und wir sind verloren.

Vermutlich wurde sie im dreizehnten Jahrhundert geboren. 1271 erscheint sie gedruckt, in der *Summa hostiensis*, dem Werk eines gewissen Henricus de Bartholomaeis – eines Mannes aus der Hafenstadt Ostia, wo Jahrhunderte später die Hure Cabiria in dem Fellini-Film nachts ihrem Gewerbe nachgehen wird. Bartholomaeis erweckte Saligia zum Leben, indem er die traditionelle Reihung der sieben Todsünden umstellte, die Reihung, die im sechsten Jahrhundert nach Christus in der *Magna Moralia* von Gregor dem Großen niedergelegt war: *superbia, invidia, ira, avaritia, accidia, gula, luxuria*. Hochmut, Neid, Zorn, Geiz, Trägheit, Völlerei, Wollust. Dies sind ihre sieben Bestandteile, aber in Gregors Anordnung *SIIAAGL* ist sie noch nicht erkennbar. Es ist Bartholomaeis, der ihr durch die Neuordnung ihrer DNA Leben einhaucht. Er ist ihr Crick und ihr Watson, ihr Pygmalion. Hochmut, Geiz, Wollust, Neid, Völlerei, Zorn und Trägheit: Mit dieser Sequenz, so erkennt der Mann aus Ostia, lässt sich ihr genetischer Code knacken. *Superbia, avaritia, luxuria, invidia, gula, ira, accidia*: Durch dieses Akronym erwacht Saligia zu wirklichem, fassbarem Leben.

Von den sieben Todsünden ist die Trägheit die größte und schlimmste, sie ist berechtigt, den Abschluss zu bilden, den letzten Platz, den Platz der höchsten Schande, einzunehmen. Accidia, auch *acedia* oder *pigritia* genannt, und ihre Schattenidentitäten, *tristitia*, Traurigkeit, und *anomia*, Erosion der Seele. Fellini ist der Künstler, der genervte Trägheit überragend in Szene setzt. Sein Protagonist ist so gut wie immer eine Art *vitellone*, ein Müßiggänger, manchmal arm, manchmal wohlhabend, immer ein Taugenichts, dessen höchste Inkarnation Mastroianni in *La dolce vita* und in *8½* ist, ein Außenseiter, melancholisch, umherstreifend, teilnahmslos, verloren. Dort geht er, Marcello mit den müden Augen, gut aussehend und schwach, mit einer Zigarette in der Hand und einer Frau an seiner Seite, einer Frau, die er bald verliert. Er schlendert über die Via Veneto, durch schmutzige Seitengassen und wieder hinein in die Welt des süßen Lebens, in die Häuser der Reichen. Er zieht von einer trägen, dekadenten Party zur anderen und leidet am Nichtstun, an der Unfähigkeit, Entscheidungen zu treffen oder sein Leben voranzutreiben, sein Geist ist erstarrt. Ein betrunkener Filmstar, vollbusig, begehrenswert, tummelt sich mit ihm in der Fontana di Trevi, und als er sich bemüht, seine tiefe Apathie zu überwinden und sie zu verführen, scheitert er, und alles, was er für seine Anstrengungen erntet, ist ein verdienter Schlag ins Gesicht von ihrem Freund. Um ihn herum, in den Salons und Restaurants und in der nächtlichen Stadt des rücksichtslosen Fotografen Paparazzo, streifen die Bewohner seiner empfindungslosen Welt, gelangweilte Schönheiten mit hohlem Blick und perfekter Frisur. Diese Verkörperungen der Trägheit sind nicht einfach nur verdammt. Sie befinden sich bereits in der Hölle und tanzen mit Saligia in den Flammen.

Ist Trägheit eine Sünde?

Ein Junge wird in ein fremdes Land, weit weg von zu Hause, auf ein Internat geschickt. Ihm fehlt die robuste, extrovertierte Natur, die sich an solch kalten Orten durchsetzt; er ist scheu, intelligent, klein, unsportlich, feinsinnig, still. Im Handumdrehen begreift er, dass, zählt man seine Fremdheit hinzu, dies die sieben Todsünden des Internatslebens sind, und da er aller sieben schuldig ist, stößt man ihn in die äußere Finsternis; das heißt, ohne auch nur ein Wort gesagt oder irgendetwas getan zu haben, ist er unbeliebt.

Nach wenigen Tagen fühlt er sich unwohl, auf unbekannte Art unwohl. Wenn er am Morgen im Schlafsaal aufwacht, fühlen sich seine Arme und Beine ungewohnt schwer an. Es bereitet ihm tatsächlich Mühe, aufzustehen und sich anzuziehen, doch steht er erst einmal auf den Beinen, verlässt ihn allmählich das beschwerliche Gewicht, und er funktioniert normal. Doch die morgendliche Schwere nimmt von Tag zu Tag zu, und sie zu überwinden, kostet ihn immer mehr Kraft.

Es kommt der Tag, an dem er nicht aufstehen kann. Die anderen Jungen im Schlafsaal, darunter auch der ältere Junge, der die

Rolle des Aufpassers im Schlafsaal hat, verstehen nicht, was er meint, als er über Schwere klagt, und da sie Jungen sind, fangen sie an zu spotten und zu höhnen. *»Ach, du liebe Seit«*, johlen sie und hänseln ihn wegen seines ausländischen Akzents und seiner vermeintlichen Unkenntnis der örtlichen Sprache. *»Oh, oh, die Swere der Glieder!«*

Als seine Hausgenossen herumtollen, hüpfen und seine Trägheit nachäffen, packt den Jungen ein neues Gefühl, und zu seiner Überraschung hat dieses Gefühl eine wohltuende Wirkung auf die erdrückende Last, die ihn ans Bett gefesselt hat. Da das neue Gefühl ihm Stärke gibt, wirft er die Schwere und Lethargie ab, so wie ein Held in einer alten Geschichte den Felsblock beiseiteschieben mochte, unter den seine Feinde ihn eingekeilt hatten. Er erhebt sich mit flammender Seele aus seinem Bett.

Das neue Gefühl ist Zorn. Die anderen Jungen sehen das wütende Flackern in seinen Augen, und der Spott erstirbt auf ihren Lippen. Argwöhnisch weichen sie vor ihm zurück. In diesem Augenblick begreift er, wie er in dieser neuen Welt leben muss. Der Zorn treibt ihn an – er glänzt in der Schule, zumindest im Klassenzimmer; und er dient auch seinem Schutz. Er ist noch immer unbeliebt, aber man geht vorsichtig mit ihm um, als wäre er eine Bombe, die explodieren könnte, wenn sie zu Boden fällt.

Ein Christ könnte sagen, der unglückliche Junge habe eine Todsünde begangen, um eine andere zu überwinden. Er sei also noch in sündhaftem Zustand. Seine Sünde beraube ihn der Fähigkeit zur Nächstenliebe und führe ihn somit fort von Gott. Eine anders religiöse Person (ein Buddhist oder Jaina) würde ihm womöglich raten, er solle nach der Erkenntnis suchen, die die Welt ins richtige Gleichgewicht bringe und den inneren Frieden herstelle. Wieder andere Religionen würden sicherlich mit anderen göttlichen Patentlösungen aufwarten. Doch dem säkularen

Geist, vernunftgesteuert und psychoanalysegeschult, erscheint es falsch, etwas als sündhaft zu bezeichnen, das schlicht eine psychische Störung ist. Trägheit ist nicht Teufelswerk. Sie ist keine Metapher, sie ist eine Krankheit. *Der Teufel findet Arbeit für müßige Hände?* Ja, aber für fleißige Hände findet er sie auch. Oder er täte es, wenn es ihn denn gäbe. Aber es gibt ihn nicht.

Tyrone Slothrop

Die beiden großen, gegensätzlichen Themen im Werk des zurückgezogen lebenden amerikanischen Romanautors Thomas Pynchon sind Paranoia und Entropie. Seine vielen paranoiden Figuren wie Herbert Stencil in *V.* und nahezu alle in *Die Versteigerung von No. 49* sind davon überzeugt, dass ihnen die wahre Gestalt und Bedeutung der Welt verborgen ist und dass immense Kräfte – Regierungen, Konzerne, Aliens – am Werk sind, welche die Welt regieren und ihre Existenz hinter undurchdringlichen Schutzwänden geheim halten. Den Gegenpart zu diesen Charakteren erfüllt eine andere Gruppe von Typen, wie der Seemann Benny Profane und seine Freunde von der »ganzen kaputten Bande« in *V.*, dem das Leben wie ein schwerfälliges, fast katatonisches Biergelage erscheint, das ewig am Ende zu sein scheint, ohne je wirklich zu enden.

Der zweite Hauptsatz der Thermodynamik besagt, dass die Wärme immer von dem wärmeren Körper zum kälteren strömt, sodass allmählich der wärmere Körper weniger warm und der kältere Körper wärmer wird. Überträgt man dieses Prinzip auf den Maßstab des Universums, ist zu vermuten, dass die Wärmeenergie aller warmen Körper – sprich, der Sterne – sich langsam ableitet und sich in die weniger warmen Bereiche verteilt, bis schlussendlich alles im Universum dieselbe Temperatur hat und keine verwendbare Energie übrig bleibt. Der ganze Kosmos wird Opfer einer letalen Schwäche. Genau das beschrieb 1851 William Thomson, der 1. Baron Kelvin (eine echte Person, keine Erfindung von Pynchon), als den »Wärmetod des Universums«. Die universelle Ableitung der Energie würde zu einer Zeit führen, in der alle Bewegung erstirbt. Auch Benny Profanes endloses Biergelage hätte dann ein Ende.

Paranoia wird bei Pynchon als eine Form höherer Vernunft dargestellt: nicht Wahnvorstellung, sondern Erkenntnis. Seine Paranoiker sind Menschen, die sich bemühen, das zu durchschauen, was der Hinduismus *maya*, den Schleier der Täuschung, nennt, der die Menschen daran hindert, die Realität so wahrzunehmen, wie sie wirklich ist. Somit ist Paranoia bei Pynchon eine Art düster-optimistische Sichtweise der Welt, die davon ausgeht, das menschliche Leben habe wahrhaftig einen Sinn; da uns dieser Sinn aber verborgen ist, kennen wir ihn nicht.

Die Metapher der Entropie ist die düster-pessimistische Kehrseite der Paranoia. Die entropischen Themen bei Pynchon legen uns nahe, dass die Welt sinnlos ist, dass all unser Handeln vergeht, dass uns all unsere Energie entweicht und wir dazu verdammt sind, uns langsam bis in die ultimative Absurdität aufzulösen.

Die Figur, in der diese beiden Themen sich vereinen, ist Tyrone Slothrop, der Protagonist in Pynchons vielschichtigstem und ehrgeizigstem Roman *Die Enden der Parabel*. Slothrops Geschichte enthält viele paranoide Elemente – zum Beispiel die geheimnisvolle Konditionierung in seiner Kindheit »jenseits der Null« durch einen gewissen Laszlo Jamf. Vor allem aber ist da die merkwürdige Sache mit der Poisson-Verteilung.

Eine Poisson-Verteilung ist ein statistisches Wahrscheinlichkeitsmaß, das »Voraussagen liefert über die Anzahl des Eintretens seltener, zufälliger und voneinander unabhängiger Ereignisse innerhalb eines bestimmten Intervalls, wenn aus vorangehender Beobachtung bereits bekannt ist, wie viele Ereignisse man im Mittel innerhalb dieses Intervalls erwartet«. In *Die Enden der Parabel* kartiert die besagte Poisson-Verteilung die Orte von Tyrone Slothrops Begegnungen mit Frauen in verschiedenen Londoner Stadtvierteln. Aus unauslotbar tiefen und deshalb verborgenen Gründen sagt diese Karte die Orte voraus, an denen wenige Tage später deutsche V2-Raketen einschlagen werden.

Doch der Charakter Tyrone Slothrop – wenn er denn einen Charakter hat – gehört eher in Pynchons Galerie der Entropiker als in die der Paranoiker, obwohl er Züge von beiden in sich hat. Er ist ein von der Trägheit befallener Streuner, eher passiv als handelnd, und schließlich spaltet sich sein Geist in mindestens vier verschiedene Persönlichkeiten auf, und er verschwindet als Romanfigur. Das ist sein ganz privater Wärmetod.

Wie sieht Slothrop aus? Ich stelle ihn mir groß vor, mager, in einem rot-weiß karierten Holzfällerhemd und engen Jeans, mit Haaren wie Einstein und vorstehenden Bugs-Bunny-Zähnen.

Ich habe Thomas Pynchon einmal getroffen, aber wegen der Bedingungen unserer Begegnung kann ich nicht sagen, ob obige Beschreibung auch auf den Autor zutrifft.

Was ich aber sagen kann, ist, dass der Autor noch nicht entropisch erstarrt ist, sondern weiterhin unglaublich energetische Bücher über den Verlust von Energie liefert. Ich kann ebenfalls sagen, dass der Name Tyrone Slothrop ein Anagramm aus der Phrase »Sloth or Entropy« (Trägheit oder Entropie) ist.

Der Helsingør-Wankelmut

In jeder seiner großen Tragödien bittet uns Shakespeare ziemlich zu Anfang des Stücks eine Frage zu beantworten, die kaum zu beantworten ist. Zum Beispiel: Warum glaubt Othello Jago und kehrt sich gegen seine geliebte Desdemona? Obwohl ihm nicht einmal das angeblich verfängliche Taschentuch gezeigt wird, bringt er seine Frau um, nur weil Jago ihm beteuert, der Beweis existiere.

Auf diese Fragen sind viele verschiedene Antworten möglich. Vielleicht ist Othellos Zorn *(ira)* zu leicht zu entfachen, oder er liebt Desdemona nicht aufrichtig, hält sie aber für eine Trophäe, für ein Sinnbild seiner Ehre (*superbia* im Sinne des *amour propre*, also Prahlerei), und wenn ihre Treue bestritten wird, ist folglich er der Beschämte, der die ehrverletzende Beschuldigung rächen muss. Keine dieser Erklärungen ist absolut richtig oder absolut falsch, aber entscheidet man sich nicht für eine, kann man dieses Stück nicht aufführen.

Vor einigen Jahren machte ich Christopher Hitchens mit einem dummen literarischen Spielchen vertraut: die Shakespeare-Stücke umzubenennen, sodass sie wie Romantitel von Robert Ludlum klingen (*Der Rheinmann-Tausch, Die Bourne-Identität, Der Holcroft-Vertrag* oder allgemeiner Das Irgendwo-oder-Irgendwer-Ding). Das ergibt zum Beispiel »Die Rialto-Sanktion« *(Der Kaufmann von Venedig)*, »Die Taschentuch-Intrige« *(Othello)* und die »Dunsinane-Aufforstung« *(Macbeth)*. Und *Hamlet* würde zu »Helsingør-Wankelmut«.

In *Hamlet* betrifft die Frage das langwierige Zögern des Prinzen von Dänemark, das sich so lange hinzieht, dass es Shakespeares längstes Stück ist. Warum also zögert Hamlet seine Rache so lang hinaus, nachdem der Geist seines Vaters ihm eindeutig erklärt hat, wie er zu Tode gekommen ist? Warum so viele

Ungewissheiten und Abschweifungen? In diesem Fall gibt der Autor selbst die Antwort. Hamlet ist Opfer der Trägheit.

>Ich habe seit kurzem – ich weiß nicht, wodurch – all meine Munterkeit eingebüßt, meine gewohnten Übungen aufgegeben, und es steht in der Tat so übel um meine Gemütslage, daß die Erde, dieser treffliche Bau, mir nur ein kahles Vorgebirge scheint, seht ihr, dieser herrliche Baldachin, die Luft, dies prächtige umwölbende Firmament, dies majestätische Dach mit goldnem Feuer ausgelegt: kommt es mir doch nicht anders vor als ein fauler, verpesteter Haufe von Dünsten. Welch ein Meisterwerk ist der Mensch! Wie edel durch Vernunft! Wie unbegrenzt an Fähigkeiten! In Gestalt und Bewegung wie bedeutend und wunderwürdig! Im Handeln wie ähnlich einem Engel! Im Begreifen wie ähnlich einem Gott! Die Zierde der Welt! Das Vorbild der Lebendigen! Und doch, was ist mir diese Quintessenz von Staube? Ich habe keine Lust am Manne und am Weibe auch nicht ...«

Die *accidia* oder *acedia* lähmt Hamlet, die hoffnungslose Lethargie, die klinische Depression, schaltet den Willen aus und kann durch einen existenziellen Schock ausgelöst werden. Zum Beispiel wenn man erfährt, dass der Onkel den Vater umgebracht hat und die Mutter ihn dann heiratet.

Und sollte diese Trägheit als Sünde aufgefasst werden, dann kann sich daraus ergeben, dass Hamlet, der Sünder, den Tod verdient. Aber das gibt uns Shakespeare nicht zu verstehen. Da er nie ein frommer Autor war, verwirft er alle religiösen Verurteilungen seiner Figuren und führt uns stattdessen eine äußerst weltliche Tragödie vor.

Für und wider die Trägheit

Die Literatur ist durchweg nicht freundlich mit der Trägheit umgegangen.

In der *Divina Commedia* schreibt Dante, wer im Leben nichts zustande gebracht habe, dem werde nicht einmal der Zutritt zur Hölle gewährt.

Der römische Liebesdichter Gaius Valerius Catullus spricht zu sich selbst:

> Otium, Catulle, tibi molestum est:
> Otio exsultas nimiumque gestis.
> Otium et reges prius et beatas
> Perdidit urbes.

> (»Müßiggang ist schädlich für dich, Catullus:/Macht dich ausgelassen und allzu üppig./Öfters schon ward Fürsten und mächt'gen Städten Muße verderblich.«)

Michel de Montaigne preist Kaiser Vespasian, da er sein Reich noch vom Sterbebett aus regierte: »Ein Kaiser muss aufrecht sterben«, sagt er. »Die Aufgabe eines Herrschers ist keine Einladung zum Müßiggang.«

In Conrads *Der Nigger von der »Narcissus«* erkrankt der Titelheld James Wait, ein schwarzer Seemann von den West Indies, auf der Schiffsreise von Bombay nach London an Tuberkulose, und man fragt ihn, warum er sich überhaupt auf eine solche Reise begeben habe, da er doch gewusst haben müsse, dass er krank sei, und er gibt die berühmte Antwort: »Ich muss leben, bis ich sterbe, oder?«

Ich muss leben, bis ich sterbe. Die Aufgabe eines Herrschers ist kein Müßiggang. Bei Montaigne und Conrad sowie bei Dante und Catullus ist die Trägheit ausnahmslos verwerflich. Handeln ist eine Tugend, Nichthandeln ein Übel, das ist alles.

Ich bin dem Schriftsteller Nassim Nicholas Taleb sehr dankbar, dass er mir eine andere Auffassung gezeigt hat: »George Spencer Brown«, schreibt er, »hat den berühmten Satz über Sir Isaac Newton gesagt: ›Um zu der einfachsten Wahrheit vorzudringen, wie Newton sie kannte und praktizierte, ist jahrelange Kontemplation gefordert. Nicht handeln. Nicht überlegen. Nicht rechnen. Keinerlei Geschäftigkeit. Nicht lesen. Nicht sprechen. Keinerlei Anstrengung. Nicht denken. Nur im Kopf behalten, was man wissen muss.‹« Taleb fährt fort mit der Wertschätzung einer geistigen Aktivität, die er »lungern« oder »herumlungern« nennt: »… untätig, aber nicht im Zustand der Untätigkeit sein … Lungern ist das, was Kinder ohne Helikopter-Mütter nach der Schule tun.« Und er erklärt weiter: »Ich lungere, wenn ich gelangweilt bin und mir hervorragende Ideen kommen! Manche sind sogar brauchbare Produktideen, mit denen man mächtig Geld verdienen könnte.«

Was sagst du dazu, Montaigne?

(Aber merken wir an: Montaigne, der Verfasser von »Wider die Nichtstuerei«, bezichtigte sich selbst der Trägheit, allein deshalb habe er nur kurze Essays statt langer Bücher geschrieben.)

Und nun kommen wir zu De Quincey. Ah, der englische Opiumesser, der sich seiner Trägheit nicht im Geringsten schämt, der seinen Opiumkonsum und seine daraus folgenden Halluzinationen als »nützlich und lehrreich« beschreibt. Bescheiden nennt er sich einen »Philosophen« und ein »intellektuelles Wesen« und ist sich keiner Schuld bewusst. Er schildert uns seine Opiumträume, die mit ihren vielen Phantasmagorien gut genug sind, um auch die Anhänger schlimmster Schauermärchen zufriedenzustellen. Doch dann sagt er über Südasien, über mein Ursprungsland, es sei »grausam«, von seinen Kulturen könne er nicht »ohne Schauder« hören, und der einzelne Mann in diesen Regionen sei »nicht mehr als ein Unkraut«.

Hier spricht der Mann, nicht die Droge. »[In China] erschrecken mich die Art der Lebensführung, die Sitten und diese Schranke äußersten Abscheus, die zwischen uns [und Chinesen] durch Gefühle aufgerichtet ist, die so tief liegen, dass sie keiner Analyse mehr zugänglich sind. Lieber wollte ich mit Mondsüchtigen oder unvernünftigen Tieren zusammenleben«, sagt er uns – sagt er *mir*. Nach diesem Bekenntnis erscheint die Darstellung seiner Halluzinationen völlig uninteressant, trotz all der Affen, Papageien und Götter, ganz zu schweigen von dem berühmten schielenden, ihn ständig verfolgenden Krokodil, das Symbol allen Östlichens, das er für so abstoßend hält.

Das Problem liegt nicht im Opium, sondern im Esser. Wie der alte Seemann Singleton in *Der Nigger von der »Narcissus«* sagt: »Die Schiffe sind alle recht. Die Leute darauf machen's aus!« Es gibt schlimmere Sünden als die Todsünden. Engstirnigkeit steht ganz oben auf der Liste.

Oblomowschtschina

Der beste, stärkste, lustigste und tiefgründigste Fall von Trägheit, ohne den die Betrachtung des Themas unvollständig wäre, lässt sich in einem einzigen Wort zusammenfassen: Oblomow.

Ilja Iljitsch Oblomow, der trägste aller faulen russischen Landadligen des neunzehnten Jahrhunderts und der Held – ja, der Held – von Iwan Alexandrowitsch Gontscharows Roman, der seinen Namen trägt, ist das genaue Gegenteil von Prousts schlaflosem Marcel. Wir wissen, dass Marcel lange Zeit früh zu Bett ging und dann eine unzumutbare Ewigkeit und viele Dutzende mit langen Sätzen gefüllte Seiten brauchte, um wirklich einzuschlafen. Oblomow hingegen liegt den ganzen Tag im Bett, manchmal hellwach, manchmal schläfrig; er braucht hundertfünfzig Seiten – nicht, um einzuschlafen, sondern um aufzustehen. Als er schließlich tatsächlich das Bett verlässt, ist er nicht in wohltuende Rhythmen Proust'scher Sätze gehüllt; er ist nicht in besinnlicher Stimmung, sondern wütend, und der Grund für seinen Zorn ist eindeutig. Sein leidgeprüfter Diener Sachar ist schuld, denn er hat letztendlich die Geduld mit seinem Herrn in der Horizontale verloren, und Oblomows Zorn über den Mann drückt sich in kurzen schroffen Äußerungen aus.

> »Stehen Sie auf! Stehen Sie auf!‹, schrie er aus vollem Halse und packte Oblomow mit beiden Händen am Schoß des Schlafrocks und am Ärmel. Schnell und unerwartet sprang Oblomow auf die Beine und stürzte auf Sachar los.
> ›Bleib stehen, ich werde dich lehren, deinen Herrn zu stören, wenn er schlafen möchte!‹, sagte er.«

Wir verstehen Oblomows Trägheit, seine *Oblomowschtschina*, seinen Oblomowismus oder auch seine Oblomowerei, nur zu gut als das Ergebnis seiner verwöhnten, verweichlichten Kindheit oder als Metapher für den Verfall und die Erstarrung seiner Klasse, aber diese enge Auslegung geht am Wesentlichen vorbei – es besteht darin, dass wir alle einen kleinen Oblomow in uns haben, der sich danach sehnt, den Rest seines Lebens faul, von allen Verantwortlichkeiten und Sorgen befreit zu sein und – ja – als glücklicher Schmarotzer leben zu dürfen. Oblomow weiß, dass sein fernes Landgut in Schwierigkeiten ist, dass er sich um die Finanzen kümmern müsste und dass er wirklich, ja wirklich, tausend Meilen reisen sollte, um die Probleme anzugehen. Aber nein! Wie Bartleby, sein amerikanischer Nachkomme, möchte er das lieber nicht. Und wieder, obwohl er verliebt und die junge Olga entzückend ist und er wirklich heiraten sollte, schiebt er die Entscheidung auf, bis sie sie für ihn fällt und die Verlobung löst. Er ist zögernder Hamlet und ebenso Bartleby, und er ist so wie wir alle. Wir betrachten den Zustand der Welt und wollten, wir könnten uns unter der Bettdecke verstecken. Oblomow versteckt sich für uns. Wir betrachten das andere Geschlecht, und es überfordert uns. Oblomow zieht sich in unserem Namen von ihm zurück. Wir kennen unsere Probleme und wünschten, sie wären tausend Meilen entfernt. Oblomow verlagert sie dorthin und weigert sich, sich ihnen zu stellen, das können wir nicht, aber wir wünschen uns, wir könnten es. Der Oblomowismus rechtfertigt unsere Trägheit und erkennt sie an.

Linda Evangelista

Linda ist ein Supermodel. Nein, Linda ist *das* Supermodel. Hier sind die wichtigen Fakten über sie.

Sie ist in der Modebranche als das Chamäleon bekannt, in Wirklichkeit ist sie aber keine Echse.

Man nannte sie einmal die Gründerin der Vereinigung der Supermodels, aber in Wirklichkeit existiert so eine Gewerkschaft nicht.

Sie sagte 1990 zu Jonathan Van Meter, einem Journalisten der *Vogue:* »… für weniger als 10 000 Dollar am Tag wachen wir [die

Supermodels] gar nicht erst auf.« Das wird oft falsch zitiert mit: »Für weniger als 10 000 Dollar am Tag stehe ich nicht auf.«

In diesem Satz sind, egal in welcher Version, drei der sieben Todsünden vereint, *superbia*, *avarita* und *accidia* – Hochmut, Geiz und Trägheit; eine normale Reaktion auf diesen Ausspruch und auch auf Miss Evangelista könnte Elemente von *luxuria*, *invidia* und *ira* enthalten, also Wollust, Neid und Zorn. Fehlt nur noch *gula*, die Völlerei. Nicht schlecht!

Ilja Iljitsch Oblomow und Linda Evangelista

Ich stelle mir die beiden in getrennten, nebeneinanderstehenden Betten in einem lichterfüllten, von Blumenduft durchströmten Rokoko-Schlafgemach vor. Oblomow bemüht sich angestrengt, nicht die Nachrichten über die finanziellen Dringlichkeiten zu lesen, die ihm sein Diener bringt. Linda, die vorgibt zu schlafen, wartet darauf, dass das Telefon klingelt und ihr ein Angebot gemacht wird, das die 10 000 Dollar übersteigt, damit sie aufstehen kann.

Das Telefon klingelt. Das Angebot ist für Oblomow. Er erhält zehntausend Dollar, wenn er sich bereit erklärt, das Bett zu verlassen. Das Angebot ist hoch genug, um alle Schulden seines Landguts zu begleichen und für den Rest seines Lebens sich sorglos zurückzulehnen.

Er schlägt das Angebot aus. »Lieber nicht«, sagt er.

Sie bleiben im Bett. Oblomow ist zufrieden und schläfrig. Linda ist unglücklich, angespannt, mit weit offenen Augen. Aber der Charakter des Menschen ist sein Schicksal, wie Heraklit sagte, und sie beide sind dem schrecklichen Schicksal ausgeliefert, sie selbst sein zu müssen. Der Tag verstreicht. »Hier liegen wir«, sagen sie in Gedanken und wiederholen dabei fast Martin Luthers Worte auf dem Reichstag in Worms. »Und wir können nicht anders.« Sie bewegen sich nicht.

Der Diener Sachar trägt das Essen auf einem verbeulten Silbertablett herein. Doch *accidia*, die Sünde der Trägheit, hat sie beide fest im Griff – Linda, weil sie keinen Telefonanruf bekommen hat, und Oblomow trotz des einen, den er bekam –, und sie essen nicht.

HANS CHRISTIAN ANDERSEN

Laut dem großen deutschen Kritiker Walter Benjamin entstanden die Erzählung und der Roman nicht am selben Ort. Die Erzählung, so sagt er, ist ein kollektiver Akt, eine Erzählung aus vielen Mündern, niedergeschrieben von vielen Händen, weitergegeben von Hand zu Hand, von Mund zu Mund, über Generationen. Mit dieser Definition ist die Erzählung dem heiligen Gral der Literaturkritik am nächsten, dem Text ohne Autor. Werden Erzählungen gesammelt und kodifiziert und hält man diese oder jene Version für kanonisch, ordnen wir ihnen manchmal Autoren zu. Der *Ilias* und der *Odyssee* fügen wir den Autorennamen Homer an, dem *Mahabharata* und dem *Ramayana* die Namen der Dichter Vyasa und Valmiki. Diese Schriftsteller mögen gelebt haben oder auch nicht, und falls ja, sind die Ursprünge ihrer Geschichten viel älter als die Geschichten selbst. Die Erzählung wird von allen erzählt und gehört niemandem.

Walter Benjamin hingegen erklärt: »Es hebt den Roman gegen alle übrigen Formen der Prosadichtung – Märchen, Sage, ja, selbst Novelle – ab, dass er aus mündlicher Tradition weder kommt noch in sie eingeht. Vor allem aber gegen das Erzählen. Der Erzähler nimmt, was er erzählt, aus der Erfahrung; aus der eigenen oder berichteten .... Der Romancier hat sich abgeschieden. Die Geburtskammer des Romans ist das Individuum in seiner Einsamkeit...« Es lässt sich noch anmerken, dass die Erzählung aus einer Wahrnehmung von Gemeinschaft, von einer Örtlichkeit erwächst; und der Roman aus einem Empfinden für die Nation. Deutsche Geschichten, wie die Brüder Grimm sie gesammelt haben, stammen aus dem Schwarzwald; deutsche Literatur stammt aus Deutschland.

Trotz dieser sehr unterschiedlichen Ursprünge stand lange Zeit in den meisten hervorragenden Romanen das starke Interesse am Geschichtenerzählen im (oder fast im) Mittelpunkt. Werke von Dickens, Austen oder Thackeray kann man unmöglich lesen, wenn man nicht versteht, dass für die Romanautoren des achtzehnten und neunzehnten Jahrhunderts das Erzählen das Movens des Romans war. Viele dieser Romane waren äußerst lang und benötigten einen kraftvollen Handlungsstrang, der sie vorantrieb. Ich habe von diesen Schriftstellern gelernt, niemals zu vergessen, was eine gute starke Geschichte für ein Buch bedeutet. Wenn du ein großes Auto baust, habe ich immer gedacht, dann statte es mit einem großen Motor aus.

Grob verallgemeinernd lässt sich sagen: Im zwanzigsten Jahrhundert, ungefähr zur Hochzeit der Moderne, löste sich der Roman von der Erzähltradition. Meine Bewunderung für *Ulysses* und für *À la recherche du temps perdu* ist groß, aber niemand kann ernsthaft behaupten, diese beiden Bücher hätten einen Plot. Bei Joyce und Proust nimmt die Erzählung hinter Form, Charakter, Sprache, Psychologie und Gesellschaftsporträt den zweiten Platz ein.

Die Loslösung dessen, was man literarische Fiktion nennt, von der Erzähltradition erschien mir immer unnötig und nachteilig. Die populäre Fiktion, die Trivialliteratur, vergisst nie, eine Geschichte zu erzählen. Diese Bücher hängen entscheidend von spannenden Narrativen voller Angelhaken, Geheimnissen und Dramatik ab. Ich bin seit jeher der Auffassung, dass für die seriöse Literatur kein Anlass besteht, auf diese Dinge zu verzichten. Und mit großem Interesse habe ich verfolgt, dass in der Literatur der etwa letzten fünfzig Jahre ein neues, wachsendes Interesse an der alten Erzählkunst entstanden ist – selbst in ihren ältesten Ausprägungen, dem Mythos, der Legende, der Fabel und dem Märchen.

Für diese Art zeitgenössischer Literatur ist Hans Christian Andersens Werk ein bedeutender Wegweiser. Die Sage, das Märchen oder die Fabel hatten in ihrer europäischen Erscheinungsform oft eine Moral. Sei nicht gierig, lautet die Moral des Grimm'schen Märchens von dem Fischer, seiner Frau und dem sprechenden Butt. Interessanterweise geht es in vielen indischen Volksmärchen viel weniger um Moral. In den großen Narrativen des *Ramayana* und des *Mahabharata* sind die Helden nicht ohne Makel, und ihre Gegner sind nicht zwingend Schurken, sondern besitzen ebenfalls heldische Tugenden. Auch Homer wusste das. Hektor, der Trojaner, der im Duell gegen den Griechen Achill unterliegt, ist der schwächere Krieger, aber in vielfacher Hinsicht ein besserer Mensch.

Moderne Schriftsteller, die sich von Fabeln und Volksmärchen inspirieren ließen, haben im Allgemeinen auf die simple Moral beispielsweise eines Äsop verzichtet. Italo Calvino ist ein Fabulierer und ein Sammler von Volksmärchen, aber er ist kein Moralist. Trenne die Fabel von ihrer Moral, und du bekommst, was ein bisschen irritierend als magischer Realismus bekannt wurde, einen Stil, dem auch ich mich verschrieben habe.

Was mich an Hans Christian Andersens Märchen, an ihrer Einordnung auf dieser literarischen Strecke zwischen Vergangenheit und Gegenwart, interessiert, ist, dass sie in beide Richtungen weisen, zurück auf die religiöse, strenge Gut-und-Böse-Moral der Vergangenheit – auf die kollektive Stammesweisheit, wenn man so will – und nach vorne auf die brüchigen Zweideutigkeiten des modernen, individualistischen Empfindens: auf das, was Benjamin die Empfindungen des Romanciers nannte.

Manche Geschichten sind ganz offen – man könnte sagen, konservativ – religiös, da sie wie zum Beispiel in »Die roten Schuhe« fromme Tugenden der Teufelei gegenüberstellen. In der »Kleinen Meerjungfrau« kann die romantische Liebe der Heldin für den Prinzen nicht triumphieren. Aber ihre Selbstlosigkeit, ihre größere Sorge um andere als um sich selbst bringt der Meerjungfrau den göttlichen Segen ein und gewährt ihr eine Chance auf Unsterblichkeit.

Doch in anderen Märchen wird Andersens Moralität befremdlicher. Die Prinzessin in »Die Prinzessin auf der Erbse«, die fähig ist, eine einzige Erbse unter vielen, vielen Matratzen zu erspüren, und sich durch sie gestört fühlt, wird für ihre »Empfindlichkeit« gelobt, die sie als wahre Prinzessin ausweist. Liest man dieses Märchen heute, folgern wir vielleicht weniger freundlich, dass die Prinzessin ein verwöhntes Gör und womöglich eine Nervensäge ist.

In »Des Kaisers neue Kleider« ist die Aufmerksamkeit des Märchens mehr darauf ausgerichtet, dem Kaiser und seinen Höflingen ihren wohlverdienten Denkzettel zu verpassen, als die Betrüger zu bestrafen, die das nicht existierende Gewand »gewebt« und sich mit viel Geld davongemacht haben. Sollten sie tatsächlich für ihr Vergehen bestraft werden, so wird es im Märchen nicht erwähnt.

Noch finsterer und deshalb moderner ist das moralische Universum in »Das Feuerzeug«. Gleich zu Anfang der Geschichte tötet der Protagonist die Hexe und denkt sich nichts dabei; am Ende der Geschichte heiratet die Prinzessin den Helden, obwohl die riesigen Hunde, durch das Feuerzeug herbeigezaubert, gerade ihre Eltern getötet haben. Das ist wirklich sonderbar und darum für unsere zeitgenössische, desillusionierte Sensibilität von großem Interesse. Die Unmoral der Geschichte macht sie für uns anziehender, als es eine eindeutige moralische Botschaft vermag.

Zwei der größten Märchen von Andersen sollen diese Gegensätzlichkeit beleuchten. »Die Schneekönigin«, eine wirklich beängstigende Geschichte, erfreut den Leser durch ein glückliches Ende. Gerdas Liebe lässt den Eissplitter in Kays Eisherz schmelzen, und als sie ihn zu Tränen rührt, spülen sie den anderen Splitter aus seinem Auge. Trotz all der Schrecken in der Geschichte ist sie im Wesentlichen der konventionellen Märchentradition zuzuordnen.

Doch »Der Schatten«, für mich das größte von Andersens Märchen, geht eher kafkaesk aus, statt sie lebten glücklich bis ans Ende ihrer Tage. Der Schatten, der sich von dem Mann gelöst hat, ersetzt nicht nur den Menschen mit seinen Gefühlen für die Prinzessin, sondern die Prinzessin und der Schatten lassen den echten Mann an ihrem Hochzeitstag hinrichten. Hier ist keine Spur von Walter Benjamins Idee eines traditionellen Erzählers. Das ist die einsame, individuelle, dunkle Sicht eines modernen Schriftstellers.

Hans Christian Andersen steht in der fantasiereichen Fabuliertradition, die von den antiken Geschichten bis zu Kafka reicht. Das ist der beste Maßstab für seinen Wert.

KING OF THE WORLD VON
DAVID REMNICK

Ich bin nie zu einem von Alis Kämpfen gegangen, aber ich habe ihn zweimal gesehen. Das erste Mal im Jahr 2000, etwa zwanzig Jahre nach seiner Niederlage in seinem letzten Kampf gegen Trevor Berbick (gegen wen?), zehn traurige Runden, was ihm niemals hätte passieren dürfen gegen einen Gegner, den er früher selbst mit geschlossenen Augen und einer Hand hinter dem Rücken ohne Probleme geschlagen hätte, wie der Feige Löwe sagen könnte. Aber jene Tage der löwenhaften Erhabenheit waren längst vorbei, und zwei Jahrzehnte nachdem Berbick (wer?) Alis Karriere beendet hatte, besuchte ich einen Freund in Los Angeles, und als wir gemeinsam eine Reinigung in West Hollywood betraten, um dort einige Kleidungsstücke abzuholen, stand Ali da, nur mit einer kleine Entourage, und wartete wie jeder andere darauf, dass seine Anzüge an dieser motorisierten Schiene auftauchten.

Er war nicht irgendwer, und alle Leute in der Reinigung machten große Augen und waren sprachlos, auch ich, aber mein Freund war so forsch, ihm Hallo zu sagen, wie geht's, und Ali lächelte zögerlich und streckte ihm eine große zitternde Hand entgegen. Gut, sagte er, sehr gut, was ganz offensichtlich nicht stimmte. Wie konnte es sein, dachte ich wie so viele von uns, dass der beste, schnellste, bestaussehende Boxer aller Zeiten so blöd gewesen war, zu lange geboxt zu haben, so lange, bis der nicht mehr zu behebende Schaden eingetreten war. Aber sie alle kämpfen zu lang. Selbst die klügsten. »Deine Hände können nicht berühren, was deine Augen nicht sehen können«, sang er damals, aber selbst der schwebendste Schmetterling, die stechendste Biene werden irgendwann langsamer, und dann setzt es einen Schlag, einen harten, und schon ist der irreparable Schaden angerichtet.

»Was machen Sie in L. A.?«, fragte ich ihn, obwohl ich die Antwort bereits ahnte. Der Filmregisseur Michael Mann drehte die Filmbiografie *Ali* in diesem Jahr in der Stadt, mit Will Smith in der Hauptrolle. Das hatte sicherlich etwas damit zu tun. Ali grinste schelmisch. »Ich bringe Mr. Will Smith den Ali-Shuffle bei«, sagte er. »Ich bringe diesem Jungen bei, wie man tanzt.« Dann nahm er seine Anzüge, ging hinaus, und der Sternenglanz in den Augen aller trübte sich und verlosch, und ich habe ihn nie wieder getroffen.

Aber ich habe ihn gesehen. Einige Jahre später war ich eines Nachmittags im Yankee Stadium und saß vielleicht zwanzig Reihen hinter der Third Base und wartete auf den Spielbeginn, als sich ein lautes Johlen auf der anderen Seite des Stadions erhob, und da war er, er saß auf einem Golfcart und wurde einmal um das Spielfeld gefahren, wobei er winkte und nickte, und sein Name ertönte aus den Lautsprechern.

MUUUUHAMMAD ALIIIIIIIIII!!!!!!!!!!!!!!!!!!!!!!

»Begrüßen Sie ihn«, forderte uns der Großbildschirm auf, und das taten wir, aber unter all den Applaus und die ALI!-ALI!-Rufe mischten sich doch tatsächlich viele Buhs. Nicht so viele Buh- wie Jubelrufe, aber doch viele. Genügend, um verstörend zu sein. Nach all dieser Zeit, nach der Rückkehr des Helden aus dem Exil, um seine Krone zurückzugewinnen, nach »the Rumble in the Jungle« und dem »Thrilla in Manila«, »Ali, boma ye« und »This'll shock and amezeya/I'm gonna defeat Joe Frazeya«, selbst nach den langen Jahren der ihn schwächenden Parkinson-Krankheit gab es noch immer Leute, für die seine Weigerung, in Vietnam zu kämpfen (»I ain't got no quarrel with them Viet Cong«) [»Ich habe keinen Ärger mit den Vietcong«], seine Verbindung zu Elijah Muhammad und Malcolm X und die ganze große Herausforderung, zu der Ali sein Leben gemacht hatte – diese Dinge, die ihn für viele Amerikaner und noch viel mehr in der ganzen Welt zum Helden machten, sie waren für die Buhrufer noch immer unverzeihlich.

Bis Ali den Ring betrat, hatte mich Boxen gar nicht interessiert. Ich kannte ein paar Namen, Louis, Dempsey, Floyd Patterson, Ingemar Johansson, aber ich machte mir eigentlich nichts aus den Kämpfen. In Bombay schauten wir lieber Wrestling, und mein Held war der berühmte Wrestler Dara Singh. Nur einmal zu Schulzeiten hatte man mich in den Boxring gezwungen. Angsterfüllt flüsterte ich meinem Gegner zu: »Wenn du es ruhig angehen lässt, versuche ich, dich nicht zu treffen.« Okay, er nickte. Dann schlug ich ihm in der ersten Minute unseres Kampfs durch puren Zufall auf die Nase, und er drosch in mörderischer Absicht auf mich ein. Nie wieder beging ich den Fehler, in einen Ring zu steigen.

Jedenfalls war für die jungen Leute meiner Zeit dieser gut aussehende junge Boxer mit der großen Klappe – die »Louisville Lip« [Die Lippe von Louisville], »Cass the Gas« [Cass der Irre] – eine Freude und ein Zauber. Ich war sechzehn, als JFK ermordet wurde, und noch immer sechzehn, als drei Monate später der zweiundzwanzigjährige Cassius Clay wider alle Erwartung Sonny Liston schlug und Weltmeister im Schwergewicht wurde, er schlug ihn nicht nur, er demütigte ihn. Und als er seiner Einberufung zum Militär widersprach, als er sich weigerte, nach Vietnam zu gehen, seinen Titel opferte, das Gefängnis riskierte, alles aufs Spiel setzte, aus Prinzip, wurde er, ja, »awesome«. In jenen Tagen bedeutete das Wort noch, was es bedeuten sollte, »große Bewunderung, Ehrfurcht einflößend«, und genau das tat Ali. »One two three, what are we fightin' for«, sangen wir mit Country Joe and the Fish, und Ali, der Kämpfer, erreichte durch seine Weigerung zu kämpfen einen Heldenstatus, den er im Ring niemals hätte erreichen können, selbst wenn er, wie er sagte, der Größte war.

Die »Sixties« waren voller Wahnwitz. Die Drogen waren dumm, der Östliche-Weisheits-Unsinn der Hare-Krishna-Bewegung war dumm, und der Vietnamkrieg war überhaupt das Dümmste von allem. Doch inmitten all dieser Dummheit fand sich ein Mut, der die Welt veränderte, feministischer Mut, der Mut der Bürgerrechtsbewegung und der Mut des Muhammad Ali; und die Lektion, die wir von den »Sixties« lernten, wenn wir dafür nicht zu »stoned« waren, ging aus der Erkenntnis hervor, dass wir durch persönliche, direkte Aktion uns die Welt gefügig machen, die Gesellschaft neu ordnen, sie besser machen, ihr bessere Musik, höhere Ideale und Freiheit geben konnten. Und Ali spielte bei all dem eine große Rolle.

Wie David Remnick uns in *King of the World* erzählt, war Ali der erste Schwergewichts-Champion, der sich den Fängen der Mafia entzog, was ihn zum Vorbild für andere werden ließ, sodass der Boxsport sich von den Gangstern befreien konnte. Diese Umwälzung blieb damals für das allgemeine Publikum weitestgehend unsichtbar, aber Alis Unverfrorenheit, seine Weigerung, ein guter Schwarzer zu sein (so wie Floyd Patterson, jedenfalls Alis Meinung nach), das schreiende halb verrückte Großmaul, all das hörten wir, und die Kraft seiner Fäuste bestätigte das. Und seine Vietnam-Verweigerung, den langen Kampf, den er bis zum Supreme Court auf sich nahm und gewann, da er trotz des erheblichen Drucks aus dem Weißen Haus die Richter von seiner Position überzeugen konnte: Das machte ihn zum Teil der Gegenkultur, obwohl er sicherlich das meiste, was die Gegenkultur in ihrer Freizeit tat, nicht gutgeheißen hätte. (Remnick zeigt uns sehr gut Alis puritanische Seite.)

Ich erinnere mich an Alis Autobiografie *Der Größte: Meine Geschichte*, die ich kurz nach ihrem Erscheinen las. Es ist kein gutes Buch, geschrieben von einem schlechten Ghostwriter; *King of the World* vollbringt, neben vielen anderen Vorzügen, auch die Leistung, Alis Geschichte besser und wahrheitsgetreuer zu erzählen, als er es selbst getan hat.

In *Der Größte* erzählt Ali, man habe sich geweigert, ihn in einem Restaurant in Louisville zu bedienen – er war gerade mit seiner Goldmedaille um den Hals von den Olympischen Spielen heimgekehrt –, und er sei über den Rassismus in der Stadt so außer sich gewesen, dass er seine Medaille in den Fluss geworfen habe. Selbstmythisierung gehörte zu Alis Handwerkszeug, und Remnick stellt klar, dass diese Geschichte nicht stimmt, und dass sie dennoch ins Buch aufgenommen worden sei – trotz Toni Morrison als Lektorin bei Random House –, habe viel mit Elijah Muhammad und der Nation of Islam zu tun gehabt, die wollten, dass Ali sich so darstellte: als Schwarzer, der sich der Kultur des weißen Mannes verweigert. Eine der größten Stärken von *King of the World* ist die Beschreibung von Alis Beziehung zu der Nation of Islam, diesem von Elijah Muhammad zusammengebrauten, halb schwachsinnig-komischen, halb finsteren, proto-scientologischen Islam-mit-Raumschiffen, der Ali durch seine segregationistische Klarheit faszinierte (weißer Mann schlecht, schwarzer Mann gut), was zur Folge hatte, dass Ali sich von der Bürgerrechtsbewegung und ihren Anführern fernhielt, da sie seiner Ansicht nach das Spiel des weißes Mannes mitspielten. Er predigte auch einen sexuellen Separatismus, dem er sich vielleicht zwangsläufig selbst nicht unterwarf. Remnicks Darstellung der verschlingenden, erstickenden Aufdringlichkeit der Nation-Leute und Alis Abhängigkeit von ihnen ist hervorragend. Sein Bruch mit Malcom X, als Malcolm und Elijah sich entzweiten, ist ein Schlüsselmoment in dieser Geschichte. Remnick erklärt auch eindeutig, dass Alis Auffassung des Islam dazu führte, dass er die Frauen in seinem Leben ziemlich unterdrückte, ja, sogar recht unfreundlich behandelte. Das ist ausdrücklich keine Heiligengeschichte, und an Alis Fehlern bleibt kein Zweifel; aber sie machen ihn menschlich, ebenso wie Sonny Liston durch seine vielen und größeren Schwächen menschlicher wird.

Auf diesen Seiten wird Liston als ein Charakter lebendig, der begreiflicher ist, als ich es irgendwo sonst über ihn gelesen habe. Wir erinnern uns an Liston als den Schrecken verbreitenden Koloss, als den Killer, als das sprachlose Ungeheuer, von dem Clay hätte eingeschüchtert sein sollen, es aber geheimnisvollerweise nicht war. Wir erinnern uns an die damaligen Sportreporter, die einhellig fürchteten, Clay könne in diesem Kampf schwer verletzt, wenn nicht gar tödlich getroffen werden. Aber Liston, der Mensch, kam bislang kaum vor. Auf Remnicks Seiten erkennen wir den beschädigten, wortkargen, ungebildeten Mann – gefangen in seiner Gefühllosigkeit, gemanagt von Gangstern –, dessen einzige Sprache die Sprache seiner Fäuste war. Eine beachtliche Errungenschaft dieses Buchs ist, dass Liston uns fast genauso sympathisch wird wie Clay: sein tragisches Schweigen im Gegensatz zu Alis heroischer Redegewandtheit, sein Verhängnis und sein Abstieg in die Armut als Gegengewicht zu Clays/Alis Verabredung mit dem Schicksal.

In dem Cassius Clay, den wir hier zu Anfang kennenlernen, scheint ein Anflug von Verrücktheit zu stecken, etwas ernsthaft Unausgewogenes hinter all diesem großmäuligen Geschrei, aber wieder führt uns David Remnick hinter die Fassade und zeigt uns, wie Ali sich mit dem Gegeifer selbst motivierte, die Angst und die Gedanken an eine Niederlage bannte, bis der Sieg die einzige Möglichkeit blieb, und auch wie kalkuliert er es einsetzte. Er wusste, er war ein Kassenschlager, und sein Mundwerk brachte die Dollars ein. Aber fern der Kameras war er der abso-

lute Profi. Er trainierte und trainierte und trainierte. Auch dies ist
ein Ali, den wir bisher nicht so klar gesehen haben, Training non-
stop, Leistungsbereitschaft, harte Arbeit: Der Mann, der die
Spitze erreichte, da er wusste, wie mühsam sie zu erringen war,
und der all die Stunden hineinsteckte, um Talent in Ruhm zu verwandeln.

Es war die Ära großer Sportjournalisten, und Remnick erwähnt
einige, doch mit diesem Buch stellt er sich mit ihnen in eine
Reihe – Plimpton, Talese, Mailer und andere. Über das Schreiben
zu schreiben bereitet ihm Vergnügen, er offenbart den Part der
Autoren bei der Erschaffung von Boxermythen, von Helden
und Schurken, von Aufstieg und Niedergang. Und in seiner Beschreibung der beiden Ali-Liston-Kämpfe wird seine Prosa überragend. Er führt uns mitten hinein in den Wettkampf, als befände
er sich unmittelbar am Ring, als hörte er die Schläge niederpras-
seln, als wäre er von Schweiß und Blut gesprenkelt und als schil-
derte er ihn uns von innen heraus. Es ist mit das Beste, das ich
je über einen Wettkampf gelesen habe, und wir begreifen Alis
Aufstieg zur Spitze, Augenblick für Augenblick – sein Tänzeln,
Listons wilde Hiebe in die Luft, Alis Schläge, die ihr Ziel treffen,
den Schock, als Liston sich weigert, von seinem Hocker aufzustehen (erster Kampf) oder von der Matte (zweiter Kampf), die
Wahrheit über die illegale Substanz auf Listons Boxhandschu-
hen, die in Alis Augen drang und ihn halb blind machte (erster
Kampf), und über den »Phantom Punch«, der alles ein für alle
Mal beendete (zweiter Kampf). Und der junge Champion, der
den großen Sportreportern entgegenschreit, die ihm in ihren Ar-
tikeln eine Niederlage vorausgesagt hatten: »Eat your words! Eat
your words!«, »Nehmt das zurück!« Kurzum: Es ist ein Knock-
out.

NUN GUT, SO WIDERSPRECH ICH
MIR SELBST

In Tom Stoppards Theaterstück *Jumpers* sagt der Protagonist, der Philosoph George Moore: »Als Wittgenstein einen Freund auf dem Flur traf, forderte er ihn auf: ›Sagen Sie mir, warum die Leute immer meinen, es sei für den Menschen *natürlich* anzunehmen, die Sonne drehe sich um die Erde, und nicht dass die Erde sich drehe.‹ Sein Freund antwortete: ›Nun ja, weil es offenbar so *aussieht*, als drehte sich die Sonne um die Erde.‹ Woraufhin der Philosoph entgegnete: ›Wie würde es denn aussehen, wenn es so aussähe, als würde sich die Erde drehen?‹« Das ist ein wunderbar langsam zündender Witz, die Zuschauer lachen bereits, wenn ihnen klar wird, dass es ganz genauso aussehen würde, denn genau so ist es ja schließlich. Das ist das paradoxe Lachen, und gäbe es dieses nicht, wären die Literatur und das Leben schmerzlich ärmer; tatsächlich haben manche Kritiker erklärt, es bestehe eine so enge Verbindung zwischen dem Paradoxen und der Dichtung, dass sie ein und dasselbe seien.

Das Paradoxe nimmt seinen Anfang in der Bibel, wo die Vorstellung der jungfräulichen Geburt die paradoxe Natur des Glaubens verkörpert, und setzt sich bis zum heutigen Tag fort, wo schon die flüchtigste Suche nach der Literatur der Popkultur Analysen zum »Paradox der Beatles« bietet (sie waren junge Rebellen, die rasch zu Etablierten mit königlichem Orden wurden), zum »Paradox der Oprah Winfrey« (sie erteilt uns Ratschläge fürs

Leben, als wäre sie ein enges Familienmitglied, während sie selbst unnahbar, geheimnisvoll und unbekannt bleibt) und zum »Paradox von Eminem« (er ist und er ist nicht der echte Slim Shady).

Don Quijote ist ein Paradox auf einem klapprigen Pferd, der fahrende Ritter, dessen Wanderschaft schon die Idee des fahrenden Ritters zunichtemacht, des ritterlichen Toren, dessen Torheit die noch viel größere Torheit des ritterlichen Ideals entlarvt. Der Detektiv Erik Lönnrot in Borges' Erzählung »Der Tod und der Kompass« löst das Rätsel einer geheimnisvollen Mordserie und findet den Zeitpunkt und den Ort des nächsten Mords heraus; wobei er entdeckt, aber zu spät, um sich zu retten, dass er selbst zum nächsten Opfer bestimmt ist und die anderen Verbrechen nur begangen wurden, um ihn an den Ort seines Todes zu locken. Oscar Wilde, der sagte, er könne allem widerstehen, nur der Versuchung nicht, verkörpert die Paradoxien des Hedonismus. Und in Joseph Hellers Roman *Gut wie Gold* spricht die Figur des Präsidentenberaters Ralph Newsome, die leibhaftige Verkörperung der Unredlichkeit in der Politik, ausschließlich in oxymoronischen Sätzen, deren Schluss dem Anfang widerspricht. »Dieser Präsident wird Sie während des ganzen Wegs unterstützen, bis er muss. Wir werden die Sache so rasch als möglich vorantreiben, müssen allerdings behutsam vorgehen. Im Moment kann überhaupt nichts geschehen. Der Präsident kann Ja-Sager nicht leiden. Was wir brauchen, sind unabhängige, integre Köpfe, die mit unseren Entscheidungen übereinstimmen, sobald diese gefallen sind.«

Die schönste aller Paradoxien stammt meines Erachtens von Walt Whitman, die er kurz vor dem Schluss von »Gesang von mir selbst« bekanntermaßen formuliert:

»Widersprech ich mir selbst?
Nun gut, so widerspreche ich mir selbst.
(Ich bin weiträumig, enthalte Vielheit.)«

Die menschliche Natur ist widersprüchlich, und das menschliche Ich ist ein umfassendes, vielgestaltiges Etwas. Wir können viele Ichs gleichzeitig sein, und wir sind es: Wir können sanft mit unseren Kindern umgehen, aber barsch mit unseren Angestellten; wir können Gott lieben, aber Menschen nicht mögen; wir können Sorge um unsere Umwelt haben und doch das elektrische Licht brennen lassen, wenn wir aus dem Haus gehen; wir können friedliche Seelen sein, die durch unsere Leidenschaft für eine Fußballmannschaft extrem aggressiv, wenn nicht gar zu Hooligans werden. Und gleichgültig, wie sehr wir uns auch wünschen mögen, die Souveränität des individuellen Ichs zu verteidigen – eine Idee, die der florentinischen Renaissance entspringt, vielleicht Italiens größtes Geschenk an die Weltkultur –, dieses Ich ist in Wahrheit *souverän und zugleich von vielen anderen Ichs erfüllt*. Es ist zugleich autonom und nicht autonom. Niemand von uns kommt mit leeren Händen auf die Welt. Wir schleppen das Gepäck unseres Erbes mit, sowohl des biologischen als auch des kulturellen Erbes, und dieses Erbe setzt uns einerseits Grenzen und befähigt uns andererseits, es lähmt und befreit uns. Wir halten uns vielleicht für einen Menschen, der frei entscheidet und für seine Entscheidungen die moralische Verantwortung trägt, und richtig, so sollten wir uns begreifen, aber die Art, wie wir zu diesen Entscheidungen finden und auch zu den gewissen Entscheidungen, die wir meinen treffen zu müssen, wird nicht allein von uns bestimmt.

Wir sind also paradoxe Wesen, sowohl individuell als auch sozial, sowohl Wesen unserer Zeit als auch Teil des historischen Verlaufs. Wir sind sterblich, haben aber wie Shakespeares Cleopatra unsterbliche Sehnsüchte in uns; und Widerspruch ist unser Lebenssaft. Diese weiten Definitionen des Ichs bieten bedeutende gesellschaftliche Vorteile, denn je mehr Ichs wir in unserem Ich entdecken, umso leichter fällt es, Gemeinsamkeiten mit anderen multiplen, Vielheit enthaltenden Ichs zu entdecken. Wir haben vielleicht unterschiedliche religiöse Überzeugungen, stehen aber hinter derselben Mannschaft. Doch wir leben in einer Zeit, in der wir gedrängt werden, uns selbst immer enger zu definieren, unsere Vieldimensionalität in die Zwangsjacke einer eindimensional nationalen, ethnischen, tribalen oder religiösen Identität zu zwängen. Ich bin zu der Überzeugung gelangt, dies ist vielleicht das Übel, dem alle anderen Übel unserer Zeit entspringen. Denn wenn wir uns dieser Verengung ergeben, wenn wir zustimmen, dass unser Ich vereinfacht wird und wir lediglich zu Serben, Kroaten, Muslimen, Hindus werden, dann fällt es uns leicht, einander als Gegner zu sehen, als die anderen eines anderen, und die Himmelsrichtungen selbst beginnen, sich zu streiten, Osten und Westen prallen aufeinander und ebenso der Norden und der Süden.

Die Literatur hat nie aus dem Blick verloren, was unsere streitsüchtige Welt uns vergessen lassen will. Die Literatur erfreut sich am Widerspruch, und in unseren Romanen und Dichtungen besingen wir unsere menschliche Vielschichtigkeit, unsere Fähigkeit, gleichzeitig *Ja* und *Nein*, *Dieses* und *Jenes* zu sein, ohne das geringste Unbehagen. Das arabische Äquivalent der Formel »es war einmal« lautet *kan ma kan*, was so viel heißt wie »Es war so, es war nicht so«. Dieses große Paradox liegt im Kern aller Fiktion. Die Fiktion ist genau der Ort, wo Dinge sowohl so als auch nicht so sind, wo Welten existieren, an die wir fest glauben können, während wir zugleich wissen, dass sie nicht existieren, nicht existiert haben und niemals existieren werden. Und diese schöne Komplikation war nie bedeutsamer als in unserem Zeitalter der übermäßigen Vereinfachung.

Teil drei

WAHRHEIT

»Nun, bist du toll? Bist du toll?«, will Falstaff von Prinz Heinrich in Shakespeares *König Heinrich IV., Erster Teil*, wissen. »Was wahr ist, ist doch wahr.« Der Witz ist, dass er das Blaue vom Himmel gelogen hat und der Prinz ihn gerade als Lügner entlarvt.

In Zeiten wie unseren, in denen die Wahrheit offenbar überall unter Beschuss steht, scheinen viele mächtige Anführer Falstaffs doppelzüngigen Wahrheitsbegriff zu teilen. In den drei Ländern, die mir in meinem Leben wichtig sind – Indien, Großbritannien und die USA –, werden eigennützige Unwahrheiten regelmäßig als Fakten präsentiert, wohingegen eine verlässlichere Information als »Fake News« verunglimpft wird. Doch die Verteidiger des Tatsächlichen, die sich bemühen, den über uns alle hereinbrechenden Schwall an Desinformation einzudämmen, begehen oft den Fehler, sich nach einem goldenen Zeitalter zu sehnen, als die Wahrheit noch unangefochten und allgemein akzeptiert war, und daraus zu folgern, wir müssten zu diesem glückseligen Konsens zurückfinden.

Die Wahrheit ist, dass die Wahrheit schon immer ein umstrittenes Konzept war. Als Student der Geschichte in Cambridge lernte ich sehr früh, dass manche Dinge »grundlegende Fakten« sind, sprich, unbestreitbare Ereignisse – die Schlacht bei Hastings fand 1066 statt, und die amerikanische Unabhängigkeitserklärung wurde am 4. Juli 1776 proklamiert –, dass aber ein Ereignis erst durch die Zuschreibung einer speziellen Bedeutung zu einem historischen Faktum wird. Julius Caesars Überschreitung des Rubikon ist eine historische Tatsache. Dass aber viele andere Menschen diesen Fluss überquert haben, ist für die Geschichte völlig ohne Belang. In diesem Sinne sind deren Überquerungen keine Fakten. Außerdem: Im Laufe der Zeit ändert sich oftmals die Bedeutung eines Faktums. Während des British Empire nannte man die Militärrevolte von 1857 die »Indian Mutiny«, die »indische Meuterei«, und da eine Meuterei eine Auflehnung gegen die Obrigkeit ist, setzte diese Bezeichnung, und darum auch die Deutung dieses Faktums, die »meuternden« Inder ins Unrecht. Heute bezeichnen indische Historiker dieses Ereignis als »Indian Uprising«, den »indischen Aufstand«, was es zu einer gänzlich anderen Art von Tatsache – mit einer anderen Bedeutung – macht.

Geschichte ist nicht in Stein gemeißelt. Die Vergangenheit wird gemäß den Kriterien der Gegenwart ständig neu überprüft.

Doch in der Idee, dass im Westen des neunzehnten Jahrhunderts ein recht weit verbreiteter Konsens über das Wesen der Wirklichkeit herrschte, steckt eine gewisse Wahrheit. Die großen Romanciers jener Zeit – Flaubert, George Eliot und andere – konnten davon ausgehen, dass sie und ihre Leser, vereinfacht gesagt, die gleiche Vorstellung von der Wirklichkeit hatten; und das große Zeitalter des realistischen Romans gründete auf diesem Fundament. Dieser Konsens basierte jedoch auf einer Reihe von Ausgrenzungen. Er betraf nahezu ausschließlich die Mittelschicht und fast nur Weiße. Die Standpunkte von zum Beispiel kolonialisierten Menschen oder ethnischen Minderheiten – Standpunkte, von denen aus die Welt sehr anders aussah als für die bürgerliche Wirklichkeit, wie sie etwa in *Zeit der Unschuld* oder in *Middlemarch* oder auch in *Madame Bovary* dargestellt ist – wurden aus dem Narrativ weitestgehend getilgt. Auch die Wichtigkeit bedeutsamer historischer Ereignisse wurde oft in den Hintergrund gerückt. Im gesamten Œuvre von Jane Austen kommen die Napoleonischen Kriege kaum vor; im riesigen Werk von Charles Dickens wird die Existenz des British Empire nur flüchtig erwähnt.

Im zwanzigsten Jahrhundert erwies sich unter dem Druck des enormen sozialen Wandels der Konsens des neunzehnten Jahrhunderts als brüchig; man könnte sagen, die Sicht auf die Wirklichkeit begann, sich als falsch, als »fake«, herauszustellen. Einige der größten Literaten wollten die sich verändernde Wirklichkeit mit den Methoden des realistischen Romans festhalten, so wie Thomas Mann in den *Buddenbrooks* oder Tanizaki Jun'ichirō in *Die Schwestern Makioka*; aber der realistische Roman erschien nach und nach immer problematischer, und Schriftsteller von Franz Kafka bis zu Ralph Ellison und Gabriel García Márquez, von Octavia Butlers Science-Fiction bis hin zu Margaret Atwoods albtraumhaften Dystopien schrieben ungewöhnlichere, surrealistischere Texte, welche die Wahrheit mittels offenkundiger Unwahrheit erzählten und wie durch Magie eine neue Art von Realität schufen.

Ich behaupte schon den Großteil meines Schriftstellerlebens, dass der Zusammenbruch der alten Übereinkunft, was Realität ist, heute die bedeutendste Realität ist und die Welt sich vielleicht am besten durch widersprüchliche und oft unvereinbare Narrative erklären lässt. Beispiele dieser Unvereinbarkeit sehen wir in Kaschmir, im Mittleren Osten und im Kampf zwischen dem fortschrittlichen Amerika und Trumpistan. Ich habe zudem behauptet, dass die Konsequenzen dieser neuen, umstrittenen, sogar polemischen Haltung gegenüber der Wirklichkeit so tiefgreifende Auswirkungen auf die Literatur haben, dass wir nicht vortäuschen können oder sollten, dem sei nicht so. Ich halte den Einfluss von immer mannigfaltigeren Stimmen auf den öffentlichen Diskurs für eine gute Sache, denn er bereichert unsere

Literaturen und vertieft unser Verständnis der vielschichtigen Welt.

Die amerikanische Literatur zum Beispiel umfasst heute Stimmen von überallher, Junot Díaz, Yiyun Li, Nam Le, Jhumpa Lahiri, Edwidge Danticat, um nur einige zu nennen. Und eine aufstrebende Generation afroamerikanischer Autoren, die alle Textsorten schreibt – Tracy K. Smith, Ta-Nehisi Coates, Jesmyn Ward –, legt ihre eigene vielfältige Wirklichkeit dar und übt damit maßgeblichen Einfluss aus.

Und doch stehe ich nun wie wir alle vor einer wahrhaft schwierigen Frage. Wie können wir einerseits behaupten, die moderne Realität sei zwangsläufig multidimensional, gebrochen und fragmentiert, und andererseits, sie sei etwas ganz Bestimmtes, eine Abfolge von Unbestreitbarem, Wahrem, das, um es geradeheraus zu sagen, gegen Angriffe von Unwahrem verteidigt werden muss, wie es etwa von der Modi-Regierung in Indien, der Brexit-Truppe in Großbritannien und dem 45. Präsidenten der USA verbreitet wird? Wie bekämpft man die miesesten Aspekte des Internets, dieses Paralleluniversums, in dem wichtige Information und absoluter Müll mit der scheinbar gleichen Berechtigung nebeneinanderstehen, was es für die Menschen schwieriger macht denn je, dies auseinanderzuhalten? Wie widersetzt man sich dem Schwinden der öffentlichen Akzeptanz von sogar »grundlegenden Fakten«, von wissenschaftlichen Fakten, von evidenzgestützten Fakten über das Coronavirus, den Klimawandel oder die Schutzimpfungen für Kinder? Wie bekämpft man die politische Demagogie, die danach strebt, was alle Autoritären immer gewollt haben – den Glauben der Öffentlichkeit an Beweise auszuhöhlen und ihren Wählern in der Tat zu sagen: »Glaube an nichts, außer an mich, denn ich bin die Wahrheit«? Was machen wir damit? Und was genau könnte dabei die Rolle der Kunst, im Besonderen die Rolle der Schriftsteller und der Literatur sein?

Ich behaupte nicht, darauf eine umfassende Antwort zu haben. Wir müssen meines Erachtens anerkennen, dass der Wahrheitsbegriff einer jeden Gesellschaft immer das Ergebnis einer Auseinandersetzung ist, und wir müssen besser darin werden, sie zu gewinnen. Demokratie ist nicht höflich. Sie ist oft ein lautes Wortgefecht auf einem öffentlichen Platz. Wir müssen an der Auseinandersetzung teilnehmen, wenn wir eine Chance haben wollen, sie zu gewinnen (ich kann nicht vergessen, dass im November 2016 etwa die Hälfte der registrierten Wähler in den USA nicht zur Wahl gegangen ist, darunter viele junge Leute, die anschließend leidenschaftlich gegen das Ergebnis protestierten). Und soweit es Schriftsteller betrifft, so müssen wir den Glauben unserer Leser an die Auseinandersetzung durch Beweise neu aufbauen und das tun, was der Fiktion immer gut gelungen ist: eine Verständigung zwischen dem Schriftsteller und dem Leser darüber herstellen, was wirklich ist. Ich meine damit nicht, den engen, ausgrenzenden Konsens des neunzehnten Jahrhunderts wiederherzustellen. Mir gefällt die breiter gefächerte, streitbarere Sicht auf die Gesellschaft, welche wir in der modernen Literatur finden. Aber wenn wir ein Buch lesen, das wir mögen oder sogar lieben, so stimmen wir seiner Darstellung menschlichen Lebens zu. Ja, wir sagen, genau so sind wir, genau das tun wir einander an, ja, das stimmt. Da kann Literatur vielleicht am hilfreichsten sein. Wir können bewirken, dass in diesen Zeiten radikaler Uneinigkeit Menschen sich auf die Wahrheiten der großen Konstante einigen, und das ist die menschliche Natur. Fangen wir damit an.

Nach dem Zweiten Weltkrieg verspürten in Deutschland die Autoren der sogenannten Trümmerliteratur das Bedürfnis, ihre durch das Nazitum vergiftete Sprache neu zu gestalten und sie wie das in Trümmern liegende Land neu aufzubauen. Sie begriffen, dass die Wirklichkeit, die Wahrheit, wie die bombardierten Städte von Grund auf wiederaufgebaut werden musste. Ich glaube, wir können an ihrem Beispiel lernen. Wir stehen wieder einmal, wenn auch aus anderen Gründen, inmitten der Trümmer der Wahrheit. Und es ist an uns, den Schriftstellern, Denkern, Journalisten und Philosophen, die Aufgabe zu übernehmen, den Glauben unserer Leser an die Wirklichkeit, an die Wahrheit wiederaufzubauen. Und es von Grund auf mit einer neuen Sprache zu tun.

MUT

In diesen wirren Zeiten finden wir es leichter, physische Tapferkeit zu bewundern, als moralischen Mut, mutiges Denken oder Mut von Personen des öffentlichen Lebens. Ein Feuerwehrmann rennt auf ein brennendes Gebäude zu, während andere davonlaufen: Bereitwillig loben wir seine Tapferkeit, so wie wir es auch bei von der Front heimkehrenden Soldaten oder bei Männern und Frauen tun, die darum kämpfen, kräftezehrende Krankheiten oder Verletzungen zu überwinden.

Schwerer fällt es uns, derzeit Politiker, mit Ausnahme von Nelson Mandela, als mutig anzusehen. Vielleicht haben wir zu viel erlebt und sind wegen der unvermeidlichen Kompromisse der Macht zynisch geworden. Es gibt keine Gandhis mehr, keine Lincolns. Der Held des einen (Hugo Chávez, Fidel Castro) ist der Schurke des anderen. Wir finden nicht mehr leicht zu einem Konsens darüber, was es bedeutet, gut zu sein oder prinzipientreu oder mutig. Wenn politische Anführer mutige Schritte tun – wie sie Frankreichs damaliger Präsident Nicolas Sarkozy in Libyen unternahm, als er militärisch einschritt, um den Anti-Gaddafi-Aufstand zu unterstützen –, gibt es ebenso viele Zweifler wie Befürworter. Politischer Mut ist heute meist zweideutig.

Noch befremdlicher ist, dass wir gegenüber jenen misstrauisch geworden sind, die gegen Machtmissbrauch oder Dogmen Stellung beziehen.

Das war nicht immer so. Die Schriftsteller und Intellektuellen, die dem Kommunismus entgegentraten – Alexander Solschenizyn, Andrei Sacharow, Anna Achmatowa, Nadeschda Mandelstam und andere –, wurden für ihren Widerstand hoch geschätzt. Der über wacklige Untergrundnetzwerke verbreiteten Samisdat-Literatur wurde zuerkannt, die Wahrheit zu sprechen und die offiziellen Lügen des Sowjetstaats bloßzustellen. (Richtig, Solschenizyn entwickelte sich im amerikanischen Exil zu einem verschrobenen Mann, doch das mindert nicht unsere Bewunderung für den *Archipel Gulag.*) Der Dichter Ossip Mandelstam wurde sehr bewundert für sein 1933 geschriebenes »Epigramm gegen Stalin«, in dem er den furchterregenden Führer mit furchtlosen Worten beschrieb: »Lacht sein Schnauzbart dann – wie Küchenschaben«, und er fügte noch hinzu: »Jede Hinrichtung schmeckt ihm – wie Beeren.« Es war ein mutiges Gedicht, das zu Mandelstams Verhaftung und schließlich zu seinem Tod in einem sowjetischen Arbeitslager führte.

Noch 1989 wurde das Foto eines Mannes mit zwei Einkaufstüten in der Hand, der sich am Tian'anmen-Platz den Panzern entgegenstellte, fast umgehend zu einem weltweiten Symbol für Mut.

Dann, so scheint es, veränderten sich die Dinge. Der »Tank Man« ist in China weitestgehend vergessen, während die Pro-Demokratie-Demonstranten, darunter auch jene, die in dem Massaker vom 4. Juni starben, von den chinesischen Behörden erfolgreich als Konterrevolutionäre dargestellt wurden. Die Macht einer solchen Neudeutung kann selbst das Heldentum von Menschen wie den Märtyrern des Tian'anmen-Platzes verschleiern; und der Kampf um die Deutungen dauert an, er verdunkelt oder verwirrt zumindest unser Verständnis, wie »mutige« Menschen beurteilt werden sollten. Und so behandeln die chinesischen Behörden auch ihre bekanntesten Kritiker, Leute wie Ai Weiwei und Liu Xiaobo.

Die Anklage wegen »Untergrabung der Staatsgewalt« gegen Liu Xiaobo und wegen angeblicher Steuerhinterziehung gegen Ai Weiwei ist ein vorsätzlicher Versuch, den Menschen den Mut der beiden zu verheimlichen und sie stattdessen als Kriminelle darzustellen.

Das ist keineswegs nur ein chinesisches Problem. Der Einfluss der russisch-orthodoxen Kirche ist so stark, dass die inhaftierten Mitglieder des Pussy-Riot-Kollektivs innerhalb Russlands weitestgehend als unmoralische Unruhestifterinnen wahrgenommen werden, da sie ihren berühmten Protest auf kirchlichem Eigentum veranstaltet haben. Den Punkt, den sie zu machen versuchten – dass die Führung der orthodoxen Kirche Putin bedrohlich nahestehe –, ist ihren vielen Gegnern verborgen geblieben, und ihre Aktion wird nicht als mutig, sondern als unanständig angesehen.

2006 veröffentlichte der italienische Autor Roberto Saviano *Gomorrha*, eine detailreiche Schilderung der Machenschaften der Camorra, der neapolitanischen »Mafia«. Seither lebt er mit Morddrohungen, aber trotz erschreckender Entbehrungen und der Gefahren seiner tagtäglichen Zwangslage hat er seine Arbeit fortgesetzt. Dafür wurde er weithin gelobt, aber, wie er selbst betont, einige Teile der italienischen Machtstruktur bemühen sich weiterhin, ihn zu diskreditieren. Als Silvio Berlusconi noch Premierminister war, hat er ihn öffentlich angeprangert; und viele andere Minister und Kommentatoren haben ihn beschuldigt, er sei unpatriotisch. Nicht einmal Saviano ist immun gegen dieses neue Antiheldentum. Ein Politiker des rechten Flügels, der frühere Innenminister Matteo Salvini, hat ihn wiederholt angegriffen.

2011 wurde in Pakistan der frühere Gouverneur von Punjab, Salman Taseer, der sich für Asia Bibi, eine christliche Frau, eingesetzt hatte, die nach dem drakonischen Blasphemiegesetz des

Landes zu Unrecht zum Tode verurteilt worden war, von einem seiner eigenen Sicherheitsleute ermordet, der siebenundzwanzigmal auf ihn schoss. Nach dem Mord wurde der Leibwächter Mumtaz Qadri weithin gelobt und mit Rosenblättern überschüttet, als er vor Gericht erschien. Ebenso weithin wurde der tote Taseer kritisiert, und die öffentliche Meinung kehrte sich gegen ihn. Sein Mut wurde durch religiösen Eifer ausradiert. Das erschreckende Blasphemiegesetz stellte sich für viele Pakistani als wichtiger heraus als ein prinzipienfestes Eintreten für die Gerechtigkeit. Es war der Mörder, den man einen Helden nannte.

Im Februar 2012 veröffentlichte der saudische Dichter und Journalist Hamza Kaschgari drei Tweets über den Propheten Mohammed:

»An deinem Geburtstag werde ich sagen, dass ich den Rebellen in dir geliebt habe, dass du mir immer eine Quelle der Inspiration warst und dass ich deinen göttlichen Heiligenschein nicht mag. Ich werde nicht für dich beten.«

»An deinem Geburtstag sehe ich dich, wo auch immer ich hinschaue. Ich habe bestimmte Aspekte von dir geliebt, andere gehasst und viele nicht verstanden.«

»An deinem Geburtstag werde ich mich nicht vor dir verbeugen und nicht deine Hand küssen. Stattdessen werde ich sie schütteln, wie es Gleichgestellte tun. Und ich werde dich anlächeln, wie du mich anlächelst. Ich werde zu dir wie zu einem Freund sprechen und nicht anders.«

Anschließend äußerte er, er »fordere sein Recht« auf freie Meinungsäußerung und Gedankenfreiheit. (Er kritisierte auch die Lebensbedingungen von Frauen in Saudi-Arabien und unterstützte den Arabischen Frühling.) Er fand nur wenig öffentliche Unterstützung und wurde als »Glaubensabtrünniger« verurteilt, viele forderten seine Hinrichtung. Schließlich wurde er am 29. Oktober 2013 aus dem Gefängnis entlassen.

Die Schriftsteller und Intellektuellen der französischen Aufklärung forderten auch die religiöse Orthodoxie ihrer Zeit heraus und schufen so das moderne Konzept der Gedankenfreiheit. Wir betrachten Voltaire, Diderot, Rousseau und die Übrigen als intellektuelle Helden. Leider würden nur wenige Leute in der muslimischen Welt das Gleiche über Hamza Kaschgari sagen.

Diese neue Idee – dass Schriftsteller, Gelehrte und Künstler, die sich gegen die Orthodoxie oder die Bigotterie erheben, selbst schuld sind, dass sie Menschen verärgern – breitet sich rasch aus, selbst in Ländern wie Indien, die sich früher einmal mit ihren Freiheiten brüsteten. In den letzten Jahren wurde der große alte Mann der indischen Malerei, M. F. Husain, ins Exil gejagt – wo er starb –, weil er die Hindu-Göttin Sarasvati nackt dargestellt hatte (obwohl die flüchtigste Suche nach alten Hindu-Skulpturen von Sarasvati zeigt, dass Sarasvati oft mit Schmuck und Ornamenten verziert, aber genauso oft unbekleidet ist). Rohinton Mistrys gefeierter Roman *So eine lange Reise* wurde aus dem Lehrprogramm der Universität Bombay gestrichen, weil örtliche Extremisten an seinem Inhalt Anstoß nahmen. Beim Literaturfestival von Jaipur wurde der Gelehrte Ashis Nandy angegriffen, weil er unorthodoxe Sichtweisen über die Korruption der niederen Kasten geäußert haben soll. Kamal Haasans Film *Vishwaroopam* wurde wegen muslimischer Einwände zensiert. Und in all diesen Fällen war die Sicht der Offiziellen – mit der viele Kommentatoren und ein bedeutender Anteil der öffentlichen Meinung übereinstimmten –, die Gelehrten oder Künstler hätten sich selbst in Schwierigkeiten gebracht.

Amerika ist gegen diesen Trend nicht immun. Die jungen

Aktivisten der Occupy-Bewegung wurden heftig beschimpft (obwohl diese kritischen Stimmen wegen ihres höchst effektiven Einsatzes nach dem Hurrikan Sandy ein bisschen leiser wurden). Unangepasste Intellektuelle wie Noam Chomsky und der späte Edward Said wurden oft als verrückte Extremisten, als »anti-amerikanisch« abgetan und – in Saids Fall sogar völlig absurd – als Apologeten des palästinensischen »Terrorismus« bezeichnet. (Man mag mit Chomskys Kritik an Amerika nicht übereinstimmen, aber es sollte doch noch möglich sein, den Mut anzuerkennen, den es erfordert, aufzustehen und sie der amerikanischen Macht ins Gesicht zu brüllen. Man mag nicht propalästinensisch sein, aber man sollte doch erkennen, dass Said sich ebenso beredt gegen Arafat äußerte, wie er die USA kritisiert hat.)

Es ist eine belastende Zeit für uns, die wir an das Recht von Künstlern, Intellektuellen und normalen, unbequemen Bürgern glauben, Grenzen einzureißen und Risiken einzugehen, um so mit der Zeit unseren Blick auf die Welt zu verändern. Man kann nichts anderes tun, als immer wieder die Wichtigkeit dieses Muts zu betonen und zu versuchen sicherzustellen, dass diese Menschen in Bedrängnis – Ai Weiwei, Pussy Riot, Roberto Saviano, Hamza Kaschgari und viele andere – als das gesehen werden, was sie sind: Männer und Frauen, die an der Frontlinie der Freiheit stehen. Wie macht man das? Unterzeichnen Sie die Petitionen gegen diese Ungerechtigkeit, schließen Sie sich den Protesten an. Setzen Sie sich ein. Jeder kleine Beitrag zählt. Mit den Worten des alten chinesischen Philosophen Laotse: »Auch eine Reise von tausend Meilen beginnt mit einem Schritt.«

Postskriptum. Liu Xiaobo ist nach Fertigstellung dieses Essays an Leberkrebs gestorben. 2017 wurde er aus medizinischen Gründen aus dem Gefängnis entlassen, nur siebzehn Tage vor seinem Tod.

TEXTE FÜR DEN PEN

1. Der PEN und das Schwert:
Der internationale PEN-Kongress 1986

Im Januar 1986 kam ich nach New York für ein Schriftsteller-treffen, das zu einer literarischen Legende geworden ist. Der 48. Kongress des PEN International, des weltweiten Autorenver-bands, der sich der Verbreitung des freien Worts und der Vertei-digung aller Schriftsteller widmet, war eine richtige Show. Da-mals war Norman Mailer der Präsident des amerikanischen PEN, und er nutzte all seine Überzeugungskraft und seinen ganzen Charme, die nötigen Gelder einzutreiben, sodass über fünfzig der bedeutendsten Schriftsteller der Welt nach Manhattan kamen, um mit fast hundert der besten amerikanischen Autoren über das erhabene Thema »Die Vorstellungskraft des Schriftstellers und die des Staats« zu debattieren und um im Gracie Mansion und im Temple of Dendur des Metropolitan Museum verköstigt zu werden.

Als einer der jüngeren Teilnehmer war ich mehr als nur ein bisschen ehrfürchtig. Brodsky, Grass, Oz, Soyinka, Vargas Llosa, Bellow, Carver, Doctorow, Morrison, Said, Ozick, Paley, Styron, Updike, Vonnegut und Mailer selbst waren einige der großen Na-men, die aus ihren Büchern lasen und in den Hotels Essex House und St. Moritz am Central Park South stundenlang diskutierten. Eines Nachmittags bat mich der Fotograf Tom Victor, ich möge

mich doch für ein Bild in eine der Pferdekutschen des Parks setzen, und als ich einstieg, saßen dort bereits Susan Sontag und
Czesław Miłosz, um mir Gesellschaft zu leisten. Normalerweise
bin ich nicht auf den Mund gefallen, aber ich kann mich nicht erinnern, auf unserer Fahrt irgendetwas gesagt zu haben.

Die Atmosphäre war von Anfang an spannungsgeladen. Sehr
zum Ärger vieler PEN-Mitglieder hatte Mailer den Außenminister George Shultz eingeladen, auf der Eröffnungsveranstaltung
in der New York Public Library zu sprechen. Dies führte zu lauten Protestrufen der südafrikanischen Autoren Nadine Gordimer, J. M. Coetzee und Sipho Sepamla, die Shultz vorwarfen, die
Apartheidpolitik zu unterstützen. Auch anderen Schriftstellern,
darunter E. L. Doctorow, Grace Paley, Elizabeth Hardwick, John
Irving und vielen anderen, missfiel Shultz' Anwesenheit, sie be-
anstandeten, Autoren würden, wie Doctorow es ausdrückte, »als
ein Forum für die Reagan-Regierung« benutzt.

In den folgenden Tagen kam es zu weiteren Disputen. Cynthia
Ozick ließ eine Petition herumgehen, die Bruno Kreisky, den jüdischen Exkanzler von Österreich und Kongressteilnehmer,
kritisierte, weil er sich mit Arafat und Gaddafi getroffen hatte.
Kreiskys Verteidiger unterstrichen, Österreich habe während dessen Kanzlerschaft mehr geflüchtete russische Juden aufgenommen als jedes andere Land. Doch bei einer Podiumsdiskussion
stand Ozick auf, um Kreisky direkt anzugreifen, der die Situation
aber mit so viel Charme handhabte, dass das Problem rasch über-
wunden war.

Viele Frauen auf dem Kongress wollten zu Recht wissen,
warum nur so wenige Frauen auf den Podien saßen. Sontag und
Gordimer, beide Podiumsteilnehmerinnen, schlossen sich dem
Aufruhr nicht an. Es war Sontag, die das Argument vorbrachte,
»Literatur ist kein Arbeitgeber, der Chancengleichheit bietet«.
Diese Äußerung trug nicht dazu bei, die Stimmung der Protestie-

renden zu heben. Und ebenso wenig mein eigener Beitrag. Ich betonte, dass während doch immerhin mehrere Frauen auf den verschiedenen Podien säßen, ich der einzige Repräsentant des indischen Subkontinents sei, das bedeute, eines Fünftels der Menschheit. (1986 umfasste die Weltbevölkerung etwa fünf Milliarden Menschen, und allein in Indien lebten achthundert Millionen. Zählte man Pakistan und Bangladesch hinzu, hatte man eine Milliarde Menschen, die durch diesen einen einsamen Schriftsteller repräsentiert wurden.)

Sprich, Erinnerung, sprich: Ich erinnere mich an Updike, der vor einem ziemlich verwirrten Publikum von Weltautoren sein Loblied auf die kleinen blauen amerikanischen Briefkästen sang, auf diese alltäglichen Symbole für den freien Meinungsaustausch. Ich erinnere mich, Donald Barthelme kennengelernt zu haben, dessen Werk ich liebte, der aber so betrunken war, dass ich den Eindruck hatte, ihn nicht wirklich kennengelernt zu haben. (Als ich das einmal gegenüber einem amerikanischen Schriftsteller-freund erwähnte, sagte er: »Nein, du hast ihn kennengelernt. So war er eben.«) Ich erinnere mich an Rosario Murillo, die Dichte-rin und *compañera* von Daniel Ortega, des sandinistischen Präsi-denten von Nicaragua, die neben dem Tempel von Dendur stand und von einer Phalanx erstaunlich hübscher, gefährlich ausse-hender Sandinisten umgeben war. Sie lud mich in ihr Land ein, ich solle mir selbst den Contra-Krieg ansehen, eine Einladung, die ich später im Jahr annahm, und ich machte die Reise, die sich in meinem Buch *Das Lächeln des Jaguars* niederschlug. Bis ich nach Managua kam, wusste ich nicht, dass Rosario Murillo – damals wie heute – wahrscheinlich die meistgehasste Frau in Nicaragua ist.

Und ich erinnere mich, in einen Schwergewichtskampf hinein-gezogen worden zu sein, der zwischen Saul Bellow und Günter Grass ausgetragen wurde. Nachdem Bellow eine Rede mit dem üblichen Bellow-Riff darüber gehalten hatte, wie sehr der Erfolg des amerikanischen Materialismus das geistige Leben der Amerikaner beschädigt habe, stand Grass auf, um hervorzuheben, dass viele Menschen tagtäglich durch die Löcher des amerikanischen Traums fielen, und bot Bellow an, ihm echte amerikanische Armut zum Beispiel in der südlichen Bronx zu zeigen. Bellow, der irritiert war, dass ihm ein deutscher Schriftsteller etwas über amerikanische Armut erzählte, antwortete harsch, und als Grass zu seinem Platz zurückkehrte, zufällig neben mir, bebte er vor Wut.

»Sag was«, forderte er.

»Wer? Ich?«, fragte ich.

»Ja. Sag was.«

Also stand ich auf, ging ans Mikrofon und fragte Bellow, warum er denke, dass so viele amerikanische Schriftsteller die Aufgabe vermieden – ich glaube, ich sagte provokanter, darauf »verzichteten« –, Amerikas riesige Machtfülle in der Welt zum Thema zu machen. Bellow stutzte.

»Wir haben keine Aufgaben«, sagte er majestätisch. »Wir haben Inspirationen.«

So erfreulich solche Zusammentreffen sind, die wahre Bedeutung des Kongresses lag tiefer. In jenen letzten Jahren des Kalten Krieges war es für uns alle wichtig zu hören, welche Visionen die osteuropäischen Schriftsteller wie Danilo Kiš, Czesław Miłosz, György Konrád und Ryszard Kapuściński dem visionslosen Sowjetregime entgegensetzten. Omar Cabezas, damals Nicaraguas stellvertretender Innenminister, der gerade seine Autobiografie als sandinistischer Guerrillero veröffentlicht hatte, und Mahmud Darwisch, der palästinensische Dichter, waren dort, um Ansichten zu äußern, die man auf amerikanischen Podien nur selten hörte; und amerikanische Schriftsteller wie Robert Stone und Kurt Vonnegut übten tatsächlich Kritik an der amerikanischen Macht, während die Bellows und Updikes ihren Blick auf die amerikanische Seele warfen. Nadine Gordimer sagte: »Der Staat betrachtet Fantasie als etwas, dessen man sich bedienen kann.« Und Toni Morrison sprach über Entfremdung und den Staat: »Hätte ich das Leben geführt, das der Staat mir von Anfang an zugedacht hatte … hätte ich in irgendjemandes Küche gelebt und wäre dort, auf dem Land eines anderen, irgendwann gestorben und hätte nie ein Wort geschrieben. Das hatte der Staat für mich, eine Schwarze, eine Frau, vorgesehen.« Also letztendlich ist es die Gewichtigkeit, nicht die Leichtigkeit dieses Ereignisses, das auf einem Ehrenplatz in der Erinnerung beharrt.

1986 war es für Schriftsteller noch ganz natürlich, wie Shelley sagte, sich als die »geheimen Gesetzgeber der Welt« zu fühlen, an die literarische Kunst als das richtige Gegengewicht zur Macht zu glauben und Literatur als eine erhabene, transnationale, transkulturelle Kraft zu verstehen. In unserer verdummten, homogenisierten, eingeschüchterten Kultur von heute, unter den Daumen von Staatschefs, die sich offenbar für von Gott Gesalbte halten und die Macht als ihr göttliches Recht ansehen, ist es schwieriger, solch überschwängliche Ansprüche für bloße Wortschöpfer geltend zu machen. Schwieriger, ja, aber nicht weniger notwendig.

In vielen Teilen der Welt – zum Beispiel in China, im Iran und in großen Teilen Afrikas – betrachtet man die freie Fantasie noch immer als gefährlich. Im Zentrum unserer PEN-Arbeit steht unser Bemühen, Schriftsteller zu schützen, die von machtvollen Interessen, die sie fürchten und bedrohen, angegriffen werden. Jene Stimmen, arabische, afghanische, lateinamerikanische oder russische, müssen verstärkt werden, sodass sie laut und deutlich zu vernehmen sind, so wie damals die sowjetischen Dissidenten. Doch in Amerika wird, anders als in Europa, nur ein kläglich kleiner Prozentsatz der alljährlich erscheinenden Fiktion und Dichtung aus anderen Sprachen übersetzt. Vielleicht ist es nie wichtiger gewesen, dass die Stimmen der Welt in Amerika gehört, nie wichtiger, dass die Ideen und Träume der Welt allseits bekannt werden, dass man über sie nachdenkt und sie diskutiert, nie wichtiger, dass ein globaler Dialog gepflegt wird. Doch man hat den Eindruck, dass die Dinge heruntergefahren, dass Schranken errichtet werden, dass dieser Dialog erstickt wird, genau zu der Zeit, da wir alles daransetzen sollten, ihn auszuweiten. Der Kalte Krieg ist vorbei, aber ein anderer, seltsamerer Krieg hat begonnen. Entfremdung war vielleicht noch nie so verbreitet; umso mehr Anlass zusammenzufinden und zu schauen, welche Brücken gebaut werden können.

Zur Begrüßung der Delegierten 1986 in New York schrieb Norman Mailer: »Wenn sie eine unserer großen Städte unserer Zivilisation ist, dann ist sie wie diese Zivilisation in Gefahr, von oben, von unten und von allen Seiten.« Es ist eine Begrüßung, die gestern hätte geschrieben sein können. Gegen die Gefahr bieten Schriftsteller keine altbekannten Verteidigungsmaßnahmen, aber vielleicht können wir dieser geschundenen, erschütterten Stadt neue Gedanken, neue Blickwinkel, Momente des besseren Verstehens eröffnen. New York, die größte aller Weltstädte, verdient nicht weniger.

2. Die Entstehung von PEN World Voices

Der amerikanische PEN bot mir unschätzbare Unterstützung, als ich sie am dringlichsten brauchte, nach dem Angriff auf *Die satanischen Verse*, er half dem Autor, den Verlegern, Übersetzern und Buchhändlern. In den letzten beiden Jahrzehnten, seit ich nach New York kam, um hier zu leben, bin ich mit dem PEN tief verbunden und habe mein Bestes gegeben, um mich für diese Unterstützung zu bedanken, indem ich mich für die Verteidigung der freien Meinungsäußerung und anderer Schriftsteller einsetze, so wie ich vor über dreißig Jahren verteidigt wurde. Und als ich 2004 Präsident des PEN America wurde, war meine Erinnerung an die Mailer-Konferenz von 1986 eine der Inspirationsquellen, die dazu führte, dass wir das PEN-World-Voices-Festival für internationale Literatur ins Leben riefen.

Nach den Angriffen des 9. September und während der Zeit, die einem wie eine gemeinsame Präsidentschaft von George W. Bush und Dick Cheney vorkam, hatte sich eine Kluft zwischen Amerika und der übrigen Welt aufgetan, sogar zwischen Amerika und seinen Verbündeten im Westen. Es hatte manchmal den Anschein, als wäre die Welt nicht mehr in der Lage, Amerikas Stimme zu hören, und auch Amerika war taub geworden für das, was die übrige Welt sagte und dachte. Wir beim PEN glaubten, diese Entwicklung sei vermutlich schlecht für Amerika und auch für die übrige Welt, und wir entschlossen uns, zumindest auf der Ebene der Literatur und des intellektuellen Diskurses zu tun, was wir konnten, um dieses unterbrochene Gespräch neu in Gang zu setzen.

Das Ergebnis war das PEN-World-Voices-Festival, mit der Absicht, einfach den besten Stimmen der Weltliteratur die Möglichkeit zu geben, jedes Jahr ein paar Tage in New York zu verbringen, miteinander und auch mit den besten Stimmen Amerikas ins Gespräch zu kommen und zu diskutieren.

Mike Roberts, der damalige Geschäftsführer des PEN America, und ich gingen mehr oder weniger mit dem Hut in der Hand durch New York und trieben Geld auf, denn wir waren uns von Anfang an einig, dass das Festival etwas sein sollte, das der PEN zusätzlich zu seiner normalen Arbeit tat – dass es zu keinerlei Einschränkungen dieser Arbeit kommen dürfe –, und das bedeutete, wir mussten zusätzliche Geldquellen auftun. Mike und ich stellten uns als ein gutes Duo heraus. Ich lieferte die erforderliche große Show mit munteren Gesten und Witzen, und Mike kümmerte sich um das Wesentliche. Es lief richtig gut. Und viele andere Menschen halfen, das Festival auf die Beine zu stellen. Ich denke insbesondere an Diane von Fürstenberg, eine große Verbündete, die uns mit bereitwilligen Spendern in Kontakt brachte und ein großes Event veranstaltete, um uns den Weg zu ebnen. Die PEN-Mitarbeiter stellten großzügig ihre freie Zeit zur Verfügung. Und allmählich wurde das Luftschloss Wirklichkeit.

Wir führten eine große Veränderung im Vergleich zu dem Mailer-Event ein. Dieses Mal würden alle Veranstaltungen unseres Festivals öffentlich und nicht auf die Mitglieder des PEN begrenzt sein, wie es die Mailer-Konferenz gewesen war. Wir würden die Türen öffnen und alle einladen.

Ich dachte immer, dass wir mit der Schaffung der World Voices etwas Kevin-Costner-Artiges tun. Es war das »Feld der Träume« des PEN, und auch unser Motto war, »wenn du es baust, werden sie kommen«. Tatsächlich waren wir keineswegs sicher, dass irgendjemand kommen würde. Der Kulturkalender der Stadt New York war übervoll, und es war nicht leicht, Raum für ein weiteres Event zu schaffen. Und dennoch haben wir es gebaut, und sie kamen wirklich, und sie kommen immer noch, und wir müssen ihm, unserem Publikum, danken für diese Unterstützung, ohne die unsere Arbeit sinnlos wäre.

Wir sollten stolz sein, wir alle, die wir ein Teil des PEN America sind und gewesen sind, stolz darauf, eine Bühne geschaffen zu haben, auf der die grundlegenden Werte und die lebenswichtige Arbeit des PEN eine neue Generation von New Yorkern erreichen und inspirieren.

Betrachten Sie dies als ein Geschenk eines Neu-New-Yorkers an seine neue Heimatstadt. Auch New York City ist ein Feld der

Träume, und auf ihm – mögen die Träume der Literatur lange gedeihen – geht das lebenswichtige Gespräch zwischen Amerika und der Welt weiter.

3. Die Arthur Miller Lecture, PEN-World-Voices-Festival 2012

Ich gehe davon aus, dass ich hier über Zensur sprechen soll, aber kein Schriftsteller möchte wirklich über Zensur sprechen. Schriftsteller wollen über ihre Schöpfungen sprechen, und Zensur ist Antischöpfung, negative Energie, Nichtschöpfung, die Entstehung der Nichtentstehung, oder um es mit Tom Stoppards Beschreibung des Todes zu sagen: »die Abwesenheit der Anwesenheit«. Zensur ist das, was einen daran hindert, das zu tun, was man tun möchte, und Schriftsteller wollen darüber sprechen, was sie tun, und nicht über das, was sie daran hindert. Schriftsteller wollen darüber sprechen, wie viel sie bezahlt bekommen, und über andere Schriftsteller tratschen und *wie viel* die bezahlt bekommen, und sie wollen sich über Kritiker und Verleger beklagen und über Politiker maulen, und sie wollen über das sprechen, was sie lieben, über die Schriftsteller, die sie lieben, über die Geschichten und sogar über die Sätze, die ihnen etwas bedeuten, und schließlich wollen sie über ihre eigenen Ideen und ihre eigenen Geschichten sprechen. Über ihre Dinge. Der britische Humorist Paul Jennings erklärte in seinem brillanten Essay über »Resistenzialismus« – eine Parodie auf den Existenzialismus –, die Welt teile sich in zwei Kategorien, in »Ding« und »Nichtding«, und er behauptete, zwischen diesen beiden herrsche ein niemals endender Krieg. Wenn Schreiben »Ding« ist, dann ist Zensur »Nichtding«, und wie König Lear zu Cordelia sagt: »Aus Nichts kann Nichts entstehen«, oder wie Mr. Jennings Shakespeare abgeändert hätte: »Aus dem Nichtding kann Nichtding entstehen: Sprich noch einmal.«

Befassen wir uns, wenn Sie mögen, mit der Luft. Hier ist sie, überall um uns herum, im Überfluss vorhanden, frei verfügbar und weitgehend atembar. Ja, ich weiß, sie ist nicht vollkommen sauber oder vollkommen rein, und dennoch ist sie da, reichlich, genug für uns alle, und es bleibt noch eine Menge übrig. Wenn Luft, die man atmen kann, in solchen Mengen so frei verfügbar ist, ist es überflüssig zu fordern, atembare Luft müsse allen, für die Bedürfnisse aller in ausreichender Menge frei zur Verfügung gestellt werden. Was man hat, kann man leicht für selbstverständlich halten und ignorieren. Es besteht kein Anlass, davon ein Aufheben zu machen. Sie atmen die frei verfügbare, weitgehend atembare Luft, und Sie leben Ihren Tag. Die Luft ist kein Thema. Sie ist nichts, über das man diskutieren müsste.

Nun stellen Sie sich vor, dass Sie irgendwo da oben riesige Zapfhähne finden und dass die Luft, die wir atmen, aus diesen Hähnen strömt, heiße Luft, kalte Luft und lauwarme Luft aus einer himmlischen Mischbatterie. Und stellen Sie sich vor, dass eine uns unbekannte oder vielleicht sogar bekannte Instanz dort oben eines Tages beginnt, einen Hahn nach dem anderen zuzudrehen, sodass wir allmählich spüren, dass die verfügbare Luft, immer noch atembar, immer noch frei, dünner wird. Es kommt die Zeit, da wir feststellen, dass wir schwerer atmen, vielleicht schnappen wir sogar nach Luft. Zu dem Zeitpunkt würden viele von uns bereits protestieren, wir würden die Reduzierung der Luftversorgung verurteilen und laut für das Recht auf frei verfügbare, weitgehend atembare Luft eintreten. Verknappung schafft Nachfrage.

Freiheit ist die Luft, die wir atmen, und lebt man wie wir in einem Teil der Welt, wo sie herrscht, so unvollkommen die Versorgung sein mag, so ist sie dennoch frei verfügbar, zumindest für die unter uns, die keine Hoodie tragenden schwarzen Jugendlichen in Miami sind, und weitgehend atembar, es sei denn natürlich, wir sind Frauen in den »roten« Staaten, die selbst über ihren Körper entscheiden wollen. Unvollkommen frei, unvollkommen atembar, aber wenn sie atembar und frei ist, müssen wir keine große Sache daraus machen. Wir halten sie für selbstverständlich und leben unseren Tag. Und wenn wir nachts einschlafen, nehmen wir an, dass wir auch morgen frei sein werden, da wir ja heute frei waren.

Der schöpferische Akt erfordert nicht nur Freiheit, sondern auch die Annahme dieser Freiheit. Macht sich der schöpferische Künstler Sorgen, ob er morgen noch frei sein wird, dann ist er auch heute nicht frei. Wenn er sich vor den Konsequenzen seines gewählten Themas fürchtet oder seiner Art, wie er es behandelt, dann ist seine Wahl nicht durch sein Talent bestimmt, sondern durch Angst. Wenn wir kein Vertrauen in unsere Freiheit haben, dann sind wir nicht frei.

Und schlimmer noch, wenn die Zensur sich in die Kunst drängt, dann wird sie zum Thema; die Kunst wird »zensierte Kunst«, und genau so sieht und versteht es die Welt. Die Zensur bezeichnet das Werk als unmoralisch oder blasphemisch oder pornografisch oder umstritten, und diese Wörter hängen für immer an den zensierten Werken wie Albatrosse um den Hals jener verfluchten Seeleute. Der Angriff auf das Werk bewirkt mehr, als das Werk zu definieren; in gewissem Sinne wird der Angriff für die breite Öffentlichkeit das Werk. Auf jeden Leser von *Lady Chatterleys Liebhaber* oder von *Wendekreis des Steinbocks*, auf jeden Zuschauer von *Der letzte Tango in Paris* oder von *Clockwork Orange* kommen zehn, hundert, tausend Leute, die »wissen«, dass diese Werke maßlos obszön oder maßlos brutal oder beides sind.

Die Schuldvermutung ersetzt die Unschuldsvermutung. Warum musste dieser indische muslimische Künstler diese Hindu-Göttin nackt malen? Hätte er nicht ihre Sittsamkeit respektieren können? Warum musste dieser russische Schriftsteller seinen Helden sich in ein Nymphchen verlieben lassen? Hätte er nicht ein gesetzlich vertretbares Alter wählen können? Warum stellte diese britische Dramatikerin einen sexuellen Missbrauch in einem Sikh-Tempel, in einem *gurdwara*, dar? Hätte derselbe Missbrauch nicht fern vom heiligen Boden stattfinden können? Warum sind Künstler so unbequem? Können sie uns nicht einfach Schönheit, Moral und eine verdammt gute Geschichte bieten? Warum meinen Künstler, wir sollten auf ihrer Seite sein, wenn sie sich so verhalten?

>>And the people said sit down,
sit down you're rocking the boat.<<

Der Zensur in ihrer wirksamsten Form gelingt es tatsächlich, die Wahrheit des Künstlers durch Lüge zu ersetzen, sodass man glaubt, das Zensierte habe die Zensur verdient. Das Boot zum Schaukeln zu bringen, wird weithin missbilligt. Der endgültige Sieg der Zensur ist erreicht, wenn Menschen sich eine nicht zensierte Gesellschaft nicht mehr vorstellen können.

Manchmal trotzen große verbotene Werke der Deutung der Zensur und drängen sich der Welt auf. *Ulysses, Lolita, Tausendundeine Nacht.* Manchmal trotzen große, mutige Künstler der Zensur, um fabelhafte Untergrundliteratur zu schaffen wie im Falle der Samisdat-Literatur in der Sowjetunion oder um feinsinnige Filme zu drehen, die auf der scharfen Schere des Zensors balancieren, wie im Falle vieler aktueller iranischer und einiger chinesischer Filme. Sie werden sogar Leute finden, die das Argument vorbringen, Zensur sei gut für Künstler, weil sie ihre Fantasie herausfordere. Das ist so, als sagte man, wenn man einem Menschen die Arme abhackt, kann er dafür gefeiert werden, dass er mit dem Stift zwischen den Zähnen zu schreiben gelernt hat. Zensur ist nicht gut für die Kunst, und für die Künstler ist sie sogar sehr schlecht. Der Dichter Ovid war von einem ungehaltenen Kaiser Augustus an das Schwarze Meer verbannt worden und verbrachte den Rest seines Lebens in einem kleinen Drecksloch namens Tomi; aber Ovids Dichtung hat das Römische Reich überdauert. Der Dichter Mandelstam starb in einem von Stalins Arbeitslagern, aber Mandelstams Dichtung hat die Sowjetunion überdauert. Der Dichter Federico García Lorca wurde in Spanien von Schergen des Generalissimo Franco ermordet; aber García Lorcas Dichtung hat die faschistische Falange überdauert. Vielleicht können wir also behaupten, die Kunst ist stärker als die Zensur, und vielleicht ist sie es oft.

Doch Künstler sind verwundbar.

Unsere Aufgabe hier beim PEN ist es, den Künstler ebenso wie die Kunst, den im Gefängnis sitzenden Schriftsteller ebenso wie seine eingekerkerten oder verbotenen Worte zu verteidigen und möglichst zu schützen. In vielen Ländern dieser Welt könnte eine Zusammenkunft wie World Voices, bei der etwa hundert Schriftsteller über alle möglichen Dinge auf alle möglichen Arten sprechen, schlichtweg nicht stattfinden. Die Luft hier ist nicht sauber, aber man kann sie atmen.

Das ist kein Anlass für Selbstgefälligkeit. Kürzlich protestierte der englische PEN, weil die London Book Fair nur eine Handvoll »offizieller«, staatlich genehmer chinesischer Schriftsteller eingeladen hatte, während die Stimmen von mindestens fünfunddreißig vom Regime inhaftierten Schriftstellern, darunter der Nobelpreisträger Liu Xiaobo und das PEN-Mitglied Zhu Yufu, stumm blieben und ignoriert wurden. In den Vereinigten Staaten bemühen sich jedes Jahr religiöse Eiferer, Schriftsteller, die so grundverschieden sind wie Kurt Vonnegut und J. K. Rowling – eine eindeutige Verfechterin der Hexerei und der schwarzen Magie – verbieten zu lassen, ganz zu schweigen vom armen von Gott geplagten Charles Darwin, gegen den die Befürworter des »Intelligent Design« weiterhin zu Felde ziehen. Ich schrieb einmal – und es scheint mir noch immer richtig –, die Angriffe auf die Evolutionstheorie in Teilen der Vereinigten Staaten würden ein Stück weit Darwins Theorie widerlegen, da sie zeigten, dass die natürliche Auslese nicht immer funktioniere oder zumindest nicht in der Gegend von Kansas und dass Menschen auch in der Lage seien, sich rückwärtszuentwickeln, zurück zum Missing Link.

Noch ernster ist die wachsende Akzeptanz der Bring-das-Boot-nicht-zum-Schaukeln-Reaktion auf Künstler, die es zum Schaukeln bringen, die wachsende Zustimmung, Zensur könne gerechtfertigt sein, wenn gewisse Interessen-, Gender- oder Glaubensgruppen sich durch ein Werk beleidigt fühlen. Aber große Kunst, oder sagen wir bescheidener, originelle Kunst entsteht nie in der sicheren Mitte, sondern immer an den Rändern. Originalität ist gefährlich. Sie fordert zu Fragen auf, stößt Annahmen um, erschüttert Moralkodexe, verweigert heiligen Kühen und anderen derartigen Wesen den Respekt. Das kann schockierend oder hässlich sein oder, um den allumfassenden Begriff zu benutzen, den die Boulevardpresse so liebt, kontrovers. Und wenn wir an die Freiheit glauben, wenn wir wollen, dass die Luft, die wir atmen, im Überfluss vorhanden und atembar bleibt, dann müssen wir das Existenzrecht der Kunst nicht nur verteidigen, sondern feiern. Kunst ist keine Unterhaltung. In ihrer allerbesten Ausprägung ist sie eine Revolution.

4. Eröffnungsabend des PEN-World-Voices-Festivals 2014

In Indien findet gerade eine Parlamentswahl statt. Wegen der gewaltigen Größe des Landes dauert es sechs Wochen, bis alle gewählt haben. Die Wahl ist weitgehend fair, weitgehend frei, die Stimmabgabe verläuft friedlich, Zwischenfälle gibt es kaum, und das Ergebnis wird ein zuverlässiges Abbild des Willens der gigantischen Wählerschaft sein. Auf diesem Wahlvorgang ruht Indiens Behauptung, die größte Demokratie der Welt zu sein, eine stolze Behauptung, denn für ein armes Land ist es schwieriger, ein freies Land zu sein, und die langen zivilrechtlichen Unsicherheiten und häufigen Unfreiheiten der Bürger aller Nachbarn Indiens im Norden, im Osten, Westen und Süden lassen das indische Selbstlob umso stolzer klingen. Das, da können wir alle zustimmen, ist gut.

Aber eine demokratische Gesellschaft ist nicht schlicht eine, in der alle vier, fünf Jahre solch eine Abstimmung stattfindet. Demokratie ist mehr als eine bloße Mehrheitsentscheidung. Demokratie ist Freiheit. In einer wahrhaft freien Gesellschaft müssen alle Bürger sich frei *fühlen*, dauerhaft, ob sie nun bei einer Wahl auf der Seite der Gewinner oder der Verlierer landen: frei, ihre Meinung zu äußern, wie sie es wollen, frei, einen oder keinen Glauben zu praktizieren, wie es ihnen gefällt, frei von Angst und Gefahr. Wird die Meinungsfreiheit angegriffen, die Religionsfreiheit bedroht und leben wesentliche Teile der Gesellschaft in physischer Angst um ihre Sicherheit, lässt sich von einer solchen Gesellschaft nicht behaupten, sie sei eine wahre Demokratie. Im heutigen Indien treten all diese Probleme auf und verschärfen sich.

Die Angriffe auf die Freiheit der Literatur, der Wissenschaft und der Kunst haben an Stärke zugenommen. A. K. Ramanujans klassischer Essay »Three Hundred Rāmāyaṇas«, der jahrzehntelang der grundlegende Text der *Rāmāyaṇa*-Forschung an der Delhi University war, wurde von Hindu-Extremisten angegriffen, und die Behörden beugten sich feige und strichen das Buch aus dem Lehrplan. Nicht nur wurde James Laines Studie zu dem kriegerischen Marathen-König Shivaji, eine Ikone der Shiv-Sena-Partei, angegriffen und verboten, sondern auch die große Bibliothek antiker Texte in Pune, wo Laine Recherchen angestellt hatte, wurde gestürmt und viele alte Manuskripte vernichtet. Und erst kürzlich startete derselbe fanatische Hindu, der Ramanujans Essay angegriffen hatte, eine Aktion gegen Wendy Donigers bedeutendes wissenschaftliches Werk *The Hindus*, er klagte sie an, haarsträubend und grammatikalisch falsch, eine »woman hungry of sex« zu sein, und statt dass man ihn unter Gelächter aus dem Gericht hinauskomplimentierte, gelang es ihm, dem mächtigen Verlag Penguin Books Angst einzujagen, der daraufhin das Werk zurückzog. Und ein schwuler Künstler, Balbir Krishan, wurde erst bedroht und dann in Indiens Hauptstadt New Delhi körperlich angegriffen, weil er beschuldigt wurde, die »Homosexualität zu verbreiten«.

Vorfälle dieser Art nehmen zu, jeden Monat, jede Woche, jeden Tag, und die Behörden scheitern kläglich an ihrer Pflicht, das Recht auf freie Meinungsäußerung zu schützen. Vielmehr haben Politiker und in gleichem Maße Polizeibehörden wiederholt die Opfer beschuldigt, die Unruhestifter zu sein. Das folglich geschürte Klima der Angst ist so, wie einige der von mir gegebenen Beispiele zeigen, dass die Arbeit der Randalierer und Zensoren sich oft durch das Versagen derjenigen erledigt, die die Verteidiger der freien Meinungsäußerung sein sollten. Penguin Books, dessen Zusammenschluss mit Random House zum größten und mächtigsten Verlagshaus der Welt geführt hat und das damals 1988 bereit war, mein Werk zu verteidigen, beugte sich dieses Mal der Kritik an Doniger ohne auch nur den geringsten Widerstand.

Dieser bereits beklagenswerte Stand der Dinge wird sich noch deutlich verschlechtern, wenn, wie es möglich erscheint, das Wahlergebnis die hindunationalistische BJP an die Macht bringt, sodass die stark polarisierende Figur des Narendra Modi – der beschuldigt wird, für das antimuslimische Pogrom 2002 im Bundesstaat Gujarat, dessen Chief Minister er ist, verantwortlich zu sein, der Tophardliner der Hardliner – der nächste indische Premierminister würde.* (Filme, die von den Angriffen handeln, sind in Gujarat seit 2002 verboten.) Die Gefährdung der freien Meinungsäußerung hat sich bereits über die Grenzen von Gujarat hinaus verbreitet. Siddharth Varadarajan, der Herausgeber der ausgezeichneten englischsprachigen Tageszeitung *The Hindu* wurde gezwungen, seine Position aufzugeben, da die Eigentümer der Zeitung meinten, er sei nicht genügend pro Modi eingestellt. Kurz darauf wurde der Hausmeister seiner Wohnung in einer Straße von Delhi von Gangstern zusammengeschlagen, die ihm sagten: »Bestell deinem Chef, er soll aufpassen, was er im Fernsehen sagt.« Sagarika Ghose, leitende Moderatorin von IBN, einer indischen CNN-Tochter, wurde von ihren Vorgesetzten aufgefordert, keine Tweets mehr zu posten, die Kritik an Mr. Modi beinhalten. Als Reaktion darauf tweetete sie, was viele Journalisten denken: »Da draußen ist ein Übel, ein Übel, das jede freie Meinungsäußerung ausrottet und unabhängige Journalisten zum Schweigen bringt: Journalisten, vereinigt euch!«

Doch nicht nur die freie Meinungsäußerung ist bedroht. Modis Wahlkampfmanager Amit Shah hielt Anfang April in der

---

* Später wurde er von einer vom indischen Obersten Gerichtshof eingesetzten Sonderermittlungskommission von den Vorwürfen entlastet. (Anm. des Autors)

nordindischen Stadt Muzaffarnagar, Schauplatz eines religiösen Konflikts im letzten Jahr, eine Rede. Darin nannte er die Wahlen eine Gelegenheit, »Rache« an den muslimischen Minderheiten zu üben. Giriraj Singh, ein älterer Anführer der BJP, einer der ältesten von Modis Speichelleckern, sagte auf einer Wahlkampfveranstaltung im nördlichen Staat Bihar, dass für jene, die sich gegen Modi stellten, kein Platz mehr in Indien sein würde. »Sie finden nur noch einen Platz in Pakistan«, brüllte er. Ein anderer Hindu-Extremist, Praveen Togadia, forderte seine Unterstützer auf, Muslime daran zu hindern, in den mehrheitlich von Hindus bewohnten Gegenden von Gujarat Grundstücke zu kaufen. Das Menetekel steht an der Wand.

Vor einigen Wochen unterschrieben der Bildhauer Anish Kapoor und ich, zusammen mit einigen anderen indischen Künstlern, Akademikern und Intellektuellen, einen offenen Brief, in dem wir unsere Furcht vor Mr. Modis Aufstieg zur Macht äußerten. Seither werden wir in den indischen sozialen Medien unerbittlich angegriffen, was paradoxerweise unsere Befürchtungen bestätigt hat. Wir hatten unsere Sorge über ein kommendes schikanöses, intolerantes neues Regime ausgedrückt, und hier zeigen sich seine ersten Vorreiter: drohende, gehässige, Galle spuckende, rachsüchtige, persönliche Angriffe statt einer echten Debatte. Nach einem Sieg Modis wird so etwas nicht weniger werden.

Mr. Modis Unterstützer deuten auf die Wahlurne. Er werde gewinnen, sagen sie, denn er sei beliebt, und damit haben sie recht. Ein verstörend hoher Prozentsatz der indischen Wählerschaft will einen starken Mann an der Macht und ist bereit, seine Vergehen in der Vergangenheit zu ignorieren, selbst wenn ein Genozid dazugehört, man glaubt, andersdenkende Intellektuelle sollten in die Schranken gewiesen, kritische Journalisten mundtot gemacht werden, und Künstler sollten sich anständig benehmen.

Diese Bereitwilligkeit, Haus und Hof auf Mr. Modis angeblichen wirtschaftlichen Genius zu setzen, an dem viele Kommentatoren Zweifel äußern, und alles zu riskieren, was die Schönheit einer freien Gesellschaft ausmacht, mag tatsächlich den Schwung liefern, der Mr. Modi zum Sieg trägt.

Leicht ließe sich sagen, dann bekomme Indien die Regierung, die es verdiene. Aber all jene, die wertschätzen, was verloren geht, all jene, die ein Land ohne Angst wollen, eine offene und nicht eine unterdrückte Gesellschaft, all diese Inder werden ein Indien bekommen, das sie nicht verdient haben. Jene, die das Indien wertschätzen, nach dem sich Rabindranath Tagore in seinem großen Gedicht »Lass mein Land erwachen« sehnt, werden ein Indien bekommen, das den Dichter entsetzt hätte.

Tagore schrieb:

»Wo der Geist ohne Furcht ist und man den Kopf hoch trägt;
Wo das Wissen frei ist; [...]
Wo der Geist von Dir geleitet, zu immer weiterem Denken
   und Handeln führt;
In diesem Himmel der Freiheit lass, mein Vater, mein Land
   erwachen.«

Indien läuft Gefahr, das Vermächtnis seiner Gründerväter und seiner größten Künstler wie Rabindranath Tagore zu verraten.

Postskriptum. Vieles ist in Indien geschehen, seit dieser Artikel geschrieben wurde, unter anderem eine weitere Parlamentswahl und ein weiterer durchschlagender Sieg von Premierminister Narendra Modi und seiner BJP. Wie Aatish Taseer in einem bedeutenden Essay in *The Atlantic* im April 2020 schrieb, »Indien ist nicht mehr Indien«. Die alten säkularen Ideale werden Tag für Tag vernichtet. Mr. Modi und sein Kumpan Amit Shah, voller

Auftrieb durch den Wahlsieg, haben Gesetze durchgedrückt – insbesondere den CAA oder den Citizenship Amendment Act (Änderungsgesetz zur Staatsbürgerschaft) –, die ihrer Agenda der zunehmenden Diskriminierung von Nichthindus dienen. Und der Bundesstaat Kaschmir, dessen Internetdienste abgeschaltet, dessen Bürger der Gnade oft brutaler Sicherheitskräfte ausgeliefert sind, leidet unter einer autoritären Herrschaft, die ganz gewiss in einer Demokratie keinen Platz hat.

Des Öfteren habe ich gesagt, die BJP habe einen »Hinduismus« erfunden, der überhaupt nicht hinduistisch sei. Der »Hinduismus« ist ein Amalgam von Glaubensrichtungen. Er hat kein eines heiliges Buch, keinen einen Gott und kennt keine Forderung nach kollektiver Religionsausübung. Stattdessen erklärt die neue Ideologie das *Ramayana* zum Buch der Bücher (Warum? Die *Veden* sind älter und haben zumindest den gleichen Anspruch); Rama sei der bedeutendste Gott, und die Rückkehr des »Ram Rajya«, der Herrschaft des Rama, sei das erstrebenswerteste Ereignis (und das, obwohl in vielen Teilen Indiens Rama, eine Inkarnation Vishnus, in der Geschichte keine solche Vorrangstellung einnimmt); und religiöse Massenzeremonien, die an nichts so sehr erinnern wie an die Nürnberger Reichsparteitage, sind zu regelmäßigen Veranstaltungen geworden. Dieses Argument hat den Vorzug, wahr zu sein, aber Mr. Modi und seine Leute haben mit diesem neuen Hinduismus eine Bewegung geschaffen, die die alten Wahrheiten hinfällig macht. Der neue Hinduismus ist der jetzige Hinduismus, und seine Intoleranz ist zu Indiens Intoleranz geworden.

Wenn es eine Hoffnung gibt, so liegt sie in dem Aufstand gegen die Exzesse der Regierung, insbesondere gegen den CAA – ein von Frauen und Universitätsstudenten angeführter Aufstand, der Drohungen und konkreter Gewalt widersteht. Am ermutigendsten ist es zu sehen und zu hören, dass die Protestierenden zu der Sprache der Unabhängigkeitskämpfe zurückkehren, zu der Sprache und dem Ethos von Nehru und Gandhi und des indischen Säkularismus, und dass sie diese Sprache der gröberen Sprache der augenblicklichen Machthaber entgegensetzen. Es herrscht ein Kampf um die Seele Indiens. Ich habe keine Ahnung, wer daraus als Gewinner hervorgehen wird, aber ich weiß, auf wessen Seite ich stehe.

5. Eröffnungsabend des PEN-World-Voices-Festivals 2017

Das PEN-World-Voices-Festival wurde im Jahr 2005 aus der Taufe gehoben, auch weil wir meinten, es sei absurd, dass die Stadt New York, wo internationale Festivals aller Art stattfinden, kein internationales Literaturfestival habe. In diesem ersten Jahr gehörten zu den Schriftstellern der World Voices Chimamanda Ngozi Adichie aus Nigeria, Paul Auster aus Brooklyn, Breyten Breytenbach aus Südafrika, Nuruddin Farah aus Somalia, Ryszard Kapuściński aus Polen, Elif Shafak aus der Türkei, Hanan al-Shaykh aus dem Libanon, Wole Soyinka aus Nigeria, Ngũgĩ wa Thiong'o aus Kenia und Chico Buarque aus Brasilien. Doch von Anfang an war es mehr als nur ein Literaturfestival. Es war und ist ein Ort, wo die Mission des PEN gefördert und Machtmissbrauch im Ausland oder in Amerika angefochten und bekämpft wird.

Zu Beginn der dreizehnten Verwirklichung von World Voices stehen wir einer neuen Herausforderung gegenüber, die genauso groß, wenn nicht gar größer ist als die Herausforderungen der George-W.-Bush-Ära 2005. Von den höchsten und mächtigsten Stellen in Amerika sehen wir uns einem Angriff auf die Künste gegenüber und jenseits der Künste auf den Journalismus und jenseits des Journalismus auf die Idee der Wahrheit: Wahrheit als Ziel, jenseits persönlicher Meinung oder Vorurteil, Wahrheit, die das Primat des Faktischen bedeutet – Fakten, die durch Beweise belegbar sind. Wir stehen einer Zeit gegenüber, in der Unwahrheit tagtäglich unser Leben verseucht und in der Fanatiker – fanatisch gegen die Medien, ja, aber auch gegen Migranten, Mexikaner, Minderheiten, die LGBTQ-Community, gegen Frauen und die sogenannten Eliten – offenbar durch das Ergebnis der Präsidentenwahl Aufwind bekommen haben, und folglich ist unser öffentlicher Diskurs schon stark beschädigt.

Darf ich in Klammern Einspruch gegen die Verfälschung der Bedeutung des Worts *Eliten* erheben? Wie darf es geschehen, dass eine Regierung aus Milliardären und Bankern, in der mehr Reichtum angehäuft ist als in irgendeiner früheren Regierung in der amerikanischen Geschichte, ihre Gegner als Elite abtut und behauptet, sie selbst spräche für die Massen? Nur sehr wenige Autoren oder Journalisten besitzen Privatflugzeuge oder Clubs in Florida oder New Jersey. Nur sehr wenige dieser angeblichen abgehobenen Eliten leben so abgesondert von den normalen Leuten wie dieses Kabinett der Milliardäre. Und doch sind *wir* die Eliten? Fangen wir damit an, uns dieses eine Wort zurückzuerobern. Nennen wir die Dinge bei ihrem richtigen Namen. Wir stehen der schamlosesten elitären Regierung in der Geschichte der Vereinigten Staaten gegenüber. Jeder, der das nicht sieht, passt nicht auf, um den Satz von Stephen King von vor einigen Tagen zu paraphrasieren.

Ich mache mir Sorgen um die Zukunft dieses Festivals, wenn es der Regierung gelingt, die Einreise nach Amerika zu einer schwierigeren und unerfreulichen Erfahrung zu machen. Werden die Schriftsteller der Welt der US-Immigration trotzen wollen? Es gibt bereits viele anekdotische Beweise für Schikanen an den Einreisestellen, Leute werden an der Grenze von Einwanderungsbeamten gefragt, was sie über den Präsidenten denken, als wäre das ein Kriterium, das für ihr Recht, Amerika zu betreten, ausschlaggebend sei. Wir hören bereits von einem möglichen Besucherrückgang in Amerika in diesem Jahr von zwanzig Prozent oder mehr. Diese Kluft zwischen diesem Land und der Welt, die uns 2005 anspornte, World Voices ins Leben zu rufen, tut sich wieder auf. Ich hoffe, Schriftsteller werden nicht abgeschreckt, sich hier mit uns zu treffen, sodass wir weiterhin alles tun, was wir können, um über diesen Abgrund hinweg miteinander zu sprechen.

Ich glaube, in dieser Zeit, in der die Idee eines besseren Amerika, divers, offen, tolerant und kultiviert, überall unter Beschuss steht, fällt uns die Aufgabe zu, uns allen, den Schriftstellern, Verlegern, Buchhändlern, Lesern, Bürgern, Wächter der Kultur zu sein. Durch unsere Worte und die Art unseres Handelns wollen wir das Inbild und die Beschützer dieses besseren Amerika sein. Denn Amerika ist besser als Trumpistan. Amerika ist besser als diese Leute, für die der Zweite Zusatzartikel sakrosankt ist, der Erste aber nicht so sehr. Amerika ist besser als Schikane, Fanatismus und Hass. Wenn etwas Gutes aus diesem finsteren Moment hervorgegangen ist, dann, dass so viele Amerikaner – vielleicht wie niemals zuvor – politisch wachgerüttelt wurden. Vielleicht also gibt es eine Armee der Guten, eine Armee des Friedens und der Gerechtigkeit, gegen den Hass vereint, die sich den Kräften in den Weg stellt, die man gegen uns entfesselt. Ich glaube, es gibt sie, und um eine alte Formulierung aufzugreifen, »we shall not be moved«, wir bleiben standhaft.

CHRISTOPHER HITCHENS (1949–2011)

Geschrieben am 15. Dezember 2011, an dem Tag, an dem Christopher starb

Am 8. Juni 2010 war ich mit Christopher Hitchens im Gespräch in der 92nd Street im Y in New York, wo er vor gewohnt ausverkauftem Haus seine Biografie *Hitch-22* (deutsch: *The Hitch*) vorstellte. Christopher lieferte an jenem Abend eine bravouröse Performance, war bissig und witzig wie nie, und auch hinterher, bei einem kleinen Essen zur Feier des Tages, lief er zur Höchstform auf. Einige Tage später erzählte er mir, er hätte am Morgen der Buchpräsentation im Y die Nachricht von seiner Krebserkrankung erhalten. Ich konnte es kaum fassen, dass er an einem für ihn so schrecklichen Tag in der Öffentlichkeit so großartig gewesen war. Er hatte mehr als Stoizismus bewiesen. Er hatte dem Tod Geist und Gelächter ins Gesicht geschleudert.

Hitch-22 war ein Titel, der aus einem unserer albernen Wortspiele entstand, in diesem Fall: »Titel, die es fast geschafft hätten«. Dazu zählten: *A Farewell to Weapons* (statt: *A Farewell to Arms*, deutsch: *In einem anderen Land*); *To Kill a Hummingbird* (statt: *To Kill a Mockingbird*, deutsch: *Wer die Nachtigall stört*), *The Catcher in the Wheat* (statt: *The Catcher in the Rye*, deutsch: *Der Fänger im Roggen*), *Mister Schiwago* oder *Moby-Prick*. Und für Joseph Hellers komödiantisches Meisterwerk *Catch-22* hatten es *Snag-22* oder *Hitch-22* nicht geschafft. Christopher fischte den Titel aus dem Stapel abgelehnter Vorschläge, aus unserem Katechismus der Nieten, und stellte ihn jenem Text voran, der heute an ihn erinnert.

Hitchens und Gelächter waren untrennbare Gefährten, das Komische eine der mächtigsten Waffen in seinem Arsenal. Als wir beide zur TV-Talkshow *Real Time with Bill Maher* eingeladen waren, zusammen mit dem Rapper Mos Def, der eine Reihe absurder Behauptungen über Osama bin Laden und al-Qaida von sich gab, wurde Christopher auf geradezu unheilvoll bösartige Weise höflich, redete Mos, während er dessen Bemerkungen in der Luft zerriss, mit dem vorgeblich respektvollen Spitznamen »Mr. Definitely« an, einem auf so herabwürdigende Weise komischen Namen, dass die lächerlichen Behauptungen, die Mr. Def vorzubringen versuchte, dadurch noch viel lächerlicher wurden.

Dem Gelächter aber lag zugrunde, was Hitchens' Freund Ian McEwan seinen »Rolls-Royce-Verstand« nannte, ein Organ unfassbarer Gelehrsamkeit, gepaart mit oft brillanter, wenn auch gelegentlich fehlerhafter Wahrnehmung. Der Verstand von *The Hitch* funktionierte wahrlich wie eine schnittige, schnurrende, mit eleganten Armaturen aufgemotzte Maschine, zu denen allerdings keine exklusive Sensibilität gehörte. Er war ein Intellektueller mit dem Instinkt eines Raufbolds, der sich bei moralischen oder politischen Faustkämpfen am wohlsten fühlte. Als ich in einen öffentlichen Disput mit John le Carré geriet, sprang Hitchens mir ungebeten zur Seite und verschärfte den Konflikt gleich um mehrere Grade, als er das Benehmen des berühmten Mannes mit einem Kerl verglich, »der sich in den eigenen Hut erleichtert hat und sich den überschäumenden Chapeau dann aufs Haupt drückt«. Nach Hitchs Einmischung wurde, wie ich leider gestehen muss, der Streit um einiges hässlicher.

Diese Auseinandersetzung mit le Carré fand in jenen langen Jahren der Kontroversen und Bedrohungen statt, die auf die Veröffentlichung meines Romans *Die satanischen Verse* folgten, den

Jahren der Angriffe auf Autor, Verleger, Übersetzer und Buchverkäufer durch die Lakaien und Nachfolger von Irans theokratischem Tyrannen Ruhollah Chomeini. Mit Christopher, einem damals guten, wenn mir auch nicht besonders nahestehenden Bekannten, habe ich mich erst während dieser Zeit, Mitte der Achtzigerjahre, stärker angefreundet, und er wurde zu einem meiner unermüdlichsten Verbündeten und wortgewandtesten Verteidiger.

Ich bin schon öfter gefragt worden, ob Christopher sich so für mich einsetzte, weil er ein guter Freund war. In Wahrheit aber wurde er ein guter Freund, weil er sich für mich einsetzen wollte.

Das Spektakel eines despotischen, antiquierten Ideen anhängenden Klerikers, der ein Todesurteil über einen im Ausland lebenden Autor verhängte und dann Todesschwadronen ausschickte, die dieses Urteil vollstrecken sollten, hat etwas in Christopher verändert. Er begriff, dass eine neue Gefahr auf die Welt losgelassen wurde, dass eine neue totalitäre Ideologie in die ausgelatschten Schuhe des sowjetischen Kommunismus schlüpfte. Und als die brutale Feindseligkeit britischer und amerikanischer Konservativer (John Podhoretz und Charles Krauthammer, Hugh Trevor-Roper und Paul Johnson) mit der Appeasement-Politik von Teilen der westlichen Linken zusammenging und beide Seiten anfingen, Verständnis für den iranischen Angriff zu zeigen, wuchs seine Wut. In den Augen der Rechten war ich ein kultureller »Verräter«, ein, so Christopher, »arroganter Kanake«; und nach Meinung der Linken konnte das Volk niemals irren; die Sache des unterdrückten Volkes aber, einer Kategorie, der die islamischen Gegner meines Romans (und der »Hegemonialmacht der Vereinigten Staaten«) zugehörten, war doppelt gerechtfertigt. So unterschiedliche Stimmen wie die des Papstes, des Kardinals von New York, des britischen Oberrabbiners und die von John Berger oder Germaine Greer fanden »die Beleidigung nachvollziehbar«, weshalb sie sich darüber nicht aufregen konnten. Und Christopher ging auf den Kriegspfad.

Er und ich merkten, dass wir, ohne uns abgesprochen zu haben, unsere Ideen mit fast denselben Worten beschrieben. Ich sah ein, dass ich die Schlacht zwar nicht gewählt hatte, dass es aber immerhin die richtige Schlacht war, denn alles, was ich liebte und schätzte (Literatur, Freiheit, Respektlosigkeit, Freiheit, Ungläubigkeit, Freiheit) stand gegen alles, was ich verabscheute (Fanatismus, Gewalt, Heuchelei, Humorlosigkeit, Philistertum und die neue Beleidigungskultur). Kurz darauf las ich, dass Christopher genau dasselbe Sprachbild benutzt hatte: alles-was-er-liebte-gegen-alles-was-er-hasste, und ich fühlte mich ... *verstanden*.

Er sah auch, dass es sich bei dem Angriff auf *Die satanischen Verse* nicht um einen isolierten Vorfall handelte, dass Schriftsteller, Journalisten und Künstler überall in der islamischen Welt derselben Vergehen angeklagt wurden: der Blasphemie, des Renegatentums, der Ketzerei sowie der »Kränkung« und »Beleidigung«, ihrer modernen Verbündeten. Und er ahnte, dass hinter diesem intellektuellen Angriff die Möglichkeit eines Angriffs auf breiterer Front lauerte. Er zitierte Heine: »Dort, wo man Bücher verbrennt, verbrennt man auch am Ende Menschen.« (Und er erinnerte mich mit seinem profunden Sinn für Ironie daran, dass dieses berühmte Zitat aus Heines Theaterstück *Almansor* sich auf einen Vorfall bezog, bei dem der Koran verbrannt worden war.) Am 11. September 2001 begriff er, begriffen wir alle, dass das, was mit einer Bücherverbrennung in Bradford, Yorkshire, begonnen hatte, sich auf so tragische Weise nun in Gestalt zweier einstürzender Gebäude dem Gewissen der Welt einbrannte.

Während der Kampagne gegen die Fatwa setzten sich die britische Regierung und diverse Menschenrechtsgruppen für ein Treffen mit Clinton im Weißen Haus ein, um deutlich zu machen, wie sehr die neue Regierung meinen Fall unterstützte. Ein

Besuch wurde in Aussicht gestellt, verzögert, dann aufs Neue vorgeschlagen. Bis zur letzten Minute blieb unklar, ob ich Clinton selbst treffen oder stattdessen von Anthony Lake empfangen werden würde, dem nationalen Sicherheitsberater, vielleicht auch noch von Warren Christopher, dem Außenminister. Hitch bemühte sich hartnäckig, Clintons Leuten klarzumachen, wie wichtig es sei, dass der POTUS mich persönlich träfe. Seine Freundschaft mit George Stephanopoulos gab dann vermutlich den Ausschlag. Er setzte sich durch, und als man mich zum Präsidenten brachte, rief Stephanopoulos gleich bei Christopher an und verkündete triumphierend: »Der Adler ist gelandet.«

(Bei meinem Besuch in Washington übernachtete ich in Hitchens' Wohnung. Hinterher wurde Christopher von einem Agenten des State Department gewarnt, dass er, weil er mich als Gast in sein Haus geladen hatte, Gefahr auf sich gelenkt haben könnte. Ob er nicht einen Umzug in Betracht ziehen wolle? Christopher strafte diesen Vorschlag mit tiefster Verachtung.)

Er begann zu glauben, dass jene, die begriffen, welche Gefahr der radikale Islam darstellte, politisch rechts standen, während seine einstigen Weggefährten auf der Linken sich arrangierten und dabei, wie er fand, das Offensichtliche übersahen; und so setzte er, der für halbe Sachen noch nie etwas übriggehabt hatte, zu einer Kehrtwende quer über die gesamte politische Bandbreite an, um gemeinsame Sache mit den Kriegstreibern in der Verwaltung von George W. Bush zu machen.

Insbesondere Paul Wolfowitz fand er auf seltsame Weise faszinierend. Als ich eines Abends in Christophers Wohnung in Washington war, kam Wolfowitz, frisch aus der Regierung ausgeschieden, auf einen Drink vorbei und setzte zu einer Kritik am Irakkrieg an (für den offenbar allein Rumsfeld verantwortlich war), eine Kritik, die mich geradezu sprachlos machte. Die Wolfowitz-Doktrin, so Wolfowitz, habe mit Wolfowitz nichts zu tun.

Eigentlich sei Wolfowitz sogar von Anfang an gegen die Wolfo-witz-Doktrin gewesen, eine Behauptung, die auch aus dem Mund einer Figur in *Catch-22* hätte kommen können. Ich fragte mich, wie lange Christopher es mit diesen Weggefährten aushalten würde.

Paradoxerweise war es Gott, der Christopher Hitchens vor der amerikanischen Rechten rettete. Niemand, der Gott auf so in-stinktive, intelligente, originelle und komische Weise verabscheute, konnte es lange bei den gottesfürchtigen Konservativen Ameri-kas aushalten. Als Christopher die Zähne fletschte, um Gott an die Gurgel zu gehen, wie er auf seine so berühmt wie berüchtigte Manier zuvor schon über Henry Kissinger, Mutter Teresa und Bill Clinton hergefallen war, brachte ihn das daraus resultierende Buch *god is not Great* (deutsch: *Der Herr ist kein Hirte*) zurück zu der für ihn selbstverständlichen liberalen, gottlosen Anhänger-schaft. In seinen letzten Jahren galt Christopher als außergewöhn-lich beliebt, und es war sein großartiger Krieg gegen Gott und sein nicht minder großartiger Streit mit seinem letzten Feind, dem Tod, der ihn vom missverstandenen Krieg gegen den Irak endlich zurück »nach Hause« brachte.

Letzte Dinge

Eine Fassung meines Memoires *Joseph Anton* schickte ich an Christopher, dem es damals bereits ziemlich schlecht ging. Ich rechnete nicht damit, dass er mehr nur als einen flüchtigen Blick auf mein Manuskript werfen würde, erhielt dann aber eine lange Mail mit einer vollständigen Kritik, in der er mich auf mehrere Fehler hinwies sowie darauf, dass ich Rupert Brooke und P. G. Wodehouse falsch zitiert hatte.

Es gab ein letztes Abendessen in New York, eine Gelegenheit, für die der Dichter James Fenton und ich zuvor vereinbart hat-ten, Christopher so oft wie möglich zum Lachen zu bringen.

Dies führte leider mindestens einmal zu einem schrecklichen Hustenanfall, aber er hatte an diesem Abend seinen Spaß. Es war das einzige Geschenk, das wir ihm kurz vor seinem Ende noch bereiten konnten: eine Stunde oder zwei, in der er sein durfte, was er so gern war, der Hitch, mächtig und imposant unter Freunden – nicht der dahinsiechende Hitch, aus dem vom Vernichter aller Zeit das Leben langsam herausgepresst wurde.

Zehn Tage vor Christophers Tod schrieb ihm Richard Dawkins, dass man einen Asteroiden nach ihm benennen werde. Christopher war schwer begeistert und erzählte all seinen Freunden vom Asteroiden Hitchens. »Endlich!«, mailte er uns. »Twinkle twinkle, little bat!« Und ich antwortete ihm mit der letzten Zeile aus Lewis Carrolls Gedicht: »Bravo! You're now a tea-tray in the sky!« Das waren die letzten Worte, die wir gewechselt haben.

An seinem zweiundsechzigsten Geburtstag – dem letzten, und es schmerzt, das zu schreiben – war ich mit ihm und Carol sowie einigen Bekannten in Houston im Haus seines Freundes Michael Zilkha. Für ein Foto haben wir uns beidseits einer Büste von Voltaire aufgestellt. Diese Aufnahme schätze ich heute über alles; die zwei Voltaires und ich, einer aus Stein, der andere damals noch voller Leben. Jetzt sind beide nicht mehr, und man kann nur versuchen, an das zu glauben, worauf der Philosoph Pangloss gegenüber Candide im Meisterwerk des älteren Voltaire beharrt: »Alles wendet sich zum besten in der besten aller möglichen Welten.«

Auch wenn es heute schwerfällt, das zu glauben.

DER FREIHEITSINSTINKT

Nachdem Christopher Hitchens sein Buch *god is not Great* (deutsch: *Der Herr ist kein Hirte*) geschrieben hatte, schickte er mir ein Exemplar zur Lektüre, und ich antwortete ihm nur halb im Scherz, der Titel sei zu lang; er könne das Wort *Great* auch weglassen. Er ignorierte meinen Rat.

Gottlosigkeit ist in Amerika ungewöhnlich, in England und Europa dagegen so weit verbreitet, dass man sich, falls jemand erklären sollte, er glaube nicht an Gott, vermutlich am Kopf kratzen und sich fragen würde, warum er oder sie so etwas Banales von sich gibt. Den eigenen Atheismus zuzugeben wirkt, als bestätigte man Offenkundiges. Seltsam findet man es dagegen, wenn man sich zu seinem Glauben bekennt. (Falls man nicht Muslim ist, Muslime haben so ihre Probleme mit dem Atheismus.) Als Tony Blair noch Premierminister war, gaben sich seine Imageberater größte Mühe, Blairs Religiosität zu verheimlichen, denn wäre die bekannt geworden, hätte sich das bei den Wahlen nachteilig ausgewirkt. Öffentlich bekannte Frömmigkeit und tiefe Gottgläubigkeit waren ein sicheres Rezept für politische Niederlagen.

Zusammen mit bekannten Rednern wie Richard Dawkins, Daniel Dennett und manch anderen wurde ich letztes Jahr [2017] nach Australien zu einer Konferenz mit dem Titel »Der globale Atheist« eingeladen. Später kam mir zu Ohren, dass die Konferenz abgesagt werden musste, da man nicht genug Eintrittskarten verkaufen konnte. Beeindruckend fand ich, dass *so gut wie keine Karten* verkauft wurden. Offenbar hatten die Aussies keine Lust, dafür zu bezahlen, dass wir sie über etwas belehrten, was sie für selbstverständlich hielten. Lieber gingen sie an den Strand, tranken wie Richter Brett Kavanaugh ein paar Bier und fühlten sich dann nicht länger verantwortlich für das, was danach geschehen mochte. In Amerika sind wir leider noch nicht so fortschrittlich wie in Australien – das mit dem Bier und dem Danach vielleicht ausgenommen.

Spricht man in Amerika an einem Rednerpult abfällig über die Religion, vernimmt man oft schockierte Reaktionen: ein lautes Schnaufen, ein Nach-Luft-Schnappen. In Amerika wird man nicht mal als Hundefänger eingestellt, wenn man nicht nachweisen kann, dass man jeden Sonntag in die Kirche geht und zum Priester eine freundschaftliche Beziehung unterhält. (*Soo* freundschaftlich nun auch wieder nicht, nur um das gleich klarzustellen. Und bestimmt sind ihm Jungen sowieso lieber als Männer.)

Selbst Donald Trump muss vorgeben, religiös zu sein, was ihm nicht immer leichtfallen dürfte, scheint er doch, wie auf einer Videoaufnahme aus der National Cathedral zu sehen, selbst das Vaterunser nicht besonders gut zu kennen. (In Klammern: Etwas zu kennen, gehört sowieso nicht gerade zu Trumps Stärken. Wie ein konservativer Kommentator einmal erklärte, gehe es nicht allein darum, dass Trump dieses oder jenes nicht kennt, sondern darum, dass er nicht mal weiß, was »etwas zu kennen« bedeutet.)

Vor einigen Jahren, noch vor dem letzten Irakkrieg, unterhielt ich mich in Washington mit Politikern der republikanischen und der demokratischen Partei. Einer der auffälligsten Unterschiede im Gespräch mit den beiden Gruppierungen war, dass die Demokraten sich in weltlicher Terminologie über Politik ausließen, wohingegen die Republikaner immer wieder von Gebetskreisen und ihrem Glauben sprachen. Beim Treffen mit den Republikanern erklärte ein Senator der Grand Old Party entrüstet, er habe gehört, Osama bin Laden hätte behauptet, dass Amerika ein gottloses Land sei. »Wie kann der so was sagen?«, fragte mich der Senator ehrlich empört. »Wir sind doch ein durch und durch gläubiges Land!« Mich dagegen verblüffte seine Vehemenz. Er schien den Eindruck zu haben, dass seine Identität in ihren Grundfesten angegriffen wurde. Ich sagte mir, dass Osama bin Laden vermutlich bedeutsamere Ziele als das Selbstverständnis des Senators im Visier hatte, behielt diesen Gedanken aber für mich.

Allerdings habe ich mich dann doch gefragt, warum die Menschen im Land der Freien überall von einer antiken Gottesideologie gefangen gehalten wurden. Im Folgenden meine Erklärung, die schlichte Theorie, die ich dazu aufgestellt habe. Sie hat viel damit zu tun, wie die Menschen über Freiheit denken. In Europa wurde der Kampf um die Freiheit des Denkens und Redens eher gegen die Kirche als gegen den Staat geführt. Die Kirche mit ihrem Unterdrückungsapparat – Exkommunikation, Kirchenbann, *index expurgatorius*, Folter, Ertränken von Hexen und Verstümmeln oder Verbrennen von Andersdenkenden – sorgte dafür, dem, was gedacht und gesagt werden konnte, Grenzen zu setzen, und wenn man die überschritt, wie etwa Giordano Bruno oder Savonarola, fand man sich bald auf dem Scheiterhaufen wieder oder wurde doch wie Galilei gezwungen, etwas zu widerrufen, von dem man wusste, dass es die Wahrheit war. Im europäischen Denken wird »Freiheit« somit als »Freiheit von der Religion« verstanden. Die Schriftsteller und Philosophen der französischen Aufklärung wussten das, weshalb sie darauf achteten, jene Macht der Kirche zu brechen, mittels der sie, nicht zuletzt mit dem Vorwurf der Blasphemie, freie Meinungsäußerung verhinderte; und es ist eben dieses Werk der Aufklärung, das zum Eckpfeiler unserer modernen Auffassung von Freiheit wurde.

Die ersten Siedler aber, die aus Europa nach Amerika kamen, flüchteten vielfach vor religiöser Verfolgung, und Amerika, ihre neue Heimat, sollte für sie das Land sein, in dem sie ihren Glauben frei und ohne Furcht ausüben konnten. »Freiheit« war in Amerika somit von frühester Zeit an keine Freiheit *von* der Religion, sondern eine Freiheit *der* Religion. Religion und Freiheit waren somit keine Gegensätze, sondern eine Einheit. Und als der Erste Verfassungszusatz formuliert wurde, hat man diese beiden Themen für immer aneinandergekoppelt. »Der Kongress soll kein Gesetz erlassen, das eine Einrichtung einer Religion zum Gegenstand hat oder deren freie Ausübung beschränkt, oder eines, das Rede- und Pressefreiheit oder das Recht des Volkes, sich friedlich zu versammeln und an die Regierung eine Petition zur Abstellung von Missständen zu richten, einschränkt.« Die Freiheit der Religionsausübung wurde also der Redefreiheit übergeordnet. Sie kommt an erster Stelle, die freie Meinungsäußerung an zweiter. Und das hat viel damit zu tun, warum der Atheismus in Amerika nur flache Wurzeln geschlagen hat. Religion und Freiheit gingen auf dem nordamerikanischen Kontinent einen Bund ein, der Erste Verfassungszusatz ist die Heiratsurkunde, und die Vereinigten Staaten sind das Resultat.

Das amerikanische Beispiel, dem zufolge der Wunsch nach religiöser Freiheit so weit gefasst wurde, dass er auch die Freiheit des Redens und Denkens umfasst, ist meiner Meinung nach eine Ausnahme von der Regel. Meist standen Religion und Freiheit zueinander im Widerspruch. Und selbst im heutigen Amerika fällt es nicht schwer, die Bruchlinien zwischen Freiheit und Religion auszumachen. Einerseits schützt der Erste Verfassungszusatz die religiöse Freiheit der Juden in Pittsburgh nicht vor dem Waffenwahn Amerikas, wie er von der heutigen Auslegung des Zweiten Verfassungszusatzes abgesegnet wird. Andererseits aber können religiös Gesinnte die Freiheit Andersdenkender angreifen, indem sie »Freiheit« zu so etwas wie »von Gott autorisierte Engstirnigkeit« umdeuten. Die Weigerung, in Geschäften Schwule zu bedienen oder deren Ehen anzuerkennen, ist nur ein Beispiel für jene »Freiheit«, wie sie im Bibelgürtel oft missverstanden wird. Wir leben in einer gewaltsamen Zeit, in der solcherart verzerrte Auslegungen zu Gewalt führen können, was wohl für keine Wörter stärker zutrifft als für *Freiheit* und *Freizügigkeit*. Ich will später noch darauf zurückkommen, möchte vorab aber auf die Ursprünge sowohl der Religion wie des Gedankens von persönlicher Freiheit eingehen.

Die Götter wurden geboren, weil Menschen die Welt nicht verstanden. Was war die Sonne? Und wieso stieg sie am Himmel auf? Was waren der Mond und die Sterne? Lebten wir unter einer großen Kuppel, durch deren Löcher geheimnisvolles Licht fiel? Wer ließ es regnen, und warum lebten, warum starben wir? Wie kamen wir hierher, und wo kam dieses *Hier* her, ehe wir kamen? Seit frühester Zeit leiden wir unter dem anthropomorphischen Trugschluss – dem Glauben, dass Nichtmenschliches wie Pflanzen oder Meere menschliche Eigenschaften wie Gefühle besitzt, dass der Himmel verärgert und die Brise sanft sein könnte –; seit frühester Zeit sind wir aber auch narrative Tiere. Wir erzählten uns Geschichten, um uns zu erklären, was wir nicht verstanden. Wir ersannen größere, mächtigere Versionen unserer selbst, die, hinter Wolken verborgen, von ihren Berggipfeln Donnerkeile auf uns herabschleuderten und die von einem Thron tief unterm Wasser die Oberfläche des Meeres aufwühlten. Wir rückten die Götter auch ins Zentrum unserer Gespräche über Liebe und Angst. Manchmal mochten sie uns, hatten Lieblingsmenschen, Lieblingsstädte, wenn ihre Lieblinge aber auf verfeindeten Seiten standen, wenn der Liebling des einen Gottes die Griechen, der eines anderen die Trojaner bevorzugte, dann war Vorsicht geboten. Und manchmal sah die Liebe eines Gottes – ging es dabei um eine Menschenfrau – auch sehr nach Vergewaltigung aus. Oft aber waren die Götter einfach nur furchteinflößend und rachsüchtig, besonders jenen gegenüber, die davon träumten, ihnen ähnlich zu sein. Man denke nur an Arachne, die fand, ihre Webkunst sei so gut wie die von Athene. Daraufhin wurde sie in eine Spinne verwandelt. Die Götter haben es noch nie gemocht, wenn Menschen mit ihrer Macht wetteiferten oder wenn irgendwer versuchte, ihnen ihren Zauber zu nehmen. Die Bestrafung des Titanen Prometheus, der das Feuer stahl, war als Mahnung für uns alle gedacht. »Kenne deinen Platz« lautete von Beginn an die Botschaft der Götter. Freiheit aber ist genau die Idee, die besagt, dass man den eigenen Platz nicht kennen muss, sondern sich selbst einen Platz schaffen kann, an dem man sich gut fühlt.

Im frühen Vielgötterglauben triumphierte die Furcht über die Liebe. Sicher, es gab Götter der Liebe, Götter, deren Aufgabe es war, über das Leben der Liebenden zu wachen, um dafür angebetet zu werden; in den Augen unserer Vorfahren aber waren Götter meist eine Verkörperung von Macht. Sie lieferten die Antwort auf die große unbeantwortbare Frage: Wer hat alles geschaffen, uns eingeschlossen? Mit so etwas wie menschlicher Freiheit gab man sich dabei gar nicht erst ab. Wir waren die Geschöpfe der Götter, hatten sie anzubeten, uns zu unterwerfen, und wenn nicht, dann gnade uns der jeweilige Gott. Natürlich stimmt es, dass viele Geschichten, die unsere Vorfahren ersannen, seltsam sind und wunderschön: der Gott Indra, der den urzeitlichen Milchozean des Universums verquirlt und so Galaxien hervorbringt; die Riesenschildkröte, auf deren Rücken die Welt ruht (nur: Worauf ruht die Schildkröte?); der elefantenköpfige Ganesha, der dem indischen Homer, dem Weisen Vyasa, zu Füßen saß und niederschrieb, was ihm der Dichter diktierte, das *Mahabharata* oder die Götterdämmerung. Doch die toten Religionen, deren

Geschichten wir heute so schön finden, waren einst lebendige Religionen mitsamt jenem Unterdrückungsapparat, der lebendigen Religionen nun mal eigen ist und der jede Blasphemie straft. Sie wurden erst zu »schönen Geschichten«, als die Menschen aufhörten, sie wörtlich zu nehmen. Die Idee, ein heiliger Text könne buchstäblich wahr sein, ist bis heute ein überaus gefährlicher Gedanke.

Um es in aller Deutlichkeit zu sagen: Nicht die Götter haben uns nach ihrem Bild erschaffen. Wir erschufen sie nach unserem Bild. Und der erste Grund für diesen Zeugungsakt war der Wunsch, eine Erklärung für jene Schöpfung um uns herum zu finden, die wir nicht verstanden, unser Wunsch, damals, ohne jede Wissenschaft, eine Antwort auf die erste große Frage zu finden, die Frage nach unserer Herkunft – und der zweite Grund war, dass die Götter uns einen moralischen Rahmen für unser Leben liefern und die zweite große Frage beantworten sollten, die Frage nach der Moral: Wie, da wir nun mal hier sind, sollen wir leben? Was ist richtig, was falsch? Was gut, was böse? Die polytheistischen Religionen, das Pantheon der Ägypter, Norweger, Griechen, Römer oder Hindu, kümmerte diese zweite Frage interessanterweise nicht besonders. Ihre Götter waren keine moralischen Vorbilder, und sie predigten auch keine Moraltheorie. Diese Götter waren wie wir, nur eben größer, mächtiger. Sie kannten kein gutes Benehmen. Sie waren gierig, draufgängerisch, eitel, nachtragend, rachsüchtig, lüstern und heimtückisch. (Wenn man das so liest, könnte man denken, dass die frühen Menschen im Nebel ferner Zeiten besser waren als ihre Götter.) Entscheidend ist, dass sie, die Götter, von ihren Untertanen nicht erwarteten, dass sie sich wie sie selbst benahmen. Sie sagten nicht: Wir zeigen euch, wie ihr euch zu benehmen habt. Sie sagten nur: Wir sind die Götter, wir können tun, was wir wollen, und euer Job ist es, uns anzubeten, sonst gnade euch Gott.

Der Faschismus wurde auf dem Mount Asgard geboren. Und auf dem Mount Kailash. Und auf dem Olymp.

Es waren die großen monotheistischen Religionen, die sich des Themas der Moral annahmen. Allerdings wurden keine Blitze vom Berg herabgeschleudert, sondern Predigten gehalten. Damals begann die Sache mit Zuckerbrot und Peitsche, was man auch den Sankt-Nikolaus-Umgang mit den Fragen der Ethik nennen könnte. Steht dein Name nicht auf der Liste jener, die unartig waren, warten unterm Weihnachtsbaum Geschenke auf dich. Und steht dein Name nicht auf der Liste der Braven, wird der Tag des Jüngsten Gerichts für dich, sagen wir mal, eher enttäuschend ausfallen. Sei gut, und du kommst ins Paradies. Hier ein Vorgeschmack: Wolken, Nachthemden, Flügel, Harfenmusik, Glückseligkeit. Bist du aber unartig, dann schau dir das Bild der Hölle an. Und wenn du schon dabei bist, hier auch gleich noch eine Reihe irdischer Strafen für dich. Diese Bilder von der Hölle und den irdischen Strafen, die alle monotheistischen Religionen lieben, würden wir heute vermutlich Trailer nennen. Und sie stellen die Frage, welchen Film du dir gern ansehen möchtest, nun, da du die Trailer kennst. Hier Zuckerbrot, dort Peitsche. Du hast die Wahl!

Klingt nach altmodischen Erziehungsmethoden. Wenn wir geboren werden, verstehen wir nur wenig und brauchen viel. Ehe wir sprechen können, benötigen wir Schutz und Fürsorge. Schließlich aber werden wir älter und wenden uns an jene, die uns beschützen, falls wir denn das Glück haben, beschützt aufzuwachsen, und hinterfragen die Regeln, nach denen wir leben müssen. Alle Kinder lehnen sich gegen die von Eltern gezogenen Grenzen auf, doch brauchen alle Kinder auch Grenzen. Wir sonnen uns in der Zustimmung unserer Eltern, und wir fürchten ihre Missbilligung. Für uns sind sie wie Götter. Bis sie es nicht mehr sind.

Das Aufwachsen beschert uns unsere erste Erfahrung des Phänomens der Freiheit; ein anderes Wort dafür ist »selbstständiges Denken«. In einem gewissen Alter fangen wir alle an, unser eigenes Weltbild zu formen. Falls dies dem Bild widerspricht, das unsere Eltern uns vorgehalten haben, dann verwerfen wir das alte Bild meist zugunsten des neuen, und falls dies für Probleme zwischen uns und unseren Eltern sorgt, dann müssen wir uns diesen Problemen stellen. (Oder vor ihnen davonlaufen.) Die Götter sind keine Götter mehr, und wir werden zu selbstständigen Geschöpfen.

Einige der alten religiösen Geschichten erzählen, dass eine Zeit anbrechen wird, in der die Menschen ohne ihre Götter auskommen müssen. Vermutlich geht »die Götterdämmerung« auf einen Schreibfehler zurück. In der »Völuspá«, jenem Gedicht in der sogenannten *Edda*, das von diesen Ereignissen erzählt, lautet das Wort dafür durchweg *ragnarök,* was den Fall oder Untergang der Götter meint. Nur ein einziges Mal wird dieses Wort *ragnarøk* geschrieben, wodurch sich dessen Bedeutung zu *Dämmerung* ändert. Die Götter aber erwarten uns nicht in irgendeinem schönen Dämmerlicht. Odin metzelt und wird gemetzelt vom Fenriswolf; Thor tötet die Weltenschlange, die aus dem Scheidemeer auftaucht, und wird seinerseits vom giftigen Biss der Schlange getötet; Freyr stellt sich Surt und stirbt durch dessen Feuerschwert. Am Ende sind alle Ungeheuer tot, aber auch alle Götter. Es gibt keine Götterdämmerung. Nur ihren Untergang. Danach sind wir auf uns selbst gestellt.

Im Buddhismus gibt es gar keine Götter. Wir können also gleich zur Sache kommen.

Ich muss gestehen, ich finde den Gedanken faszinierend, dass die Religionen wie eine alte Waschmaschine ihre eigene Sollbruchstelle enthalten. Dass die Zeit kommen wird, da wir uns von ihr trennen müssen.

Was mir allemal lieber ist als die von den monotheistischen Religionen so geliebte »Ewigkeit«, die Ewigkeit Gottes und die Ewigkeit jenes Systems von Lohn und Strafe, das er über uns verhängte.

Den Göttern entwachsen bedeutet der Beginn von Individualität und sozialer Freiheit.

Wie aber gehen wir danach mit den beiden großen Fragen um? Nun, im Hinblick auf die erste Frage, jene nach der Herkunft, können wir mit hoher Wahrscheinlichkeit sagen, dass die Antworten aller großen Weltreligionen und auch der kleineren, absurderen, zu hundert Prozent falsch sind. Nein, die Welt wurde nicht in sechs Tagen von einem Wesen geschaffen, das sich am siebten Tag ausruhen musste. Und nein, es gab auch niemanden namens Xenu, den tyrannischen Herrscher einer »galaktischen Konföderation«, der vor fünfundsiebzig Millionen Jahren Milliarden Menschen in einem Raumschiff ähnlich einer Douglas DC-8 zur Erde gebracht und sie rund um Vulkane gelagert hat, um dann in allen Vulkanen Wasserstoffbomben zu zünden, was »Thetane« hervorbrachte, die sich den Körpern der Überlebenden anhefteten. Nein, es gab auch keine riesengroßen australischen »Vorfahren« oder *wondjina*, die über das Antlitz der Erde wandelten und dabei die Landschaften formten. Wir mögen diese Geschichten faszinierend finden – nun ja, bis auf den Unsinn der Scientology –, aber sie sind nicht wahr.

Wir sind nicht mehr unwissend. Wir brauchen diese Geschichten nicht länger. Die Wissenschaft bietet bessere Geschichten. Viele davon sind beweisbar, und falls nicht, gelten sie als Arbeitshypothesen. Es ist doch besser, einem Wissenssystem anzuhängen, das die eigenen Grenzen anerkennt! Wir wissen zwar nicht alles über alles, aber das heißt noch lange nicht, dass wir rein gar nichts wissen. Was den Ursprung des Universums betrifft, so wissen wir immerhin schon ziemlich viel. Und der Urknall ist mir allemal lieber als eine Weltenschildkröte.

Was nun die zweite Frage betrifft, die Frage nach der Moral, so bin ich schon vor Langem zu dem Schluss gekommen, dass ich in dieser Hinsicht weder den Rat katholischer Priester noch den irgendwelcher wahhabitischer Mullahs brauche. Die Vergewaltigungsskandale der katholischen Kirche und die von den mächtigsten Schirmherren des wahhabitischen Islam, der saudischen Herrscherfamilie, so selbstherrlich wie mörderisch begangenen Verbrechen haben mich davon überzeugt, dass die Ideologien, denen sie anhängen, wohl kaum der beste Ausgangspunkt für eine ethische Weltsicht sind. Selbst der friedliebende Buddhismus, dieser Glaube ohne einen Gott, hat durch die Angriffe buddhistischer Mönche auf die Rohingya in Burma/Myanmar gezeigt, dass er zum Schlimmsten fähig ist. Der eigentliche Grund aber, warum ich mich in moralischer Hinsicht von keiner Religion leiten lassen will, hat mit der Frage der Freiheit zu tun.

Wie sich jede Gesellschaft ändert, so ändern sich auch ethische Vorstellungen; und eine mögliche Definition einer freien Gesellschaft lautet, dass sich die Moral in ihr durch Diskussionen, Streit und Analyse neuer Ideen entwickelt. Eine Gesellschaft kann die Sklaverei zu einer gewissen Zeit gutheißen und sie zu einer anderen ablehnen. Sie kann zu einer gewissen Zeit Frauen das Wahlrecht verwehren, um zu einer anderen Zeit dann ihren Irrtum einzusehen. Sie kann Anhänger der LGBTQ-Bewegung diskriminieren und diese Diskriminierungen später zurücknehmen. Trotz aller Schwächen dieses Systems, »Demokratie« genannt – und zu seinen größten Schwächen gehört, wie wir heutzutage sehen, wohl die, dass der Streit auch zu einer rückwärtsgewandten, also nicht fortschrittlichen Entwicklung führen kann –, trotz dieser Schwächen also finde ich, dass die Demokratie für die beste Methode steht, eine moralische Gesellschaft aufzubauen. Wie schon Winston Churchill sagte: Demokratie ist die schlechteste aller Regierungsformen – abgesehen von allen anderen.

Freiheit beruht auf dem ständigen Hinterfragen der Grundsätze eines jeden ethischen Systems. Ist es verboten, die Grundsätze der vorherrschenden Denkweise zu hinterfragen, und zieht ein Verstoß gegen dieses Verbot strenge Strafen nach sich, lebt man gefangen in einer Tyrannei. Was nicht nur für Religionen gilt. Die Strafen für ein Hinterfragen des Stalinismus oder des heutigen chinesischen Regimes waren und sind so streng wie brutal. Religion verschärft derlei noch, indem sie die unhinterfragbare Autorität dieser oder jener göttlichen Quelle für sich beansprucht und zudem behauptet, ohne einen solchen übergeordneten Schiedsrichter, der bestimmt, was gut oder böse ist, sei es unmöglich, ein moralisch einwandfreies Leben zu führen. Wodurch Atheisten per definitionem unmoralisch sind. Diese Ansicht ist heutzutage in der islamischen Welt weitverbreitet, und das durchaus nicht nur unter Fanatikern.

(In Klammern: 2006, als Tony Blair Premierminister in Großbritannien war, wollte er ein Gesetz verabschieden lassen, laut dem jegliche Kritik an einer Religion ein Gesetzesverstoß gewesen wäre. Ich gehörte zu den Anführern des Protestes gegen diese Gesetzesvorlage, die schließlich an nur einer einzigen Stimme im Unterhaus scheiterte. Unter anderem hat auch der Komiker Rowan Atkinson dagegen protestiert. Einmal ging ich mit Rowan zu dem Treffen einiger Minister und Beamten, auf dem er mit seiner ruhigen, würdevollen Stimme erzählte, er habe kürzlich einen Sketch für seine TV-Comedyshow aufgenommen und dafür Filmmaterial von Freitagsgebeten in Teheran benutzt. »Wissen Sie, ich habe diese Bilder mit einem Offkommentar versehen«, sagte er, »und der lautet: ›Immer noch wird unablässig nach den Kontaktlinsen des Ayatollah gesucht.‹ Wäre das unter diesem Gesetz noch möglich«, fragte er sanft, »oder würde es verboten sein?« Die Minister und Beamten beeilten sich, Mr. Bean zu versichern, wie sehr sie alle Komödie liebten und dass er unbehelligt bleiben würde. »Aber wie kann ich mir da sicher sein?«, fragte er. Sie konnten ihm darauf keine zufriedenstellende Antwort geben.)

Ich bin Mitte der 1950er-Jahre in Bombay aufgewachsen, an einem Ort und in einer Zeit, da Religion keine besondere Rolle spielte. Lange vor der Unabhängigkeit Indiens und meiner Geburt waren meine Eltern aus Delhi nach Bombay gezogen, da sie fürchteten, dass es in Delhi zu religiösen Auseinandersetzungen kommen könne, und so kam es auch. Von Bombay hieß es, es sei anders, und das war es auch. Es gab in Bombay in jenem Jahr nur wenig Ärger zwischen Hindus und Muslimen, obwohl anderswo deshalb Hunderttausende auf dem Subkontinent den Tod fanden. Die Bewohner von Bombay waren stolz auf ihre Stadt, in der man friedvoll Seite an Seite lebte, die Festtage anderer Religionen respektierte und mitfeierte, sodass Verschiedenes eines wurde, sich gegenseitig aufhob und eine durch und durch weltliche Gesinnung die Stadt prägte. Dass dies heute nicht länger der Fall ist, dass zunehmender Hindu-Nationalismus zu einer deutlichen Verbreitung des Sektierertums in jener Stadt geführt hat, die sich nun Mumbai nennt, ist für Menschen meiner Generation Anlass zur Trauer.

Ich wuchs also an einem Ort, in einer Familie und in einer Zeit auf, in der wir davon ausgingen, uns über alles streiten und alles infrage stellen zu dürfen, auch die Grundsätze der Religion. Niemand würde sich deshalb »beleidigt« fühlen. Und gewiss würde kein Mensch auch nur daran denken, deshalb jemandem den Mund zu verbieten. Und schon gar nicht würde man auch nur erwägen, aus diesem Grund das freie Denken einzuschränken. In so einer Welt also lebte ich Mitte der 1980er-Jahre, als ich begann, *Die satanischen Verse*, meinen vierten Roman, zu schreiben.

Eigentlich ging es darin nicht um Religion, sondern um Migration, für mich das große Thema unserer Zeit und für meine

Arbeit von zentraler Bedeutung. Migration von Südostasien nach Großbritannien sowie die Lage der Immigranten in London zur Glanzzeit von Margaret Thatcher. Migration, sagte ich mir, bringt notwendig ein radikales Infragestellen der eigenen Person mit sich, also muss der Roman das Fragen selbst zum Thema machen. Unter anderem muss er auch die Religion hinterfragen, die Annahme, dass mein Glaube rechtens ist.

Und damit beginnt das Hinterfragen der Grundsätze. Folgendes wollte ich wissen: Hätte ich selbst auf dem Berg neben Mohammed gestanden, als sich der Erzengel Gabriel dem Propheten offenbarte, hätte ich dann auch den Engel gesehen? Gabriel wird als sehr groß beschrieben. Er »steht am Rand des Horizonts und füllt den Himmel«. Ein wirklich großer Engel. Und doch war ich mir ziemlich sicher, dass ich ihn *nicht* gesehen hätte. Ein religiöser Mensch würde vermutlich behaupten, dafür sei mein Glaube zu schwach. Mein Gegenargument würde lauten, dass eine Offenbarung ein inneres und kein äußeres Geschehen ist. Und wenn man sich dazu erst einmal bekennt, kann man die Geschichte des Propheten und seiner Prophezeiung als Geschichte eines Menschen erzählen, einer literarischen *Figur*, deren Offenbarung von eigenen Erfahrungen geformt wurde und eine Reaktion auf die Umstände seiner spezifischen Zeit, des spezifischen Ortes war. Person und Idee innerhalb, nicht außerhalb der Geschichte. Womit man sich gegen die Grundsätze der Religion stellt, denn falls es sich bei der Offenbarung um das unbezeugte Wort Gottes handelt, kann es nicht zugleich das Werk des Propheten und seiner spezifischen Umstände sein; derlei zu behaupten, wäre Blasphemie. Man kann dagegen aufbegehren und anführen, dass die heutige, kanonische Version des Korans erst eine ganze Weile später festgelegt wurde. Die Koranverse des Felsendoms in Jerusalem unterscheiden sich in mancherlei Hinsicht vom kanonischen Text. Niemand aber würde einem zuhören.

Am Ende sagt der Romancier dann, ich muss das Buch auf diese Weise schreiben, denn so bin ich nun mal.

Mein Hinterfragen der ursprünglichen Geschichte sorgte für Ärger. Und doch gehört es wesentlich zur säkularen humanistischen Weltsicht, dass es keine Ideen geben kann, die vor Fragen geschützt und unangreifbar sind. Damals hatte ich gedacht, dass dies auch für die Ideen des Islam gilt. Und das denke ich heute noch.

Die Glaubenslehre sagt: Du musst dich unterwerfen. Nimm hin, was die großen Bücher sagen. Sie geben dir alle Antworten, geben sie mit der Autorität Gottes. Dein Glaube an diese Antworten wird dich frei machen. Ohne sie bist du nicht frei. Bist du verloren.

Der ungläubige Denker sagt: Ich unterwerfe mich nicht. Ich nehme nicht hin. Fragen müssen gestellt werden. Fragen selbst ist die Antwort. Die Möglichkeit, den Streit auszutragen, ist Freiheit. Diese Freiheit aufzugeben, hieße, sich eigenhändig in Ketten zu legen.

In beiden Fällen ist das Ziel eine Vorstellung von Freiheit.

Wie allerdings schon zu Beginn angedeutet, ist *Freiheit* ein tückisches Wort, das manchmal für die seltsamsten Dinge herhalten muss. Benennt man Pommes frites von *French fries* in *freedom fries* um, heißt das nicht, dass die frittierten Kartoffeln nun Freiheit enthalten. Vielmehr will man damit aussagen, dass wir gerade nicht gut auf die Franzosen zu sprechen sind. Wird das neue One World Trade Center *Freedom Tower* genannt, ist das nicht so sehr ein philosophisches Statement als vielmehr eine Art patriotischer Schlachtruf. Im »Land der Freien« leben viele Menschen, für die »Freiheit« etwas mühevoll Errungenes bedeutet – Freiheit von Sklaverei, von Armut –, aber auch etwas, das immerzu infrage steht, was die tagtäglichen Probleme der Afroamerikaner und die bittere Geschichte der amerikanischen Ureinwohner, deren einstige Freiheiten so gründlich geschändet wurden, nur allzu deutlich belegt.

Und doch ist »Freiheit« ein mächtiges Wort. Gibt es in unserem Erbgut so etwas wie ein Bedürfnis nach Freiheit, ein Verlangen danach, Fesseln und Zwänge abzustreifen? Sind wir von Natur aus zur Suche nach Freiheit veranlagt? Steven Pinker sagt, wir besitzen einen Sprachinstinkt, der es uns erlaubt, gleich nach der Geburt den Sinn von Lauten zu erforschen, also ohne die Hilfe eines Steins von Rosette Sprache zu dekodieren und zu erlernen. Ließe sich folglich behaupten, dass wir einen ähnlichen Instinkt für Freiheit besitzen und von Natur aus danach streben?

Dafür gibt es überwältigende Anhaltspunkte.

Wo immer Freiheit unterdrückt wird, wollen die Menschen sie zurück. Im Afghanistan der Taliban, im Iran sowohl unter dem Schah als auch unter den Ayatollahs, im Ägypten des Arabischen Frühlings, in der Sowjetunion, wo das Verlangen nach Freiheit Mauern einriss, überall wollten Menschen, ob jung oder alt, dasselbe, wollten die Freiheit, ihre Meinung sagen zu dürfen, die Hand des Menschen zu halten, den sie lieben, sich zu kleiden, wie es ihnen passt, und ein weniger gegängeltes, besseres Leben für sich und ihre Familien anstreben. Ihre Forderung nach Freiheit war nicht immer erfolgreich, was das Scheitern des Arabischen Frühlings zeigte, der Grünen Revolution im Iran oder die Rückkehr eines autoritären Regierungssystems in Russland sowie einem Großteil der ehemaligen Sowjetunion. Und doch erkennen wir überall den Wunsch nach Freiheit. Denken wir nur an den Mann, der sich mit seinen Einkaufstüten chinesischen Panzern in den Weg stellte.

Allerdings stimmt auch, dass wir alle ein zweites Verlangen kennen, das dem ersten manchmal zuwiderläuft, nämlich das Verlangen nach Kommunikation, nach Gemeinsamkeit, danach, Teil von etwas Größerem als uns selbst zu sein, ob nun eines Volkes, einer Nation oder auch einer Religion. Dies ist ein ewiger Kampf, einer zwischen dem Sozialen und dem Individuellen, dem autonomen Ich, wie es die humanistischen Philosophen der italienischen Renaissance sahen, und jenem Ich, das sich als Teil einer Gruppe versteht und letztlich für unbedeutender als diese Gruppe hält: der Kampf, so ließe sich sagen, zwischen dem Singular und dem Plural. Revolutionäre Ideologien verweisen oft darauf, dass die Revolution zur Emanzipation einer ganzen Nation oder doch zumindest einer ganzen gesellschaftlichen Klasse führen kann. Acht Wochen ehe die indische Unabhängigkeitsbewegung das Britische Empire aus dem Land vertrieb, wurde ich geboren, und so weiß ich, dass solchen Verweisen eine gewisse Wahrheit eigen sein kann. Damals aber, nach der Teilung des Landes, war, wie bereits gesagt, zugleich auch die Zeit der Massaker, weshalb ich gleichfalls weiß, dass die Versprechen der Revolution für viele Menschen falsch sein können.

John F. Kennedy und Nelson Mandela haben beide gesagt, dass Freiheit unteilbar sei. »Wenn auch nur einer versklavt ist, dann sind nicht alle frei«, so Präsident Kennedy, und Mandela bekräftigte: »Die Ketten an jedem Einzelnen aus meinem Volk waren die Ketten an ihnen allen, die Ketten an allen Menschen meines Volkes waren die Ketten an mir.«

Das entspricht meiner eigenen Auffassung und auch dem, was im Ersten Zusatzartikel verankert wurde. Nur leben wir in einer höchst kritischen Zeit, in der viele, vor allem junge Menschen, finden, dass der freien Meinungsäußerung Grenzen gesetzt werden sollten. Die Auffassung, dass es zu weit gehe, wenn man die Gefühle anderer verletzt, ihre Empfindungen, ist heute sehr verbreitet, und wann immer ich vernünftige Leute derlei sagen höre, fürchte ich, dass sich in der säkularen Welt die religiöse Weltsicht regt – dass das alte System der Religion mitsamt Blasphemie, Inquisition, Verdammnis und all dem Rest zurückkehrt.

Ich will und werde stets behaupten, dass eine offene Gesellschaft die Äußerung von Meinungen erdulden muss, die manche Mitglieder dieser Gesellschaft womöglich unangenehm finden, denn sobald wir die Zensur unangenehmer Ansichten zulassen, stellt sich die Frage, wer die Macht der Zensur ausübt. *Quis custodiet ipsos custodes,* wie der Lateiner sagt. »Wer wird die Wächter bewachen?«

Wir leben in einer Zeit beispielloser Angriffe auf die Wahrheit selbst, eine Zeit, in der sich vorsätzliche Lügen hinter dem Vorwurf verstecken, dass jene, die sie demaskieren wollen, die eigentlichen Lügner sind. Wir leben in einer Zeit, die das Unterste nach oben kehrt. Die Verrückten leiten die Anstalt. Es ist eine Zeit, die jenes Verständnis von freier Meinungsäußerung, für das ich mich einsetze, einer schweren Prüfung unterzieht. Und dennoch stehe ich zu meiner Auffassung und hege größte Bewunderung für jene Sorgfalt, mit der die heftigen Attacken ausgesetzten Nachrichtenmedien an dem Grundgedanken festhalten, dass die Wahrheit nun einmal die Wahrheit ist und Lügen Lügen bleiben. Sollten *dies* die Feinde des Volkes sein, schließe ich mich ihnen nur allzu gern an, denn die Wahrheit ist, dass die Wahrheit und jene, die sie verkünden, zu den größten Freunden des Volkes zählen.

Hätte ich diesen Text vor zehn Jahren [2008] geschrieben, hätte ich vermutlich behauptet, der religiöse Extremismus sei die größte Gefahr, die der Freiheit drohe. Damals konnte ich nicht vorhersehen, was ich heute für eine Säkularisierung dieses Fanatismus halte. Das Phänomen Trump besitzt alle Qualitäten eines religiösen Kults, dem zufolge Wahrheit ist, was der Führer sagt, und nur das, was er sagt; von Übel dagegen ist alles, was nicht zum Kult gehört. Der Kult hat seine Diener, auf Fox-TV und auf Gab, auf Breitbart und im Gingrich-Land, und es sind wahrhaft mächtige

Diener. Der Kult droht, und seine Drohungen haben Konsequenzen, wie wir in unserer Schreckenszeit zu verstehen beginnen. Und dieser Kult ist die Religion, der wir jetzt entgegentreten, der Wahn, den wir besiegen müssen und dessen Prophet es zu entlarven gilt. Wie das kleine Kind am Ende von Hans Christian Andersens Märchen »Des Kaisers neue Kleider« müssen wir eine Möglichkeit finden, »Aber er hat ja nichts an!« zu rufen. Diese Worte haben, Sie erinnern sich, den Bann gebrochen, und bald rief die ganze Stadt: »Aber er hat ja nichts an!«

Der Zauber, den wir bewirken müssen, ist der Zauber der Sprachen der Wahrheit; und sie ist der einzige Zauber, an den ich glaube. Ich muss daran glauben, wir alle müssen es, dass uns die Wahrheit am Ende frei machen wird.

OSAMA BIN LADEN

Osama bin Laden starb 2011 kurz nach der Walpurgisnacht, der Nacht des Hexensabbats und der Hexenfeuer. Ein guter Zeitpunkt für den Oberhexer, von seinem Besenstiel zu fallen und in einem wilden Feuergefecht zu enden. Kaum hatte die Nachricht die Runde gemacht, lautete das häufigste Status-Update auf Facebook: »Ding, dong, die Hex' ist tot«, und der Geist der Munchkin-Siegesfeier spiegelte sich in den Gesichtern der Menge, die vor dem Weißen Haus, am Ground Zero oder sonst wo »U.S.A.!« skandierte. Fast ein Jahrzehnt nach dem Schrecken des 11. September war nach langer Menschenhatz die Beute erlegt; und als die Amerikaner diese Nachricht hörten, fühlten sie sich nicht mehr ganz so hilflos und waren zufrieden mit der Botschaft, die dieser Tod verkündete: »Greift uns an, und wir bringen euch zur Strecke; für euch gibt es kein Entkommen.« Um dieses Kapitel aber wirklich schließen zu können, braucht es womöglich mehr als die Ermordung eines Menschen.

Viele von uns glaubten nicht an das Bild von einem bin Laden, der als alter Mann durch die Berge zog, sich von Pflanzen und Insekten ernährte und in einer unwirtlichen Höhle irgendwo entlang der durchlässigen Grenze zwischen Pakistan und Afghanistan hauste. Ein extrem großer Mann, eins fünfundneunzig in einem Land, in dem die meisten Männer gerade mal eins fünfundsiebzig sind, sollte zehn Jahre lang unbemerkt umherziehen, während die Hälfte aller Satelliten der Erde Ausschau nach ihm hielt? Das ergab doch keinen Sinn. Bin Laden war stinkreich geboren worden, und er starb im Haus eines reichen Mannes, das gewissenhaft nach präzisen Vorgaben umgebaut worden war. Die US-Regierung gestand, man sei schockiert gewesen angesichts der ausgeklügelten Konstruktion des Anwesens.

Es war bekannt – zumindest hatte ich das von mehr als einem pakistanischen Journalisten gehört –, dass Mullah Omar, der Anführer der Taliban in Afghanistan, sich unter der Obhut des ebenso mächtigen wie gefürchteten Geheimdienstes Pakistans, der Inter-Services Intelligence, kurz ISI, in einem geheimen Unterschlupf aufgehalten hatte. (Omars Tod wurde 2015 gemeldet, doch könnte er bereits zwei Jahre zuvor gestorben sein.) Gut möglich also, dass bin Laden sich gleichfalls ein eigenes Haus zugelegt hatte, und so ist es dann ja auch gewesen.

Nach dem Sturm auf das Haus in Abbottabad müssen alle wichtigen Fragen von Pakistan beantwortet werden. Die alten Ausflüchte (»Wer? Wir? Wir haben doch nichts gewusst!«) genügen nicht länger, dürfen Ländern wie den Vereinigten Staaten nicht länger genügen, die darauf bestanden haben, in Pakistan einen Verbündeten zu sehen, obwohl Pakistans Doppelspiel lang bekannt war – etwa Pakistans Unterstützung der Haqqani-Terrorgruppe, die viele Hundert Amerikaner in Afghanistan auf dem Gewissen hat.

Diesmal sind die Fakten zu offensichtlich, um unter den Teppich gekehrt werden zu können. Man fand Osama bin Laden, den meistgesuchten Mann der Welt, am Ende eines Sandweges gut siebenhundert Meter abseits von Abbottabads Militärakademie, Pakistans Äquivalent zu West Point oder Sandhurst, in einem Militärbezirk also, in dem an jeder Straßenecke Soldaten stehen, knapp hundert Kilometer entfernt von Pakistans Hauptstadt Islamabad. Merkwürdigerweise gab es für dieses extrem große Haus weder eine Telefon- noch eine Internetverbindung.

Und trotzdem sollen wir glauben, dass Pakistan über bin Ladens Aufenthalt dort nicht Bescheid gewusst hat? Dass weder der pakistanische Geheimdienst noch Militär oder Behörden etwas unternommen haben, um ihm den Aufenthalt in Abbottabad zu ermöglichen, während er aus seiner Luxusbleibe fünf Jahre lang al-Qaida leitete und Kuriere bei ihm ein- und ausgingen?

Pakistans Nachbar Indien, schwer getroffen von den Terroranschlägen in Mumbai am 26. November 2008, verlangt Antworten. Was die Gruppierungen der antiindischen Dschihadisten – Laschkar-e Taiba oder Jaish-e Muhammad – angeht, so steht außer Frage, dass Pakistan ihnen jederzeit sichere Zuflucht gewährt und sie fördert und unterstützt, um ihren Stellvertreterkrieg in Kaschmir und Mumbai möglich zu machen. In den letzten Jahren haben diese Gruppierungen Kontakt mit den sogenannten pakistanischen Taliban aufgenommen, um ein Netz der Gewalt aufzubauen; und man vergesse nicht, dass die ersten Drohungen für Vergeltung, sollte bin Laden sterben, von den pakistanischen Taliban und nicht von einem Sprecher al-Qaidas stammen.

Grund für dieses Doppelspiel ist Indien, von dem Pakistan seit jeher geradezu krankhaft besessen ist. Pakistan fürchtet den wachsenden indischen Einfluss in Afghanistan, vor allem aber, dass ein von den Taliban gesäubertes Afghanistan zu einem indischen Satellitenstaat werden könnte, womit Pakistan von zwei feindlichen Ländern eingezwängt wäre. Pakistans Paranoia hinsichtlich der vermeintlich dunklen Machenschaften Indiens sollte niemals unterschätzt werden.

Seit Langem toleriert die USA Pakistans Doppelspiel, da die Amerikaner wissen, dass sie die pakistanische Unterstützung für ihr afghanisches Unterfangen brauchen, und weil sie darauf hoffen, dass die führenden Politiker Pakistans einsehen, wie sehr sie sich verrechnet haben. Pakistan mit seinen Atomwaffen ist ein weit lohnenderer Preis als das arme Afghanistan, und die pakistanischen Generäle und Spionageführer, die heute al-Qaidas Spiel spielen, könnten, sollte es zum Schlimmsten kommen, die Opfer der Extremisten von morgen sein.

Es gibt kaum Hinweise darauf, dass Pakistans Machtelite in absehbarer Zeit zur Vernunft kommen wird. Osama bin Ladens Anwesen ist ein weiterer Beweis für Pakistans gefährlichen Wahn. Während die Welt sich gegen terroristische Reaktionen auf die Ermordung von al-Qaidas Anführer wappnet, sollte sie von Pakistan zugleich befriedigende Antworten auf ein paar sehr heikle Fragen verlangen, die jetzt gestellt werden müssen. Werden diese Antworten nicht gegeben, wäre es vielleicht an der Zeit, Pakistan als Terrorstaat zu brandmarken und aus der Gemeinschaft der Nationen auszuschließen.

Postskriptum: Seit Donald Trump Präsident wurde, findet er gegenüber Pakistan deutliche Worte. Im August 2017 erklärte er: »Wir haben Pakistan Milliarden und Abermilliarden Dollar gezahlt, dabei bietet das Land ebenjenen Terroristen Unterschlupf, die wir bekämpfen. Das muss aufhören und sofort geändert werden. Mit einem Land, das Terroristen beherbergt, aber auch amerikanische Staatsbeamte und Mitglieder der Streitkräfte angreift, kann es keine Partnerschaft geben.« Und im Januar 2018 twitterte er: »Außer Lug und Trug haben sie uns nichts gegeben, halten unsere Staatslenker für Idioten … Schluss damit!« Eigentlich aber hat sich die amerikanische Politik gegenüber Pakistan kaum geändert, und das aus dem oben genannten Grund: Afghanistan. Washington hält Islamabad für einen wichtigen Partner im afghanischen Friedens- und Versöhnungsprozess, da Pakistan einen solch enormen Einfluss auf die Taliban hat, die während des Krieges in diesem Land stets eine sichere Zuflucht fanden. *Plus ça change.*

AI WEIWEI UND ANDERE: CHINAS CRACKDOWN IM JAHRE 2011

Für jeden Künstler ist es notorisch schwierig, den Raum der großen Turbinenhalle in Londons Tate Modern Gallery, einem ehemaligen Kraftwerk, mit einer Ausstellung souverän zu füllen. Allein an ihren Maßen scheitert fast jede Vorstellungskraft, die einer Handvoll moderner Künstler ausgenommen, welche die Mysterien derartiger Größenordnungen verstehen und wissen, wie man Interessantes aussagt, wenn man zugleich wirklich Großes zu sagen hat. Louise Bourgeois' Riesenspinne *Maman* dominierte die Halle bei ihrer Eröffnung im Jahr 2000; Anish Kapoors *Marsyas*, eine riesige, hohle, einer Trompete ähnelnde Skulptur aus einem Spannmaterial, das an abgezogene Haut erinnert, triumphierte 2002 über diesen Raum ebenso wie 2019 der gigantische Springbrunnen *Fons Americanus* von Kara Walker.

2010 bedeckte der bedeutende chinesische Künstler Ai Weiwei den Hallenboden mit seiner Installation *Sonnenblumenkerne*: Über hundert Millionen winziger Porzellanobjekte, jedes handgefertigt, keine zwei identisch. *Sonnenblumenkerne* ist ein Teppich des Lebens, vielfältig, unerklärlich und im besten surrealistischen Sinne *seltsam*. Geplant war, dass die Betrachter diese Kerne begehen konnten, doch da ergaben sich neue Seltsamkeiten. Man fand heraus, dass die Kerne beim Begehen einen Feinstaub aufwirbelten, der womöglich die Lunge schädigte. Die symbolische Repräsentation des Lebens konnte Lebenden offenbar gefährlich werden. Folglich errichtete man eine Absperrung um dieses Exponat, das alle Besucher nur in sicherer Distanz umrunden konnten.

Kunst kann gefährlich sein. Schon oft hat sich der eigene Ruhm für den Künstler selbst als gefährlich erwiesen. Ai Weiweis Arbeiten sind keineswegs polemisch – wie *Sonnenblumenkerne* tendieren sie eher zum Geheimnisvollen –, seine Bekanntheit als Künstler (er war Codesigner des sogenannten *Vogelnests*, Pekings Nationalstadion, und stand kürzlich auf Platz 13 einer vom Magazin *ArtReview* veröffentlichten Liste der hundert einflussreichsten Persönlichkeiten in der Kunst) erlaubt es ihm jedoch, sich für Menschenrechtsfälle einzusetzen und Aufmerksamkeit auf Chinas oft unangemessene Reaktion nach einem Unglücksfall zu lenken (etwa auf das Schicksal betroffener Kinder nach dem Erdbeben in Sichuan oder auf jene, die unter dem großen Brand in der Jiaozhou Straße in Shanghai gelitten haben). Er bringt die Behörden in Verlegenheit und wurde auch schon früher von ihnen drangsaliert; neuerdings aber geht man offensiv gegen ihn vor.

Am 4. April 2011 wurde Ai Weiwei von den chinesischen Behörden verhaftet, als er in Hongkong ein Flugzeug besteigen wollte. Er verschwand aus dem Blickfeld. Sein Atelier wurde durchsucht, Computer und andere Gegenstände beschlagnahmt. Das Regime ließ Andeutungen über seine »Verbrechen« durchsickern – Steuerhinterziehung, Pornografie; Vorwürfe, die für alle, die ihn kannten, unglaubwürdig klangen. Der bekannteste Kunstexport Chinas, lange durch seinen Ruf geschützt, hatte das chinesische Regime mit seiner Unverblümtheit so irritiert, dass man entschied, ihn auf brutale Weise zum Schweigen zu bringen.

Am selben Tag wurde Wen Tao, freiberuflicher Journalist und Ai Weiweis Partner, in Peking auf offener Straße von mehreren nicht identifizierten Personen gekidnappt. Die Polizei weigerte sich zu sagen, wer für dieses Verschwinden verantwortlich war.

Ai Weiweis Verschwinden wurde noch schlimmer durch die Nachricht, er habe begonnen, ein »Geständnis« abzulegen. Seine Freilassung wurde daher zu einer äußerst dringlichen Angelegenheit. Allerdings war Weiwei in jenem Jahr nicht der einzige chinesische Künstler in Not. Dem Schriftsteller Liao Yiwu wurde die Erlaubnis verweigert, zum PEN-World-Voices-Festival nach New York zu fliegen, und wir fürchteten, er könnte das nächste Opfer des Regimes werden. Man forderte ihn auf, ein Dokument zu unterzeichnen, mit dem er zusicherte, keine seiner »illegalen« Arbeiten mehr außerhalb Chinas zu veröffentlichen (all seine Werke – darunter auch das großartige Buch, das wir unter dem Titel *Fräulein Hallo und der Bauernkaiser* kennen – waren in China seit Jahren verboten). In den Staaten und in Europa stand damals die Veröffentlichung von *Gott ist rot* kurz bevor, einer Sammlung Kurzgeschichten, und es gab begründete Befürchtungen, Liao Yiwu könnte ebenfalls bald verschwinden. Zum Glück gelang es ihm, China auf dem Landweg zu verlassen. 2011 überquerte er die Grenze nach Vietnam und lebt heute in Deutschland.

Wie Ai Weiwei verschwand der Schriftsteller Ye Du im Februar 2011, nachdem er von mehreren Personen aufgegriffen worden war. Gegen ihn wurde keine Anklage erhoben; zu seiner Familie oder zu einem Anwalt wurde ihm kein Kontakt gestattet.

Teng Biao, ein Schriftsteller und Anwalt für Menschenrechte, ist einer von vielen prominenten Menschenrechtsanwälten, die seit Februar 2011 verschwunden sind.

Der Schriftsteller Liu Xianbin wurde zu zehn Jahren Haft verurteilt wegen Anstiftung zur Untergrabung der Staatsgewalt. Derselbe Vorwurf war auch gegen Friedensnobelpreisträger Liu Xiaobo erhoben worden, den man bis kurz vor seinem Tod in

Haft behielt. Zu den übrigen Schriftstellern, Künstlern und Aktivisten, die während des drakonischen Durchgreifens der Regierung verhaftet wurden oder seither verschwunden sind, gehören Zhu Yufu, in Haft seit dem 5. März 2011, formell unter Anklage seit dem 10. April 2011; Liu Zhengqing, widerrechtlich seit dem 25. März 2013 an einem unbekannten Ort festgehalten (auch seine Frau konnte nicht kontaktiert werden) sowie Yang Tongyan (verurteilt zu zwölf Jahren) und Shi Tao (zu zehn Jahren).

Nicht alle Schriftsteller suchen eine öffentliche Rolle oder wissen eine geschickt auszufüllen, wer sich aber für eine öffentliche Rolle entscheidet, wie unter anderem Harold Pinter, Susan Sontag, Günter Grass, Graham Greene, Gabriel García Márquez oder Amos Oz, riskiert selbst in freien Gesellschaften Verleumdung und Verachtung. Über Sontag, die sich leidenschaftlich im Bosnienkonflikt einsetzte, wurde gekichert, weil sie sich manchmal anhörte, als wäre Sarajevo allein »ihr Thema«. Über Pinters »Champagnersozialismus« wurde oft gespottet. Grass' Präsenz als öffentlicher Intellektueller und Mahner der Regierenden Deutschlands provozierte ein gewisses Maß an »Schadenfreude«, als bekannt wurde, dass er seinen kurzen Dienst in der Waffen-SS gegen Ende des Zweiten Weltkrieges verschwiegen hatte. Durch García Márquez' Freundschaft mit Fidel Castro und Greenes anfänglicher Kumpanei mit Panamas Machthaber Omar Torrijos wurden sie zu politischen Zielen. Amos Oz' entschlossener Einsatz für eine Zweistaatenlösung im israelisch-palästinensischen Konflikt hat ihn zu einer Hassfigur für Israels Rechte gemacht.

Wenn Künstler sich in die Politik wagen, riskieren sie ihren Ruf und ihre Integrität. Jenseits der freien Welt aber ist Kritik an der Macht im besten Fall schwierig, im schlimmsten unmöglich – es gibt keine chinesischen Friedmans, Dowds oder Krauthammers. Kreative Persönlichkeiten wie Ai Weiwei und seine Kollegen sind oft die Einzigen, die den Mut aufbringen, gegen die Lügen der Tyrannen die Wahrheit auszusprechen. Es brauchte die Wahrheitsverkünder des *samizdat*, um uns das hässliche Antlitz der Sowjetunion zu zeigen. Die heutige Regierung Chinas gehört zu den schlimmsten Gefährdern der freien Meinungsäußerung, und genau deshalb brauchen wir Ai Weiwei, Liao Yiwu und Liu Xiaobo.

DER HALBFRAUGOTT

Der griechischen Mythologie zufolge hatte sich Hermaphroditos, das Kind von Hermes und Aphrodite, so leidenschaftlich in die Nymphe Salmakis verliebt, dass die beiden Zeus anflehten, er möge sie für immer vereinen, woraufhin sie zusammengefügt wurden zu einem einzigen Leib, der beiderlei Geschlechter verkörperte. Der Hinduismus kennt eine womöglich noch mächtigere Version dieser Geschichte, die, hoch oben im hinduistischen Pantheon angesiedelt, nicht nur die Schönheit der körperlichen Vereinigung beider Geschlechter, sondern schlechthin die Vereinigung des männlichen und weiblichen Prinzips im Universum lobpreist, eine Metapher, die weit über das Biologische hinausgeht. In einer Höhle auf der Insel Elephanta im Hafen von Mumbai kann man die Figur einer Gottheit namens Ardhanari beziehungsweise Ardhanarishvara sehen, ein Name, der sich aus drei Wörtern zusammensetzt – *ardha* für halb, *nari* für Frau und *ishvara* für Gott, also der Halbfraugott. Die eine Seite der Skulptur zeigt eine Frau, die andere einen Mann, und so repräsentiert diese Elephanta-Figur die Vereinigung von Shiva und Shakti, die Kräfte des Seins und der Tat, des Feuers und der Hitze, im Leib dieser dritten, zweigeschlechtlichen Gottheit. Einer Kulturgeschichte, die derart reich ist an wirkmächtigen Möglichkeiten sexueller Vermengung, sollte es eigentlich leichtfallen, nicht nur biologische Hermaphroditen, sondern auch solch heutigen Gendermix wie den der Gemeinschaft der

Hidschra zu verstehen und zu akzeptieren. Und doch begegnet man den Hidschra seit jeher mit einer Mischung aus Faszination, Ekel und Angst.

Ich weiß noch, dass ich sowohl Faszination wie Angst gespürt habe, als ich in Bombay, damals noch ein kleiner Junge, die groß gewachsene, grellbunte Gestalt eines Hidschra-Bettelmönchs, gekleidet wie die Königin der Meere und in der Hand einen langen silbernen Dreizack, stolz durch den Verkehr auf dem Marine Drive schreiten sah. Und wie jedermann hatte ich Hidschras auf Hochzeiten erlebt, zu denen sie, von Gastgebern und Gästen nur halbherzig toleriert, traditionell kommen, um ihren Segen zu geben. Für mich waren sie wie Besucher aus einer lauteren, harscheren, helleren und gefährlicheren Welt, fast als wären sie … Außerirdische.

Teil des Problems ist natürlich die Operation, die in all ihrer Realität – gebogenes Messer, lange, schmerzhafte Rekonvaleszenz – wohl nur schwer zu erdulden ist. John Irving gibt in seinem Roman *Zirkuskind* eine anschauliche Beschreibung dessen, was passiert:

»Die ›Operation‹ eines Hidschra – sie selbst verwenden dafür das englische Wort *operation* – wird von anderen Hidschras durchgeführt. Der Patient blickt auf ein Bild der Muttergöttin Bahuchara Mata; da er keine Narkosemittel erhält, sondern nur mit Alkohol oder Opium betäubt wird, empfiehlt man ihm, sich auf das eigene Haar zu beißen. Der Chirurg (der freilich kein Chirurg ist) bindet eine Schnur um Penis und Hoden, um einen glatten Schnitt zu erzielen – denn beides wird gleichzeitig mit einem einzigen Schnitt entfernt. Dann lässt man den Patienten ungehindert bluten, da man die Männlichkeit für eine Art Gift hält, von dem man den Körper auf diese Weise reinigt. Genäht wird nicht; der große

Wundbereich wird mit heißem Öl verätzt. Wenn die Wunde zu heilen beginnt, wird die Harnröhre durch wiederholtes Sondieren offen gehalten. Die faltige Narbe, die entsteht, ähnelt einer Vagina.« *Autsch!*

Irving schrieb auch:

»Was immer man über Hidschras dachte oder sagte, sie verkörperten einfach (oder nicht so einfach) ein anderes, ein drittes Geschlecht. Und es stimmte auch, dass sich in Bombay immer weniger Hidschras vom Segnen oder vom Betteln ernähren konnten und immer mehr in die Prostitution abglitten.«

Seine Beschreibung stimmt noch immer. Die Welt der Hidschras, die bereits unter dem Misstrauen, Missfallen und Widerwillen der übrigen Welt leidet, wird infolgedessen nun auch von der wachsenden Gefahr einer HIV-Infektion und damit von Aids bedroht.

Es gibt für die Hidschras traditionell drei Möglichkeiten zu arbeiten: *manti* (oder *basti*), das heißt Betteln; *badai*, das Segnen auf Hochzeitsfeiern, und *pun*, der Verkauf des eigenen Körpers, also Sex. Im heutigen Bombay mit seinen Hochhäusern, den Wachen an den Toren, dem nachlassenden Interesse an Hidschras während *badai*, den Polizisten, die willens sind, Bettler zu verhaften und das Gesetz gegen *manti* zu bemühen, laut dem 1200 Rupien (15 Dollar) für dieses Vergehen fällig sind, bietet allein *pun* die Chance, genügend Geld zum Überleben zu verdienen. Betteln ist laut Gesetz verboten, Gesetze gegen Sexarbeit werden aber nicht so streng eingehalten. Doch gelten für *pun* andere, größere Risiken, die Gefahr von Infektion und Tod.

Die Welt der Hidschras ist erstaunlich strukturiert und hierarchisch. In Indien gibt es sieben Hidschra-Gharanas (*Haushalte*, so die wortwörtliche Übersetzung), ähnlich den »Familien« wie wir sie aus Mafiafilmen kennen, nur längst nicht so mächtig, so brutal und viel verwundbarer. Jeder Gharana steht ein *naik* vor, ein Oberguru, und die – nur einer von ihnen lebt in Bombay – sind über ganz Indien verteilt. In jeder Gharana bildet der Oberguru die Spitze einer Pyramide aus geringeren Gurus und *chelas* (Schülern), die untereinander durch Schutz- und Ausbeutungsverhältnisse verbunden sind. Wird ein Schüler verhaftet, zahlt der Guru die Kaution; und kommt es zwischen den Hidschras zu Streitigkeiten, was oft geschieht, wird der Guru schlichten und Recht sprechen. Den Guru zu wechseln, ist nicht einfach. Die Hierarchie auch nur irgendwie zu verändern, ist nicht einfach. Wer einer Hidschra-Gemeinschaft beitreten möchte, muss von anderen Hidschras empfohlen werden und dafür den Segen der *naik* und minder bedeutender Gurus haben. Ist man aber einmal drin, kann man im Grunde auch nie wieder raus. Die Hidschra-Gharana ist wie eine Familie; und von einer Familie kann man sich nicht lossagen.

Diese Familienstruktur verleiht dem Leben der Hidschras Bedeutung und macht eine Gharana für sie so attraktiv. Die Gharana, sagt man, sei ihnen wichtiger als die Geschlechtsumwandlung. Nur etwa sechzig Prozent der Hidschras in Bombay haben diese Operation machen lassen; allerdings heißt es, in Gujarat bestehe man darauf. (Übrigens, John Irving möge mir verzeihen, die Operation wird nicht immer *operation* genannt, das häufigste Wort dafür lautet vielmehr *nirvana*.) Am überraschendsten aber fand ich, dass es weibliche Hidschras gibt, die sich, von Geburt an weiblich, durch die Annehmlichkeiten und offenkundigen Sicherheiten der Gharanas ebenso angezogen fühlen wie von der hierarchischen Ordnung als Ersatz für ein Familienleben. Das, so wurde mir wieder und wieder versichert, bedeutet es, eine

Hidschra zu sein: in einer Gharana zu leben und deinem Guru zu dienen. Die Sache mit dem Geschlecht ist zweitrangig. Entscheidend ist die Familie.

Manchmal kann die Familie auch Teil des Problems sein. So etwa gibt ein kleiner Guru am Fuße der Gharana-Pyramide seinen Schülern den Auftrag, ihm jeden Tag einen gewissen Geldbetrag zu liefern, da er seinerseits die in der Pyramide über ihm stehenden Gurus bezahlen muss. Der Druck, dieses tägliche Soll zu erfüllen, zwingt die Hidschras, fünf- oder sechsmal am Tag Geschlechtsverkehr zu haben, oft allzu leichtsinnig und auf die Schnelle. Falls der Kunde kein Kondom benutzen will, bleibt meist keine Zeit für eine Widerrede. Und das verstärkt ihre Verletzlichkeit. Jene, die sie schützen sollten, tragen eine Mitschuld daran, dass sie sich der Gefahr einer tödlichen Infektion aussetzen. So sieht das Familienleben einer Hidschra aus.

Fragt man Hidschras, wie viele es von ihnen gibt, übertreiben sie gern und behaupten, allein in Bombay wären sie über hunderttausend. In Wahrheit dürften es in Bombay nur an die fünftausend sein; und in ganz Indien wird es kaum mehr als hunderttausend geben. Sie kommen viel herum, ziehen durch das Land von einer Veranstaltung zur nächsten – eine Hidschra sagte mir, sie sei in den letzten zwei Monaten in Ghaziabad, Haryana, Nepal, Ajmer und Gujarat gewesen –, und es scheint, als ob bloß die wenigsten Hidschras an ihrem Geburtsort heimisch sind. Nur eine der Hidschras, die ich in Bombay traf, stammte auch aus Bombay, was wohl nicht untypisch ist. Ablehnung und Zurückweisung seitens der eigenen Familie sind schuld an dieser Entwurzelung. Zu Geschöpfen umgewandelt, die von der eigenen Familie abgelehnt werden, ziehen die Hidschras mit ihrer neuen Identität gewöhnlich an Orte, wo sich um sie herum neue Familien bilden und sie aufnehmen.

Malwani in Malad ist ein raues Stadtviertel, vor einem halben Jahrhundert Endstation für Strafgefangene und heute ein Slum, in dem viele Bombay-Hidschras leben. Anständige Wohnungen sind ein Problem. »In Andhra hat der Ministerpräsident dafür gesorgt, dass Hidschras eine Wohnung bekommen, hier nicht«, erzählten mir die Hidschras. Lebensmittelkarten sind ein Problem, und falls man tatsächlich eine ergattert, hütet man sie wie einen Schatz. Ohne Lebensmittelkarte, ohne Lohnsteuerkarte, Wählerausweis oder Bankkonto existiert man offiziell nicht, und der Staat kann einen ignorieren. Es überrascht daher kaum, dass Hidschras sich dermaßen verletzlich fühlen, dass sie nicht nur Angst vor der Polizei, sondern auch vor Krankenhäusern haben. Ärzte sind oft grob und nur selten hilfreich, allerdings soll es, wurde mir gesagt, erste Anzeichen einer Besserung geben, sogar unter Polizisten. »Heute nennen sie uns Madam und werfen uns nicht immer nur *galis* (Beleidigungen) an den Kopf.«

Eine *gut* ist eine Selbsthilfegruppe, die Hidschras im Umgang mit diversen Risiken beistehen soll, vor allem mit dem Gesundheitsrisiko. Bei der Aastha-*gut* in Malwani handelt es sich um solch eine Gruppe. »Sie ist sehr erfolgreich. Wenn fünfzehn Leute auf ein Polizeirevier gehen, weil einer von ihnen verhaftet wurde, benimmt sich die Polizei gleich ein wenig anständiger.« Mithilfe einer *gut* kann eine Gruppe von Hidschras zu »Peer-Edukatoren« werden, die innerhalb der Gemeinschaft Informationen verbreiten. Heute gibt es in Indien an die siebentausend solcher Peer-Edukatoren, von denen sich jeder um fünfzig Gemeinschaftsmitglieder »kümmert«, was dazu führt, dass immer mehr Hidschras über die Bluttests in den Gesundheitskliniken Bescheid wissen und regelmäßig hingehen.

Aber es bleibt viel zu tun. Immer noch benutzen zu wenige Kunden der Hidschras ein Kondom, vermutlich gerade mal fünfzig Prozent, und auch wenn die auf unter fünf Prozent gesunkene Zahl von Gonorrhö- und Chlamydieninfektionen zeigt, dass der Gebrauch von Kondomen die Lage bessert, bleibt ein hohes Risiko. Die Aastha-*gut* produziert und verteilt Kondome mit *paan*-(Betelnuss-)Geschmack, und Hidschras wird (mithilfe hübscher hölzerner Penisse) beigebracht, die Kondome mit dem geliebten Geschmack im Mund zu halten und sie rasch dem Glied ihres Kunden überzustreifen. (Man hat mir einige beeindruckende und geschickte Demonstrationen dieser Technik dargeboten, wenn auch, wie ich eilends hinzufügen möchte, ausschließlich an den hölzernen Penissen.)

Die Hidschras in Malwani sorgen sich um ihr Image. »Was uns betrifft, hat die Polizei ein paar falsche Vorstellungen.«

Die Sorgen der Hidschras beziehen sich insbesondere auf »diese Leute, die nachts Männersachen tragen, sich aber tagsüber als Frauen verkleiden, Raubüberfälle begehen und stehlen und so dem Ruf der Hidschras schaden.« Diese feindselige Einstellung gegenüber den falschen, den *naqli*-Hidschras ist weitverbreitet.

»Natürlich erkennen wir die *naqlis* auf Anhieb. Die laufen weg, wenn sie uns sehen.«

»Sie rauchen *beedis* und trinken in aller Öffentlichkeit Alkohol.«

»Wenn wir sie nach ihrem Guru fragen, wissen sie darauf keine Antwort.«

»Sie gehen wie Männer.«

»Sie kennen unsere besondere Sprache nicht.« (Hidschras verständigen sich mit geheimen Worten und Zeichen, um sich untereinander zum Beispiel auf Gefahren hinzuweisen.)

»Wir sind nicht schlecht«, sagen sie, gestehen aber auch, dass sie nicht perfekt sind. »Selbst wenn sich einige Hidschras schlecht verhalten, sollten wir nicht alle über einen Kamm geschoren werden.«

»Niemand stiehlt Kinder aus den Dörfern (um sie zu Hidschras zu machen). Das wird behauptet, aber es stimmt nicht.«

Die Hidschras, die ich kennengelernt habe, hatten ihr Comingout während der Pubertät, manche aber bemerkten ihre wahre Natur auch erst Jahre später. Meist folgten darauf Ablehnung und Angst.

»Als Kind war ich sehr mädchenhaft, und man hat mich deswegen ausgelacht und ausgeschimpft.«

»Ich habe mir oft gesagt, dass ich wie ein Junge leben sollte, und habe es auch immer wieder versucht, aber es ging nicht.«

»Es liegt in den Genen.«

»Meine Familie hat es stets gewusst, leugnet es aber bis heute.«

»Wegen der *izzat* (Ehre) der Familie wurde ich rausgeworfen.«

»Ich ging aufs College, und mein Vater hat mich geschlagen. Schlag mich doch, habe ich zu ihm gesagt, aber das ändert nichts.«

»Ich hätte nicht überlebt, wenn es die Gemeinschaft nicht geben würde. Zu Hause hat man mich angeschrien, verflucht, alles.«

Es gibt auch einige wenige Ausnahmen. »Ich besuche meine Familie nur spät am Abend, aber ich gehe hin.«

Und es gibt ein erwachendes politisches Bewusstsein. »Man setzt sich für die Rechte der Frauen ein, niemand aber setzt sich für uns ein, nicht einmal für uns als ›Frauen zweiter Klasse‹.«

»Wir sind doch auch Teil der Schöpfung.«

Thane, die Stadt der Seen, ist eine schönere Gegend als die Slums von Malwani oder der Rotlichtbezirk von Kamathipura, in dem es eine Gasse allein für Hidschras gibt. (Man erzählt sich, früher habe den Hidschras der gesamte Rotlichtbezirk gehört, nur mussten sie Gasse für Gasse verkaufen, als die Gharanas immer ärmer wurden.) Ich fuhr nach Thane, um mich mit einer außergewöhnlichen Person namens Laxmi zu treffen, einer sehr redegewandten und beeindruckenden Hidschra. Als Laxmi, in ihrer Gegend fast so etwas wie ein Star, anfing, ging sie in Thane jeden Abend am Talao Pali Lake über ihren »Laufsteg«. Laxmi ist unter den Hidschras eine Ausnahmeerscheinung; sie wohnt zu Hause, aber um ihre Eltern zu schonen, kleidet sie sich, wenn sie mit ihnen zusammen ist, wie ein Mann. Sie wird dann auch mit »Laxmikant« angesprochen, ihrem Männernamen oder mit »Raju«, einem Spitznamen, den die Familie ihr gab. Und als Mann arbeitet sie daheim als *bharatanatyam*-Lehrer, sobald sie aber aus dem Haus geht, wird sie zu Laxmi, und in Thane kennen sie alle.

Sie ist eine sehr sinnliche Person und mit ihren dunklen purpurnen Lippen kaum zu übersehen. Ihre Anfänge waren nicht weiter ungewöhnlich. »Zwischen neun und zehn habe ich den Leuten gesagt, ich sei schwul, und ich wurde als ›gur‹ beschimpft; man rief mir ›sugar‹ hinterher, auch ›meetha‹ oder ›sweetie‹. Im Maheshwari Garden habe ich eines Tages dann Ashok getroffen. ›Irgendwas stimmt nicht mit mir, was soll ich nur tun‹, habe ich ihn gefragt. – ›*Du* bist ganz normal‹, hat er geantwortet. ›Es ist die Welt, die nicht normal ist.‹«

Noch während ihrer Schulzeit fing sie an, in Gay-Bars zu gehen und für Geld zu tanzen. »Vor fünfzehn Jahren wurde ich dann Bombays erste Dragqueen.« Bald darauf lernte sie Gloria kennen, eine Frau, die ihr die Tür zur Welt der Hidschras öffnete. »Mein Bruder ist wie du«, hatte Gloria gesagt. Laxmi traf Glorias Bruder, die Hidschra Shabina, vor einer Telefonzelle im Victoria Terminus in Bombay (inzwischen umbenannt in Chhatrapati Shivaji Terminus oder CST, aber man hört auch noch das alte »VT«). »Normalerweise trägt sie Saris, aber an dem Tag im VT hatte sie Jeans an.« Laxmi nahm Shabina mit ins Café Montecarlo. Shabina wollte nicht reingehen. »Ich nahm sie an die Hand. ›Du bist, wie du bist, und darfst dich durchaus ein bisschen amüsieren.‹ Im Café aber gestand ich ihr, dass ich Hidschras früher gehasst habe. ›Warum müsst ihr immer klatschen und betteln?‹, habe ich sie gefragt. ›Ihr solltet lieber anständiger Arbeit nachgehen.‹ Daraufhin hat Shabina mir das System erklärt, die Gharanas. Das fand ich faszinierend. Das war mehr als nur Sex Talk.«

Durch Shabina lernte sie andere Hidschras kennen, vor allem Manjula Amma, alias Fat Manjula, aus der Gharana Lashkar, deren Oberhaupt Lata Naik war. Laxmi schloss sich der Familie an. »In Byculla betrat ich die Welt der Hidschras. Lata Naik war auch da. Ich habe geschwitzt. Ein alter Mann hat mir gesagt, wohin ich gehen soll. Ich sah Lata Naik. Sie war fünfundfünfzig, sah aber aus wie fünfundvierzig und war von sechs furchteinflößenden Hidschras umringt. Die haben mich an Ravana erinnert.« Im *Ramayana* ist Ravana der Dämonenkönig, der Sita, Rams Frau, in sein Königreich Lanka entführt. »Ich will dazugehören‹, habe ich gesagt. ›Muss ich was zahlen? Spenden?‹ Lata Naik hat gelacht. Und sie hat mich aufgenommen. Umsonst. Mündlich. Damals wurde nichts aufgeschrieben. Lata Naik war diejenige, die später anfing, schriftlich festzuhalten, was geschah. Sie hat eine schöne Handschrift; ich sah sie in den Hidschra-Büchern, die sie seither führt.«

Vor Lata Naik gab es Chand Naik. Eine weitere *naik* wollte Chands *chela* werden, ihre Schülerin, nur ist sie ausfällig geworden, also hat Chand sie abgelehnt. Daraufhin kam es zu einer Spaltung zwischen ihren Gharanas, die mehrere Jahre andauerte, bis die beiden Häuser schließlich wiedervereint wurden. Bei solchen Streitigkeiten sind stets die Lashars die Vermittler. Vor dreizehn Jahren kam es erneut zur Spaltung. »Nur einen Tag vorher wurde ich zur *chela*. Drei Gharanas auf der einen, vier auf der anderen Seite. Die Streitigkeiten haben bis vor Kurzem angedauert. Jetzt sind alle ganz aufgeregt. Ein großer Stimmungsumschwung. Der Krieg ist vorbei. Keine Konkurrenz mehr untereinander.«

Laxmis Vater ist ein »typischer Militär, ein U. P. Brahmane«. Ihm ist es schwergefallen, sich mit Laxmis Verwandlung abzufinden, vor allem auch, weil Laxmi als Hidschra von Anfang an kein Blatt vor den Mund nahm und sogar Interviews für das Zee-TV gab. Nach diesem Fernsehinterview wollte ihr Vater sie verheiraten. Sie aber kämpfte gegen diese Heirat an, und am Ende hat der Vater nachgegeben und geweint.»Mein Vater, die Säule meiner Familie, er hat geweint.« Die Liebe ihrer Mutter stand nie außer Frage.»Für mich ist meine Welt meine Mutter.«

Heute wird sie daheim akzeptiert, sogar so sehr, dass ihre Eltern sich für ihre Brustimplantate interessieren. Einmal saß sie zu Hause mit bloßem Oberkörper, da sie vergessen hatte, sich ein T-Shirt überzustreifen. Ihr Vater hat geschimpft.»Du hast sie dir machen lassen«, hat er gesagt,»jetzt lerne auch, sie zu respektieren.« – »Heute«, sagt Laxmi,»ist mein Vater mein bester Freund.«

Laxmi ist eloquent, souverän, selbstsicher. Sie setzt sich für die HIV/AIDS-Kampagne ein und will helfen, das auch von ihr sogenannte »dritte Geschlecht Indiens« zu retten.»Hidschras finden heute besser Gehör«, sagt sie,»das Problem ist nur, dass die Aktivisten uns in die MSM-Schublade stecken wollen.« (MSM steht für Männer, die Sex mit Männern haben, und davon gibt es drei Sorten: *kothis*, die beim Verkehr oben, *panthis*, die unten liegen, und Doppeldecker, für die sich eine Erklärung erübrigt.) »Der MSM-Sektor ist so stark geworden«, erklärt Laxmi. »Nur sind wir schlichtweg keine MSM. Wir sind nicht mal einfache TGs [Transgender]. Wir sind … Hidschras. Ich trage eine ganze

Kultur in mir. Und das ist wichtig, dieser kollektive Aspekt, die Kultur der Hidschras. Die können wir nicht aufgeben. Wir sind anders.«

Man hält die Hidschras in Bombay und im übrigen Indien für jene Bevölkerungsgruppe, die am stärksten den Gefahren einer HIV-Infektion ausgesetzt ist. Es gab Verbesserungen in der Organisation, in der Öffentlichkeitsarbeit, in Bildung und Selbsthilfe, doch vielen Hidschras wird das Leben weiterhin durch Spott, Demütigung, Stigmatisierung, Gefahr und Angst schwer gemacht. Laxmi aus Thane und die Peer-Edukatoren in Malwani mögen für Erfolgsgeschichten stehen, für Hidschras, die ihr Schicksal in die eigene Hand nahmen und versucht haben, ihresgleichen zu helfen, die meisten Hidschras aber leben weiterhin in Armut und Krankheit.

Laut den Dichterheiligen des Shivaismus ist Shiva *ammā Appar*, Vater und Mutter zugleich. Von Brahma heißt es, er habe die Menschheit geschaffen, indem er sich in zwei Personen teilte: in Manu Svayambhuva, den ersten Mann, und in Satarupa, die erste Frau. Indien hat das Androgyne schon immer verstanden, den Mann im Körper der Frau, die Frau im Körper des Mannes. Dennoch brauchen die Ardhanari unter uns, das dritte Geschlecht Indiens, auch in Zukunft unser Verständnis und unsere Hilfe.

REDE VOR DEN ABSOLVENTEN DER NOVA SOUTHEASTERN UNIVERSITY, 2006

Der große französische Romancier Gustave Flaubert erzählt in *Bouvard und Pécuchet*, seinem letzten Roman, von den Gefahren überbordenden Bücherwissens. Die Helden, zwei närrische, pensionierte Büroangestellte, versuchen, mit teils komischen, teils katastrophalen Folgen, ihr Leben entsprechend der aus Selbsthilfebüchern gewonnenen Erkenntnisse zu führen. Da Sie, die hier Versammelten, gerade mehrere Jahre damit verbracht haben, aus Büchern zu lernen, könnten Sie es durchaus unangemessen finden, dass ich Ihnen ein ausländisches, aufwieglerisches Werk ans Herz lege, das sich auf so radikale Weise gegen solcherlei Studien ausspricht. Und dennoch empfehle ich es Ihnen, und sei es auch nur wegen des Anhangs, den Flaubert der eigentlichen Geschichte mit auf den Weg gab, seinem zu Recht gefeierten *Wörterbuch der Gemeinplätze*. Flaubert fand die allgemeine Dummheit der meisten Menschen faszinierend, ihre Fähigkeit, Klischees und andere Körnchen von Narrengold aufzunehmen, um sie dann wie Papageien nachzuplappern, als wären sie der Götter Weisheit letzter Schluss. In diesem Wörterbuch präsentiert uns Flaubert einige prächtige Beispiele dessen, was Wyndham Lewis das »stumpfsinnige Inferno« nannte. Im Folgenden ein Auszug:

AMERIKA: Schönes Beispiel für Ungerechtigkeit: Kolumbus hat es entdeckt, und seinen Namen erhielt es von Amerigo Vespucci. Ohne die Entdeckung Amerikas gäbe es bei uns keine Syphilis … Trotzdem die Verdienste preisen, vor allem, wenn man nie dort gewesen ist.

ARTISTEN UND KÜNSTLER: Alle Possenreißer … Was sie tun, kann man nicht »arbeiten« nennen.

AUTOREN: Man muss »ein paar Autoren kennen«. Aber man muss keine Namen nennen.

BEETHOVEN: Sagen Sie nicht »Bihtovan«.

BERÜHMTHEITEN: Finden Sie wenigstens einen kleinen Makel. Berühmtheiten auf alle Fälle bekritteln, indem man auf ihre persönlichen Fehler hinweist.

BRÜNETTE: Heißblütiger als Blondinen.

BUSEN: Züchtige Umschreibung der Brüste einer Frau.

DOKTRINÄRE: Verachten; aber warum? Man weiß nichts darüber.

DUMMKÖPFE: Alle, die nicht so denken wie Sie.

ENGLÄNDERIN: Verwunderlich, dass sie so hübsche Kinder haben.

FRANZOSEN: Das erste Volk des Universums.

FREIHEIT: Welche Verbrechen werden nicht in ihrem Namen begangen. Wir haben alle Freiheit, die wir brauchen. Freiheit bedeutet nicht, sich Freiheiten herauszunehmen.

GERECHTIGKEIT: Sich niemals darum kümmern.

GRUNDFESTE: Die Grundfesten der Gesellschaft: Eigentum, Familie, Religion, Achtung vor der Obrigkeit – mit Unwillen darüber reden, wenn an ihnen gerüttelt wird.

HOMER: Hat nie existiert.

JUGEND: Ach, ist die Jugend schön.

KORAN: Buch Mohammeds, in dem nur von Frauen die Rede ist.

ITALIEN: Führt zu vielen Enttäuschungen.

FANTASIE: Man muss ihr misstrauen.

STUDENTEN: … studieren nicht.

ZENSUR: Nützlich. Man kann sagen, was man will.

Genug. 1881 war das Leben anders. Vielleicht aber auch gar nicht *so* anders.

Mich freut, Ihnen berichten zu dürfen, dass die reale Welt, in die Sie nach all den Jahren in Florida nun zurückkehren werden, voller Glanz und Wunder ist, doch drohen dort draußen auch allerseits Tristesse und Tollheit.

Vielleicht stoßen Sie auf wahrhaft originelle Geister wie den indischen Nobelpreisträger Professor Amartya Sen, der behauptet, wir würden unsere Identität zu ausschließlich nach Volk oder Religion bestimmen, nach Klasse, Nation oder Stamm, wodurch wir uns kleinmachen und Gewalt oder Konflikt wahrscheinlicher werden. Vielleicht aber treffen Sie auch auf Professor Samuel P. Huntington, der entgegengesetzter Auffassung ist und behauptet, uns erwarte ein »Kampf der Kulturen«, weshalb er mahnt, uns auf ebenjene Weise kleinzumachen, von der Professor Sen uns abrät.

Wie findet man heraus, wer recht hat? Wer unrecht? Sind wir viele Ichs, die eine Menge mit jenen gemein haben, die man uns als die anderen wahrzunehmen heißt? Oder sind wir Einzelwesen, verschlossen, einander feindselig gesinnt und am aggressivsten, wenn wir glauben, zu Opfern gemacht worden zu sein? Wem sollen wir folgen, und – die schwierigere Frage – wie sollen wir vorangehen, wie führen?

Sie sind, so das moderne Wörterbuch der Gemeinplätze, die »Führer von morgen«. Befasst man sich eingehender mit der Frage der Führerschaft, findet man Belehrungen zuhauf, sei es vom unbekannten Satiriker, für den ein Führer jemand ist, der dem eigenen Volk den Rücken zukehrt, um dann zu behaupten, es stünde geschlossen hinter ihm, bis hin zum radikalen *Fürsten* Machiavellis, der sagt, Angst sei als Regierungswerkzeug wirksamer als die Liebe, oder auch zu Expräsident George W. Bush, der auf seine unvergessliche Weise meinte, »ein Anführer ist jemand, der Menschen zusammenbringt«; außerdem könne man im Leben nicht alles haben, weshalb man sich »nicht aufs hohe Ross setzen dürfe, um dann den Trampelpfad zu nehmen«.

Wie unterscheidet man kluge Bemerkungen von dummen Sprüchen? Falls Sie sich diese Frage bereits gestellt haben, meinen Glückwunsch. Und an alle, die mit einer solchen Frage nichts anfangen können – feiert weiter, Leute. Sollten Sie sich aber irgendwo zwischen diesen beiden Polen befinden, dann können Sie dem Folgenden vielleicht das eine oder andere abgewinnen.

Eigenständiges Denken – die gute Idee, die ich Ihnen nahebringen will – ist keineswegs selbstverständlich. Sie werden merken, dass man Sie in viele unterschiedliche Richtungen zerrt, dass man Sie ermutigt oder nötigt, ein verlässliches Mitglied ziemlich disparater Gruppierungen zu sein: Ihrer Familie, Ihres Landes, Ihres Berufs, Ihrer gesellschaftlichen Klasse, Ihres Geschlechts, Ihrer Baseballmannschaft, Ihres Glaubens. In der Welt herrscht die Neigung vor, kollektives Verantwortungsgefühl höher zu schätzen als die individuelle Freiheit.

Folglich wird man Sie bedrängen, stärker den Ideen einer oder mehrerer Gruppierungen anzuhängen, Gruppierungen, von denen Sie beansprucht werden und die Sie auffordern, die Mitgliedschaft in ihrer Gruppe höher als die in anderen Gruppen zu schätzen, dass Sie etwa, falls man Ihnen ein Ticket für die World Series am Geburtstag Ihrer Frau schenkt, die Treue zu Ihrer Ehe über die Liebe zur Baseballmannschaft stellen oder auch andersherum, dass Sie in einem Konflikt zwischen Ihrem Land und Ihrem religiösen Glauben den Anforderungen Gottes folgen und die Ihres Landes zurückweisen. Wir leben in einer Zeit konkurrierenden Gruppendenkens, und unsere Vorstellung von dem, was gut und was böse ist, von dem, was zulässig ist, und dem, was nicht mehr zugelassen werden darf, wird von solchen Überlegungen in einem derart besorgniserregenden Maße bestimmt, dass man es nicht mehr lustig finden kann.

1938 schrieb E. M. Forster in »Was ich glaube«: »Müsste ich mich zwischen dem Verrat an meinem Land und dem Verrat an einem Freund entscheiden, hoffe ich, den Mut zu haben, mein Land zu verraten.« Womit ich sagen will, dass »Wahlverwandtschaften« – Goethes Ausdruck für die Allianzen unserer Wahl im Unterschied zu denen, die uns aufgenötigt werden –, dass diese Wahlverwandtschaften also eine Grundlage bilden, auf der sich jeder von uns ein wertvolles, moralisches, freies Selbst schaffen kann, sofern wir denn den dazu nötigen Mut aufbringen. Und dass es lehrreicher sein kann, einen Blick auf Ideen und Vorgehen der Unorthodoxen, der Rebellen und Protestler dieser Welt zu werfen, als jene zu bewundern, die mit dem Strom schwimmen oder ihm gar die Richtung vorgeben. 1633 wurde Galileo Galilei von der katholischen Kirche gezwungen, seine ketzerische Behauptung zu widerrufen, laut der die Erde sich um die Sonne drehe, eine Idee, die die katholische Kirche dreihundertneunundfünfzig Jahre lang nicht akzeptieren konnte. (Erst am 31. Oktober 1992 hat Papst Johannes Paul II. sein Bedauern über Galileis Behandlung zum Ausdruck gebracht.) Nelson Mandela verbrachte siebenundzwanzig Jahre im Gefängnis, weil er sich gegen das Regime der Apartheid wehrte, um nach der Freilassung dann sein Land und die Welt zu verändern.

Falls Sie sich für individuelle Freiheit interessieren, könnte Ihnen Heterodoxie, also die Fähigkeit, vorgefasste Meinungen zu hinterfragen und sich gegen vorherrschende Ansichten zu behaupten, helfen, den richtigen Weg zu finden.

Die Macht des Überkommenen ist nämlich nicht geringer geworden. Regierungen werfen ihren Gegnern immer noch regelmäßig vor, es fehle ihnen an Patriotismus; religiöse Führer verdammen gern ihre Kritiker; Konzerne mögen keine Whistleblower und Querdenker; die Bandbreite der durch die Massenmedien verfügbaren Ideen wird stetig geringer. Und doch werden Richtig und Falsch, Gut und Böse nicht von der Macht und den Machthabern bestimmt, auch nicht durch die Zugehörigkeit zu dieser oder jener Gruppe. Der Kampf herauszufinden, wie man am besten handelt, hört niemals auf.

Folgt nicht den Führern. Haltet lieber nach den Sonderlingen Ausschau, nach jenen, die darauf bestehen, nicht im Gleichschritt zu marschieren. Ich danke Ihnen für Ihre Aufmerksamkeit und wünsche Ihnen viel Glück.

REDE VOR DEN ABSOLVENTEN
DER EMORY UNIVERSITY, 2015

Liebe Absolventen des Jahrgangs 2015, wir haben eines gemeinsam: Wie Sie werde ich heute die Emory University verlassen, allerdings nehme ich an, dass ich länger hier war als die meisten
von Ihnen. Emory war gut zu mir, und ich hoffe, Sie können dasselbe für sich sagen. Ich habe neue Freunde gewonnen und viel
gelernt. Schon am ersten Tag erfuhr ich vom seltsamen Skelett
Dooley, und ich bedaure, es heute nicht unter Ihnen zu sehen.
Vielleicht stößt es ja später zu uns.

Meinen Studenten verdanke ich, dass ich im Blind Willie's Musik gehört und am Buford Highway Tacos gegessen habe. Son's
Place, wohin man mich nur wenige Tage nach meiner Ankunft zu
einem afrikanischen Essen einlud, ist mittlerweile leider geschlossen, aber ich bin mir sicher, Sie haben längst neue Lokale für sich
entdeckt.

Ein wenig Nostalgie scheint mir am heutigen Tag durchaus
angebracht, denn Abschlüsse und Anfänge, wie aufregend sie
auch immer sein mögen, gehen mit einem Verlust einher, dem
Verlust der Vergangenheit, weshalb es mir angemessen scheint,
sich kurz Zeit zu nehmen und die Vergangenheit zu ihrem Recht
kommen zu lassen.

… Okay, nun, da wir diesen Moment hinter uns gebracht haben, hoffe ich, dass Sie hungrig sind, denn Ihre Arbeit hier ist
getan, und es wird Zeit hinauszuziehen und die Welt zu ver-

schlingen. Ein ziemlich großer Happen, weshalb Sie einen kräftigen Appetit brauchen.

Toni Morrison rät ihren Studenten gern Folgendes: »Die Welt ist interessant und schwierig«, sagt sie. »Glück? Gebt euch nicht damit zufrieden.« Nun, ich glaube nicht, dass Toni Morrison sich gegen das Glück ausspricht, schließlich gehört das Streben nach Glück in Amerika zu unseren von der Verfassung garantierten Grundrechten. Ich denke, sie will uns sagen, dass Glück allein nicht genügt. Denn dort draußen ist sie und wartet auf Sie, die große und erschreckend menschliche Realität mit all ihrer Euphorie und Niedergeschlagenheit, ihren Gefahren und Zahnarztbesuchen. Seien Sie gierig nach dieser Welt. Schnappen Sie sich davon, so viel Sie können, und stopfen Sie es sich in Ihre Taschen, in Ihren Mund oder wohin auch immer Sie gern etwas stopfen. Die beste Reaktion auf die Ungeheuerlichkeit des Unbekannten ist die, vielschichtiger als das Leben selbst zu sein. Wenn das Leben, wie Toni Morrison behauptet, schwierig und interessant ist, seid mehr, seid schwieriger, seid interessanter, und alles wird gut.

Versucht, nicht klein zu sein. Versucht, mehr und größer als das Leben selbst zu sein.

Unersättlichkeit gehört zu dem, was ich als Schriftsteller lernen musste. Die Kunst des Schriftstellers ist in vielerlei Hinsicht eine vulgäre Kunst, handelt sie doch vom ungeschminkten Leben und ist damit das Gegenteil dessen, was im Elfenbeinturm vor sich geht. Zu den Aufgaben des Schriftstellers, jedenfalls wie ich sie verstehe, gehört es, mit beiden Händen so tief ins Leben zu greifen, wie er nur kann, bis hinauf zu den Ellbogen, bis hoch zu den Achseln, um sich das wahre Leben herauszufischen – das, was tatsächlich in den Köpfen der Menschen vorgeht, welche Musik dort läuft, welche Filme, welche Träume sie sehen, welche Kardashian dort herumspukt –, um dann davon zu erzählen.

Das wäre auch kein so schlechter Plan fürs Leben selbst. (Bis auf das mit den Kardashians; wenn's geht, meidet den Teil.)

Stürzen Sie sich mitten hinein. Springen Sie am tiefen Ende ins Leben. Schwimmen Sie, oder gehen Sie unter. Nun, wenn möglich, vermeiden Sie das Untergehen. Falls Sie etwas auf der Emory gelernt haben, dann doch wohl, wie man sich über Wasser hält.

Die Welt ist voll singender Sirenen, die Matrosen auf Klippen locken wollen; falsche Versprechen, Narrengold, Füchse, Katzen und Kutscher locken junge Menschen ins Paradies des Nichtstuns, der Völlerei und Schwelgerei, wo – wie Sie aus dem Film *Pinocchio* wissen – Kinder zu Eseln werden.

Machen Sie sich nicht zum Esel.

Lassen Sie mich Ihnen verraten, mit welchem Werkzeug Sie diesem Schicksal entgehen können: Skepsis. Was Sie benötigen und verfeinern und schärfen müssen, ist das, was laut Ernest Hemingway jeder Schriftsteller braucht: einen Riecher für Scheiße. (Wieder einmal erweist sich ein guter Rat für Schriftsteller als ein ausgezeichneter Rat fürs Leben.) In der Welt, in der Sie aufgewachsen sind, gibt es sogar noch mehr Scheiße als gewöhnlich. Die Desinformation ist im Informationszeitalter exponentiell gewachsen. Wer die Wahrheit sucht, sei auf der Hut. Vielleicht kennen einige von Ihnen ja den berühmten Spruch von Abraham Lincoln. »Das Internet«, so Lincoln, »ist voller falscher Zitate.«

Hören Sie auf Ihren Präsidenten. Schlucken Sie nicht jeden Mist, seien Sie skeptisch. Das wäre besser für Ihre Verdauung. Manchmal denke ich, wir leben in einer viel zu leichtgläubigen Zeit. Die Menschen sind bereit, schlichtweg alles zu glauben. An einen Gott natürlich. Einfach schockierend, wie viele Amerikaner dieser Mär anhängen. Vielleicht gelingt es Ihrer Generation ja, diesen alten Unsinn endlich hinter sich zu lassen. *Imagine there's no heaven*, wie uns schon John Lennon riet. Versuchen Sie's. Vielleicht können Sie diese alte Scheinwahrheit endlich durch Wahrheit ersetzen.

Aber es ist ja nicht Gott allein. Es gibt da außerdem noch Yoga, Veganismus, *political correctness*, fliegende Untertassen, die *birther* (laut denen Barack Obama außerhalb der Vereinigten Staaten geboren wurde), die 9/11-Leugner, die Scientologen und, Himmel noch eins, auch Ayn Rand. Als die Modern Library ihre Leser bat, den besten Roman aller Zeiten zu küren, landeten Bücher von Ayn Rand auf den Plätzen 1, 2, 7 und 8. Und Bücher von L. Ron Hubbard – fast hätte ich sie Romane genannt, dabei sind es Sachbücher, religiöse Traktate, aber hey, ich will hier nicht kleinlich sein – kamen auf die Plätze 3, 9 und 10. Die einzigen anderen Autoren, die es unter die Top Ten schafften, waren Tolkien, Harper Lee und George Orwell. Als wäre dies nicht beängstigend genug, zeigen Umfragen immer wieder, dass man Fox News für den vertrauenswürdigsten Fernsehsender in den Vereinigten Staaten hält. Das Verlangen der Amerikaner nach schlechter Fiktion scheint grenzenlos zu sein, darunter auch das nach jener schlechten Fiktion, die sich als Tatsachenbericht ausgibt – etwa Iraks Massenvernichtungswaffen oder Hillary Clintons angebliche Vertuschung des Bengasi-Anschlags.

Vielleicht besitzt Ihre Generation die Adleraugen, diese Desinformationen zu durchschauen, das billige Blabla, die Lügen. Sollte Ihnen das gelingen, sollten Sie die vielen Schichten Geschwafel abkratzen können, die tagtäglich über die Wunder der Welt verbreitet werden, dann gelingt es Ihrer Generation vielleicht auch, sich daran zu erinnern, dass wir wahrlich in einer wundervollen Welt leben, und sie wird die vielen Bauernfänger los, die uns eine zu ihren Gunsten verformte Welt verkaufen wollen.

Ich hoffe, Sie sind diese Generation. Wir, also meine Generation, haben mit unserer Zeit auf Erden keine Glanzleistung vorgelegt, weshalb ich es nur angebracht finde, dass ich mich in aller

Öffentlichkeit bei Ihnen für das Chaos entschuldige, das wir Ihnen hinterlassen, den ganzen ökologischen, fanatischen, oligarchischen Mist, in dem ein Prozent des Landes alles besitzt, während jeden Tag junge Leute für das Verbrechen ermordet werden, schwarz zu sein, dieses Chaos, in dem religiöse Fanatiker glauben, Jesus verlange von ihnen, keine Cupcakes an schwule Paare zu verkaufen, während religiöse Fanatiker andernorts der Überzeugung sind, ihr Gott billige es, wenn sie unschuldigen Menschen den Kopf abschlagen.

Wir, also meine Generation, wir hielten uns für tolerant und progressiv, und doch hinterlassen wir Ihnen eine intolerante, rückwärtsgewandte Welt. Aber sie ist hart im Nehmen, diese Welt, und ihre Schönheit noch immer atemberaubend, ihr Potenzial noch immer erstaunlich. Und was das Chaos angeht, das wir angerichtet haben, so können Sie das ändern, und ich glaube, das werden Sie auch. Ich habe den Verdacht, dass Sie besser sind als wir, dass Ihnen dieser Planet mehr am Herzen liegt, dass Sie nicht so heuchlerisch, dafür aber toleranter sind und dass Ihre Ideale sich besser bewähren als unsere.

Zweifeln Sie nie daran: Sie können die Dinge verändern. Glauben Sie niemandem, der das Gegenteil behauptet. Und am besten gehen Sie wie folgt vor: Stellen Sie alles infrage. Halten Sie nichts für selbstverständlich. Zweifeln Sie an allem Althergebrachten. Respektieren Sie nicht, was keinen Respekt verdient. Sagen Sie Ihre Meinung. Zensieren Sie sich nicht. Gebrauchen Sie Ihre Fantasie. Und bringen Sie zum Ausdruck, was die Fantasie Sie lehrt.

Ihre Ausbildung hier an dieser schönen Universität hat Ihnen allerlei Werkzeug an die Hand gegeben. Nutzen Sie es. Es sind die Waffen Ihres Geistes. Denken Sie selbst, und lassen Sie Ihren Verstand nicht auf Schienen rollen, die jemand anderes gelegt hat. Wir sind sprechende Tiere. Wir sind träumende Wesen. Träumen Sie. Sprechen Sie. Erfinden Sie die Welt neu.

»Welch ein Meisterwerk ist der Mensch! Wie edel durch Vernunft! Wie unbegrenzt an Fähigkeiten! In Gestalt und Bewegung wie bedeutend und wunderwürdig! Im Handeln wie ähnlich einem Engel! Im Begreifen wie ähnlich einem Gott! Die Zierde der Welt! Das Vorbild der Lebendigen!«

Ob Sie es glauben oder nicht: Damit sind Sie gemeint! Ich wünsche Ihnen einen schönen Abschlusstag!

Teil vier

DER VIELHÄNDIGE KÜNSTLER:
DER MOGULKAISER AKBAR UND
DIE ENTSTEHUNG DES *HAMZANAMA*

Indien, Mitte des 16. Jahrhunderts. Seit Zahiruddin Muhammad Babur von Ferghana, ein Nachfahre von Dschingis Khan und Tamerlan, ein Mann mit verblüffendem literarischem Talent, seine Heimat verließ, das heutige Usbekistan, und aus dem Nordwesten herabfegte, um in Delhi mit Waffengewalt ein neues Königreich zu gründen und eine großartige Biografie zu schreiben, eine der ersten, die je in Asien verfasst wurde, waren gerade mal einunddreißig Jahre vergangen. Nur vierzehn Jahre war es her, seit der weniger mächtige Sohn Humayun abgesetzt und ins schmachvolle persische Exil getrieben worden war, nachdem er *seinen* Sohn zuvor in die Obhut eines afghanischen Onkels gegeben hatte. Zwei Jahre waren seit der siegreichen Rückkehr dieses Flüchtlings und der Wiedereinsetzung seiner Dynastie verstrichen und nur ein Jahr, seit der heimgekehrte Monarch eine Treppe hinabgefallen und wie in einem billigen Slapstick gestorben war, woraufhin der dreizehnjährige Sohn, der ihn kaum gekannt hatte, dem Vater auf den wackeligen Thron folgte. Nach dieser Ära geradezu permanenter Unruhen brach, so unmöglich dies auch klingen mag, eine Zeit politischer Stabilität an, wirtschaftlichen Wohlstandes, religiöser Toleranz, kultureller Offenheit, Rechtsstaatlichkeit und künstlerischer Renaissance: Die ein halbes Jahrhundert währende Regentschaft eines der bemerkenswertesten Herrscher, den die Welt je gekannt hat. Dschalāludin Mohammed, »Akbar« genannt, der Große, auch *jahanpanah*, der Schutz der Welt. Auf einem Porträt von Abd as-Samad, einem von Humayuns persischen Meisterkünstlern, sieht man den jungen Akbar, wie er, kurz bevor er selbst zum Herrscher aufstieg, selbstbewusst in einem Ochsenkarren fährt. Der Junge sollte Geschichte schreiben.

Die zweite Hälfte des sechzehnten Jahrhunderts war eine jener außergewöhnlichen Epochen, in der sich die ganze Welt, ähnlich wie in unserer heutigen Zeit, rasend schnell zu verändern schien, eine Zeit des Umbruchs. Das sechzehnte Jahrhundert aber war, worin es sich von unserer Zeit womöglich unterscheidet, auch für die Kunst eine Zeit des Umbruchs. Akbars Regentschaft fällt fast mit jener von Elisabeth I. von England zusammen; er bestieg den Thron einige Jahre vor ihr und lebte ein paar Jahre länger. In Italien war dies die Blütezeit der Renaissance, die Zeit von Michelangelo und Tizian, der Lyrik von Ariost. In Spanien war es die Zeit von Cervantes, den beiden Teilen seines *Don Quijote*, im elisabethanischen England natürlich die Zeit Shakespeares. Und was hat noch an Weltbewegendem stattgefunden? Richtig: Irgendwann um 1560 wurde der Bleistift erfunden, ursprünglich, um damit britische Schafe zu kennzeichnen.

(Tut mir leid, das sagen zu müssen, aber die Neue Welt hinkte hinterher; an Herausragendem tauchte dort in jener Zeit kaum etwas auf. Francis Drake begann um 1562 den Sklavenhandel mit Amerika, 1584 wurde Roanoke gegründet, die erste Kolonie der Engländer in Nordamerika, die um 1590 schon wieder verschwand. Ansonsten gibt es nicht viel über diese Zeit zu berichten.)

Das Indien der Mogulkaiser ist zum einen das »reale« Territorium von Akbars Hof, zum anderen aber auch ein Raum, den die Fantasie des sechzehnten Jahrhunderts mit Kriegerfürsten füllte, mit als Männer verkleideten Prinzessinnen, höfischen Rittern, schlauen Spionen und jeder Menge Hexen, Dämonen und Magie.

Der Westen wusste damals nur wenig über den Osten. In den Gedichten der Renaissance – zum Beispiel im großen Versepos *Orlando furioso* des Ariost und dem Vorläufer *Orlando innamorato* von Ariosts Kollegen Matteo Boiardo aus dem Musenhof Ferraras – füllt Fantasie die Leerstellen der Ignoranz. Ariost nennt einen Prinzen den »Herrscher von Indien und Cathay«, da sich der Dichter offenbar darauf verlassen kann, dass dieser Unsinn für den Leser schon irgendeinen Sinn ergibt. Ähnlichkeiten sind nicht vonnöten, werden vermutlich noch nicht einmal in Betracht gezogen, auch von Shakespeare nicht. Othello, selbst ein »Mohr«, spricht davon, auf seinen Reisen nicht nur »Kannibalen« gesehen zu haben, »die einander schlachten, Anthropophagen«, sondern auch Menschen, »deren Kopf unter ihrer Schulter« wächst. An die Legende von Prester John, vom Priesterkönig Johannes, einem mächtigen christlichen König, dessen verlorenes Reich mitsamt dem darin befindlichen Jungbrunnen irgendwo bei den Muslimen und Heiden des Ostens lag, glaubte man überall in Europa bis weit ins siebzehnte Jahrhundert und war von der Wahrheit der Legende so fest überzeugt, dass sie fast als Tatsache galt, obwohl es diesen König nie gegeben hat.

Die sich in ihrer Kunst spiegelnde Einbildungskraft des Ostens liebte derlei Fantastereien ebenso wie der Westen. Das Europa des Cinquecento machte sich fleißig daran, den Osten zu exotisieren, ihn zu »orientalisieren«, doch war die östliche Welt nicht minder eifrig damit befasst, sich selbst ebenso fantastisch wie exotisch zu präsentieren. Interessanterweise sind sich diese Fantasiewelten im Grunde gleich, zumindest überlappen sie einander in verblüffendem Maße in ihrer Betonung des Edelmuts und fahrenden Rittertums (der Held muss stets ein Wanderer sein), ihrer

Faszination für die heimtückischen Welten der Spione und Zauberer und dem Nachdruck, mit dem das Böse stets physisch vergrößert dargestellt wird. Oger und Riesen finden sich hinter jedem Fels, Drachen schießen im Sturzflug aus dem Himmel herab, und Leviathane steigen aus den Tiefen auf. Überall wirken okkulte Künste, und überall finden sich Echo und Widerhall vieler Märchen des Westens. Ein aus der Flasche befreiter Dschinn erfüllt die Wünsche seines Befreiers, so wie Grimms wundersamer Butt dem Fischer, der ihn befreit, Wünsche erfüllt. Magische Worte öffnen eine Schatzhöhle, in der ein böser Zauberer den Jungen Aladin gefangen halten will, so wie die Magie des Rattenfängers von Hameln einen Berg öffnet, in dem er die Kinder einsperrt.

Der Kampf gegen Ungeheuer, die Sehnsucht nach einem höheren Rang, die Liebe zur Magie, die Notwendigkeit einer Quest, die Obsession mit Geschichten: Gut möglich, dass dies letztlich allen Menschen gemein ist, dass wir in unserem Traumleben und unseren Wachträumen tatsächlich von einem Schlag sind. Jedenfalls handelt es sich dabei um die fabelhafte Welt des wohl größten künstlerischen Meisterwerkes, das je in Indien geschaffen wurde, eine der beeindruckendsten Leistungen im gesamten künstlerischen Kanon, die erstaunliche Abfolge von vierzehnhundert Bildern, von denen weniger als zweihundert überdauert haben, in Auftrag gegeben vom Herrscher Akbar kurz nach seiner Thronbesteigung und gemalt in den Jahren 1557 bis 1572: *Hamzas Abenteuer* oder das *Hamzanama*.

Auf Weisung des Monarchen, der, als er die Bilder in Auftrag gab, vierzehn Jahre alt war, und neunundzwanzig, als sie fertig wurden, sowie unter Aufsicht zweier Großmeister der persischen Malerei arbeiteten mehr als hundert indische Künstler an der Fertigstellung von vierzehn großen Bänden mit jeweils hundert Blatt und schufen dadurch die in Stil, Technik und Ästhetik unverwechselbare indische Mogulmalerei – schufen sie in einem außergewöhnlich kollektiven Akt.

In *Die satanischen Verse* habe ich es wie folgt beschrieben:

»Die Moguln hatten Künstler aus allen Teilen Indiens kommen lassen, damit sie die Bilder malten; die individuelle Identität wurde unterdrückt, um einen vielköpfigen, vielpinseligen Überkünstler zu schaffen, der, buchstäblich, die indische Malerei *war*. Die eine Hand zeichnete Mosaikböden, eine zweite Figuren, eine dritte malte den Wolkenhimmel im chinesischen Stil. Auf der Rückseite der Bilder waren die Geschichten vermerkt, die zu den szenischen Darstellungen gehörten. Die Bilder wurden vorgeführt wie ein Film: in die Höhe gehalten, während jemand die Geschichte der Helden vorlas. Das *Hamzanama* war ein Beispiel für die Verschmelzung der persischen Miniaturmalerei mit dem Kannada- und Kerala-Malstil, für die charakteristische Synthese hinduistischer und islamischer Philosophie in der späten Mogulzeit.«

Akbars Herrschaft bedeutete den Höhepunkt der Mogulzeit. (Aurangzeb, ein späterer Herrscher, sechster der sechs Großen Moguln, Aurangzeb, der Bilderstürmer und Tempeleinreißer, hat viel dafür getan, jene Kultur der Toleranz und Ökumene zu zerstören, die Akbar zu schaffen trachtete.) Als Herrscher hat Akbar sich tatsächlich für die Philosophie der Hindus, die der Muslime und der Christen interessiert – er lud portugiesische Jesuiten an seinen Hof nach Goa, damit seine Philosophen mit ihnen debattieren konnten –, doch war Akbar, wie ich heute glaube, selbst als Schutzpatron der Künste eher an der Vereinigung aller *Regionen* als aller Religionen Indiens interessiert. In seiner Kunstschule und im Skriptorium kommt es zu einer Vereinigung der Stile, die wichtiger als jeder Glaube ist.

Ehe wir weitermachen, müssen wir ein wenig zurückgehen, mehrere Jahrhunderte sogar, und uns fragen: Wer war Amir (»Herr«) Hamza? Hat es ihn tatsächlich gegeben, oder war er nur ein Held der Fantasie wie Sindbad oder Prester John? Die Antwort lautet: ein bisschen von beidem. Der berühmteste historische Hamza war wohl Hamza ibn ʻAbd al-Muttalib, der im Arabien des siebten Jahrhunderts lebte, geliebter Onkel und Milchbruder des Propheten Mohammed, sein enger Gefährte und Berater. Obwohl es sich bei Hamza um den Onkel des Propheten handelte, sind die Männer fast gleich alt und gemeinsam aufgewachsen. Hamza war zudem ein gefeierter Krieger, Held der Schlacht von Badr im Jahre 624 n. Chr., bis ihn ein Jahr später in der Schlacht von Uhud ein grausames Geschick ereilte. Er wurde von einem Speer niedergestreckt, geschleudert von einem äthiopischen Sklaven namens Wahshi, dessen Neffe in der Schlacht vor Badr den Tod gefunden hatte. Daraufhin, so heißt es, habe die furchterregende Hind bin Utbah, Frau von Mekkas Anführer Abu Sufyan, Hamzas Leichnam aufgeschnitten, ihm Herz und Leber entnommen und die Organe gegessen. Sie hat ihm zudem Nase, Ohren und einige Gliedmaßen abgetrennt, um sie bei ihrer Rückkehr nach Mekka wie eine Siegeskette um den Hals zu tragen. Diese blutrünstigen Details sind nicht ohne Bedeutung, da in den Abenteuern des fiktiven Hamza reichlich blutige Gemetzel dieser Art vorkommen.

Nach seinem Tod galoppierte Hamza ins Reich der Legenden und wurde zu Amir Hamza, dem fahrenden Helden fantastischer Erzählungen, die zur *qissa* anwuchsen, zur Geschichte von Amir Hamza, einer pikaresken Sage, die nie endgültige Gestalt annahm und die es in vielen Versionen in verschiedenen Sprachen und Ländern gibt. Es ist sogar möglich, dass manche der Erzählungen um Hamza älter als der »reale« Hamza sind, wohingegen andere auf jenen Hamza zurückgehen, der am Ende des achten

Jahrhunderts gegen den gleichermaßen legendären Kalifen von Bagdad kämpfte, gegen Harun al-Raschid, seinerseits Held vieler Geschichten aus *Tausendundeine Nacht*.

Trotz der engen Verbindung zum Propheten sind die fiktiven Abenteuer Hamzas nahezu ausnahmslos säkularer Natur und drehen sich eher um Zauberei als um den wahren Glauben. Ein berühmtes *Hamzanama*-Tuch – die Bilder wurden, was ungewöhnlich ist, nicht auf Papier, sondern auf Baumwolle gemalt – zeigt den Erzschurken Zumurrud Shah auf der Flucht vor dem Helden Hamza, wobei er für den Luftweg ein eher ungewöhnliches Transportmittel wählte, eine verzauberte fliegende Amphore, die ihm ein befreundeter Zauberer gesandt hatte. Es gibt allerdings auch das eine oder andere Beispiel für machtvolle Taten der Frömmigkeit. So zeigt ein Tuch Amir Hamzas Verbündeten Fürst Said Farrukh-Nizhad, der mit einer Hand einen Elefanten hebt, eine Tat, die zwei Feinde dermaßen beeindruckt, dass sie sich auf der Stelle zum Islam bekehren, doch selbst hier, in dieser Geschichte, die dem Gläubigen übernatürliche Kräfte zuspricht, siegt das Fabelhafte über das Spirituelle. Meistenteils aber fehlt die spirituelle Dimension in Hamzas Abenteuern, ob nun in der Geschichte oder im dazugehörigen Bild. Der Sieg des Islam über die zoroastrischen Sonnenanbeter und andere suspekte Gruppierungen ist zwar ein zugrunde liegendes Thema, dringt aber selten an die Oberfläche vor, und wenn, dann auf Ehrfurcht gebietende Weise, wie etwa auf jenem Bild zu sehen, das ein ausgetrocknetes Meer mit allerhand fabelhaften, gestrandeten Wasserkreaturen zeigt, während heidnische Idole sich zugleich freiwillig von ihren Sockeln zu stürzen scheinen – all dies zur Feier der Geburt des Propheten Mohammed.

Auf vielen der Bilder, die überdauert haben, wurden die Gesichter ausgelöscht. Nach dem Niedergang der Moguln hat man die vierzehn Bücher des *Hamzanama* aufgebrochen, und die vierzehnhundert Bilder begaben sich auf Reisen, die so abenteuerlich waren wie die jener Helden und Bösewichte, deren Geschichten sie darstellten. Über zwölfhundert der vierzehnhundert Blätter sind verloren, vermutlich vernichtet. Von den kaum zweihundert, die es noch gibt, wurden viele verunstaltet von Anhängern einer strikteren Version des Islam als jener, der Akbar anhing, von Männern – und es waren gewiss meist Männer –, die das Konzept repräsentativer Kunst ablehnten und entschlossen waren, das skandalöseste aller Dinge auszuradieren, das menschliche Gesicht. Diese Entstellung, diese Zerstörung der Gesichter, wurde vermutlich nicht einmal offiziell angeordnet; so manche Schätze des *Hamzanama* endeten an öffentlichen Orten, in billigen Absteigen oder Kaffeehäusern irgendwo in der muslimischen Welt, und die Hand eines jeden beliebigen aufgebrachten Mannes konnte die Gesichter ausradieren. Die Bilder, die am besten erhalten blieben, hatten eine Zeit lang sichere Zuflucht in Persien gefunden, wo, im Unterschied zu dem dort heute oft aufbrandenden Getöse, man nur wenig gegen die Kunst des Porträts einzuwenden und des Öfteren den Propheten selbst gemalt hatte.

Die Rahmenhandlung, sofern man denn davon sprechen kann, beginnt mit Anoshirvan von Ktesiphon, einem mesopotamischen König, dem geweissagt wurde, er würde einmal von einem noch nicht geborenen Kind aus Arabien vom Thron gestürzt. Also schickt der König einen Getreuen auf eine grauenvolle Mission – er soll alle schwangeren Frauen in Arabien töten. Hamza gehört zu den wenigen, die das Glück haben, dieser Vernichtung zu entgehen. Er wächst zu einem Meister der Kriegskunst heran, und als die Kunde von ihm zu Anoshirvan dringt, lockt der ihn an seinen Hof und bietet ihm die Hand seiner Tochter an. Die Liebe der Prinzessin Mihr Nigar zu Hamza bleibt jedoch zwanzig Jahre lang unerfüllt, zum einen, weil Anoshirvan Hamza auf eine Reihe gefährlicher Missionen schickt, zum anderen weil unser Held – ähm – achtzehn Jahre bei den Feen bleibt und, was durchaus ein wenig unehrenhaft ist, eine Tochter mit der Elfenprinzessin Asma zeugt, auch Asman Peri genannt. Zu guter Letzt finden Hamza und Mihr Nigar dann aber doch noch zueinander.

Der Rest der Saga ist eine mitreißende Flut heldenhafter Taten in einer Welt, in der Magie eine zentrale Rolle spielt, aber auch der *ayyar*, der Spion. Bild um Bild des *Hamzanama* betreten Spione Paläste und enthaupten Wachen oder bringen ihren Herren entscheidende Informationen; überhaupt lauern und zischeln sie am Rand eines jeden Geschehens. In einer besonders tragischen Szene – die Gesichter wurden entfernt – betritt ein *ayyar*, der die Befehle des Königs Anoshirvan von Ktesiphon missverstanden hatte, den Pavillon des schlafenden Qubad, Hamzas Sohn, und schneidet ihm die Kehle durch. Der Name des *ayyar* ließe sich, durchaus nicht unpassend, mit *Teppich-* oder *Tuchohr* übersetzen.

Zauberei und Verrat sind die eigentlichen Pole dieser Welt; Glaube und Unglaube, Gut und Böse rangieren unter »ferner liefen«.

Der kollektive Ansatz von Atelier und Skriptorium des Herrschers mag jene Studenten, denen die Konzepte und Methoden westlicher Kunst vertraut sind, auf den ersten Blick befremden, stand die Philosophie von Akbars Atelier offenbar doch in einem deutlichen Gegensatz zu jener humanistischen, individualistischen Sensibilität, die sich als die vorherrschende Philosophie der Renaissance durchgesetzt hatte. Im Italien der Renaissance wurde weitläufig die ausgeprägte Handschrift des individuellen Künstlers gefeiert und bewundert; »Genie« war unter den Mäzenen der Kunst ein hochgeschätztes Kriterium. Und dennoch gab es zwischen den beiden Welten viele Ähnlichkeiten: Im Osten wie im Westen war der Künstler noch von der Gunst der Mächtigen und Hochgeborenen abhängig, der Fürsten und Päpste. Und alle bedeutenden Künstler der Renaissance beschäftigten in ihren Ateliers Lehrlinge, die Werkzeuge anfertigten oder Farbe für sie mischten – Temperafarben in der frühen Renaissance, später Ölfarben. Ihnen wurde zudem gestattet, unwichtigere Flächen auf der Leinwand des Meisters zu bemalen. Leonardo da Vinci war Lehrling bei Andrea del Verrocchio; Michelangelo hat unter Domenico Ghirlandaio gearbeitet. Diese Art kollektiver Produktion war keinesfalls auf die Welt der Malerei beschränkt. Wir wissen, dass selbst das Elisabethanische Theater häufig im Kollektiv tätig war; sogar Shakespeare hat mit anderen zusammengearbeitet, bei *Heinrich VIII.* und *Die beiden edlen Vettern* wahrscheinlich mit John Fletcher; und ein gewisser George Wilkins ist vermutlich der Autor vom ersten und zweiten Akt des *Perikles*.

Doch ein wesentlicher Unterschied bleibt. Für die europäische Kunst des sechzehnten Jahrhunderts gab es bereits ein, wenn man es denn so nennen mag, etabliertes Starsystem. Giorgio Vasari befasst sich in seinem *Künstlerleben* unablässig mit dem Thema Ruhm, eine gar nicht so moderne Beschäftigung, wie man manchmal glauben möchte. »Michelangelos Ruhm«, erzählt uns Vasari, »war im Jahre 1503 bereits so groß, dass Papst Julius II. nach dem Neunundzwanzigjährigen schicken ließ, damit er ihm sein Grabmal errichte.« Über Leonardo da Vinci kurz nach Fertigstellung der *Mona Lisa* hat Vasari Folgendes zu sagen: »Durch die Herrlichkeit der Werke dieses göttlichen Künstlers war sein Ruhm so gewachsen, dass jeder, der an der Kunst Vergnügen fand, ja ganz Florenz Verlangen trug, er möchte irgendetwas zu seinem Gedächtnis hinterlassen.« In einem der unterschwelligen Themen, die Vasaris Buch durchziehen, geht es ebendarum, dass der Ruhm der Künstler den Ruhm seiner adligen Mäzene mehren konnte, den Ruhm der Stadt, in der sie lebten, gar den Ruhm des Landes.

Nur wenige der über hundert von Akbar dem Großen für die Arbeit am *Hamzanama* versammelten Künstler erlangten auch nur ein entfernt vergleichbares Maß an Berühmtheit. Die beiden persischen Großmeister – von Humayun, Akbars Vater, nach dessen Rückkehr aus dem Exil an den Hof geholt – galten sicherlich als Leuchten unter den um Akbar versammelten Koryphäen der Philosophie, Musik und Politik, doch wurde keiner der beiden zum *navratna* ernannt, zu einem der »Neun Juwelen« an Akbars Hof, wozu der edle und legendär geistreiche Birbal zählte, Akbars Finanzminister Raja Todar Mal, sein General Raja Man Singh, der Historiker Abu 'l-Fazl, der Dichter Faizi, der Musiker Tansen sowie der Mullah Abul Hasan »Do-Piyaza« (»Zwei Zwiebeln«), Priester, Gourmet, Koch und Erfinder des berühmten Gerichts Mutton Do Pyaza …, aber kein einziger Maler. Auf einem frühen Porträt, vermutlich einem Selbstporträt, zeigte Mir Sayyid Ali, der Leiter des Ateliers, wie indische Mogulmalerei in der Abkehr von der formalistischen, dekorativen, »flacheren« Welt persischer Kunst ihre eigenen charakteristischen Merkmale entwickelte. Wir sehen in diesem Porträt die Anfänge einer dritten Dimension, den Beginn plastischer Tiefe, und bemerken auch in den (indischen, nicht persischen) Kleidern sowie der physischen Gestalt der Figuren einen Ansatz von Räumlichkeit. Dieses Bild gilt als ein entscheidender Vorläufer für den Stil des *Hamzanama* und beweist, dass Mir Sayyid Ali der eigentliche Schöpfer dieser Werke war.

Sein persischer Landsmann Abd as-Samad, anfangs sein Stellvertreter, übernahm in den abschließenden Jahren des lang währenden Projekts die Leitung des Ateliers, da Mir Sayyid Ali um die Erlaubnis gebeten (und sie erhalten) hatte, sich auf Pilgerreise nach Mekka begeben zu dürfen. Abd as-Samad war der Aufgabe mehr als gewachsen, wie schon sein frühes Bild ahnen lässt, das den Kindkönig Akbar auf einem Ochsenkarren sitzend zeigt. Die Präzision der zweidimensionalen Wiedergabe des Tieres, die feine Maserung der Rückenlehne des Kutschbocks sowie der Stil, in dem das Gesicht gemalt ist, lassen erkennen, dass Abd as-Samad zu diesem frühen Zeitpunkt noch der persischen Kunst verhaftet war. Zwei Meisterwerke gegen Ende seines Lebens zeigen schließlich, wie weit er sich dank des *Hamzanama*-Projekts entwickelt hatte. Ein nach Akbars Tod gemaltes Bild, entstanden während der Regentschaft seines Sohnes Fürst Salim, der als Herrscher den Namen Jehangir annahm, stellt den persischen König Dschamschid oder Jamshed dar, laut Überlieferung der Gründer von Persepolis. Das Bild zeigt Gestalten mit Volumen, Gesichter voller Tiefe und Charakter, ein genuin dreidimensionales Umfeld und eine Freiheit in der Naturdarstellung, die außerordentlich zur Lebendigkeit dieses Werks beiträgt; und in Abd as-Samads herrlicher Darstellung zweier kämpfender Kamele hat die realistische Energie des Kampfes die für Persien typische Stilisierung weit hinter sich gelassen.

Was nun die übrigen Künstler betrifft, so werden, wie wir noch sehen, mehrere namentlich für die Hauptarbeit an diesem oder jenem *Hamzanama*-Bild gewürdigt, doch entsprach es zweifellos der Ästhetik, vielleicht gar der Ethik dieses vierzehn, fünfzehn Jahre währenden Projekts, dass der Wert individueller Beiträge weit unter dem des Werks als Ganzem lag. Die Künstler des *Hamzanama* erlangten nicht einmal annähernd den sozialen Status ihrer Kollegen im Westen, galten sie ihrem Rang zufolge doch eher als Handwerker, ähnlich jenen meisterhaften Steinmetzen, die in derselben Zeit mit dem Bau eines architektonischen Meisterwerks begannen, dem großen Sandsteinwunder der Palaststadt Fatehpur Sikri, der ersten dauerhaften Hauptstadt, die je von den Moguln errichtet wurde, knapp eine Autostunde von

Agra entfernt. Oft galten die Bildkünstler sogar noch weniger, diese auf ewig namenlos bleibenden Scharen hart arbeitender, überaus geschickter Mitglieder des Ateliers und Skriptoriums: viele der Kalligrafen, die die Geschichten der Abenteuer von Amir Hamza auf die Blätter auftrugen, viele der brillanten Verzierungskünstler, die ihre prachtvollen Bordüren um jedes Bild malten, und auch die vielen Handwerker, die diese vierzehn überaus komplexen Bildbände schufen, die Bilder (auf Baumwolltuch gemalt) in die bemalten Papierbordüren fügten, Papierstreifen an beiden Blattseiten einfügten, um die Ränder zu stärken, und zur zusätzlichen Festigung zwischen Vorder- und Rückseite jedes Bildes drei Schichten Papier, Stoff und Papier im Wechsel einschoben, und ganz allgemein eine Arbeit verrichteten, ohne die nicht einmal jene zweihundert der vierzehnhundert Bilder überdauert hätten. Ihr Werk findet Unsterblichkeit allein auf den lebendigen Seiten des *Hamzanama* selbst, ihre Geschichten aber sind verloren.

Im Ergebnis führt die Betonung der Arbeit der Gruppe gegenüber der des Einzelnen dazu, dass wir von Akbar heute sagen können – was sich wohl kaum über die Mäzene der Kunst der Renaissance sagen ließe –, dass niemand anderes als der Herrscher selbst der wahre Überkünstler des *Hamzanama*-Projekts war. Im historisch Tradierten findet sich keine Antwort auf die Frage, warum es sich der junge König gleich nach der Thronbesteigung und so früh in seiner Herrschaft angelegen sein ließ, eine derart große Schar von Künstlern zu versammeln und sie mit einem so gewaltigen Projekt zu betrauen. Vielleicht aber liefern uns Akbars Charakter und seine Vorstellung nicht nur davon, was für eine Art Herrscher er sein wollte, sondern auch davon, was für ein Land er regieren wollte, eine Antwort auf diese Frage.

Akbar heißt *groß*, nur sollten wir nicht vergessen, dass »der Große« keineswegs Akbars Name war, auch wenn er von frühesten

Tagen an so genannt wurde, da man ihm schon während der Kindheit Taten legendärer körperlicher Stärke nachsagte. »Größe« lag allen Projekten Akbars zugrunde. Er wollte ein großer Mensch werden, ein großer König, aber er wusste, um das erreichen zu können, musste er auch über ein großes Volk herrschen. Mit anderen Worten: Akbar wollte ein Königreich erfinden, über das es sich zu herrschen lohnte, ein Königreich, dessen tragende Säulen Toleranz, Versöhnung und Einigkeit sein sollten. Vielleicht wurden Atelier und Skriptorium vor diesem Hintergrund ins Leben gerufen; sie waren, wenn man so will, Miniaturmodelle eines idealen Staats, in dem Kreativität und Genie in den Diensten von Einheit und Zusammenhalt standen. Die »Größe« des *Hamzanama* sollte in seiner Pluralität liegen, in der Vielfalt der Talente und darin, dass man diese sehr diversen Elemente zu einem einzigen harmonischen Ganzen formte und bändigte. Die Aufgabe, mit der Mir Sayyid Ali und Abd as-Samad vom Herrscher betraut wurden, war auf ihre Weise dieselbe Aufgabe, die er sich selbst sein Leben lang setzte; das *Hamzanama* war künstlerische Reflexion und Verherrlichung dieser Philosophie.

Und warum wurden die Abenteuer Hamzas zum Thema dieses großen Unterfangens gewählt? Gewiss weil er ein märchenhafter Held war, aber auch, weil es sich bei ihm um eine historische und zugleich sagenumwobene Gestalt handelte – er unterschied sich mit anderen Worten also kaum von dem Typ »Akbar«, den Akbar erschaffen wollte. Und weil, denke ich, jede Geschichte legendärer Wanderhelden, denen zufolge sie große Hindernisse überwinden, mächtige Feinde besiegen, die Hand einer holden Maid gewinnen und aller Wahrscheinlichkeit zum Trotz triumphieren, stets unweigerlich auch eine Geschichte des *Werdens* ist, eine Geschichte, die erzählt, dass man durch Taten Format und Ruhm erlangen kann, wie es letztlich nur Drachentötern und Feenküssern wahrhaft zukommt. Hamzas Geschichte ist keine

Quest im eigentlichen Sinne, und darin unterscheidet sie sich zum Beispiel von der Legende um den Heiligen Gral der Artussage, von den Arbeiten des Herkules oder auch von Attars *Konferenz der Vögel* (eine Geschichte über dreißig Vögel, die ihren Gott, den Simurgh, finden wollen und nach vielen Prüfungen zum Gipfel des Mount Qâfs gelangen, angeblich der Heimstatt dieses Gottes, nur um dort gesagt zu bekommen, dass Simurgh »dreißig Vögel« heißt, sie durch ihre große Reise also zu dem Gott wurden, den sie suchten). All diese Erzählungen handeln davon, wie man durch eigene Taten Größe erwirbt. Hamzas Größe aber zeigt sich nicht allein in seinen Taten, sie ist auch das Produkt ebendieser Taten. Noch einmal: Der fiktive Held auf seinem geflügelten, dreiäugigen, märchenhaften Pferd Ashqar entspricht dem Vorbild für den realen Kindkönig, etwa als Hamza auf seinem Zauberross vor der Burg seines Feindes hockt und ihn auf altehrwürdige Weise zum Kampf auffordert, nämlich durch den Austausch von Beschimpfungen. (Was an die französischen Schimpfkanonaden gegen die englischen Edlen in *Die Ritter der Kokosnuß* erinnert oder auch an die Reinkarnation dieses Films als Broadwaymusical *Spamalot*: »Geht und fangt euch Geschwüre an euren Hintern ein, ihr Söhne räudiger Hunde! … Ich spucke euch an! … Ich will nicht länger mit euch reden, ihr dummköpfigen Futtertroglecker! Ich furze ungefähr in eure Richtung! Eure Mutter war ein Hamster, und euer Vater hat nach Holunderbeeren gestunken!« Allerdings nehme ich an, dass es auf Farsi viel eleganter geklungen hat.)

Als Akbar das *Hamzanama* in Auftrag gab, war er zwar König, aber noch nicht vollends Gebieter seines Reichs. Während der ersten sechs Jahre seiner Herrschaft wurde das Land von Regenten gelenkt, erst von Bairam Khan, seinem obersten General, danach von Maham Anga, seiner Tante und Amme sowie deren Sohn Adham, Akbars Stiefbruder. Die Machenschaften der grausigen Maham Anga gegen den ehrenwerten Bairam Khan, Bairams Ermordung auf der Pilgerfahrt nach Mekka durch die Hände eines rachsüchtigen Afghanen, dessen Vater Jahre zuvor in einer Schlacht gegen Bairam den Tod gefunden hatte, und später das niederträchtige, blutrünstige Taktieren von Adham Khan hätten den Bildblättern des *Hamzanama* entnommen sein können. 1562 kam es dann zum Eklat, als Adham Khan den von Akbar designierten Premierminister angriff und an den neunzehnjährigen Herrscher selbst »Hand anlegte«. Akbar war ein kräftiger junger Mann, und es mangelte ihm nicht an der tödlichen Entschlossenheit eines Königs. Er schlug Adham Khan zu Boden und ließ ihn von einem Gebäude werfen; als der daran nicht starb, befahl er, ihn erneut hinabzuwerfen, diesmal kopfvoran. Danach übernahm er die volle Herrschaft über seinen Thron.

Man kann daraus folgern, dass sich a) das wahre Leben im sechzehnten Jahrhundert nicht allzu sehr von der Fantasiewelt der Künstler unterschied und dass b) der junge Akbar sechs Jahre lang mehr Zeit zur Verfügung hatte, als er nach Adham Khans zweitem Sturz je wieder haben würde. Während der Zeit von Maham Angas Regentschaft wurde die erste Hälfte des *Hamzanama* fertiggestellt, und da sich Akbar stets für Details interessierte, ein Herrscher, der selbst gern Hand anlegte, kann man mit einiger Gewissheit davon ausgehen, dass er die laufende Arbeit oft überwacht und kommentiert hat. Jedenfalls dürfte er mit den surrealen Aspekten schurkischer Gemeinheiten durchaus vertraut gewesen sein. Man könnte nun vermuten, dass sich die fantastische Natur des *Hamzanama* mit seiner persischen Vorliebe für Drachen der Begeisterung eines Teenagers für das Zauber- und Fabelhafte verdankt, dem Interesse eines jungen Menschen für wundersame Geschichten. In der persischen Literatur wimmelte es damals von Drachen, und Indiens beste Künstler widmeten sich mit Feuereifer diesem neuen Sujet. Auf einem Bild, entworfen und überwiegend auch gemalt von einer der größten Entdeckungen der Akbari-Schule, von Dasavanta – Sohn eines Sänftenträgers, der gern Graffiti an Wände gepinselt hatte, Graffiti, die Akbar veranlassten, ihn in die Malergruppe des Ateliers aufzunehmen –, sehen wir einen besonders prächtigen Drachen, wie er gerade von einem der bedeutenden Freunde Hamzas erschlagen wird, von Umar, dem Spion, dem *ayyar*, der ein Fläschchen Naphtha auf den Drachen wirft und ihn damit in Brand setzt.

Laut einer gängigen Ansicht über das Leben des Herrschers war der junge Akbar von der Welt des Fantastischen fasziniert, ließ mit dem Älterwerden derlei kindische Interessen aber hinter sich und wandte sich von der Welt der Drachen ab, um sich jener der Philosophie und der Weisheit zuzukehren. Mit anderen Worten: Die reale Welt verdrängte die Welt der Träume. Mit diesem allzu simplen Verständnis seines Lebens, eines jeden Lebens, als einer Reise von kindlicher Imagination zu erwachsenem Realismus, mag ich mich nicht abfinden. Zum einen ergeben, wie ich schon anzudeuten versuchte, die realen Fakten von Akbars Leben das Bild einer realen Welt, die viele der auffälligsten Merkmale der *Hamzanama*-Tücher enthält, sieht man einmal von dem einen oder anderen Drachen, dem einen oder anderen gefleckten Oger ab. Zum anderen aber sind wir alle, wie bereits gesagt, träumende Wesen, die andauernd mindestens teilweise in unseren Träumen leben – Träume von dem, was sein könnte, von uns, unseren Kindern, sogar Träume von dem, was ist, Träume, in denen unsere Ehemänner charmanter sind, unsere Häuser schöner und unsere Aussichten besser –, Träume, ohne die unser alltägliches Leben womöglich unerträglich wäre. Träumen heißt nämlich auch, schöpferisch tätig zu sein, und gewiss ließe sich einem Monarchen, der so schöpferisch tätig war wie Akbar, wohl kaum nachsagen, er wäre zu einem Mann herangewachsen, dem seine Fantasie fremd geworden sei. Man sollte das *Hamzanama* also nicht als ein Werk sehen, das die Fantastereien eines Jungen wiedergibt, sondern als die bildgewaltige, manchmal machiavellistische Vision eines großen Mannes von ebender Welt, in der er lebte.

Die wichtigsten Künstler des *Hamzanama* waren, von Mir Sayyid Ali, Abd as-Samad und dem zuvor erwähnten Sänftenträgersohn Dasavanta einmal abgesehen, die Maler Basavana, Shravana, Madhava Khurd, Mahesa sowie Kesav Das, in nachrangiger Bedeutung gefolgt von Mah Muhammad, Tara, Jagana, Lalu, Mithra und Mukhlis.

Mah Muhammad, einer dieser nachrangigen Künstler, ist interessant, weil er ein besonderes Talent für das Malen architektonischer Gebäude hatte. In seinen Fantasiepalästen sehen wir die Geburt eines Stils, der in Fatehpur Sikri Wirklichkeit werden sollte.

Eine enge Zusammenarbeit bei einzelnen Bildern war durchaus nicht ungewöhnlich. An einem Blatt, das den Riesen Landhaur aus Sri Lanka zeigt, wie er im Schlaf von einer *dev*, einer bösen Fee, entführt wird, arbeitete Dasavanta zusammen mit Shravana. In diesem Fall war Dasavanta für das Design verantwortlich, für die Kleider des schlafenden Landhaur, den dreidimensionalen, leuchtend bunt gemusterten *pajamas* sowie für die Gestalt der *dev*, einem jener vielen *Hamzanama*-Ungeheuer oder wilden Bestien, auf die auch Maurice Sendak stolz gewesen wäre. Shravana dagegen malte das Bett, auf dem Landhaur schläft, und vielleicht auch die zart gestalteten Felsen in einer Ecke des Bildes. Eine dritte Hand war vermutlich für das etwas uninspirierte, persisch beeinflusste Pflanzenleben zuständig. Und so sehen wir, wie für ein Bild derart unterschiedliche Talente zusammenfanden.

Eines der berühmtesten *Hamzanama*-Bilder, auf dem Hamza und dessen Männer von einem Seeungeheuer angegriffen werden, war das Ergebnis der Zusammenarbeit von Basavana und Shravana. (Hamza hat einen Pfeil auf das Untier abgefeuert, der ihm im Auge steckt und es wütend macht.) Die menschlichen Gestalten sind von Shravana, Kleider und Seeungeheuer von Basavana.

Der Riese Zumurrud Shah, »König des Ostens«, gehört in der *Hamzanama* zu den gefährlichsten Gegnern. Durch Hamza und dessen Verbündete erleidet er eine Reihe entsetzlicher Missgeschicke. Eines der bekanntesten Bilder zeigt ihn, wie er, der rätselhafterweise in ein großes Loch gefallen ist, von »misstrauischen Gärtnern« verprügelt wird. Das geniale Design – Zumurrud Shah in einem kreisrunden Rahmen (das Loch), von einem zweiten größeren Bildrand umfasst – und die Figuren sind das Werk von Kesav Das. Der Rest des Bildes stammt von anderen, nicht identifizierten Malern. Wieder einmal wird deutlich, dass der vielhändige Ansatz keineswegs jene chaotische Wirkung erzeugt, die man erwarten könnte, stattdessen fügen sich die unterschiedlichen Talente – für Landschaftsmalerei, Darstellung der Figuren, der Gebäude, für die Gestaltung der Kleider – nahtlos zu einem Ganzen zusammen. Da die Künstler ihre Arbeit natürlich gegenseitig aufmerksam verfolgten, überblenden sich ihre Talente gelegentlich, was es schwierig macht, genau zu bestimmen, welche Hand jeweils am Werk war. Eine der großen Errungenschaften des *Hamzanama* liegt meines Erachtens in der Darstellung nicht fester, fluktuierender Dinge wie Wasser und Wolken. Bei dieser Methode, Flüssiges zu malen, handelt es sich um eine genuine Neuerung von Akbars Atelier; und offenbar konnten es alle Künstler kaum erwarten, sich an dieser neuen Maltechnik zu versuchen. Auf einem Bild wird Hamzas Lager von einer durch Feindeshand verursachten Flut überschwemmt, und man hat eigens vermerkt, dass die Wassermassen von Jagana gemalt wurden. Ein in kurzem Abstand darauffolgendes Bild zeigt Tayhur Shah, den erschlagenen Feind, nur wurde das Wasser diesmal von Shravana gemalt. Und auf einem Bild, das die Rettung eines ausgesetzten Säuglings zeigt, stammen das Wasser sowie ein Großteil der Szene (bis auf die Architektur im Hintergrund) von einem dritten Künstler, von Kesav Das. Seine Meisterschaft in der Darstellung alles Fließenden beweist er mit diesem Bild durch einen ungewöhnlich wolkigen Himmel über einem Geschehen, das einen nicht identifizierten und etwas übergewichtigen Helden zeigt, der einen weiblichen Dämon mit großen Ohren tötet. Die Leuchtkraft der Luft und des Himmels mit seinen abstrakten, vielgestaltigen Wolken zieht den Blick auf sich und stellt das Geschehen selbst in den Schatten.

Sogar Mah Muhammad, dem gewöhnlich die Darstellung von Gebäuden oblag, konnte schließlich nicht länger widerstehen; und auf einem Bild der Heldin Mihrdukht – berühmte Bogenschützin und Hamzas Schwiegertochter, die in einem Boot vor lästigen Verehrern flieht (nachdem sie ihnen gesagt hatte, sie entscheide sich für den, der ihr den gerade abgefeuerten Pfeil zurückbringt) – wurden Wasser und Landschaft von Mah Muhammad gemalt; die Figuren werden Banavari zugeschrieben, einem weiteren Künstler des *Hamzanama*.

In keiner Studie über den »vielhändigen Künstler« des *Hamzanama* dürfen die zahllosen kühnen, oft blutigen Taten der *ayyars*, der Spione, fehlen. Die Ermordung von Hamzas Sohn Qubad durch einen *ayyar* wurde bereits erwähnt; und auf einem ungewöhnlich schönen, durch die Darstellung des Meeres – diesmal von Dasavanta – besonders bemerkenswerten Bild bricht ebendieser *ayyar* Umar, einer von Hamzas engsten Vertrauten, auf, um den Helden zu suchen, der zu diesem Zeitpunkt der Geschichte in Gefangenschaft geraten ist. Umar, stets dargestellt als junger, recht eleganter Mann, ist durchaus auch in der Lage, die Drecksarbeit zu erledigen. Kesav Das (Figuren) zeigt ihn in einer Szene vor Schloss Fulad (die Gebäude natürlich von Mah Muhammad), wie er einen Soldaten mit Fußtritten bearbeitet, um ihm Informationen zu entlocken. Auch Umars Kollegen, Hamzas übrige *ayyars*, sind bereit zu töten, schleichen sich in den feindlichen Palast und enthaupten die Wachen.

Selbst weibliche *ayyars* wie Mahiya, eine Spionin für einen der anderen Söhne Hamzas, für Fürst Ibrahim, sind willige Mörderinnen. In einem spektakulären Bild von Jagana und Kesav Das sieht man in der Mitte Mahiya, wie sie einem Mann die Kehle durchschneidet, während zwei Enthauptete bereits am Boden liegen und um sie herum mindestens fünf weitere Erschlagene zu sehen sind. All dies auf einer der raffiniertesten Arbeiten dekorativer Musterung und schönster Mosaikkunst des gesamten Werks.

Eine weitere *ayyar*, Khosh-Khiram, wandert durch einen Wald, in der Hand den abgeschlagenen Kopf von Kadjast, ebenfalls Spion, im Übrigen eine wunderbare Komposition aus Wald- und Palastmotiven, geschaffen von Basavana und Mukhlis.

Ich denke, Sie können sich jetzt eine ungefähre Vorstellung von den Bildern machen.

Im Universum des *Hamzanama* koexistieren Gegensätze: Gewalt und Schönheit, Realismus und Phantasmagorie, Heldentum und Niedertracht. Auch das gehört zu dem Versuch, Vielschichtiges zu erschaffen: nicht nur ein vielschichtiger, vielhändiger Künstler, sondern auch eine vielschichtige Welt. Diese exquisiten Bilder bemühen sich, all das einzufangen, was das Leben ausmacht; sie zeigen aber auch vieles, was die Lebenden sich nur in ihren nächtlichen Alpträumen oder Tagträumen vorzustellen vermögen; zudem manches aus dem Leben der Oger, der Tiere und sogar ein wenig aus dem Leben der Götter.

Auch der Held Hamza selbst ist ein vielschichtiges Wesen – nicht nur durch die Überblendung diverser »Originale«, sondern auch, weil er zum einen ein Mensch dieser Welt ist und alle Hindernisse zu überwinden sucht, die sich ihm in den Weg zu seiner wahren Liebe stellen, zu Mihr Nigar, der Prinzessin von Ktesiphon, aber auch, weil er ein Wanderer durchs Märchenland ist, Liebhaber der *peris*, der Feen, und Feind ihrer Rivalen, der *devs*.

Asma, seine geliebte Fee, manchmal Peri genannt (*asman peri* bedeutet nichts anderes als »himmlische Fee«), steht für seine Liebe zur Welt des Fantastischen, so wie seine irdische Geliebte für die Liebe zur realen Welt steht; und auch darin gleicht er dem König, der dieses Werk in Auftrag gab, das, wie von Akbar vorhergesehen, zu einem der Glanzstücke und Ruhmeswerke seiner Herrschaft werden sollte.

All dies geschah vor sehr langer Zeit. Die Geschichte aber ist ein höchst umstrittenes Terrain, vor allem in Indien (allerdings durchaus nicht nur dort), denn der Kampf um die Vergangenheit ist immer auch ein Kampf um die Gegenwart. Die Geschichte der muslimischen Eroberung Indiens, dessen letzte und glorreichste Phase jene des Reichs der Moguln war, wurde in jüngster Zeit zum Thema eines erbitterten Disputs. Die rasante Verbreitung einer Form des aggressiven, hinduistischen Revisionismus in den letzten drei Jahrzehnten führte zu der Behauptung, das muslimische Indien sei irgendwie »nicht authentisch«; außerdem hätten muslimische Dynastien das »wahre« hinduistische Indien mit teils lähmenden, teils entstellenden Auswirkungen unterdrückt und erstickt. Ein solch negatives Verständnis jener Zeit findet seinen Weg bereits in die Schulbücher. Im Rahmen ihres hinduistisch-rassistischen Projekts beginnt die BJP-Regierung ernsthaft und planmäßig, Geschichte umzuschreiben und zu verfälschen. Und in einer Zeit, in der die Militanz des modernen

Islam manch einen davon überzeugen könnte, dass die hinduistischen Revisionisten vielleicht doch nicht so ganz unrecht haben, werden die Bilder des *Hamzanama* in dieser Debatte zu wichtigen Beweismitteln.

Während Akbars Herrschaft stieg die indische Kultur zu bislang ungekannten Höhen auf, und mit einer solchen Aussage will ich keineswegs die Errungenschaften etwa des großen Hindu-Königreichs Vijayanagar im Süden schmälern, dessen Verfall mit dem Aufstieg der Moguln begann. Dank der außergewöhnlichen Persönlichkeit seines Königs wurde diese Kultur vom Geist echter philosophischer Neugier und einer Atmosphäre wahrhafter Toleranz geprägt, derentwegen man sich bis heute an dieses Reich erinnert, eine Toleranz, die alle Inder einschloss, alle Regionen und alle Religionen. Indien ohne die Mogul-Vergangenheit wäre weit weniger, als es heute ist. Ob die Herrschaft Akbars nur ein brillantes Zwischenspiel war oder ein wichtiger Meilenstein, ließe sich vielleicht bei anderer Gelegenheit erörtern, bis dahin aber bleibt der vielköpfige, vielpinselige, vielhändige Künstler des *Hamzanama* ein Symbol dessen, was Menschen zuwege bringen können, wenn sie ihre Kreativität für ein gemeinsames Ziel bündeln.

AMRITA SHER-GIL: BRIEFE

Als ich Anfang der 1990er-Jahre über meinen Roman *Des Mauren letzter Seufzer* nachzudenken begann, wurde mir bald klar, dass er den Lebensbericht (und auch das Werk) einer gänzlich fiktiven indischen Malerin des zwanzigsten Jahrhunderts enthalten würde. Ich dachte an Freundschaften und Bekanntschaften mit einer Reihe herausragender moderner Künstler und Künstlerinnen, an Krishen Khanna, Bhupen Khakhar, Gulam Mohammed Sheikh, Nilima Sheikh, Nalini Malani, Vivan Sundaram und Anish Kapoor, aber auch an andere, die ich nicht persönlich kannte, deren Werk ich aber schätzte, an Künstler wie Pushpamala N., Navjot, Sudhir Patwardhan, Gieve Patel, Dhruva Mistry, Arpana Caur, Laxma Goud oder Ganesh Pyne. Die Arbeiten dieser Maler halfen mir, über jene Bilder nachzudenken, die meine fiktive Aurora Zogoiby malen würde. Jene Künstlerin aber, die mir gleichsam »die Erlaubnis« gab, eine Malerin im Herzen der modernen indischen Kunstwelt zu erfinden und an die Möglichkeit einer solchen Frau zu glauben, war jemand, den ich selbst nie kennengelernt habe, eine Frau, die in tragisch jungen Jahren starb und der ich zuerst auf einem strahlend hellen Gemälde von Vivan Sundaram begegnet bin, ihrem Neffen. Diese Künstlerin hieß Amrita Sher-Gil.

Das Bild zeigt eine Familie daheim. Ein Mann steht nachdenklich im Hintergrund, eine westliche Frau sitzt steif auf einem Stuhl (auf dem Tisch neben ihr liegt eine Pistole). Das Zimmer ist prachtvoll möbliert und üppig mit Kunst ausgestattet, das Ganze dargeboten in einer Palette leuchtender Orange- und Goldtöne. Trotz aller Opulenz der Ausstattung und des Geheimnisvollen des Dargestellten wird der Blick auf die junge Frau im Vordergrund gelenkt, verblüffend schön, das Lächeln nur angedeutet, das Gesicht klug, die Miene leicht amüsiert. Das ist Amrita.

Ich habe damals nicht viel über sie gewusst, nur dass sie Halbungarin war; und in der Nationalgalerie in Delhi, aber auch bei Vivan daheim hatte ich einige ihrer Bilder gesehen, ländliche Dorfszenen – Geschichtenerzähler, junge Mädchen. Während ich an meinem Buch schrieb, widerstand ich der Versuchung, mehr über sie in Erfahrung bringen zu wollen. Ich beschwor für mich eine imaginäre Amrita herauf, eine nachhaltig von Gandhis Ideen beeinflusste Frau, die sich vorgenommen hatte, das »wahre« Leben Indiens zu malen, das Leben in den Dörfern – und beschloss, dass meine Aurora in vielerlei Hinsicht ihr Gegenbild sein würde, eine entschiedene Stadtbewohnerin und Frau von Welt. Erst, als das Buch fertig war, erlaubte ich mir, die wahre Amrita ein wenig besser kennenzulernen, und fand gleich heraus, dass sie und Aurora mehr gemein hatten, als von mir vermutet worden war. In mancherlei Beziehung, etwa hinsichtlich Amrita Sher-Gils sexueller Neigungen, war sie ein weit unkonventionellerer, ungehemmterer Mensch als jene extravagante Frau gewesen, die ich erfunden hatte.

In ihren Briefen wird die wahre Amrita sofort lebendig. »Sie mögen mich für starrsinnig halten«, schrieb sie 1934, gerade mal einundzwanzig Jahre alt, »aber ich werde meine intoleranten Ideen und Überzeugungen nicht aufgeben.« Ihre Offenheit, die sie eher zur Schwester als zum Gegenbild von Aurora Zogoiby macht, gehört zu den vorzüglichsten Aspekten ihrer Korrespondenz. Sie lobt Rabindranath Tagore, schreibt aber auch: »Dass er so herausragt, mag daran liegen, dass das ihn umgebende Land so flach ist.«Ihr Ärger über den philisterhaften Nizam von Hyderabad führte dazu, dass sie ihm gegenüber kein Blatt vor den Mund nahm:

>»Er besitzt in seinem Palast *Gerümpel* im Wert von Abermillionen Rupien, aber auch schöne Jadestücke und gute Gemälde aus der Zeit der Moguln und Rajputen …, doch als ich die dort versammelten Bilder von Lord Leighton sah, von Watts und Bouguereau und mir zudem anhören musste, wie man allgemein in Lob und Bewunderung ausbrach, wurde mir so schlecht, dass ich ihn, als er wissen wollte, was ich davon hielte, meinerseits fragte, wie um alles in der Welt jemand, der auch nur einen Hauch von gutem Geschmack besitze, Bilder von Leighton, Bouguereau oder Watts kaufe, wenn es doch Cézannes, van Goghs oder Gauguins auf dem Markt gebe.«

Es wird kaum überraschen, dass er sich daraufhin weigerte, ihre beiden »kubistischen« Bilder zu kaufen, und sie war »natürlich stinksauer«.

In einem Brief an ihren engen Freund und Verbündeten Karl Khandalavala lässt sie sich über dessen Kunstkritik mit Worten aus, die einer minder engen Freundschaft wohl geschadet hätten:

>»Man gewinnt den Eindruck von einem luziden, unpersönlichen Bericht einer objektiven Person mit ruhigem, konzentriertem Verstand. Und während man liest, möchte man laut rufen: ›Richtig so‹, doch kaum legt man den Bericht beiseite, hat man ihn wieder vergessen. Womit ich sagen will, dass er ›keinen deutlichen oder nachhaltigen Eindruck‹ hinterlässt. Er ist zu moderat im Ton (der Fehler liegt vielleicht in der Wahl Deiner *Worte*).«

Ihre größte Verachtung aber galt den Künstlern der bengalischen Schule, die sie verächtlich mit den alten Malern der Ajanta-Höhlen verglich:

>>Die Ajanta-Malereien haben einen *Kern*, die Bilder der bengalischen Schule aber nur eine Schale, eine äußere Hülle um ein Nichts, um eine Menge unwichtiger Dinge, und nähme man diese unwichtigen Dinge fort, gäbe es sie nicht mehr.<<

Sie attestierte Jamini Roy >>ein gewisses Talent<<, weigerte sich aber, seinen Stil auch nur im Mindesten mit den Meistern der Ajanta-Malereien zu vergleichen.

Ihr scharfer Verstand und die bissige Zunge, kombiniert mit schamloser Offenheit hinsichtlich des eigenen Betragens sowie ihrem Beharren auf dem Recht, sich zu benehmen, wie sie es für richtig hält, prägen auch ihre Äußerungen über Freunde und Familie. Als ihr Vater (>>Duci<<) auf die von ihr vorgeschlagene Rückkehr aus Europa nach Indien zögerlich reagiert und ihr mangelndes Interesse an Indien vorhält, antwortet sie mit einem außergewöhnlichen Text, der zugleich ihr künstlerisches Testament und ein Angriff auf die engstirnigen Vorstellungen ihres Vaters über gesellschaftliches und sexuelles Verhalten ist:

>>Ich möchte vor allem im Interesse meiner künstlerischen Entwicklung zurückkehren … Wie sehr irrst Du Dich doch, wenn Du von unserem mangelnden Interesse für Indien sprichst, seiner Kultur, seinem *Volk*, seiner Literatur, für die ich mich ausnahmslos ungemein interessiere … Der lange Aufenthalt in Europa hat mir geholfen, Indien gleichsam erst zu *entdecken*, und die moderne Kunst hat mich indische Malerei und Bildhauerei verstehen und schätzen gelehrt. Es mag paradox klingen, aber ich bin mir sicher, wären wir nicht nach

Europa gefahren, hätte ich womöglich nie begriffen, dass ein Fresko in den Ajanta-Höhlen oder eine kleine Skulptur aus dem Musée Guimet wertvoller als die gesamte Renaissance ist! Kurzum, ich möchte jetzt zurückkehren, um Indien und seine Schätze würdigen zu können ... Es hat mich recht traurig gemacht, dass Dir der Erhalt Deines guten Namens wichtiger als Deine Liebe für uns ist. Und mich hat auch enttäuscht, wie wichtig Du das Gekeife der öffentlichen Meinung nimmst ... Ich halte mich nicht im Mindesten für eine unmoralische Person, denn ich *bin* nicht unmoralisch ... Außerdem glaube ich, dass Du die Situation zu sehr dramatisierst (wozu Du ja gelegentlich neigst), wenn Du behauptest, dass unsere Rückkehr nach Indien gleichbedeutend mit dem Ruin Deines guten Namens sei. Narren und Tunichtgute werden sich immer das Maul zerreißen, auch wenn man ihnen keinen Anlass gibt. Und engstirnige, vorurteilsbehaftete, fanatische Menschen gibt es überall auf der Welt, auch in Indien (wie Du ja zu Deinem eigenen Leidwesen erfahren musstest), aber sollte man auf *die* Rücksicht nehmen?«

Sie rügt auch ihre Mutter, erst, weil sie die Bediensteten schlecht behandelt, später – als die gestörte Dame allmählich geistiger Umnachtung verfällt – wegen ihrer Lügen.

»Sie wirft uns wahllos irgendwelche Vergehen vor, von denen kriminelle Undankbarkeit noch das Geringste ist, aber auch Unflätigkeit, Faulheit und abnorme sexuelle Manien...«

Gefangen zwischen einem kalten, konventionellen Vater und einer zunehmend derangierten Mutter, suchte Amrita Zuflucht in einer künstlerischen Vision, die nicht nur für ihre Offenheit, sondern auch für ihre leidenschaftliche Verehrung alles Schönen bemerkenswert ist. In einem Brief an ihre Schwester Indu schrieb sie über in Cochin gefundene Fresken:

»Ich verbringe meine Tage hier von morgens bis abends – also bis das Licht schwindet – in einem verlassenen Palast. Darin befinden sich wunderbar vollkommene, alte Malereien, die noch nicht ›entdeckt‹ wurden. Niemand weiß davon, und die Menschen hier vor Ort – auch angeblich so verantwortungsvolle Leute wie der Dewan – würden sie, wenn es denn in ihrer Macht stünde, gewiss am liebsten zerstören, da einige der Paneele erotische Szenen zeigen. Tiere kopulieren mit größtem Freimut, Menschen werden seltsamerweise allerdings nie beim Geschlechtsakt gezeigt ... Erst wenn man beginnt, die Bilder abzuzeichnen, begreift man, über welch eine erstaunliche Technik diese Künstler verfügten und welch ein verblüffendes Formwissen sie besaßen, welch eine Beobachtungsgabe. Eigenartigerweise sind die Figuren hier nicht schlank wie in Ajanta, sondern eher füllig und gewichtig. Die Bilder gehören zu den kraftvollsten, die ich je gesehen habe.«

Auch in einem leidenschaftlichen Brief an Karl Khandalavala werden die Cochin-Fresken erwähnt, die Amrita offensichtlich mindestens so stark beeinflusst haben wie Brueghel oder Renoir. Sie gelangte zu der Überzeugung, dass »*alle Kunst, die religiöse Kunst nicht ausgenommen*, sich der Sinnlichkeit verdankt, einer so großen Sinnlichkeit, dass sie die Grenzen des bloß Körperlichen sprengt«.

Sie hat einen überaus sicheren Kunstgeschmack, hinsichtlich europäischer Literatur (Rousseau, Verlaine, Proust) ebenso wie angesichts der majestätischen Skulpturen von Ellora, der Fresken von Ajanta (»Lieber Karl, ELLORA, AJANTA. Welche Offenbarung!«). Auch was Menschen betrifft, kann sie sich auf ihr Urteil verlassen:

»Endlich habe ich Sarojini Naidu kennengelernt, eine wunderbare Frau. Und ihre beiden interessanten Töchter. Eine … ist intelligent und witzig, und ihre jüngere Schwester, die wie die Ältere der beiden aussieht, ein eigenartiges, wildes Geschöpf, *sympathique comme tout*.«

(Sarojini Naidu spielte eine bedeutende Rolle in der Unabhängigkeitsbewegung, eine politische Aktivistin und eine Dichterin, deren Werk ihr den Beinamen »die indische Nachtigall« eintrug.)

Dass eine Frau wie Amrita in solch einer Zeit auch glücklich hätte sein können, wäre vermutlich zu viel verlangt. Im März 1941 schrieb sie an Indu:

»Ich … habe einen Nervenzusammenbruch erlitten, der längst noch nicht vollends überstanden ist. Fühle mich kraftlos, unzufrieden, gereizt und kann, anders als Du, nicht mal aufhören zu weinen. Als wären da Kräfte am Werk – elementare Kräfte –, die das Gleichgewicht stören, Dinge ins Trudeln bringen. Das Chaos und die Düsternis im Leben der Menschen – Kriege, Erdbeben, Überschwemmungen –, all das scheint unbestimmbar miteinander verbunden. Wir sind nicht allein. Das erkenne ich überall.«

(Einige Zeilen weiter aber fand sie dann doch noch die Zeit, sich über die Handschrift ihrer Schwester zu beklagen – »Du solltest Dir wirklich Mühe geben, *lesbar* zu schreiben« – und sich darüber zu freuen, dass ein neues Sofa »so schön« aussieht.) Sechs Monate später war sie tot, gerade mal achtundzwanzig Jahre alt – Todesursache bis heute ungewiss.

In Amritas Briefen ihrer leidenschaftlichen, eigenwilligen, brillanten Stimme zu begegnen, die zwar nur kurze Zeit, doch dafür mit großer Deutlichkeit gesprochen hat, ist ungeheuer ergreifend. Wendet man sich nach der Lektüre erneut ihren Bildern zu, findet man eine frische Tiefe in ihrer düsteren Farbpalette, in all den Schatten und Erdtönen. Wohl nur halb ironisch beschrieb sie, wie sie auswählte, was sie darstellen wollte:

»Prinzipiell die traurigen Aspekte des indischen Lebens … Gut möglich, dass die Traurigkeit, die wunderliche Hässlichkeit der Typen, die ich mir als Modell wähle (für mich eine Schönheit, gegenüber der alles fade wirkt, was entsprechend der Standards dieser Welt unter die Kategorie ›schön‹ fällt), etwas in mir anspricht, einen inneren Zug meiner Natur, der auf das reagiert, was traurig ist, und weniger auf jene Manifestationen des Lebens, die himmelhoch jauchzend oder selbstzufrieden sind.«

Amrita Sher-Gils Kunst bewegt sich gleichsam natürlich auf das Melancholische und Tragische zu, behält dabei aber zugleich die hohen Ideale des Schönen im Blick. Dass Künstlerin und Kunst so oft missverstanden wurden, schmerzt, überrascht aber kaum. In einem Brief aus dem Ausland, im August 1938 an die Eltern geschrieben, nachdem die ein »Zimmer voll« ihrer Briefe verbrannt hatten, begnügt sie sich mit den Worten:

»Trostloses Alter, ungemildert durch jenes Vergnügen, das die Durchsicht alter Liebesbriefe gewährt hätte …«

Und endet kläglich auf Hindi:

»*Me kohi aysi baat nahin kahungi ya karungi jisse aap ko dukh pahunje.* Ich werde nichts sagen oder tun, was Euch Kummer bereiten könnte.«

Das Alter, ob nun trostlos oder nicht, blieb ihr verwehrt, doch gab es weder in ihrer überbordenden, wunderbaren Persönlichkeit, noch in dem Werk, das sie hervorbrachte, irgendetwas, für das sie sich hätte entschuldigen müssen. Zeit verging, Amritas Kunst aber blieb. Moraes Zogoiby, »der Maure«, schrieb über seine Mutter:

»Selbst jetzt, in der Erinnerung, blendet sie noch, darf man sich ihr nur nähern, wenn man sie zuvor eine Weile vorsichtig umkreist hat. Wahrnehmen kann man sie indirekt, durch ihre Wirkung auf andere … Ach, die Toten, die unendlichen, endlos endenden Toten: Wie lang, wie reich ist ihre Geschichte! Wir, die Lebenden, müssen zusehen, wo wir neben ihnen Platz finden; neben diesen gigantischen Toten, die wir nicht festhalten können, obwohl wir nach ihren Haaren greifen, obwohl wir sie in Fesseln legen, während sie schlafen.«

BHUPEN KHAKHAR (1934–2003)

Getroffen habe ich Bhupen Khakhar zum ersten Mal Anfang der Achtzigerjahre in den Riverside Studios in Hammersmith, London. Schriftstellern und Künstlern, die aus Indien auf Besuch waren, wurde auf einer Versammlung Gelegenheit geboten, indischstämmige, aber in England lebende Schriftsteller und Künstler kennenzulernen. Bhupen und ich verstanden uns auf Anhieb und wurden Freunde. Er sagte, er habe meine Bücher mit Vergnügen gelesen, nicht zuletzt deshalb, weil er Gemeinsamkeiten zwischen ihnen und seinen Bildern sehe. Ich hatte denselben Eindruck, wenn auch gleichsam umgekehrt. Auf künstlerischer Ebene gab es zwischen uns eine Verbindung, das Gefühl, dass wir beide wussten, was der jeweils andere anstrebte, dass wir beide dasselbe Ziel in unterschiedlichen Kunstformen verfolgten.

In meinen frühen Werken habe ich versucht, mein Schreiben auf die in Bombays Straßen gesprochene Sprache zu gründen; und Bhupen bediente sich für viele seiner Bilder der visuellen Sprache der Straßen Indiens – malte Ladenfronten, Laster, Rikschas oder handkolorierte Kinoplakate.

Ein Besuch bei Bhupen daheim in Baroda im indischen Staat Gujarat war, als beträte man seine Bilder. Er führte einen hinten raus über die Gasse zu einem Geschäft, das Uhren reparierte, und schlagartig fühlte man sich wie auf einer seiner mit kühnen Farben gesättigten Leinwände.

Er war ein Geschichtenerzähler, der die alten Traditionen

narrativer Malerei nutzte, so wie ich versuchte, eine Version des indischen Geschichtenerzählens für mich zu nutzen. Je länger man seine Bilder betrachtet, desto mehr entdeckt man. Oft enthält eine einzige Leinwand eine ganze Erzählung, so wie auf *You Can't Please All*, dem titelgebenden Werk für die Retrospektive 2016 in der Tate Modern, das mehrfach einen Vater mit seinem Sohn auf dem Weg zum Markt zeigt.

Etwa ein Jahr nach unserer ersten Begegnung besuchte ich ihn in der Knoedler-Kasmin-Galerie in der Cork Street in London, wo er eine Ausstellung hatte. Wie es der Zufall wollte, hatte ich gerade eine Kurzgeschichte an ein amerikanisches Magazin verkauft, und der Scheck steckte noch in meiner Jacke. In der Ausstellung gab es ein Bild, in das ich mich auf der Stelle verliebte: *Second class railway compartment*. Ich rechnete nicht damit, dass ich es mir leisten konnte, fragte aber trotzdem nach dem Preis und fand heraus, dass er exakt der Summe auf meinem Scheck entsprach. (Nur 1500 Pfund – indische Kunst war damals noch spottbillig.) Mir gefiel der Gedanke, meine Geschichte gegen eines seiner Werke einzutauschen. Und das habe ich dann auch getan. Ich habe es gekauft, und es zählt noch heute zu meinen Lieblingsbildern.

Second class railway compartment war nicht Teil der Ausstellung in der Tate Modern, dafür aber zwei andere Werke aus meinem Besitz: das Ölgemälde *Window Cleaner* und die limitierte Ausgabe eines gemeinsam erstellten Kunstbuches, für das er zwei meiner Kurzgeschichten, »The Free Radio« und »The Prophet's Hair«, mit Holz- und Linolschnitten illustriert hatte.

Ich halte Bhupen für den besten einer faszinierenden Generation von Künstlern, die versucht hat, für die indische Kunst eine neue Sprache zu finden und zu schmieden, eine »mittlere Generation«, Vorläufer der heutigen Stars (wie Subodh Gupta, dessen Werke hohe Preise erzielen und der oft angibt, dass Bhupen zu seinen wichtigen Einflüssen zählt) und Nachfolger früherer Meister, die noch stark von westlicher Kunst beeinflusst waren. So scheinen die Pferde von M. F. Husain direkt Picassos *Guernica* entsprungen zu sein, während die Arbeiten manch bedeutender Künstler (darunter etwa S. H. Raza) viel den Entwicklungen westlicher Abstraktion zu verdanken hatten. Diese mittlere Künstlergeneration, wozu auch Arpita Singh, Nilima Sheikh, Nalini Malani und andere zählten, war außergewöhnlich und Bhupen wohl die herausragendste Persönlichkeit.

1995 habe ich Bhupen Modell gesessen. Die BBC machte eine Dokumentation über meinen Roman *Des Mauren letzter Seufzer*, der beeinflusst war von meinen Freundschaften mit indischen Künstlern, darunter auch Bhupen. (Es gibt in dem Roman eine Figur, einen Maler, bekannt als »der Buchhalter«, die direkt auf Bhupen anspielt, hatte er doch einige Zeit als Buchhalter gearbeitet.) Die BBC hielt es für eine gute Idee, im Rahmen der Sendung ein Porträt von mir malen zu lassen, und ich habe gleich Bhupen vorgeschlagen, der dafür denn auch eigens nach London kam. Er lieh sich das Studio eines Freundes am Edwardes Square, abseits der Kensington High Street. Wir hatten uns kaum gesetzt, da griff Bhupen nach seinem Kohlestift und skizzierte mit einem einzigen Strich mein Profil so lebensecht, wie man es sich nur vorzustellen vermochte. Dieses Profilbild wurde dann übermalt und um mich herum Figuren aus meinem Buch eingefügt, aber ich hätte unglaublich gern ein Röntgenbild dieses Gemäldes, um die darunterliegende Zeichnung noch einmal zu sehen.

(*Des Mauren letzter Seufzer* ist ein Roman über ein Gemälde, versteckt unter einem anderen Gemälde, also ist es vermutlich nur angemessen, dass sich auch unter diesem Bild noch ein Bild versteckt.)

Für das fertige Bild ließ er sich von klassischen indischen Porträts inspirieren, gab ihnen aber eine moderne Wende. Auf den königlichen Porträts indischer Fürsten des sechzehnten und siebzehnten Jahrhunderts ist der Körper dem Betrachter zugewandt, der Kopf aber wird im Profil gezeigt. Bhupen hat mich auf gleiche Weise gemalt – der Witz ist jedoch, dass die Fürsten von ehedem kostbarste Hemden aus feinsten Stoffen trugen, ich aber in einem billigen Nylonhemd gezeigt werde. Heute befindet sich dieses Bild in der National Portrait Gallery in London. Bhupen ist der einzige indische Maler, der dort mit einem Werk vertreten ist, und ich bin sehr stolz darauf, dass es mein Porträt ist.

Bhupen Khakhar war ein hervorragender Maler und zudem sehr mutig. Er zeigte auf der Leinwand seine Homosexualität und befasste sich offen mit schwulen Themen, keine einfache Sache in Indien, wo Homosexualität damals noch gesetzlich verboten war. Auf den frühen Bildern blieb er indirekt und anspielungsreich, mit wachsendem Alter und Selbstvertrauen aber wurde sein Werk sexuell immer expliziter. Im indischen Kontext waren seine Arbeiten schockierend und sind es vielleicht noch heute.

Bhupen starb 2003 an Krebs. In der Geschichte der indischen Kunst ist er von überragender Bedeutung. Die Retrospektive in der Tate Gallery hebt ihn auf eine völlig neue Ebene internationaler Anerkennung, was er mehr als verdient hat.

BEING FRANCESCO CLEMENTE: SELBSTPORTRÄTS

Gagosian Gallery, London, 2005

So wie wir alle über eine ureigene individuelle Persönlichkeit verfügen, zumindest hat die Renaissance uns dies gelehrt, so besitzen auch all unsere Gesichter eine ureigene Individualität. Wir tragen Selbstporträts in uns, die meist Porträts unseres Gesichtes sind, auch wenn es Fälle geben dürfte, Fälle *gibt*, da wir uns selbst in anderen Teilen unseres Körpers sehen; das Selbstbild eines Muskelprotzes könnte ein Bild seines Bizeps sein, eine Tänzerin erkennt sich womöglich vor allem in ihren Füßen wieder, ein Gigolo in seinen Genitalien, eine Pianistin in ihren Händen. Meist aber sehen wir uns in unseren Gesichtern, und was das angeht, war die Erfindung des Spiegels ein Ereignis von enormer Wichtigkeit, machte er doch wie nie zuvor ein längeres tägliches Studium des eigenen Selbst möglich, des Selbst als Gesicht, als widergespiegeltes Selbst, dem sich eine weitere Spiegelung verdankt, das Selbstporträt. Allerdings sollten wir diese Erfindung auch nicht überbewerten, gab es doch vor dem Spiegel schon Pseudospiegel; die Inkas etwa besaßen eine Art Spiegel, wollten gar nicht davon lassen, auch wenn sie nie das Geheimnis des Rads entdeckten. Und in Griechenland wie in Rom hat es polierte Schilde wie jenen gegeben, in dem man gefahrlos Gorgonen betrachten konnte, aber auch glasklare Tümpel wie der, an dem Narziss, vielleicht der erste Selbstporträtist, in ewiger Betrachtung seiner Schönheit liegt.

Ebenso wenig kommt es darauf an, dass eine Widerspiegelung verfügbar ist, denn wir kennen uns selbst, auch wenn wir uns nicht im Spiegel sehen können. »Ohne Bilder kann der Mensch nicht verstehen«, schrieb Thomas von Aquin, und unser Verstand ist so programmiert, dass er Bilder auch ohne die Hilfe unserer Augen konstruiert. Eine Folge der Gabe des Selbstbewusstseins, jener Gabe, die uns zu Menschen macht, ist die Erfindung des Selbstbildnisses. Blinde haben Selbstporträts gemalt, und Bildhauer, die nie ihr eigenes Antlitz sahen, haben es trotzdem in Stein gemeißelt. Vor fast dreieinhalbtausend Jahren schlug Bak, der oberste Steinmetz des Pharao Echnaton, sich und Taheret oder Taheri, seine Frau, in Stein. Damals waren Porträts Auftragskunst, und obwohl er also auf keinerlei finanzielle Belohnung hoffen konnte, empfand Bak doch den unwiderstehlichen Drang, sich selbst und seine Geliebte darzustellen. Phidias, so erzählt man sich, wurde gefangen genommen, weil er die Gotteslästerung beging, auf Athenes Schild im Parthenon das Bild des eigenen Gesichts zu verewigen. Er musste gewusst haben, dass er ein Tabu brach, und doch hat er es gebrochen, hat dem alten, mächtigen Verlangen nachgegeben, von anderen so gesehen zu werden, wie man sich selbst sieht.

Geht man in Florenz durch den berühmten Vasari-Korridor, jenen von Giorgio Vasari um 1565 erbauten Gebäudegang, der es Cosimo de' Medici erlaubte, unbeobachtet von den Uffizien zum Palazzo Pitti zu wechseln, ein Gang, in dem heute die weltweit größte Sammlung von Selbstporträts untergebracht ist, wird man Zeuge vieler vergleichbarer Akte selbstentblößenden Wagemuts. Hier scheint der patriarchale, Furcht einflößende Hochmut von Lucas Cranach dem Älteren den gehetzt wirkenden, jugendlich unsicheren Filippino Lippi zu entsetzen, Rembrandts abgeklärtes, schutzloses Sichabfinden mit dem Verstreichen der Jahre auf die prahlerische Pose von Velázquez und das Misstrauen in dessen Blick zu reagieren. Chagall offenbart sich als blauer Magier mit einer seiner luftgeborenen Damen an der Schläfe, während der schwedische Maler Carl Larsson sich als Clown zeigt mit clowneskem Hut, in der Hand eine Clownspuppe. Um ein Kunstwerk zu schaffen, braucht es eine Art Doppelblick, mit dem man zugleich nach außen und nach innen schaut, entblößt, was bekleidet ist, Geheimes verrät und offenbart, wie die innere Welt der Sensibilität, der Erinnerung und Angst mit dem zusammenhängt, was schamlos verkündet und vor unseren Augen aller Welt dargeboten wird, einer hell erleuchteten Welt, die dennoch undurchsichtig bleibt, bis uns die Nacktheit des Künstlers einen Schlüssel an die Hand gibt, der ihr Mysterium enthüllt. Ebendies ist damit gemeint, wenn man davon spricht, dass die Kunst eine mutige Tat verlangt, und warum sich der Erfolg eines bedeutenden Porträts fast heroisch anfühlt, denn dergleichen Bilder sind wohl der *locus classicus* einer jeden Begegnung der inneren mit der äußeren Welt. Gescheiterte Selbstporträts, diese herausgeputzten Halbherzigkeiten, denen man nur allzu oft begegnet, sind Belege für Feigheit.

Das Selbstporträt zeigt ein Hinterfragen dessen, was der Künstler am besten kennt, ist aber zugleich die vielgestaltigste aller Formen, betont sie doch Kontinuität oder Wandel, Oberfläche oder Tiefe, Maske oder Schädel. Und manchmal ist der Künstler bloß Modell – vielleicht darf man aber auch nie nur von »bloß« sprechen, wenn der Künstler sich selbst Modell sitzt: Als Caravaggio dem Kopf des enthaupteten Goliath das eigene Antlitz gab, war er selbst schon ein scheiternder Riese am Ende seines Lebens; Artemisia Gentileschi, die ihren wilden Heldinnen das eigene breite, kräftige Gesicht verlieh, wollte damit auch etwas Persönliches aussagen, so wie zweifellos auch James Montgomery Flagg, als er das eigene Gesicht zum Vorbild nahm, um das ultrapatriotische Bild von »Uncle Sam« zu schaffen.

Wenn Rembrandts vieljähriges Selbststudium an einem Ende des Spektrums der Selbstporträts steht, dann am anderen Warhols Darstellung des Künstlers als eines Produkts; und irgendwo dazwischen finden sich die morbiden, vielleicht überaufschlussreichen Introspektionen von Kahlo oder die enigmatischen, opaken Gesten von Gilbert & George, die Performances von Cindy Sherman, die Künstlerin als Rollenspielerin, oder die dokumentarische Qualität von Nan Goldin. Und dann ist da noch der Fall von Sam Francis, der von sich Selbstporträts malte, die keinerlei Ähnlichkeit mit ihm aufweisen, Bilder, die ihn mit weiblichem Gesicht oder gar als Japaner zeigen und deren Thema, so Sam Francis, die Metamorphose ist. Er brauchte das andere, um einen Weg zurück zu sich selbst finden zu können. Je länger man Selbstporträts betrachtet, desto deutlicher beginnt man zu spüren, dass der Wandel, die Kunst des Proteischen, der Wahrheit dieser Kunstform wohl näher kommt als die bloße Repräsentation, und ebendeshalb sind Francesco Clementes neue Bilder von sich selbst so interessant. Clemente ist der Gestaltwandler *par excellence* – Schauspieler, Clown, Maske, Avatar und so schwer zu fassen wie Proteus, der legendäre »Alte vom Meer«. Versuchst du, ihn zu ergreifen, entwindet er sich. Du musst ihn mit aller Kraft halten, und lange droht er, der sich endlos wandelt, deinem Zugriff immer wieder zu entkommen, bis er erst ganz am Ende, wenn beide erschöpft sind, sein Geheimnis offenbart und dir verrät, was du wissen willst.

»Alles fließt, nichts bleibt«, schrieb Heraklit, und der Gedanke, der Wandel sei die einzige Konstante, wurde später zu einem der dominanten Ideenkonzepte des Römischen Reichs. In seinen *Metamorphosen* hält Ovid eine brillante Randnotiz zu diesem Thema fest. Ja, Wandel sei überall – er mag spielerisch, außergewöhnlich oder grotesk sein, zufällig aber geschieht er nie. Frauen in Gefahr und bedrohte Herrscher wandeln sich nicht nach Lust und Laune, sondern als Reaktion auf eine Lebenskrise; ihre Metamorphosen sind kein Spiel und keine Verstellung, sondern Offenbarungen. Man könnte gar sagen, Ovids Figuren offenbaren nach einer Wandlung ihr wahres Selbst. Das Chamäleon wechselt seine Farbe schließlich auch nicht nach Belieben, sondern um sich zu schützen, um zu überleben. Und so offenbaren auch diese Veränderungen seine bedächtige, auf Schutz bedachte Natur.

Clemente und das Chamäleon sind vom selben Schlag. Und da sieht man sie auch gleich vereint auf einem einzigen, rätselhaften Bild, auf dem sich das grüne Geschöpf wie ein zweites Ich über den Kopf des Künstlers windet und sich weigert, zweifellos aus ästhetischen Gründen, die Färbung dessen anzunehmen, auf dem es posiert. Nur welches ist das Selbstporträt in diesem Selbstporträt, könnte man sich fragen, das Bild des Reptils oder das des Mannes?

Die indische Mythologie wie auch die indische Philosophie sind wesentlich von der Idee der veränderlichen Persönlichkeit geprägt, die der Götter wie die der Menschen. Ich selbst habe mich immer sehr zu Gestaltenwandlern hingezogen gefühlt, und ich vermute, dass dieses indische Interesse für alles Wandelbare Clementes langjährige, leidenschaftliche Verbundenheit mit Indien erklärt, die in seinen neuen Selbstporträts so deutlich zutage tritt, im düsteren Farbton der menschlichen Figur vorm grellblutigen Madras-Pink im *Selbstporträt mit Rauch*, im *Tantrischen Selbstporträt* und auch im verklärten *Selbstporträt als bengalische Frau*, das an die Selbstverwandlungen von Sam Francis erinnert. Jenseits dieser offenkundigen Verweise auf Indien haftet Clemente längst aber auch etwas zutiefst Subkontinentales an, weit mehr als bloße Selbstbezogenheit – ein gewonnenes oder entwickeltes oder entdecktes Gefühl für einen indischen Lebensrhythmus. Vergleicht man seine Porträts mit den Arbeiten bedeutender zeitgenössischer Künstler Indiens wie dem Werk des kürzlich verstorbenen

Bhupen Khakhar, sind die Bezüge nicht zu übersehen. Khakhar, der eine indische »Stimme« suchte, die weder den Westen noch die indische Miniaturstil-Malerei imitierte, fand Inspiration im Heutigen, im visuellen Mobiliar der indischen Straße, in der Farbpalette der Ladenfronten oder Reklametafeln, und schuf sich aus diesem Material seine eigene, zunehmend leidenschaftliche, zunehmend explizite, zunehmend erotische Welt. Clemente, der das Erotische auch nie scheute, lässt sich gleichermaßen von der indischen Gegenwart inspirieren, sucht in ihr das Ewige; seine fischfressende Katze, sein sich emporkringelndes Rauch-Ich, die überbordenden Muster und Farben des herrlich schrillen Käfigvogels, seine tantrischen Meditationen und *Yin-yang*-Mandalas ähneln dem, was man auf den allgegenwärtigen Götterkalendern Indiens findet, auf Streichholzschachteln und den gleichermaßen allgegenwärtigen Postern gottähnlich dargestellter Politiker wie auch auf den leuchtend gelben Ghee-Kanistern, den kobaltblauen Käsedosen und den purpur-zinnoberroten Saris, die zum Trocknen auf den dunklen *dhobi-ghat*-Felsen ausgebreitet liegen.

Was hat es nur damit auf sich, mit den Italienern und den Indern? Falls die beste Komödie die Komödie des Wiedererkennens ist, das Lachen, das uns packt, wenn wir finden, ja, genau so ist es, genau so sind die Dinge, und genau so sind wir, dann findet eine solche Wiedererkennungskomödie überraschend oft zwischen Indern und Italienern statt, denn so manches Mal, wenn wir Inder uns italienische Besucher ansehen, ist uns, als schauten wir in einen Spiegel, als sähen wir unser gleichsam in eine andere Sprache übersetztes Selbst; wir erkennen vielleicht etwas in der Gestik wieder, in der Redseligkeit oder der Liebe zur Mutter, zur Lyrik oder in der Begeisterung fürs Essen, im überdrehten Redeschwall oder im Kastensystem, in der Vehemenz oder auch in unserer aufbrausenden Art, und wir finden, zumindest manche Inder finden dies, dass wir vielleicht, tränken wir nur Wein, wie sie sein könnten, dass Italiener eigentlich Wein trinkende Inder sind. Folglich sagt man in Indien manchmal zu Italienern, dass sie, die Italiener, die Inder Europas seien. Meist sagt man das, damit sich die Besucher willkommen fühlen, ein Ausdruck indischer Höflichkeit – und es gibt viele Ausdrucksformen indischer Höflichkeit, auch manche, die im Grunde Beleidigungen sind –, doch diese eine enthält immerhin so viel Wahrheit, dass sie es verdient, wiederholt zu werden. Und falls die Italiener die Inder Europas sind, dann sind die Inder Asiens Italiener, und das nicht zuletzt, weil beide Länder am Hinterteil ihres Kontinents hängen, Italien wie ein riesiges Bein, Indien wie eine riesige Tropfnase. Auf dieser italienisch-indischen Grenze nun, dieser fantastischen Grenze, steht Francesco Clemente, überbrückt sie, springt in beide Richtungen hin und her, hüpft über diese imaginäre Grenze, grinst sein verschlagenes Commedia-dell'Arte-Grinsen, zugleich satyrartig und ikonisch – *satyrikonisch* –, Vermischer beider Welten, Maler des spirituellen Zynismus und der erotischen Keuschheit, vielleicht auch des Zynisch-Spirituellen und der keuschen Erotik; und wie der Mond hängt sein Gesicht riesengroß über seinen Traumlandschaften.

In einer Erzählung von Italo Calvino wird eine Zeit geschildert, in der Mond und Erde einander näher waren als heute und Liebende von der Erde hinüberspringen konnten, um auf unserem Trabanten spazieren zu gehen und hinaufzusehen zu ihrem Heimatplaneten, der über ihren Köpfen hing. Trennung, Umkehrung, die Faszination des Sprungs: Das sind typische Merkmale für Clementes Bilder. Seine Kunst ist die Kunst eines Reisenden. »An jedem Ort, an dem ich war«, sagte er, »war die Kontinuität der Erinnerungen, die Tradition des Ortes unterbrochen. Irgendwo. Irgendwann. Ich weiß nicht, warum. Ehrlich, man kann keinen Ort auf der Welt vom Ort selbst sehen. Man muss von

anderswo schauen, um zu erkennen, was dort ist.« Dieser Gedanke der Fragmentierung der Kulturen und des kreativen Vor-
teils der Distanz liegt mir auch sehr am Herzen. »Das Bild in
Gänze kann nur sehen«, sagt eine meiner Figuren in *Der Boden
unter ihren Füßen*, »wer aus dem Rahmen tritt.« Fragmente sind,
was wir zurückgelassen haben, und der Künstler muss sie zu be-
deutungsvoller Form zusammensetzen, damit sie zumindest einige
ihrer verlorenen Geheimnisse preisgeben, so wie den Fragmen-
ten von Heraklits nicht erhaltenem Werk auch heute noch, zwei-
tausend Jahre später, die Macht signifikanter Rede zukommt. Das
Selbstporträt mit Rauch setzt auf genau diese Weise ein fragmenta-
risches Selbst zusammen, eint getrennte und replizierte Elemente
mit höchst vergänglichen, flüchtigen Banden.

Diese Bilder sind verspielter, nicht gar so düster wie vor einigen Jahren die großartige Grisaille-Serie, und statt der ernsten,
unerschrockenen Selbstprüfung jener früheren Werke bieten sie
uns die quasimystische Vision eines Künstlers, der in allen Dingen so präsent ist, wie alle Dinge auch in ihm präsent sind. Clemente ist die Katze mit dem Fisch im Maul (er könnte aber auch
der Fisch sein); er ist das Schwein mit der Clemente-Maske, aber
auch der Künstler mit der Schweinsmaske. Er ist im Rauchkrin-
gel, und er ist jenes gottgleiche Wesen, das auf einem priapischen
Phallus reitet; er ist der Erträumer, vielleicht auch der Heraufbe-
schwörer einer Himmelsapokalypse. Filmische Parallelen drängen sich auf: der grausige Agent Smith in *Matrix*, der in jeden
Körper fahren kann, den er sich aussucht, um ihn nach seinem
Bildnis abzuwandeln, oder jene Episode in *Being John Malkovich*,
in der, im inneren Universum des Künstlers, jegliche Realität malkovichisiert wurde, alle Gesichter Malkovichs Gesicht zeigen und
das einzige Wort in der einzigen bekannten Sprache »Malkovich«
lautet. In Clemente ist ein herrlicher Narzissmus am Werk, der
durch das erträglich wird, was man sein hinduistisches Beharren

auf dem zugrunde liegenden Prinzip der Einheit des Universums nennen könnte, *tat tvam asi,* »du bist das«, wie der weise Vater Uddalaka es seinem Sohn Svetaketu in der *Chandogya Upanishad* erklärt, was bedeutet, ungefähr jedenfalls, dass das Selbst ein Teil oder auch eins ist mit der ultimativen Realität, die selbst wiederum der Ursprung von allem ist.

Die »Transformationsgrammatik« dieser Bilder (ein von Noam Chomsky entliehener Begriff) sucht die Tiefenstruktur der eingebetteten Bilder, wie Thomas von Aquin sie verstand, in unserer essenziellen, unbewussten Natur mit der Oberflächenstruktur unserer visuellen Wahrnehmungen zu verknüpfen. Im Zentrum dieser Sammlung steht, weniger grotesk als die übrigen Bilder, dafür aber dunkler, melancholischer, ein Bild, *Self-Portrait from a Family Photograph,* das den Blick der Familie vor uns verbirgt, dem es aber dennoch, auch wenn wir nicht in die Fenster der Seele schauen können, gelingt, Liebe zu vermitteln, Intimität, Schmerz, Verlustangst und andere Gefühle, für die es keinen Namen gibt; ein Bild, durch das die hinter den Augen verborgene Welt allein durch das offenbart wird, was man von den Gesichtern, Gesten und Berührungen sehen kann: ein Meisterwerk.

TARYN SIMON: EIN AMERIKANISCHES VERZEICHNIS DES VERBORGENEN UND UNGEWOHNTEN
Whitney Museum, New York, 2007

»Unser Interesse gilt der gefährlichen Seite der Dinge«, schrieb der Dichter Robert Browning in *Bishop Blougram's Apology* (1855). Diese Zeile hat den Schriftsteller Graham Greene derart beeindruckt, dass er in seiner Autobiografie *Eine Art Leben* (1971) schrieb, sie könne als Motto über all seinen Romanen stehen. Sie könnte ebenso zur Einführung in die Welt der Fotografien einer Frau dienen, deren Ästhetik die Grenzen dessen auslotet, was wir sehen und wissen dürfen, und sich jenen unklaren Grenzen nähert, wo uns womöglich körperliche, intellektuelle, gar moralische Gefahren erwarten. Sie zögert keinen Moment, eine Berghöhle zu betreten, in der eine Schwarzbärenmutter mit ihren Jungen im Winterschlaf liegt, oder einen Raum mit radioaktivem Abfall, mit blau glühenden Tonnen, einen Raum, in dem man ungeschützt in Sekunden getötet würde. Taryn Simon gehört zu den wenigen Menschen, die eine Begegnung mit dem Todesstern überlebt haben und davon erzählen können.

Ich bin jenen Menschen, die Unmögliches wagen und ein Foto davon mitbringen, stets ungeheuer dankbar, denn so brauche ich selbst nichts zu riskieren und kann mir doch ein Bild

machen. Meine erste Reaktion beim Anblick derart außerge-
wöhnlicher Aufnahmen ist deshalb ein Gefühl der Dankbar-
keit (rasch gefolgt von einem Anflug von Neid: die Verneigung
des Schreibtischtäters vor der Frau der Tat). Ich kannte einmal
einen Sportfotografen, der auf der Pferderennbahn Aintree
in Liverpool, England, einen Bahnbetreuer bestochen hat, um
eingezwängt am unteren Rand des riesigen Hindernisses Be-
cher's Brook sitzen zu dürfen – der gefährlichsten Hürde auf
dem viereinhalb Meilen langen Grand-National-Hindernisren-
nen –, damit er »unmögliche« Fotos von den mächtigen Renn-
pferden in ebenjenem Moment schießen konnte, in dem sie
über seinen Kopf hinwegsprangen. Wäre eines dieser Tiere auf
ihn gestürzt, wäre er gewiss gestorben, aber wie Taryn Simon
wusste er, dass zu großartiger Fotografie die Kunst gehört, an
den richtigen Ort zu gelangen – ob radioaktiver Raum, ein Zentrum für Tierseuchen oder ein Rennbahnhindernis –, an dem
sich möglicherweise die Gelegenheit für das richtige Foto ergibt, um diese Gelegenheit im richtigen Moment dann auch zu
ergreifen.

Man schaue sich nur diese unschuldig wirkenden orangero-
ten und gelben Kabel an, die in einem fast leeren Raum in New
Jersey aus dem Boden ragen, einzig geschützt von einer simplen Metallhülse: Hier endet der Kabelstrang nach einem viertau-
send Meilen weiten Weg (4029,6 Meilen genau genommen, Simon liebt Präzision) über den Ozeanboden von Saunton Sands
im Vereinigten Königreich nach Amerika, um Neuigkeiten von
anderswo zu bringen – simultan können 60 211 200 Gespräche
übertragen werden, sagt Simon. Der Punkt bei den transatlanti-
schen Kabeln aber ist der, dass man über ihre Existenz vielleicht
Bescheid gewusst hat, nur hatte man, bis man dieses Foto sah,
vermutlich nicht den geringsten Schimmer, wo es sie gibt noch
wie viele oder wie dick sie sind und welche Farbe sie haben. Man

kann sich die eigene Stimme in diesem so banalen wie magischen Raum nicht vorstellen, aber sie war hier, verwandelt in kleine digitale Energiepakete. Jeden Tag passieren wir geheime Welten wie die Welten in diesen Kabeln, ohne je auch nur zu ahnen, was mit uns geschieht. Welche aber ist dann die Phantomwelt und welche die »reale«? Unsere? Ihre? Sind wir nicht mehr als Geister in diesen Maschinen?

Unsere Zeit ist eines der Geheimnisse. Über, unter und neben dem, was Fernand Braudel die »Strukturen des Alltags« nannte, gibt es zusätzliche Strukturen, die alles andere als alltäglich sind, sowie Leben, von denen wir vielleicht gehört, von denen wir aber ziemlich sicher noch nie etwas gesehen haben, auch Leben, von denen wir noch nicht einmal etwas gehört haben, oder Leben, an die zu glauben uns schwerfällt, selbst wenn uns Bilder als Beweise für ihre Existenz vorliegen. Oder hätten Sie zum Beispiel gedacht, dass es eine *Playboy*-Ausgabe in Brailleschrift gibt? Nun, da ist sie, inklusive der Hasenohren der Playboy-Bunnys, veröffentlicht von keiner geringeren Institution als der Kongressbibliothek in Washington. Und hier ist auch ein Foto, das auf den ersten Blick einen leicht dramatisch wirkenden Tatort in einem Hitchcock-Film zu zeigen scheint. Man sieht das Bild der Leiche eines Jungen, die in einem Wald verwest, aufgenommen in einer Forschungsanstalt in Tennessee, die den Toten absichtlich hier ausgelegt hat, um die verschiedenen Phasen des Leichenverfalls studieren zu können. Auf dem sechs Morgen großen Gelände, erzählt Simon, liegen jederzeit bis an die fünfundsiebzig Leichen. Patricia Cornwell oder auch das Team von CSI wissen über derart innovative forensische Forschung sicherlich Bescheid, ich aber hatte nichts davon gewusst; und sieht man sich Taryn Simons unheimlich schönes Foto mit den kahlen, glitzernden Ästen an, dem gefallenen Laub in seiner satten Herbstpalette, staunt man über den scheinbar grenzenlosen Einfallsreichtum von uns Menschen, über unseren Drang, wissen zu wollen, ein Drang, in dessen Diensten eines Tages vielleicht auch unser eigener toter Körper auf einer Waldlichtung verwest.

Wie gelangt man an einige der geheimsten Orte der Welt und kommt heil mit Fotos wieder davon? Der großartige Journalist Ryszard Kapuściński schrieb, er habe die gefährlichsten Kriegsgebiete überlebt, weil er sich Mühe gab, zu klein und zu unwichtig für eine Kugel der Warlords zu wirken. Spontane Momentaufnahmen aber sind nicht Taryn Simons Sache; ihre Bilder sind formale, mit hohem Qualitätsanspruch verwirklichte und oft sorgsam arrangierte Fotos, die die volle Mitarbeit der Fotografierten verlangen. Dass sie es zum Beispiel geschafft hat, freien Zugang zur Scientology-Kirche und zu MOUT zu erhalten, einer gewöhnlich unzugänglichen Attrappenstadt in Kentucky, die zu Trainingszwecken als urbanes Kampfgebiet genutzt wird, zum Imperial Office der Ritter des Ku-Klux-Klans mit seinen Zauberern, Nachteulen und *Kleagles,* den Rekrutierungsoffizieren des Klans, zu Gestalten also, die aussehen, als seien sie einem Film der Coen-Brüder entsprungen, oder zu einem Operationssaal, in dem an einer Palästinenserin eine Hymenoplastik durchgeführt wird, ein Eingriff, mit dem das Jungfernhäutchen wiederhergestellt wird, mag ausreichend belegen, dass ihre Überredungskunst mindestens so gut ist wie ihre Fähigkeit, mit der Kamera umzugehen. In einer historischen Zeit, da viele Menschen sich größte Mühe geben, die Wahrheit vor der Öffentlichkeit zu verheimlichen, sind Künstler wie Taryn Simon eine Gegenkraft von unschätzbarem Wert. Demokratie braucht Sichtbarkeit, Zurechenbarkeit, Licht. Nur in der uneinsehbaren Dunkelheit lauert und gedeiht das Widerwärtige. Simon aber schafft es irgendwie, eine erkleckliche Zahl von Bewohnern dieser verborgenen Welten dazu zu bringen, nicht wie Kakerlaken oder Vampire Schutz suchend davonzuhuschen, sobald das Licht angeknipst wird, sondern stolz vor ihrer zudringlichen Kamera zu posieren und dem Objektiv ihre Tattoos und Konföderiertenflaggen hinzuhalten. Die landläufige Ästhetik der Reportage ist nichts für Simon, die wacklige Handkamera, der körnige Schwarz-Weiß-Film, der uns die »Realität« zeigt. Ihre Motive – graue Papageien in Quarantänekäfigen; zu Forschungszwecken angebaute Marihuanapflanzen in William Faulkners Heimatstadt Oxford, Mississippi; die noch rot glühende Dirty-Harry-.44 Magnum, aufgenommen in der Hitze der Schmiede; ein paar orthodoxer Juden der Neturei Karta, einer den Zionismus und den Staat Israel ablehnenden Gruppierung – zeigt sie uns in hellstem Licht, festgehalten in einer leuchtenden, hyperrealistischen, hochaufgelösten Klarheit, die den Bewohnern dieser verborgenen Welten den Status von Stars verleiht, obwohl man sie gemeinhin doch für alles andere als Stars halten würde. Durch Simons Blick werden diese finsteren Sterne ins Licht gerückt. Unbekanntes und selten Gesehenes verbreiten eine Art okkulten Glamour, und es ist ebendiese düstere Schönheit, die Simon so strahlend hell offenlegt. Das Strandhaus in Cape Canaveral etwa, in dem sich Astronauten mit ihren Partnerinnen zu einem letzten privaten Moment treffen, ehe sie ins All geschossen werden. Oder ein durch die Brust aufgespießter, in der Luft hängender Mann während des Lone Star Sun Dance. Oder der grell beleuchtete Basketballplatz des Cheyenne Mountain Division in Colorado, einer Kommandozentrale, die selbst die Explosion einer thermonuklearen Bombe überstehen soll. Man kann sich ausmalen, welch seltsame, postapokalyptische One-on-one-Spiele, welch allerletzte Sprungwürfe hier versucht werden, wenn es für den Rest der Welt übel ausgegangen ist. Denn so endet die Welt, nicht mit einem Wumms, sondern mit einem Hakenwurf. (Obwohl, wenn ich es mir genauer überlege, doch wohl auch mit einem Wumms.)

Simon nutzt Text wie sonst nur wenige Fotografen, nicht bloß für den Bildtitel, sondern als integralen Bestandteil ihrer Arbeiten. Es gibt Bilder, die ihre Bedeutung erst preisgeben, wenn man den dazugehörigen Text liest, etwa bei Simons Aufnahme von den wandernden Nipomo-Sanddünen in Guadalupe, Kalifornien, unter denen, wie sie schreibt, eines der außerordentlichsten je geschaffenen Filmsets liegt, nämlich die von Cecil B. DeMille für seinen Stummfilm *Die zehn Gebote* geschaffene Stadt der Pharaonen, die man absichtlich begraben ließ, damit niemand für andere Filme DeMilles »Ideen kopieren oder das Set nutzen« kann.

Es gibt Fälle (selten), da ist der Text auf bizarre Weise interessanter als das Bild. Indem Simon den konfiszierten Inhalt des Aufbewahrungsraums für Schmuggelware der amerikanischen Zollbehörde, der U.S. Customs and Border Protection, am John-F.-Kennedy-Flughafen aufzählt, bietet sie uns eine Art surrealistischer Fuge dar, eine Ode an die verbotene Frucht (und ans verbotene Fleisch), die selbst das Füllhorn ihrer Aufnahme übertrifft: »Mit Maden infizierte afrikanische Rohrratten«, singt sie, »Yamswurzeln (Dioscorea), Kartoffeln aus den Anden, Kürbisgewächse aus Bangladesch, Wildfleisch, Chirimoyas, Currybaumblätter *(Murraya)*, getrocknete Orangenschalen, frische Eier, afrikanische Riesenschnecken, die Schädeldecke einer Impala-Antilope, Jackfruchtsamen, Goldpflaumen, Kolanüsse, Mangos, Okras, Maracujas, Schweineschnauze, Schweinerüssel, Schweinefleisch, Hühnerfleisch, südamerikanischer Schweinekopf, südamerikanische Baumtomaten, südasiatische, von Obstbaumkrebs befallene Zitrusfrüchte, Zuckerrohr *(Poaceae)*, rohes Fleisch, nicht identifiziertes subtropisches Gewächs in Pflanzerde.«

Meist aber stechen die Bilder den Text aus, selbst wenn die erstaunlichsten Informationen geliefert werden. Die leicht diesige, weiß auf weiß gehaltene Aufnahme der bei absolutem Nullpunkt gelagerten Konservierungskapsel, in denen die Leichname der Mutter und der Frau von Robert Ettinger ruhen, dem Pionier der Kryonik, ist mehr als gespenstisch und zeigt unsere Angst vor dem Tod und unseren Traum von der Unsterblichkeit so überdeutlich, dass nur wenige Worte nötig sind. Dem Foto aus Vogelperspektive von infektiösem medizinischem Abfall haftet die abstrakte Schönheit eines Tropfgemäldes von Jackson Pollock an, vielleicht auch die einer zerschlagenen Geschirrinstallation von Julian Schnabel.

Es gibt Bilder zutiefst menschlicher Momente, so das Porträt von Don James, einem Patienten mit Krebs im Endstadium, aufgenommen, nur wenige Augenblicke nachdem er eine tödliche Dosis Pentobarbital geschluckt hat, ein Freitod, für den er sich dank Oregons Rechtsprechung zu würdevollem Sterben entscheiden konnte. Es gibt atemberaubende Grotesken, etwa das Bild von Pastor Jimmy Morrow, dem Schlangenbeschwörer aus Newport, Tennessee, mit einer tödlich giftigen Kupferkopfschlange direkt über einem Bibeltext, der uns auffordert, Jesu Namen anzurufen. Und es gibt geradezu bewusstseinserweiternde, epische Bilder wie jene rosenrote Aufnahme einer sternbildenden Region, dem neuneinhalbtausend Lichtjahre entfernten Pac-Man-Nebel. (Nach meiner Berechnung sind das nicht ganz 57 000 000 000 000 000 Meilen, ein ziemlich weiter Weg für ein gutes Bild.)

Und in mindestens einem Fall wird ein bemerkenswertes Beispiel für »Gefundene Kunst« gezeigt, denn wer hätte wissen können, dass jene neunzig blau strahlenden, halb im Wasser versunkenen Edelstahltonnen mit radioaktivem Cäsium und Strontium von oben fotografiert einer Karte der Vereinigten Staaten von Amerika ähneln? Gelingt einem Fotografen ein derart aussagekräftiges Bild, muss selbst ein so entschiedener Wortmensch wie ich zugeben, dass ein Bild manchmal mindestens tausend Worte wert ist.

KARA WALKER IM HAMMER MUSEUM, LOS ANGELES, 2009

Plinius d. Ä. hält in seiner *Naturgeschichte* fest, dass die Malerei begann, als jemand »die Konturen des Schattens eines Menschen« nachzog, ein Thema, das von Vasari, Murillo und vielen anderen wieder aufgegriffen wurde. Falls aber der Schatten die Darstellung des Körpers ist, dann ist die Silhouette die Darstellung dieser Darstellung und vereint viele der tiefgründigsten Themen der Kunst: Licht und Dunkelheit, Gut und Böse, das Selbst und dessen Schatten, Körper und Geist. Wir haben nie aufgehört, uns als Schatten zu sehen, haben nie die Schatten in uns vergessen, haben sie wieder und wieder abgebildet, ob als erstarrte Gestalten auf Keats' griechischer Urne, der »kühne Liebhaber«, der die Geliebte niemals küssen, deren Schönheit niemals verblassen wird, oder in den abstrakten bunten Formen von Matisse' *papiers découpés*; ob in den weiblichen Gestalten, die durch die Intros zu den James-Bond-Filmen tänzeln, oder in den kleinen männlichen und weiblichen Figuren auf Toilettentüren; ob in Fred Astaires Tanz mit seinem Schatten im Musical *Swing Time* oder in den verstörenden Scherenschnitten des Animationsmeisterwerks *Die Abenteuer des Prinzen Achmed* von Lotte Reiniger.

In dem eigenartigen deutschen Märchen »Peter Schlemihls wundersame Geschichte« schenkt der Teufel einem armen Jungen eine niemals leer werdende Börse mit Goldmünzen, nimmt ihm dafür aber den Schatten, was dazu führt, dass den Jungen trotz seines neu gewonnenen Reichtums niemand mehr mag. Im noch eigenartigeren Märchen von Hans Christian Andersen flieht ein Schatten seinen Herrn und wird lebendiger als sein früherer Besitzer, dessen Platz er schließlich einnimmt. Und T. S. Eliot schrieb in seinem Gedicht »Die hohlen Männer«: »Zwischen Idee und Wirklichkeit, zwischen Regung und Tat fällt der Schatten.«

Dies also ist das uralte Thema, das Kara Walker mit solchem Flair, solcher Brillanz neu erfindet und frisch belebt. Ihr Zauberstab ist allerdings kein Pinsel, sondern ein Messer. Damit und mit ihrem profunden Wissen um die alten hinter den neuen Schatten betritt sie eine Welt, die, obgleich vergangen, nichts von ihrer Macht eingebüßt hat, eine Welt, einst real, oft verklärt, mit einer in ihren verblüffenden Silhouetten schockierenden Realität samt mythischer Kraft, welche von Kara Walker um ihre außergewöhnlichen Dimensionen von Strich und Witz erweitert wird. Dank Walkers absolut heutiger, visionärer Meisterschaft und furchterregender Ironie wird die Antebellum-Zeit der amerikanischen Südstaaten wiederbelebt. Ihre fülligen, Kopftuch tragenden Frauen und knochigen, schlaksigen Mädchen bewegen sich voller Anmut, Schrecken, Schalk und Unschuld durch Landschaften, in denen sie Tänzer sehen und Liebende, vergewaltigende Sklavenbesitzer und manchmal auch grausige Halsschlingen im Geäst wuchernder Bäume. In Walkers Arbeiten ist ein dunkler Humor am Werk, auch eine sich selbst stets hinterfragende Intelligenz. »Alles dreht sich um Abwesenheit«, hat sie einmal über ihr Werk gesagt; und ihrem Genie ist es zu verdanken, dass die Schattenwelt der Sklaverei, die sie so machtvoll bewohnt, intensiver aufleuchtet als die strahlend hellen Säulenvillen ihrer Herren. Walkers Bilder können schockieren. Ein Schwert dringt in eine Vagina ein, Sklaven weinen, ein Kind sieht zu, wie ein anderes Kind gelyncht wird. Und doch werden sie alle durch eine fast schon musikalische Zartheit gerettet. Wie Andersens rebellischer

Schatten rücken auch Kara Walkers Schatten triumphal in die Mitte der Bühne, erlöst durch die sinnliche, lyrische Freiheit von Form und Strich; und Freude und Schmerz, Geheimnisse und Lügen bewegen sich in einem düsteren, gefährlichen Tanz über die weiße Leere von Papier, Wand und Tuch.

Kara Walker kann auf eine brillante, hier nur kurz geschilderte Karriere zurückblicken. Mit gerade mal siebenundzwanzig Jahren erhielt sie als bis dato jüngste Künstlerin das MacArthur Fellowship, das sogenannte »Genie«-Stipendium. Sie war die allererste Projektkünstlerin des Hammer Museum und hat ihr Werk seither weltweit in über vierzig Soloausstellungen gezeigt. 2007 wurde ihre Retrospektive *My Complement, My Enemy, My Oppressor, My Love* von Kritikern wie von der Öffentlichkeit hymnisch gelobt. Sie hat nicht nur mit Scherenschnitt, sondern auch mit Video und Aquarell gearbeitet.

Kara Walker ist eine Geschichtskünstlerin. Sie erinnert uns immer wieder daran, dass wir den Weg in die Zukunft nur sehen können, wenn wir die Vergangenheit wahrheitsgetreu und schonungslos betrachten. Sklavenlieder, Minstrel Shows, die verlorenen Narrative des Südens, das komplexe, bösartige Narrativ des Rassismus, die allzu vertraute Unterdrückung, zu der es Tag und Nacht zwischen Herren und Sklaven kommt – all das beeinflusst ihr Werk. Mit ihrem Biss und ihrem Witz wendet sie sich immer wieder Amerika zu; sie kann sich dem Horror geradezu spielerisch nähern, kann furchtlos Erotisches und Brutales betrachten und hat dafür gesorgt und sorgt dafür, dass wir uns dank ihrer unerschrockenen, lyrischen Kunst Amerikas Ursünde der Sklaverei immer wieder aufs Neue stellen. Sie zählt zu den wichtigsten Künstlern der Gegenwart.

SEBASTIÃO SALGADO

Nähern wir uns dem Werk eines Künstlers, horchen wir auf seine Stimme. Je bedeutender der Künstler, desto stärker und klarer die Stimme. Nur Mozart klingt wie Mozart, nur Hemingway wie Hemingway. Das zählt zum Schönsten der künstlerischen Erfahrung: eine Stimme zu vernehmen, wie nur diese eine Stimme zu uns sprechen kann. Und ist die Stimme ungewöhnlich stark, erhebt sie sich über das Gesagte und erlaubt uns, die seltenste aller Freuden zu genießen, die der Transzendenz.

Auch die visuelle Kunst hat eigene Stimmen, hoch aufschwingend im Fall Brâncuşi, polyphon im Fall Picasso. Selbst die Fotografie ist der Stimme mächtig. Cartier-Bressons Foto von einer tanzenden Menge an Indiens Unabhängigkeitstag, Arbus' ruhelose Amerikaner, Avedons unerbittliche Porträts, der Blick aus dem Arbeitszimmerfenster von Nicéphore Niépce 1826 (das »erste Foto«, mit dem alles begann) – diese Bilder sind ganz und gar nicht stumm, zumindest ist ihre Stille so beredt wie ein gesprochenes Wort.

Die Stimme von Sebastião Salgado gehört zu den mächtigsten der zeitgenössischen Fotografie, fähig zu harschen Tönen in ihrer schonungslosen Schilderung der Arbeitsbedingungen von Männern und Frauen, zu epischer Grandezza in den Aussagen über die Massenfluchten von Menschen weltweit und zu lyrischer Schönheit in den Bildern von der Welt der Natur. Er ist der Poet des Open Air, der Gestalten in Landschaften und – seine neuesten Bilder – von Gebieten, in denen der Mensch fehlt, sodass Urzeitliches zutage treten kann: der Schlag einer Walflosse vor leuchtend hellem Himmel, die eigenartige Vertrautheit einer fünffingrigen Reptilienpfote, die *Mille-feuille*-Schichten uralter Steine.

Er ist nicht bloß irgendein Fotograf. Er ist ein Star, berühmt, und zieht dadurch Kritik auf sich. Ingrid Sischy äußerte sich abfällig über ihn im Zusammenhang mit Walker Evans, denn, so behauptete sie, Salgado habe eine »unerbittlich lyrische und didaktische Herangehensweise an seine Themen«. Es stimmt, Salgados Werk ist didaktisch. Und es ist nicht wie das von Walker Evans. Was es in meinen Augen nicht unbedingt schmälert. Der französische Kritiker Jean-François Chevrier war da erbarmungsloser, nannte Salgados Werk »sentimentalen Voyeurismus ... ein Ausnutzen unseres Mitgefühls«. Warum? Weil es *zu schön* ist. Aber Schönheit ist nicht sentimental, sie verherrlicht auch nichts. Salgados Werk besitzt eine große formale Schönheit. Wie Renaissancebilder der Kreuzigung. In Salgados Porträts von Armut und Arbeit wird nichts sentimentalisiert, nichts verherrlicht, und doch fügt die organisierende Kraft seines Auges ein ums andere Mal dem, was er macht, Bedeutung bei. Der Schrei aus dem verhärmten Mund eines indischen *dhobi* an der Wasch-*ghat* wird auf dramatische Weise durch den Wasserschwall verstärkt, der aus dem Tuch aufspritzt, das er auf den Stein schlägt. Das explodierende Wasser ist der sichtbar gewordene Schrei. Kinder posieren auf nacktweißen Grabmalen und lassen uns an die Heiligen denken, die sie nicht sind, an die Geister, zu denen sie einmal werden. Gestalten am Rand eines wolkengefüllten Abgrunds strecken die Arme aus, als wollten sie fliegen, spielerisch, fantasievoll, hoffnungslos. Niemand hat je bessere Aufnahmen von Staub, Schweiß und Erde gemacht, von Erschöpfung, Entschlossenheit und jener Verzweiflung, die sich in den Gesichtern der Schlammverschmierten, Schwitzenden und Ausgedörrten zeigt. Öl verklebt Menschen, als wären sie verendende Vögel.

In seinen Bildern von Massenwanderungen fängt Salgado eines der großen Themen unserer Zeit ein, Massenwanderungen, die unsere Zeit möglich und notwendig gemacht hat und die ihrerseits unsere Zeit formen und definieren. Männer und Frauen, die alles, was sie besaßen, zurücklassen mussten und die Lager auf Hügeln kennen wie in den Krieg ziehende Armeen früherer Zeit, wie Pilger ohne alle Hoffnung auf einen heiligen Ort. Sie schwärmen aus, wimmeln, kämpfen, versinken und steigen wieder auf. Man sieht auf diesen Bildern große Menschenmengen, doch bleibt niemand anonym. Die Individualität von Mann und Frau geht nicht verloren. Man erkennt ihre Gesichter, ihre Stärke, ihre Not. Und wenn sie gelegentlich doch zu einer dreckigen, drängenden Masse verschmelzen, bleibt die Masse immer noch in Bewegung, behält immer noch ihre Form. Sie hat, könnte man sagen, Charakter.

Mit diesen Bildern von Festungsstädten und Goldminen, von Fischernetzen und Ölbohrungen, von qualmenden Vulkanen und wasserspeienden Seelöwen hat Salgado uns ein Porträt unserer Welt geschenkt, das mit der seltensten aller Stimmen zu uns spricht, einer Stimme, die Dinge sagt, die wir nicht wissen wollen, Dinge, von denen wir vielleicht gar nicht wussten, wie wir sie wissen können, die wir aber, wenn sie uns gesagt werden, unmittelbar als Wahrheit erkennen.

WEIHNACHT DES UNGLÄUBIGEN

Als ich in Bombay aufwuchs (das damals noch nicht Mumbai hieß, ein Name, der bis heute nicht in meinem persönlichen Vokabular vorkommt), war Weihnachten kaum von Belang. Nicht bloß, weil wir keine Christen waren; nein, Religion spielte zu Hause einfach keine Rolle, und deshalb war der 25. Dezember nur genau das: der fünfundzwanzigste Tag im Monat Dezember. Neujahr war da viel wichtiger.

Der obige Absatz stimmt nicht ganz. Zum einen hieß die Schule, auf die ich ging, Cathedral School, mit vollem Namen Cathedral and John Connon Boys' High School, eine Schule unter der Schirmherrschaft (was immer »Schirmherrschaft« auch heißen mochte) der Anglo Scottish Education Society (was immer das auch war). Folglich sangen wir während der Schulversammlung jeden Morgen Hymnen; es gab regelmäßige Schulausflüge zur anglikanischen St. Thomas Cathedral und im Dezember »Herbei, oh, Ihr Gläubigen« und »Hört der Engel große Freud'«; und wir mussten alle mitsingen, ob Hindu, Muslim, Sikh oder Parsi. Da wir nun mal Schuljungen waren, lernten wir natürlich auch die Parodie von »Hört der Engel große Freud'«.

Hört der Engel große Freud',
Rizinus ist's Richtige für Euch,
Willst du himmlischen Frieden,
Nimm der Löffel sechse, sieben.

Willst du hinab ins Höllengraus,
Trink die verdammte Flasche aus.

Außerdem hatten meine Schwestern und ich eine großartige
christliche *ayah*, Mary Menezes aus Mangalore, ein frommes, rö-
misch-katholisches Kindermädchen, das half, uns großzuziehen,
und dem zuliebe meine Mutter einen (sehr kleinen) Baum auf-
stellte, vor dem sie uns am Weihnachtsmorgen Weihnachtslieder
singen ließ. Allerdings blieb es bei dem sehr kleinen Baum an
einigen wenigen Tagen und den obligatorischen Weihnachts-
liedern. Truthahn? Mince Pies? Rosenkohl? Natürlich nicht. Bei
uns gab es viel appetitlicheres Essen. Und Geschenke gab es an
Geburtstagen und an Eid.

Auf die St. Thomas Cathedral in Bombay folgte ein Internat
in England, Rugby School, mit Anwesenheitspflicht bei den Got-
tesdiensten in William Butterfield's Rugby Chapel; und die ganze
Rugby School musste, ein Highlight zu Weihnachten, Händels
Messias singen. Halleluja! Außerdem waren einige Weihnachtslieder jetzt auf Latein.

Adeste fideles,
laeti triumphantes,
venite, venite, in Bethlehem.

Venite wurde nicht *weneiti*, sondern *weniete* gesungen, auf die vornehme britische Art. Ein wenig enttäuschend, dass das lateinische *Bethlehem* nicht auch irgendwie römischer klang, aber nun ja.

Dieser ziemlich atheistische Junge, indisch-muslimischer Herkunft, besang mit den übrigen Schülern die Anbetung eines nah-
östlichen Jungen, der als Engelskönig geboren worden war. Und
während ich sang, betrachtete ich, was mir in der Kapelle am besten gefiel, die marmorne Gedenktafel für einen berühmten Ab-

443

solventen der Rugby School, für Reverend Charles Lutwidge Dodgson, besser bekannt als Lewis Carroll, eine Tafel mit den Silhouetten der Tenniel-Illustrationen von Carrolls unsterblichen Figuren, schwarze Umrisse auf weißem, weiße auf schwarzem Marmor. Ich war kein Fan der Rugby-Kapelle. Erst viel später sollte ich Butterfields neugotisches Bauwerk schätzen lernen. Aber mir gefiel, dass der Schöpfer von Alice vor mir hier gewesen war. Das fand ich besser als Weihnachten.

Dann folgte das King's College in Cambridge mit der King's College Chapel, dem vielleicht schönsten Gebäude Englands. Eines Tages ging ich mit einigen auserwählten Kingsmen unter Führung von John Saltmarsh, ein Mann mit üppigen Koteletten, Don für Geschichte, bedeutender Experte für diese Kapelle, eine schmale Wendeltreppe nach oben. Wir gelangten schließlich an einen düsteren Platz unter dem Dach und zum berühmten Fächergewölbe, das sich wie das Skelett eines riesigen Ungeheuers vor uns erstreckte. »Seid vorsichtig«, sagte Mr. Saltmarsh, »an manchen Stellen ist der Stein hier keine zwei Zentimeter dick, und wenn ihr die betretet, brecht ihr durch die Decke. Bis unten sind es vierundzwanzig Meter, und ihr reißt ein grässliches Loch ins Gewölbe; außerdem wird man stinksauer auf euch sein.«

In der Kapelle gab es den berühmten Chor und zu Weihnachten das berühmte Festival of Nine Lessons and Carols; selbst ein so gottloser Student wie ich konnte nicht anders, als von der Schönheit des Gesangs beeindruckt zu sein – nur vielleicht in jenem Semester nicht, in dem mein Zimmer im Peas Hill Hostel lag, dessen übrige Bewohner ausnahmslos Chormitglieder waren und unaufhörlich übten. Wird mehrere Stunden am Tag gleich nebenan schöner Gesang geübt, trägt das viel dazu bei, den Glauben an die Schönheit zu untergraben, erst recht, wenn die eigene Stimme nur ein elendes, tonloses Gekrächze von sich gibt.

Einige Jahre später ließ ich mich in London nieder und schloss mich anderen Weihnachtsverweigerern an, mit denen ich mich jeweils am 25. Dezember zu einem indischen Essen traf, meist im Restaurant Gaylord in der Mortimer Street. Keine Präsente, keine Bratenfüllung, stattdessen jede Menge respektlosen Spaß und Tandoori Chicken. Später dann Heirat und Kinder.

Kinder verändern Weihnachten. Zafar und Milan, meine Söhne, bestanden auf einer richtigen Weihnacht. Ebenso meine Nichten Maya und Mishka, die Töchter meiner Schwester Sameen. Und nun auch meine Schwiegertochter Natalie, Zafars Sopranfrau. Sie alle sind – nun ja, nicht alle – wahre Weihnachtsfundamentalisten. Sameen und ich haben ihren Wünschen nachgegeben, und so gibt es nun schon seit vielen Jahren zu Weihnachten einen großen, üppig geschmückten Baum, dazu Stechpalmen- und Mistelzweige, Truthahn, Bratenfüllung, Brotsoße, Preiselbeersoße, Cognac, weihnachtliche Knallbonbons, das ganze Drum und Dran, sogar Rosenkohl. (In den letzten Jahren haben wir ein-, zweimal mit der Tradition gebrochen und stattdessen Sameens köstliche indische Küche genossen.) Am Fernseher erscheint die Königin; es gibt die alljährliche Flut Geschenkpapier; es gibt Weihnachtsstrümpfe und Weihnachtspullover. Und manchmal sitzen meine Schwester und ich da, schauen uns von den Tischenden über die brechend volle Tafel hinweg an und fragen uns stumm, wie es nur so weit kommen konnte. Einzig zwei kleine rebellische Gesten erlauben wir uns. Die eine: Wir mögen keinen Weihnachtspudding und essen so was nicht. Und die zweite: Ich schenke ihr nichts zu Weihnachten und sie mir auch nicht. Das ist unser kleines Zugeständnis an jene, die wir einmal waren.

Wir haben einen Riesenspaß. Wir, die Rushdies, sind, wie ich finde, ein lustiger Haufen, und an diesen Tagen wird viel gelacht. Wir sind nicht wie diese Filmfamilien (und solche Familien gibt es nicht nur im Film), deren Zusammenkünfte kleinen Kriegen ähneln. Wir kommen gut miteinander aus, verbringen großartige

Tage, und wenn dies letztlich alles wegen des Jesuskindes geschieht, dann sind wir uns einig, nichts dagegen zu haben. Danke,
Jesus, für diese gottlose Meute. Wir glauben nicht an dich, trotzdem sitzen wir hier zusammen und feiern Familie, Gemeinschaft,
Liebe; und das ist alljährlich ein Lichtblick in einer sich verdüs-
ternden Welt.

CARRIE FISHER

Damals, 1977, sagte Harry Burns (Billy Crystal) zu Sally Albright (Meg Ryan): »Männer und Frauen können nie Freunde sein, der Sex kommt ihnen immer wieder dazwischen.« (Nur zur Klarstellung: Der Film *spielt* 1977. Rob Reiners romantische Komödie *Harry und Sally* kam 1989 in die Kinos.)

Als ich den Film sah, war ich fest davon überzeugt, dass Harry sich irrte. Ich bin mit drei Schwestern, aber ohne Brüder aufgewachsen, folglich hatte ich immer mindestens so viele Freundinnen wie Freunde. Ich sage »folglich«, weil ich immer geglaubt habe, dass dieser familiäre Umstand der Grund für meine vielen Freundschaften mit Frauen war. 1997 lernte ich dann einen der Co-Stars aus *Harry und Sally* kennen, und die enge Freundschaft, die zwischen uns erwuchs, wurde zur vielleicht besten Erwiderung auf Harrys Behauptung. Diese Schauspielerin – dieser außergewöhnliche Mensch – war Carrie Fisher.

Wir lernten uns 1997 in London als Gäste von Ruby Wax' Late-Night-Talkshow *Ruby* kennen, saßen rund um einen Tisch, taten, als würden wir zu Abend essen, und verstanden uns so gut, dass Ruby uns beide später ins River Café einlud. Nun, durchaus möglich, dass Ruby uns verkuppeln wollte (ich weiß es nicht, ich habe sie nie gefragt), aber ich war glücklich verheiratet, und die Geburt meines Sohnes Milan stand unmittelbar bevor, also kam das gar nicht infrage. Im Restaurant legte ich mein »Bananenhandy« auf den Tisch und sagte: »Wenn das hier klingelt, muss ich los, denn dann kommt das Baby.« Damit war jede Romanze vom Tisch. Stattdessen wurden und blieben Carrie und ich die engsten, besten Freunde.

Ich habe viele schöne Erinnerungen an unsere Freundschaft. So fällt mir ein Abendessen in New York mit Peter Farrelly von den Gebrüdern Farrelly ein (unter Peters Regie ist gerade der Film *Green Book – Eine besondere Freundschaft* herausgekommen), bei dem ich Carrie und Peter von einem Zahnarzt erzählte, der kürzlich in New Jersey gestorben war und eine makabre Sammlung obskurer Dinge hinterließ, darunter das blutbefleckte Hemd, das Präsident Lincoln im Ford's Theatre getragen hatte, und, noch verrückter, der Penis von Napoleon Bonaparte mitsamt lückenlosem Herkunftsnachweis. Carrie musste sofort an einen Dokumentarfilm denken. Wir würden uns das abgetrennte Organ besorgen, es mit großem Zeremoniell nach Paris zurückbringen und feierlich auf Napoleons Grab im Invalidendom legen, damit der Herrscher wieder vollständig sei. Es wäre unser Geschenk an die französische Nation zum Dank für die Freiheitsstatue. Peters Produzent und Freund Charlie B. Wessler hat versucht, den Penis zu erwerben. Vergebens.

Als Chiwetel Ejiofor und Ewan McGregor im Donmar Warehouse Othello und Jago spielten, besorgte Carrie uns zwei schwer zu ergatternde Tickets, indem sie ihre *Star-Wars*-Connection spielen ließ und Ewan anrief. Anschließend aßen Ewan, Carrie und ich im Ivy zu Abend, und Ewan fragte sie plötzlich nach der berühmten Rede im originalen *Star-Wars*-Film, jener, die sie als Hologramm von R2-D2 hielt. »Erinnern Sie sich noch daran?«, fragte er. »Verdammt ja, natürlich«, erwiderte sie. »Und? Können Sie sie noch?«, fragte er weiter, und übergangslos wurde sie zu Prinzessin Leia und hielt die Rede mit aller dramatischen Intensität. »Helft uns, Obi-Wan Kenobi«, endete sie, »Ihr seid unsere letzte

Ho...!« Und sie erklärte:»Wisst ihr, die Aufnahme brach ab, bevor ich ›Hoffnung‹ zu Ende sagen konnte.«

Bei anderer Gelegenheit wurden wir in London fotografiert, als wir aus einem Restaurant kamen, und am nächsten Tag brachte eine Zeitung einen Schnappschuss von uns beiden unter dem Titel: SALMAN RUSHDIE MIT MYSTERIÖSER BLONDINE. Keine Ahnung, warum ihr Haar damals blond war, aber das war es nun mal, und erstaunlicherweise hat der Reporter sie deshalb nicht erkannt. Carrie hat sich riesig gefreut, besorgte sich den Artikel, ließ ihn einrahmen und räumte ihm daheim einen Ehrenplatz ein. Danach hat sie ihre Mails an mich eine Zeit lang mit »mysteriöse Blondine« unterschrieben.

Und ... an Halloween haben wir in New York einmal zusammen zu Abend gegessen. Da wir beide keine Lust hatten, uns zu verkleiden, erzählten wir den Leuten, ich sei sie, und sie sei ich. Und ... während des National Book Festivals gingen wir zusammen zu George Bush ins Weiße Haus, und Carrie war wunderbar, auf königliche Weise herablassend, so als wäre sie Leia, die sich voller Verachtung mit Jabba dem Hutten unterhielt. Und ... sie übte mit mir ihre Texte, weshalb ich zum Beispiel lang vor ihrer triumphalen Show *Wishful Drinking* wusste, dass George Lucas, als sie ihn bei ihrer ersten Kostümanprobe für *Star Wars* fragte, warum es für sie keine BHs und Slips zur Auswahl gebe, antwortete, als sei dies sonnenklar:»Carrie, im Weltraum trägt man keine Unterwäsche.«

Das Komödiantische verbarg, wie zerbrechlich sie war, weshalb all ihre engen Freunde versuchten, sie zu beschützen. Mit ihren Problemen ging sie offen um – Drogenmissbrauch, eine bipolare Störung –, nutzte ihr komisches Talent, um ihr Leiden in Schach zu halten. Sie unterzog sich regelmäßig einer Schocktherapie, und obwohl mich und andere das sehr beunruhigte, schwor sie darauf und sagte, es helfe ihr, auch wenn ihre Telefonnachrichten uns verrieten, dass sie wohl deshalb manchmal nicht mehr wusste, wer wir waren. Also ja, Zerbrechlichkeit, aber auch ungeheure Courage.

Wir, die Höflinge der Prinzessin, waren ein kunterbunter Haufen – Helen Fielding, die *Bridget Jones – Schokolade zum Frühstück* schrieb, der Filmemacher und Schauspieler Griffin Dunne, die Schauspieler Craig Bierko und Tracey Ullman, der Romancier und Drehbuchschreiber Bruce Wagner, der Komiker und Komödienschreiber Kevin Nealon sowie noch einige mehr –, wir alle liebten sie und schützten sie nach Kräften. Was nicht immer leicht war. Sie konnte wild und verzweifelt sein. Manchmal hockte sie am Grunde eines dunklen Brunnens. Oft tobte sie, was wir über uns ergehen lassen mussten. Es gab Tage, da besuchte ich sie in ihrem herrlich exzentrischen Haus in der Coldwater Canyon Avenue und musste feststellen, dass die manische, übel gelaunte Carrie den Ton angab. (Wer sie sehen wollte, ging meist zu ihr nach Hause; sie schien diese Schutzzone nur ungern zu verlassen.) Ich erinnere mich an einen Nachmittag, da saß ich an ihrem Bett, wie ihre Freunde es so oft taten, während sie zwei Stunden lang (und es waren wirklich lange Stunden) über das monologisierte, was ihr so zu schaffen machte. Dann hörte sie abrupt damit auf, grinste mich schelmisch an und sagte: »Und? Wie geht es *dir*?«

Sie freundete sich auch mit meinen Söhnen an. Milan lernte sie kennen, als er noch sehr jung, aber schon ein großer Fan von *Star Wars* war, und sie begann, ihn mit den wunderbarsten Geschenken zu überraschen: ein Chewbacca-Rucksack, ein Klappdeckelmülleimer, der aussah wie R2-D2. Sie kam zu Zafars Verlobungsparty. Sie kam zu jedem von uns, als wären wir eine Familie, und das war sie für uns auch. Carrie gehörte zur Familie.

Im Oktober 2016 war ich auf dem New Yorker Filmfestival und sah mir die Premiere des Dokumentarfilms *A Bright Light* über Carries Beziehung zu ihrer Mutter Debbie Reynolds an, die in den letzten Jahren jeden Morgen ihre Tochter aus ihrem Haus am Ende von Carries Garten anrief und sagte: »Guten Morgen, Carrie. Hier spricht deine Mutter Debbie« – als ob sie sich vorstellen müsste. In einem Ausschnitt des Dokumentarfilms sieht man, wie Carrie als Teenager von Debbie auf die Bühne gerufen wird, um zu singen – woraufhin sie mit einer verblüffend kräftigen, großartigen Stimme »Bridge Over Troubled Water« vorträgt. »Ich habe gar nicht gewusst, dass du so gut singen kannst«, sagte ich. »Warum singst du nicht öfter?« – »Ach«, erwiderte sie. »Ich fand immer, Singen sei eher das Ding meiner Mutter.« Nach dem Film beklagte sich Carrie, sie habe nicht gut ausgesehen, gab schließlich aber zu, dass er die berührende Geschichte einer außergewöhnlichen Mutter-Tochter-Beziehung zeige. Jetzt, da beide nicht mehr sind, ist mir der Film noch kostbarer als damals.

Mit Los Angeles verband sie eine Hassliebe. In mancher Hinsicht war sie der ultimative Hollywood-Insider, wusste alles über alle, hasste aber jeglichen Bullshit. Sie liebte London und wollte mehr Zeit dort verbringen, die Läden der Portobello Road durchstöbern. Nur zwei Monate nach der Premiere in New York waren wir beide in London, sie legte einen Zwischenstopp auf ihrem Weg nach Los Angeles ein, ich wollte mit meiner Familie Weihnachten feiern. Sie bat mich, zu ihr ins Hotel zu kommen, ins Chiltern Firehouse. Es war Donnerstag, der 22. Dezember. Ich traf sie in der Hotelbar mit Sharon Horgan, mit der sie in der Fernsehserie *Catastrophe* auftrat. Ich weiß noch, ich fand, sie sah richtig gut aus, und sie war in bester, lebhafter Carrie-Form und schrecklich aufgeregt, weil sie sich eine Bleibe in London gekauft hatte, ein Haus in der Old Church Street. Sie hatte so viele Pläne für ihre Zeit in London. Dann ging sie zu Bett, weil sie am nächsten Tag früh zum Flughafen musste. Am nächsten Tag aber hatte sie sich bereits zu ihrem Flug nach nirgendwo aufgemacht.

Ich habe sie geliebt, und sie hat mich geliebt. Dieser Bericht von unserer Freundschaft ist meine Antwort auf Billy Crystal/ Harry Burns: Es war eine Freundschaft. Nichts sonst. Aber die bedeutet mir sehr viel.

PANDEMIE
EINE PERSÖNLICHE AUSEINANDERSETZUNG MIT DEM CORONAVIRUS

Am Montag, den 9. März 2020, kam meine Verlegerin Robin Desser zu mir, um ihre redaktionellen Anmerkungen im Manuskript zu diesem Buch mit mir zu besprechen. Die Welt war noch »normal«, doch mein Instinkt sagte mir, so werde es nicht mehr lange bleiben. Ich hatte einen Flug nach London gebucht, um drei Tage später, am 12. März, während des Spring Break der New York University meine Familie zu besuchen. (In den letzten sechs Jahren habe ich in den Sommersemestern an der NYU ein Graduiertenseminar über erzählende Sachliteratur gegeben.) Nachdem Robin gegangen war, stornierte ich meinen Flug nach London. Zwar hatte ich meine Söhne seit Weihnachten nicht mehr gesehen, doch auch sie hielten die Entscheidung für vernünftig. Eine Woche später bekam ich Fieber, und rasch stellte sich heraus, dass ich das Coronavirus hatte. Meine zweiundsiebzig Jahre und mein Asthma machten mich zu einem erstklassigen Ziel. Der 16. März ist ein Tag nach den Iden des März, allerdings bin ich nicht Julius Caesar.

Bis zu jenem Tag hatte ich erst zwei ernsthafte Krankheiten gehabt. Wenig überraschend, dass ich über beide nachdachte.

Die erste Krankheit: 1949, als ich nicht einmal zwei Jahre alt war, erkrankte ich an Typhus. Keines der Medikamente, die man mir verordnet hatte, schlug an, und der Hausarzt erklärte meinen Eltern, dass ich womöglich sehr bald sterben würde. Mein verängstigter Vater meinte aufgeregt, es müsse doch etwas anderes geben, das man mir verabreichen könne. Der Arzt entgegnete: »Es gibt ein neues Antibiotikum namens Chloromycetin. Bislang hat man nur sehr wenige Erkenntnisse über seine Wirksamkeit, aber Sie können es probieren, denn er stirbt ja ohnehin.« Es war spätabends, und mein Vater sauste auf der Suche nach einer offenen Apotheke kreuz und quer durch Bombay. Er kam mit dem Medikament nach Hause, und es kurierte mich sehr rasch. Wenig später wurde Chloromycetin die Standardbehandlung gegen Typhus und blieb es jahrzehntelang, zumindest in jenem Teil der Welt. Ich verdanke ihm mein Leben.

(So hat die Geschichte sich in mein Gedächtnis eingeprägt. Sicherlich ist sie dramatisiert und ausgeschmückt – der Arzt, der nüchtern meinen bevorstehenden Tod ankündigt, mein Vater, der des Nachts durch die Stadt rast und hektisch nach einer offenen Apotheke sucht. Vielleicht war der Arzt weniger brutal und das Medikament leichter zu bekommen, vielleicht in der nahe gelegenen Thomas Kemp & Co., der Apotheke, die bis heute namengebend ist für Kemp's Corner. Vielleicht geschah das alles an einem Nachmittag. Aber es entspricht der Wahrheit, dass ich Typhus hatte, dass Chloromycetin 1949 ganz neu war und es mich rettete.)

Die zweite Krankheit: 1984 in London zog ich mir irgendwie eine doppelseitige Lungenentzündung zu. Es ließ sich nicht feststellen, wie ich sie bekommen hatte, doch ich verbrachte zwei Wochen im University College Hospital, in einem Mehrbettzimmer auf einer Station für Patienten mit Atemwegserkrankungen. Um mich herum lagen Menschen, denen es wesentlich schlechter ging als mir, darunter viele Krebspatienten. Nahezu jeden Tag wurden Paravents um ein benachbartes Bett gestellt, weil jemand gestorben war. Für kurze Zeit blieb das Bett leer, und dann war es wieder belegt.

(Damals war ich ein starker Raucher, und ich glaube noch immer, dass mich eine Metapher von dieser Angewohnheit befreit hat. Der behandelnde Arzt fragte mich, ob ich Filme möge, und als ich es bejahte, entgegnete er:»Denken Sie an Lungenkrebs wie an einen Film. Stellen Sie sich vor, er sei ein Spielfilm. Was mit Ihnen gerade geschieht, ist, als ob Sie den Trailer betrachten. Wenn Sie also Ihre fünfzehnminütigen krampfartigen Hustenanfälle haben und den grünlichen Schleim herauswürgen, sollten Sie darüber nachdenken, ob Sie den ganzen Film sehen wollen.«)

Die Typhus-Erfahrung überstand ich ohne bleibende Schäden. Mein Asthma aber war das Geschenk des Universums für die Genesung von der Lungenentzündung und für den Verzicht aufs Rauchen. Und nun, dreieinhalb Jahrzehnte später, befand ich mich in der Gefahrenzone von Covid-19, ein»älterer Mensch« mit einer Vorerkrankung.

Über zwei Wochen fühlte ich mich erschöpft, ich hustete, und das Fieber veranstaltete mit mir wahre Achterbahnfahrten, es stieg auf 40 Grad, fiel plötzlich auf Normaltemperatur, und gerade als ich dachte, es gehe mir besser, stieg es wieder. Es war entmutigend, und doch hatte ich Glück. Die Krankheit befiel nicht meine Lungen. Mein ausgezeichneter Hausarzt war fast jeden Tag mit mir in Kontakt – mir ist sehr bewusst, welch ein Privileg es ist, so einen Arzt und so eine gute Krankenversicherung zu haben. Jedes Mal fragte er mich, ob ich eine Enge in der Brust spüre oder kurzatmig sei. Wenn ich verneinte, nein, ich spüre sie nicht, und nein, ich bin es nicht, erklärte er mir, in dem Fall sei mein Leben nicht in Gefahr, ich solle mich von Krankenhäusern fernhalten und zu Hause im Bett bleiben, solle das Tylenol und den

Hustensaft nehmen und, mit seinen Worten, »es knallhart durchziehen«.

Leser: Ich gab mir Mühe. Ich bin mir allerdings nicht sicher, wie knallhart ich war. Ich bin nie ein guter Patient gewesen. Eine böse Erkältung macht mich zu einem griesgrämigen, launischen Wrack. Zu meinem Glück kümmerte sich eine äußerst fürsorgliche Partnerin um mich. Auch sie wurde krank, schaffte es aber irgendwie, die Krankheit innerhalb weniger Tage abzuschütteln. Ich brauchte siebzehn.

Erst jetzt begreife ich voll und ganz, wie viel Glück ich hatte. Ich habe mit zunehmendem Schrecken und Kummer beobachtet, dass die Anzahl der Toten stieg und dass die noch viel größere Anzahl der Hinterbliebenen, der Verwaisten, der Verwandten der Toten sich schmerzlich mit diesem Sterben abfinden mussten und dass die Sterbenden von ihren Liebsten nicht getröstet werden durften, als sie starben, und es den Lebenden versagt war, an der Beerdigung teilzunehmen. Mittlerweile habe ich auch herausgefunden, wie sehr meine Familie wegen meiner Krankheit tatsächlich geängstigt war. Bei unseren täglichen Videogesprächen hatten sie eine tapfere Miene aufgesetzt, aber hinter ihren zuversichtlichen, beruhigenden Gesichtern waren sie verängstigt. Hätte ich das gewusst, wäre auch ich verängstigt gewesen.

John Prine starb. Er war ein Jahr älter als ich, seit seinem Debütalbum im Jahr 1971 liebe ich seine Musik, und als ich Mitglied der Jury war, die ihm 2016 einen Lyrikpreis des PEN für seine herausragenden Songtexte verlieh, hatte ich das große Glück, ihn persönlich kennenzulernen. Mein Freund, der legendäre Musikproduzent Hal Willner, starb. Die Mutter eines Freundes starb. Der Vater eines anderen Freundes starb. Doch so manche Freunde haben den Kampf gewonnen. Autoren und Verleger, Fotografen und Gastronomen, die ich kenne, überlebten. Meine alte Freundin Marianne Faithfull überlebte trotz ihrer wechselvollen medizinischen Vergangenheit das Virus in einem Londoner Krankenhaus. Jeder Tag brachte schlechte und einige gute Nachrichten. Die fürchterlichen Zahlen stiegen weiter an, und der Druck auf das bereits zusammenbrechende Gesundheitssystem nahm weiter zu.

In ihrem berühmten Essay »Krankheit als Metapher« warnte uns Susan Sontag davor – selbst eine Krebsüberlebende, die Jahre später an einem anderen Krebs starb –, einen schlechten Gesundheitszustand als ein Bild für einen anderen sozialen Missstand zu deuten.

»Zeigen will ich, dass Krankheit *keine* Metapher ist und dass die ehrlichste Weise, sich mit ihr auseinanderzusetzen …, darin besteht, sich so weit wie möglich von metaphorischem Denken zu lösen, ihm größtmöglichen Widerstand entgegenzusetzen.«

Als die Pandemie um die ganze Welt ging, folgten nicht viele Menschen ihrem Rat. Manche Stimmen, darunter ein Sprecher des sogenannten Islamischen Staats, Hulk Hogan und ein konservativer Pfarrer aus Florida namens Rick Wiles, erklärten, das Virus sei eine Strafe Gottes. Andere, grünere Stimmen deuteten an, die Natur nehme Rache am Menschen; doch, um fair zu sein, lautere Stimmen warnten davor, »Mutter Natur« zu vermenschlichen. Auch die alte Science-Fiction-Vorstellung, der Mensch sei das Virus, von dem die Erde sich zu erholen versuche, bekam Aufwind. Politiker bezeichneten die Pandemie als Krieg. Arundhati Roy nannte sie »ein Portal, ein Tor zwischen dieser Welt und der nächsten«.

Und die Verkaufszahlen von Albert Camus' *Die Pest* aus dem Jahr 1947 gingen durch die Decke.

Ich kaufte nichts dergleichen, nichts über göttliche oder irdische Vergeltung und nichts über die Träume von einer besseren Zukunft. Viele Menschen wollten das Gefühl haben, dem Horror entspringe irgendetwas Gutes, wir würden als Spezies tugendhafte Lektionen lernen, dem Kokon des Lockdowns als großartige New-Age-Schmetterlinge entschlüpfen und freundlichere, sanftere, weniger gierige, ökologisch klügere, weniger rassistische, weniger kapitalistische, inklusivere Gesellschaften gestalten. Dies schien mir und scheint mir noch immer ein utopisches Denken. Das Coronavirus traf mich nicht als Vorbote des Sozialismus. Die Machtstrukturen der Welt und deren Nutznießer würden sich nicht leicht einem neuen Idealismus ergeben. Ich konnte unser dringendes Bedürfnis, aus dem Schlechten müsse etwas Gutes hervorgehen, nur seltsam finden. Zu Zeiten des Schwarzen Todes und später in London während der Großen Pest war Europa nicht von Menschen bevölkert, die das Positive zu sehen versuchten. Die Menschen waren viel zu sehr damit beschäftigt, nicht zu sterben. Wie bei den Figuren in Eric Idles *Monty-Python*-Ableger *Spamalot* war das Einzige, das es zu feiern gab, nicht tot zu sein.

I am not dead yet (sangen sie)
I can dance and I can sing
I am not dead yet
I can do the Highland Fling
I am not dead yet
No need to go to bed
No need to call the doctor
Cause I'm not yet dead.

Es ist kein Zufall, dass wir die dominante Spezies auf der Erde sind. Wir besitzen großartige Überlebensfähigkeiten. Und wir werden überleben. Aber ich bezweifle, dass aus den Lehren der

Pandemie eine soziale Revolution hervorgehen wird. Aber ja, gewiss, man kann auf Besserung hoffen und dafür kämpfen; und vielleicht erleben – oder *gestalten* – unsere Kinder diese bessere Welt.

Teil unserer Tragödie ist, dass wir in dieser Zeit der Krise in vielen Ländern, darunter auch in allen dreien, die mir in meinem Leben am wichtigsten sind, mit Staatschefs von beträchtlichem Zynismus und dreister Arglist gestraft sind. In Indien nutzte Narendra Modis Regierung die Pandemie, die Muslime dafür verantwortlich zu machen. In Großbritannien legte Boris Johnson (obwohl er selbst das Virus hatte und wieder gesund wurde) beim Umgang mit der Krise eine niederschmetternde Inkompetenz an den Tag, zuerst spielte er die Gefahren herunter (wie Trump), reagierte zu zurückhaltend und zu spät (ebenso wie Trump) und spielte weiterhin die Anti-Immigranten-Karte der Brexiteers aus (wieder wie Trump), ungeachtet der Tatsache, dass die Pflegekräfte, die ihn im Krankenhaus umsorgt hatten, Immigranten waren und das gesamte britische Gesundheitswesen von ihren Fähigkeiten und ihrem Mut abhängt. Und in Trumps Amerika, wo nichts undenkbar war, in diesem Land ohne moralische Talsohle, sodass, unabhängig, wie tief er und seine Anhänger sanken, es stets ein noch niedrigeres Niveau gab, auf das man sinken konnte – in Trumpistan wurde das Virus (wie alles andere) politisiert, verharmlost, gar als ein Trick der Demokraten bezeichnet; die Wissenschaft wurde verhöhnt, die erbärmliche Reaktion der Regierung auf die Pandemie durch einen Blizzard aus Lügen verdunkelt, Maskenträger wurden von Trägern roter Kappen beleidigt, und der Berg von Toten wurde immer größer, nicht betrauert von dem ichbesessenen Scharlatan, der entgegen aller Beweise behauptete, er mache Amerika wieder groß.

Die Schäden zu reparieren, die diese Leute in diesen Zeiten angerichtet haben, wird nicht leicht sein. Zu meinen Lebzeiten

werde ich die Wunden nicht verheilt sehen. Es wird wohl eine
Generation brauchen oder mehr. Der soziale Schaden der Pandemie selbst, die Angst vor unserem alten sozialen Leben in Bars,
Restaurants, Clubs und Sportstadien, wird Zeit brauchen zu heilen (obwohl ein Prozentsatz von Leuten bereits jetzt keine Angst
zu kennen scheint, wie wir es an Stränden, in Parks und bei Demonstrationen beobachten). Wir werden uns wieder umarmen
und küssen. Aber werden uns die Kinos erhalten bleiben? Wird
es Buchläden geben? Werden wir uns in überfüllten U-Bahnen
wohlfühlen?

Der soziale, kulturelle, politische Schaden dieser Jahre, die
Vertiefung der bereits bestehenden tiefen Gräben in Gesellschaften in vielen Teilen der Welt, die Vereinigten Staaten, Großbritannien und Indien eingeschlossen, wird länger fortbestehen. Es
wäre nicht übertrieben zu sagen, dass wir, wenn wir über diese
Gräben schauen, begonnen haben, die Menschen auf der anderen Seite zu hassen. Dieser Hass wurde befördert von den Zyni-
kern, die uns regieren, und nahezu jeden Tag übersprudelt er uns
auf verschiedene Weisen. Es ist nicht leicht, sich vorzustellen,
wie dieser Abgrund überbrückt werden – wie die Liebe einen
Weg finden kann.

Es hat mich überrascht, wie viele Leute mir zu Anfang des Lockdowns sagten: »Na klar, nach der iranischen Fatwa wegen der *Satanischen Verse* wissen Sie alles über Lockdowns, es dürfte Ihnen
vertraut sein.« Ich beschloss, über diesen Punkt nicht zu diskutieren, denn wenn die Leute nicht verstanden, dass eine Todes-
drohung aus religiösen Gründen gegen einen Einzelnen durch
eine fremde Regierung *nicht das Gleiche* war wie eine globale Pandemie – so wie etwa zum Beispiel ein Stein, der auf einem Dorf-
platz einem Mann an den Kopf geworfen wird, nicht das Gleiche
ist wie eine tödliche Steinlawine, die auf dieses Dorf niedergeht

und es zerstört –, dann konnte ich ihnen wahrscheinlich nicht helfen. Andere Leute meinten: »Das muss eine wunderbare Zeit für Sie sein, denn Sie können zu Hause bleiben und einen Roman schreiben.« Und wieder verzichtete ich auf eine Antwort, denn meine Antwort wäre äußerst sarkastisch ausgefallen. »Sie haben so recht damit – es gibt mittlerweile schon über hundertzehntausend Tote allein in den USA, aber meine Güte, was für eine gute Zeit für einen Romanautor.« Tatsächlich fiel es mir schwer zu schreiben. Ich fing etwas an, und nachdem ich über hundert Seiten geschrieben hatte, gab ich es auf, weil ich es für albern hielt. Ich brauchte Monate, um zögerlich tastend etwas anderes anzufangen. Auch viele andere Autoren, mit denen ich sprach, erklärten mir, wie schwer es ihnen falle zu arbeiten. Das Tosen der wirklichen Welt war ohrenbetäubend und ließ keinen ruhigen Ort, an dem eine imaginierte Welt sich entwickeln konnte.

Viele Leser wandten sich nicht nur Camus zu, sondern auch Daniel Defoes *Die Pest zu London.* In meinem Seminar an der NYU hatten wir über journalistische Arbeiten diskutiert, die die Techniken von Romanschreibern nutzen, um wahre Geschichten zu erzählen (Truman Capotes *Kaltblütig,* Swetlana Alexijewitschs *Tschernobyl,* John Edgar Widemans *Writing to Save a Life,* Isabel Wilkersons *The Warmth of Other Suns*). Manche der interessantesten Werke der letzten fünfzig Jahre stehen an der verschwommenen Grenze zwischen Fakt und Fiktion, und die Ergebnisse sind oft umwerfend (so wie in Katherine Boos Schilderung des Lebens im Slum von Mumbai, *Slum. Eine Geschichte von Leben, Tod und Hoffnung*) und manchmal problematisch (wie in *König der Könige. Eine Parabel der Macht,* Ryszard Kapuścińskis Darstellung von Haile Selassies äthiopischem Hof und seines Sturzes, ein so

wunderbar geschriebenes Buch und die Welt darin so reich gestaltet, dass man über die ernsthaften Fragen nach der Wahrhaftig-
keit, die der Text herausfordert und auf die er keine zufrieden-
stellenden Antworten gibt, hinwegsehen möchte.)

Daniel Defoes Buch ist die Kehrseite der oben genannten
Texte. Es nutzt den Stil des Journalismus – und stellt sich als ein
journalistischer Text dar –, in Wirklichkeit aber ist es ein Werk
der Fantasie. Defoe veröffentlichte es 1722 anonym, die Autorenschaft schrieb er einem »Bürger« zu, »der die ganze Zeit in
London zubrachte«. Er war damals zweiundsechzig, das bedeutet, dass er zur Zeit der Großen Pest im Jahr 1665 fünf Jahre alt
war. Er mag als Kind und Jugendlicher von seinem Onkel Henry
Foe Geschichten über die Pest gehört haben, aber dieses Buch ist
im Wesentlichen ein Roman und keine Reportage.

Beide Werke, *Die Pest* und *Die Pest zu London*, sind wunderbar
und lesenswert, aber ich habe mich doch des Öfteren William
Goldings dunkler Geschichte *Herr der Fliegen* zugewandt, da ich
in Goldings Darstellung der Zerbrechlichkeit der Zivilisation
und der Leichtigkeit, mit der diese Hülle zerstört werden kann,
um das Barbarentum darunter freizulegen, eine schreckliche und
gültige Wahrheit fand. Dann las ich im Mai 2020 einen Artikel
von Rutger Bregman im *Guardian* über eine echte Version der
Golding-Saga. Im Jahr 1995 verschlug es eine Gruppe austra-
lischer Schüler auf eine Insel im Pazifik, südlich von Tonga. Und
ganz anders als bei Golding bauen diese Schiffbrüchigen

»eine kleine Gemeinschaft mit Gemüsegarten, mit ausgehöhl-
ten Baumstämmen, um Regenwasser aufzufangen, einen Sport-
platz mit sonderbaren Gewichten, einen Badmintonplatz,
Hühnergehege und ein dauerhaftes Feuer, alles von Hand gemacht mit einer alten Messerklinge und mit viel Entschlossenheit. Während die Jungen in *Herr der Fliegen* sich um das Feuer

prügelten, hüteten die in der gelebten Version die Flamme, sodass sie über ein Jahr lang nie erlosch.

Die Kinder einigten sich darauf, in Zweierteams zu arbeiten, erstellten einen strikten Arbeitsplan für den Garten, die Küche und für die Wache. Manchmal stritten sie sich, doch wann immer das geschah, lösten sie den Konflikt durch eine Auszeit. Ihre Tage begannen und endeten mit Gesang und Gebet … Einer [der Jungen] rutschte eines Tages aus, stürzte von einem Felsen und brach sich ein Bein. Die anderen Jungen suchten nach einem Weg hinunter zu ihm und halfen ihm wieder hinauf. Sie richteten sein Bein mit Stöcken und Blättern. ›Sei unbesorgt‹, scherzte ein anderer Junge. ›Wir erledigen deine Arbeit, während du hier wie König Taufa'ahau Tupou persönlich herumliegst.‹«

Mit anderen Worten, es kam nicht zu einem Abstieg in die Rohheit. Sie benahmen sich wie zivilisierte junge Leute, arbeiteten zusammen, kümmerten sich umeinander und überlebten aus diesem Grund. Nach anderthalb Jahren wurden sie gerettet, und man fand sie in recht guter Verfassung. Das gebrochene Bein war vollkommen verheilt.

Goldings Roman und diese australische Geschichte stellen für mich die wesentlichen Wahrheiten dar, wie Menschen in der Krise reagieren. Die Krise wirft ein grelles Licht auf das menschliche Verhalten, das keinen Schatten lässt, in dem wir uns verstecken können, und enthüllt das Schlimmste, zu dem wir fähig sind, und gleichzeitig unsere bessere Natur. Wir haben viel große Menschlichkeit erlebt, in der Arbeit der Kämpfer an vorderster Front, der Ärzte, der Krankenschwestern und des Krankenhauspersonals, und in den Anstrengungen rund um die Uhr und rund um die Welt bei der Suche nach einem Impfstoff. Und auch das Schlimmste haben wir gesehen, in der Degeneration eines Teils der Gesellschaft zu einem ignoranten, eifernden Pöbel. Goldings Meisterwerk stellt sich als falsch heraus, was die menschliche Natur betrifft, und genau im selben Augenblick als wahr.

In den vier Jahrzehnten meines Daseins als Vater gab es nie eine Zeitspanne über ein halbes Jahr, in der ich meine Kinder nicht gesehen habe. Ich habe alles über Zoom gelernt, was hilfreich ist, aber nicht genug. Nun, da es mir wieder gut geht, bedeutet die räumliche Trennung von ihnen die größte Härte.

Denken Sie darüber nach, ob Sie den ganzen Film sehen wollen.

Ich habe die leeren Abende damit gefüllt, mir die Filme noch einmal anzusehen, die ich zuerst in meiner Jugend gesehen habe, Filme, die meine Liebe zum Kino als eine Gattung der Kunst geprägt haben. Sollte mein nächster Roman von der französischen Nouvelle Vague beeinflusst sein, was ich für sehr gut möglich halte, dann ist der Lockdown schuld daran, denn ich sah Jean-Luc Godards *Bande à part (Die Außenseiterbande)* und *Vivre sa vie (Die Geschichte der Nana S.)*, beide mit der brillanten Anna Karina, und war aufs Neue begeistert von den Techniken der Nouvelle Vague, den langen Einstellungen, den Bildsprüngen, den Jump Cuts zwischen Szenen und stilistischen Verfremdungen so wie den Schrifttafeln, die die Aktion beschreiben, ehe sie gezeigt wird. Éric Rohmer drehte sechs »Moralische Erzählungen«, alle im Wesentlichen mit dem gleichen Plot – eine Figur hat mit einer anderen eine Beziehung, fühlt sich zu einer dritten Figur hingezogen, kehrt aber am Ende zu ihrem früheren Leben zurück – und ich sah die beiden besten dieser Filme, *Le Genou de Claire (Claires Knie)* und *Ma nuit chez Maud (Meine Nacht bei Maud)*.

Ich wagte mich über Frankreich hinaus, um das große Zeitalter des Weltkinos zu erforschen. Ich studierte die träge, schweifende, sinnliche Erzählstruktur von Michelangelo Antonionis

L'avventura (Die mit der Liebe spielen), des Films, der Monica Vitti zum Star machte. Ich betrachtete genau Akira Kurosawas Samurai-Film *Yojimbo* und Fellinis *8½* und *Xala* von Ousmane Sembène, eine senegalesische Komödie über Impotenz. Auch Abende mit Unterhaltung in englischer Sprache gab es – Hitchcocks herrliches *The Lady Vanishes (Eine Dame verschwindet)*, die Spitzenzeit mit Marilyn *(Some Like It Hot/Manche mögen's heiß, Gentlemen Prefer Blondes/Blondinen bevorzugt)*, der komische Eskapismus in *High Society/Die oberen Zehntausend, Funny Face/Ein süßer Fratz* und *Bringing Up Baby/Leoparden küßt man nicht*. Dieses private Filmfestival hat meine kreativen Säfte wieder zum Fließen gebracht. In jungen Jahren haben mich Filme mindestens so sehr inspiriert wie Bücher. Es ist doch wunderbar, dass sie es in diesem späteren Stadium meines Lebens abermals tun.

Nachdem ich wieder gesund und zu Kräften gekommen war, spazierte ich durch die Straßen, ordentlich mit Maske und Handschuhen, um meine Beziehung zu New York zu erneuern, zu dieser Stadt, die ich seit meinem ersten Besuch in den frühen 1970er-Jahren liebe. Ich stand völlig allein in der großen Halle der Grand Central Station, es war unheimlich. Ich sah das Herz, das in den Rasen des Bryant Park gemäht worden war, als Dank für die Menschen, die in der ersten Reihe arbeiten, und die Leere auf der Fifth Avenue und einen weißhaarigen Mann auf einer Bank im Madison Square Park, der ruhig auf seiner Gitarre spielte. Ich sah den menschenleeren Times Square. Und ich zollte dem Lebensmittelladen Respekt, der früher das legendäre Max's Kansas City gewesen war. Der Laden war nun geschlossen, so wie das Max's schon lange zuvor geschlossen wurde. Würde er wieder öffnen? Das weiß man nicht. Vielleicht würde die Vergangenheit zurückkehren, wenn wie durch einen Zauber oben im Max's die Geister von Lou Reed und den Velvet Underground wieder spielten, und

Bowie und Warhol säßen im Hinterzimmer, und Debbie Harry würde an den Tischen bedienen.

Und dann veränderte die Stadt sich noch einmal, als es zu einer zweiten Krise kam, und zumindest eine Zeit lang schien es so, als gäbe es die Pandemie nicht mehr.

Eine andere Art von gesellschaftlicher Revolution begann nach dem Mord an George Floyd am 25. Mai 2020 in Minneapolis durch Polizisten, angeführt von Derek Chauvin, und vielleicht wird sich dieses Verbrechen mehr als die Pandemie als Kipppunkt erweisen. Die Straßen waren plötzlich voller Menschen, dicht gedrängt, als wäre die Pandemie nur ein schlechter Traum gewesen. Als die riesigen Protestmärsche nach dem Tod von George Floyd sich ausbreiteten, Nacht für Nacht, Stadt für Stadt, erinnerte ich mich an Peter Finch, der in dem Film *Network* von 1976 rief: »Ich bin völlig verrückt, und ich nehme das nicht länger hin.« Und ich erinnerte mich an Toni Morrison, die gesagt hatte: »Weiße haben ein sehr ernstes Problem, und sie müssen allmählich darüber nachdenken, was sie dagegen tun können«, und: »Wenn du nur groß sein kannst, weil andere auf den Knien sind, dann ist das ein Problem.« Und in den Augen und Gesichtern der Demonstranten – manche mit Maske, andere ohne – sah ich eine Entschlossenheit, die besagte: »Dieses Mal ist es anders.«

Die Zeit wird es weisen, ob die Proteste die Pandemie neu geschürt haben. Ebenso wird es die Zeit weisen, ob Amerika tatsächlich anders sein und das schamlose Morden von schwarzen Männern und Frauen durch Polizisten und andere bewaffnete weiße Rassisten aufhören kann. Wenn Sie diese Zeilen lesen, werden wir wissen, ob Amerika einen neuen Präsidenten hat und bessere Tage anbrechen. Ich hoffe inständig, dass es so sein wird. Sollte es nicht der Fall sein, wird Gott, an den ich nicht glaube, uns allen helfen müssen.

Am Mittwoch, den 3. Juni, ging ich in die Praxis meines Hausarztes und ließ mir für einen Antikörpertest Blut abnehmen. Am Freitag, den 5. Juni, bekam ich das Ergebnis. Es konnten Antikörper nachgewiesen werden! Als man es mir mitteilte, überkam mich ein Hochgefühl. Es war mir nun möglich, mit weniger Angst durch die Straßen zu gehen und Geschäfte oder andere Räume zu betreten. Es war mir möglich, den langsamen Neustart eines Lebens mit anderen Menschen zu erwägen. Die Vorstellung, in ein Flugzeug zu steigen, war weniger beunruhigend. Das Leben jenseits des Virus würde vielleicht wieder beginnen.

Die amerikanischen Gesundheitsbehörden sträuben sich offenbar, eindeutig zu sagen, ob Antikörper Immunität verleihen. Jedenfalls sind einige deutsche Autoritäten zu neunundneunzig Prozent sicher, dass Immunität mindestens für ein Jahr bestehe, und der Nachweis von Antikörpern bedeute auch, dass man kein Überträger oder auch »Spreader« sein könne. Ich vertraue den Europäern im Augenblick mehr als den Amerikanern, schon weil es dort wohl keine politischen Einmischungen in die medizinische Seite der Dinge gibt.

Ich nehme an, ich bin immun. Ich erzählte einigen Freunden davon, und mehr als einer entgegnete: »Dann bist du jetzt Superman.« Ich fühle mich nicht besonders super. Und ich weiß, dass es für jeden Superman einen Brocken grünes Kryptonit gibt.

Wir werden sehen.

DER PROUST-FRAGEBOGEN: *VANITY FAIR*

Wann und wo waren Sie am glücklichsten?
Hier und jetzt.

Bei welchen Gelegenheiten lügen Sie?
Bei diesen.

Wie würden Sie Ihre Geistesverfassung beschreiben?
Gesangesfroh.

Welches Talent besäßen Sie gern?
Das Talent zu singen.

Was halten Sie für Ihre größte Leistung?
Durchgehalten zu haben.

Was, glauben Sie, ist die am meisten überschätzte Tugend?
Zu glauben.

Welche Ihrer Neigungen bedauern Sie?
Meine Redseligkeit.

Welche Neigung bedauern Sie bei anderen?
Schweigen.

Ihre größte Extravaganz?
Redseligkeit.

Ihr markantestes Merkmal?
Hängende Augenlider.

Was schätzen Sie am meisten?
Halbwegs gute Gesundheit.

Worunter leiden Sie am meisten?
Krankheit, egal wie trivial.

Welche Eigenschaft schätzen Sie besonders?
Herzlichkeit.

Was schätzen Sie an Frauen besonders?
Humor.

Wer sind Ihre Lieblingsschriftsteller?
Meine Freunde.

Welche sind Ihre liebsten Romanfiguren?
Leopold Bloom, Gregor Samsa, Bartleby.

Wer sind Ihre Helden im wahren Leben?
Tennisspieler, Baseballspieler, Gitarrenspieler.

Wo würden Sie gern leben?
Auf einem Bücherregal. In alle Ewigkeit.

Wenn Sie sterben und als eine Person oder ein Etwas zurückkommen könnten, wer oder was würde das sein?

Eine Straße in einer Stadt.

Wenn Sie wählen könnten, als was Sie zurückkämen, was wäre das?

Eine Stadt.

Wie würden Sie gern sterben?

Ich möchte lieber nicht.

ÜBER DIESE TEXTE

»Wundersame Geschichten«, »Proteus«, »Heraklit«, »Autobiografie und Roman«, »Adaption«, »Der Freiheitsinstinkt« und »Der vielhändige Künstler« sind überarbeitete Vorlesungen, die an der Emory University gehalten wurden. »Gabo und ich« ist die neue Version einer am Ransom Center der University of Texas gehaltenen Vorlesung. Dieser Beitrag erschien im Deutschen in deutlich knapperer Form erstmals unter dem Titel »Er glaubte an die Wahrheit von Träumen« in der *Süddeutschen Zeitung* vom 29. April 2014 (Übersetzung: Anna Mayrhauser). »Hans Christian Andersen« geht auf eine Vorlesung zurück, die ich in Odense, Dänemark, anlässlich der Verleihung des Hans-Christian-Andersen-Preises hielt. Auch dieser Beitrag erschien bereits in veränderter Form auf Deutsch unter dem Titel »Das Gute kann ruhig auch mal verlieren« in der *Frankfurter Allgemeinen Zeitung* vom 23. August 2014 (Übersetzung: Matthias Ficnbork).

»Die Anfänge eines anderen Schriftstellers« ist eine leicht verlängerte Version der in der National Cathedral in Washington gehaltenen Eudora-Welty-Antrittsvorlesung. »Philip Roth« wurde Bestandteil der Philip-Roth-Vorlesungsreihe, »Kurt Vonnegut und *Schlachthof 5*« war eine Vorlesung in der Vonnegut Library in Indianapolis.

»Samuel Becketts Romane« erschien ursprünglich als Einführung zu dem betreffenden Band seiner Werkausgabe. »Cervantes und Shakespeare« ist eine überarbeitete Version meiner Einführung zu einem von diesen beiden Schriftstellern inspirierten Band mit Erzählungen. »Harold Pinter« eint zwei Artikel zu diesem neuen Beitrag. »Vorwort zu den *Paris-Review*-Interviews, Vol. IV« erschien als Einführung zum genannten Band. »Anmerkungen zur Trägheit: Von Saligia zu Oblomow« wurde erstmals in der Zeitschrift *Granta* veröffentlicht. Dieser Beitrag erschien bereits in veränderter Form auf Deutsch unter dem Titel »Trägheit – das kosmische Laster« in der *Frankfurter Rundschau* vom 29. Januar 2010 (Übersetzung: Andrian Widmann). »*King of the World* von David Remnick« erschien als Vorwort zu diesem Buch.

»Wahrheit« erschien ursprünglich im *Svenska Dagbladet*, auf Deutsch zudem erstmals unter dem Titel »Fake« in der *Süddeutschen Zeitung* vom 19. Mai 2018 (Übersetzung: Jonas Lages). »Mut« sowie »Der PEN und das Schwert: Der internationale PEN-Kongress 1986« wurden erstmals in *The New York Times* veröffentlicht; »Christopher Hitchens« erschien ursprünglich in *Vanity Fair*. »Die Arthur Miller Lecture« wurde in *The New Yorker* unter dem Titel »On Censorship« veröffentlicht. »Ai Weiwei und andere« erschien ursprünglich in *The New York Times*. »Der Halbfraugott« wurde zuerst in *AIDS Sutra* veröffentlicht, einer Anthologie zur AIDS-Krise in Indien.

»Taryn Simon: Ein amerikanischer Index des Verborgenen und Ungewohnten« und »Being Francesco Clemente: Selbstporträts« wurden als Einführungen zu den beiden entsprechenden Ausstellungen geschrieben. »Bhupen Khakhar« erschien in *The Daily Telegraph*. »Amrita Sher-Gil: Briefe« wurde als Vorwort zum Buch gleichen Titels geschrieben. »Sebastião Salgado« erschien ursprünglich als Einführung zu einem Band mit Salgados Fotografien. »Kara Walker im Hammer Museum« war eine Rede anlässlich einer Preisverleihung im Hammer Museum, Los Angeles. »Weihnacht des Ungläubigen« und »Carrie Fisher« erschienen in der britischen Ausgabe der Zeitschrift *Vogue*.

»Der PEN und das Schwert«, »Die Entstehung von PEN World Voices«, »Eröffnungsabend des PEN-World-Voices-Festivals 2017«, »Rede vor den Absolventen der Nova Southeastern University, 2006« sowie »Rede vor den Absolventen der Emory University, 2015« und »Pandemie« werden an dieser Stelle zum ersten Mal veröffentlicht.

Alle Texte in diesem Buch wurden sorgfältig überarbeitet, keiner erscheint in seiner ursprünglichen Fassung.

ZITATNACHWEISE

Im Folgenden sind die deutschen Ausgaben literarischer Werke aufgeführt, nach denen in diesem Buch zitiert wurde. Hier nicht aufgeführte Stellen wurden von Sabine Herting und Bernhard Robben übersetzt.

Teil eins

Wundersame Geschichten

Lewis Carroll: *Alice hinter den Spiegeln.* Übersetzung von Christian Enzensberger. Insel, Frankfurt am Main 1963

A. E. Housman: *Die »Shropshire Lad«-Gedichte. Gedicht XL.* Übersetzung von Hans Wipperfürth. Mattes Verlag, Heidelberg 2003

Salman Rushdie: *Harun und das Meer der Geschichten.* Übersetzung von Gisela Stege. Kindler, München 1991

Tausendundeine Nacht. Übertragung von Claudia Ott. C.H. Beck, München 2004

Proteus

James Joyce: *Ulysses.* Übersetzung von Hans Wollschläger. Suhrkamp, Frankfurt a.M. 1996

Ovid: *Metamorphosen.* Lateinisch-deutsch. Übertragen und herausgegeben von Erich Rösch. Artemis & Winkler, Mannheim 1992

Vergil: *Georgica.* Übersetzung von Johann Heinrich Voß

Heraklit

Die Nummerierung und die Übersetzung der Heraklit'schen
Fragmente in diesem Essay folgen dem Buch von Haxton
Brooks: *Fragments: The Collected Wisdom of Heraclitus*, Penguin
Books, New York, 2003. Brooks Übersetzungen ins Englische
unterscheiden sich sehr von anderen Übersetzungen aus dem
Griechischen, manche sind sehr freie Interpretationen des
griechischen Originals.

James Joyce: *Ulysses*. (vgl. unter »Proteus«)

Die Anfänge eines anderen Schriftstellers

Salman Rushdie: *Joseph Anton*. Übersetzung von Verena von Kos-
kull u. Bernhard Robben. C. Bertelsmann, München 2012

Eudora Welty: *Eine Stimme finden*. Übersetzung von Rüdiger Im-
hof. Klett-Cotta, Stuttgart 1990

Teil zwei

Philip Roth

Saul Bellow: *Die Abenteuer des Augie March*. Übersetzung von Hen-
ning Ahrens. Fischer, Frankfurt a.M. 2015

Philip Roth: *Portnoys Beschwerden*. Übersetzung von Werner Schmitz.
Rowohlt, Hamburg 2011

Philip Roth: *Operation Shylock. Ein Bekenntnis*. Übersetzung von
Jörg Trobitius. Carl Hanser Verlag, München 1994

Philip Roth: *Die Anatomiestunde*. Übersetzung von Gertrud Baruch.
Carl Hanser Verlag, München 1986

Philip Roth: *Sabbaths Theater*. Übersetzung von Werner Schmitz.
Rowohlt, Hamburg 1998

Salman Rushdie: *Des Mauren letzter Seufzer*. Übersetzung von
Gisela Stege. Kindler, München 1996

Kurt Vonnegut und *Schlachthof 5*

Kilgore Trout: *Geburt der Venus.* Übersetzung von Joachim Körber. Knaur, München 1984

Kurt Vonnegut: *Schlachthof 5 oder Der Kinderkreuzzug.* Übersetzung von Gregor Hens. Hoffmann und Campe, Köln 2016

Kurt Vonnegut: *Die Sirenen des Titan.* Übersetzung von Harry Rowohlt. Rowohlt, Hamburg 1984

Kurt Vonnegut: *Frühstück für starke Männer.* Übersetzung von Kurt Heinrich Hansen. Goldmann, München 1989

Samuel Becketts Romane

Samuel Beckett: *Drei Romane. Molloy, Malone stirbt, Der Namenlose.* Übersetzung von Elmar Tophoven, Erika Tophoven und Erich Franzen. Suhrkamp, Frankfurt a.M. 2005

Gabo und ich

Heinrich Böll: *Bekenntnis zur Trümmerliteratur.* Aus: H.B. *Werke. Kölner Ausgabe Band 6.* Herausgegeben von Àrpad Bernáth in Zusammenarbeit mit Annamária Gyurács. Kiepenheuer & Witsch, Köln 2007

Gabriel García Márquez: *Hundert Jahre Einsamkeit.* Übersetzung von Dagmar Plötz. Kiepenheuer & Witsch, Köln 2017

Harold Pinter (1930–2008)

Harold Pinter: Nobelpreisrede 2005. Übersetzung von Michael Walter. In: H.P., *Theaterstücke* (Nobelpreis für Literatur Nr. 100). Verlag Coron bei Kindler Verlag GmbH, Berlin 2006, S. 25–40

Autobiografie und Roman

James Joyce: *Ein Porträt des Künstlers als junger Mann.* Übersetzung von Klaus Reichert. Suhrkamp, Frankfurt a.M. 1973

James Joyce: *Ulysses.* (vgl. unter »Proteus«)

Kurt Vonnegut: *Schlachthof 5 oder Der Kinderkreuzzug*. Übersetzung von Gregor Hens. Hoffmann und Campe, Köln 2016

Adaption

James Joyce: *Ulysses*. (vgl. unter »Proteus«)
Salman Rushdie: *Mitternachtskinder*. Übersetzung von Karin Graf. Kindler, München 1997

Anmerkungen zur Trägheit: Von Saligia zu Oblomow

Joseph Conrad: *Der Nigger von der »Narcissus«*. Übersetzung von Ernst Wolfgang Freißler. Albert Langen, München 1921
Iwan Gontscharow: *Oblomow*. Übersetzung von Vera Bischitzky. dtv, München 2013
Michel de Montaigne: *Essais*. Übersetzung von Hans Stilett. dtv, München 2011
Thomas Pynchon: *Die Enden der Parabel*. Übersetzung von Elfriede Jelinek und Thomas Piltz. Rowohlt, Hamburg 1981
Thomas De Quincey: *Bekenntnisse eines englischen Opiumessers*. Übersetzung von Leopold Heinemann. Weltgeist-Bücher, Berlin 1928
William Shakespeare: *Hamlet (II,2)*. Übersetzung von Schlegel-Tieck

Hans Christian Andersen

Walter Benjamin: *Der Erzähler. Betrachtungen zum Werk Nikolai Lesskows*. Aus: W.B., *Erzählen*. Suhrkamp, Frankfurt a.M. 2007

King Of The World von David Remnick

David Remnick: *King Of The World. Der Aufstieg des Cassius Clay und die Geburt des Muhammad Ali*. Übersetzung von Eike Schönfeld. Piper, München 2016

Nun gut, so widersprech ich mir selbst
Joseph Heller: *Gut wie Gold.* Übersetzung von Günther Danehl.
Fischer, Frankfurt a.M. 1980
Walt Whitman: *Grashalme.* Nachdichtung von Hans Reisiger.
Diogenes, Zürich 1985

Teil drei

Wahrheit
William Shakespeares: *König Heinrich IV. (II,4).* Übersetzung von
Schlegel-Tieck

Mut
Hamza Kashgari: Die Tweets wurden zitiert nach DER SPIEGEL,
Ausgabe vom 10.02.2012
Ossip Mandelstam: *Mitternacht in Moskau.* Übersetzung von Ralph
Dutli. Fischer, Frankfurt a.M. 1990

Texte für den PEN
Shakespeare: *König Lear (I,1).* Übersetzung von Schlegel-Tieck
Rabindranath Tagore: *Himmel der Freiheit.* Aus: R.T. *Gitanjali.* Ver-
lag Volk und Welt, Berlin 1985

Der Halbfraugott
John Irving: *Zirkuskind.* Übersetzung von Irene Rumler. Diogenes,
Zürich 1995

Rede vor den Absolventen der Nova Southeastern University, 2006
Gustave Flaubert: *Bouvard und Pécuchet.* Übersetzung von Caroline
Vollmann. Fischer, Frankfurt a.M. 2009

Rede vor den Absolventen der Emory Universität, 2015
William Shakespeare: *Hamlet (II,2)*. Übersetzung von A.W. von Schlegel

Teil vier

Der vielhändige Künstler: der Mogulkaiser Akbar und die Entstehung des *Hamzanama*

Salman Rushdie: *Die Satanischen Verse*. Artikel 19 Verlag, 1989
William Shakespeare: *Othello (I,3)*. Übersetzung von Schlegel-Tieck
Giorgio Vasari: *Künstler der Renaissance*. Herausgegeben und übersetzt von Herbert Siebenhüner. Dieterich, Leipzig 1940

Amrita Sher-Gil: Briefe

Salman Rushdie: *Des Mauren letzter Seufzer*. (vgl. »Philip Roth«)

Being Francesco Clemente: Selbstporträts, Gagosian Gallery, London, 2005

Salman Rushdie: *Der Boden unter ihren Füßen*. Übersetzung von Gisela Stege. Kindler, München 1999

Pandemie. Eine persönliche Auselnandersetzung mit dem Coronavirus

William Golding: *Herr der Fliegen*. Übersetzung von Hermann Stiehl. Fischer, Frankfurt a.M. 1977

Eric Idle: *I Am Not Yet Dead*. Aus: *Monty Python's Spamalot* (Musical; Musik von John Du Prez) © 2004 by Eric Idle

Susan Sontag: *Krankheit als Metapher*. Übersetzung von Karin Kersten und Caroline Neubaur. Fischer, Frankfurt a.M. 1996